Ernst Eduard Boesch

Sehnsucht

Von der Suche nach Glück und Sinn

Verlag Hans Huber
Bern · Göttingen · Toronto · Seattle

Für Supanee

Adresse des Autors:
Prof. Dr. phil. Ernst E. Boesch
Drosselweg 8
D-66133 Saarbrücken

Das Umschlagbild «Ahornblätter» stammt von Hoitsu Sakai
(1761-1828). Es gehört der Sammlung V. und M. Langen.
Wir danken Frau Marianne Langen für die Erlaubnis zur
Verwendung des Bildes. Es ist publiziert worden in: Japan,
1000 Jahre Malerei (Langen, 1982).

Die Deutsche Bibliothek-CIP-Einheitsaufnahme

Boesch, Ernst Eduard:
Sehnsucht : von der Suche nach Glück und Sinn / Ernst Eduard
Boesch. - 1. Aufl. - Bern ; Göttingen ; Toronto ; Seattle : Huber , 1998
(Aus dem Programm Huber: Psychologie-Sachbuch)
ISBN 3-456-82986-8

1. Auflage 1998
© für die deutsche Ausgabe Verlag Hans Huber, Bern 1998
Satz: Grafica Bellinzona SA, Claro
Druck: Hubert & Co., Göttingen
Printed in Germany

Inhalt

Vorwort

Der Leser wird hier kein «Handbuch der Sehnsucht», keine systematische Untersuchung des Themas finden, dafür aber eine Reihe von Betrachtungen aus verschiedensten Bereichen, die, so unterschiedlich wie ein Haus und eine Karnevalsmaske, oder das Lächeln und ein Buch, sich doch darin gleichen, daß sie alle in irgend einer Weise mit Sehnsüchten zu tun haben. Es sind Kapitel, die unabhängig voneinander, einige in neuerer Zeit, andere etwa im Laufe der letzten zehn Jahre entstanden sind, meist nicht aus der Absicht, mich mit dem Thema der Sehnsucht zu befassen, sondern vielmehr im Verfolgen einer grundsätzlichen wissenschaftlichen Frage. Ich habe schon früh, nämlich seit den fünfziger Jahren, das Konzept der *Handlung* zum Zentrum meines psychologischen Denkens gemacht. Das war damals, und noch längere Zeit, nicht sehr «klug», denn der amerikanische Behaviorismus beherrschte auch in deutschsprachigen Landen die offizielle Psychologie: Man forderte, den Menschen von den äußeren Umständen und Einwirkungen her nicht nur zu verstehen, sondern auch zu kontrollieren. Was in seinem Inneren vorging, durfte damals – offiziell wenigstens – den Psychologen nicht interessieren; er schloß es in eine «black box» ein, deren Inhalte einzig noch eine Domäne des Physiologen sein sollten. *Handlung* aber war ein Begriff, der unvermeidlich auch Inneres mit einbezog – die Vorstellung von Zielen etwa oder die Beurteilung von Ergebnissen des Tuns; ein «teleologischer» Begriff somit, der im wissenschaftlichen Gebäude kein Hausrecht beanspruchen durfte. Es gab zwar damals schon Gegner des Behaviorismus, etwa die Psychoanalytiker, die Gestaltpsychologen und allmählich auch die Motivationstheoretiker; grundsätzlich aber waren sie nicht minder deterministisch eingestellt. Die Handlung indessen implizierte so etwas wie Wahlmöglichkeiten, Entscheidungen zwischen Alternativen, die nicht rein von deren objektivem Nutzen abhingen – sie widersprach einem objektiven Determinismus, ja selbst dem subjektiven Determinismus der Psychoanalyse.

Heute haben sich diese Gegensätze gemildert, ja die meisten Psychologen benützen beinahe selbstverständlich den Begriff *Handlung,* zuweilen unkorrekt als eine Art Äquivalent zu *«behavior»* oder «Verhalten», denn der psychologische Sprachgebrauch neigt ja dazu, Verhalten als das äußerlich beobachtbare, meßbare Tun zu betrachten, wogegen Handlung das intentionale, also auch innerlich erlebte mit einschließt. Natürlich hatte ich das Handlungskonzept nicht selbst erfunden; mein Lehrer Jean Piaget hatte mich auf den französischen Psychiater Pierre Janet aufmerksam gemacht, der schon in den zwanziger Jahren das formuliert hatte, was man heute eine Theorie des rückgekoppelten Handelns nennen könnte – zu einer Zeit, als noch niemand von Kybernetik sprach, ein revolutionäres Konzept, das denn auch weitgehend unbeachtet blieb. Mich indessen faszinierte es, ohne daß ich damals seine Reichweite abzuschätzen vermocht hätte. Doch später, als ich mich mit kulturpsychologischen Fragen konfrontiert sah, schien es mir im Verbund mit Piagets konstruktivistischer Sehweise einen äußerst fruchtbaren Zugang zu eröffnen.

Einen Zugang allerdings, den es vorerst auszukundschaften galt. Denn ursprünglich beschränkte sich das Konzept der Handlung auf isolierte Einzelakte. Es gibt jedoch keine einzelnen Handlungen, jede folgt auf eine andere, geht einer weiteren voran, unterstützt die eine, widerspricht der anderen, kurz, Handlungen bilden kompliziert verbundene Netze und Ketten; und all das, offensichtlich, findet in einer Umwelt statt, die den Handlungen ihre Form und ihre Bedeutung auferlegt, die aber auch von Handlungen geformt und für Handlungen gestaltet wurde und wird. Und all das, endlich, wird von Individuen getan, die sich gegenseitig koordinieren, unterstützen oder befehden und dabei sowohl Kultur und Gesellschaft, wie auch sich selbst gestalten. All das galt es konzeptuell zu differenzieren.

Ich merkte erst allmählich, daß sich hier für die Psychologie so etwas wie ein neues Paradigma auftat, das etwa dem in der Anthropologie formulierten Gegensatz von «etisch» und «emisch» entsprach: *Etisch* (vereinfacht definiert) als der Standpunkt des fremden Beobachters, *emisch* derjenige des Einheimischen[1]. Das zwang, grundsätzlich, zu einer kritischeren Betrachtung der in der Psychologie üblichen, und meist kaum mehr hinterfragten, Konzepte. Unser Erleben der Handlung ist eben nicht so eindimensional, wie der von außen urteilende Beobachter gerne meint, und die Ausrichtung unserer Ziele ist flexibler, als psychologische Systematisierungen – etwa in «leistungs-» oder «anerkennungs-motivierte» Persönlichkeiten – anzunehmen neigen.

Die Frage der Handlungsziele wurde also mindestens in dem Sinne vordringlich, als es nicht tunlich erschien, sie einfach entweder von vergangenen Ursachen oder von «Kosten-Nutzen-Erwägungen» herzuleiten. Dabei nun schien mir ein Problem besondere Aufmerksamkeit zu verdienen: das der *nutzlosen* Handlung. In der Tat, wozu pflücken wir Blumen, sammeln wir Briefmarken, tragen wir teuren Schmuck, spielen wir Geige, malen wir Bilder oder lesen wir Kriminalromane? Anders als das Pflanzen von Gemüse, das Schneidern eines Kleides, das Basteln eines Büchergestells haben diese Handlungen kaum andere Effekte, als die, daß sie uns gefallen, Freude bereiten, unterhalten. Es gibt offensichtlich Handlungen, deren Zweck wesentlich darin besteht, uns und vielleicht auch andere «glücklich» zu machen. Daraus entstand das Interesse an der Sehnsucht.

Natürlich beschränkt sich die Sehnsucht nicht auf solche «nutzlosen» Handlungen. Sie ist vielmehr, wie wir sehen werden, eine Grundform des Handlungsantriebs. Das mag als eine eher befremdliche Abweichung von üblichen Motivationstheorien erscheinen. Der Leser wird immer wieder, wenn auch variiert, auf ein Konzept stoßen, das so etwas wie einen gemeinsamen Nenner der Ziele darstellt, die wir anstreben: ein Suchen nach Einklang zwischen Ich und Nicht-Ich, also zwischen dem Individuum und der Welt, in der es sich erlebt. Diese Formel benötigt zweifelsohne Präzisierungen, die über das hinausgehen, was ich hier zu erläutern vermag. Sie bildet jedoch einen Ansatz, der mir wesentlich erscheint: Sie widerspricht gleichermaßen jenen Psychologien, die die Innenprozeße schlicht in eine «black box» verbannen und das Verhalten von äußeren Reizen, Zwängen und Gewöhnungen her verstehen wollen, wie jenen anderen, die sich auf «Triebe und Triebschicksale» zu konzentrieren neigen. Daß diese *Innen-Außen-Gleichgewichte* allerdings, subtil und komplex wie sie sein können, den Psychologen vor ungewohnte Probleme stellen, werden wir im folgenden wohl entdecken. Natürlich gehören die Überlegungen dieses Buches in den breiteren Rahmen meiner früheren theoretischen Arbeiten. Ich habe auf sie verwiesen, zugleich aber versucht, auf komplizierte konzeptuelle Erläuterungen zu verzichten, um die Ausführungen auch für den Laien verständlich zu halten.

Wenn ich mir hier – wie auch früher schon – herausnehme, mich mit Aspekten der Kunst und Literatur zu befassen, so sei erneut betont, daß ich damit keineswegs eine Kompetenz in den entsprechenden Wissenschaften beanspruche. Es geht mir vielmehr darum, auszuloten, ob eine handlungstheoretische Sichtweise nicht auch für diese menschlichen Schöpfungen fruchtbar sein könnte. Die Psychologie hat in den Kunstwissenschaften viel Kredit verspielt – ob zurecht oder unrecht, bleibe dahingestellt. Jedenfalls aber sollten wir Psychologen, meine ich, diesen Formen unseres Seins und Tuns mehr Interesse zuwenden, als es gemeinhin geschieht.

Die nachfolgenden Kapitel sind für dieses Buch neu überarbeitet worden, meist eher mehr als weniger. Überschneidungen, durch das unabhängige Entstehen der einzelnen Beiträge bedingt, habe ich nur zum Teil ausgemerzt; nicht nur, weil die Wiederholung von Argumenten in unterschiedlichen Zusammenhängen zusätzlich erhellend sein kann, sondern auch, weil die Kapitel, trotz einer gewissen Systematik der Aufeinanderfolge, unabhängig voneinander lesbar bleiben sollen. Die meisten Artikel wurden bisher nicht veröffentlicht, einige wenige erschienen an nicht leicht zugänglichen Orten oder in anderen Sprachen. Angaben zu ihrem Ursprung oder ihrer eventuellen Veröffentlichung, ebenso wie Literatur-hinweise im Text (die ich spärlich zu halten suchte), finden sich in den Anmerkungen (jeweilen am Schluß der einzelnen Kapitel). Vier der hier gesammelten Artikel beruhen auf Vorträgen an den «Zürcher Gesprächen», die mich ich auch sonst vielfältig anregten. Dafür bin ich deren Sponsoren, Viktor und Marianne Langen, wie auch Marian von Castelberg, herzlich dankbar. Das Bild von Hoitsu Sakai – gleichsam ein gemaltes Haiku -, das den Umschlag dieses Bandes schmückt, stammt aus der großen Sammlung japanischer Kunst des Ehepaars Langen[2]; Frau Langen hat mir freundlich erlaubt, es zu benutzen. Dankbar bin ich auch den Teilnehmern der Zürcher Gespräche, die sich jeweilen aus der ganzen Welt zusammenfanden, vor allem aber Hugo Schmale, der die Gespräche feinfühlend organisierte und belebte. Zum Zeitpunkt seiner Emeritierung schrieb ich gerade am Artikel «Vom Epos zum Haiku», der ihm somit freundschaftlich gewidmet sei.

Das Buch als ganzes indessen möchte ich meiner Frau Supanee widmen – ohne die tägliche Erfahrung ihres weisen Umganges mit Sehnsüchten hätte ich manches in diesem Band nicht schreiben können…

Anmerkungen

[1] Siehe dazu etwa Jahoda, 1982, oder Lonner & Malpass, 1994.
[2] Langen V., 1982.

Ouverture:
Das Ungenügen

Von der Sehnsucht

Die Zahl der Themen, die die Psychologie untersucht, ist unübersehbar geworden. Dennoch gibt es immer noch Wichtiges, das ihrer Aufmerksamkeit zu entgehen scheint: Zum Beispiel das *Vertrauen*. Vertrauen ist mehr als eine zufällige, gute Beziehung zwischen zwei Personen, sondern gründet auf einem tiefen, allgemeinen Bedürfnis des Menschen: Wir *wollen* vertrauen. Wir wollen vertrauen können, daß der andere uns die Wahrheit sagt, daß er ein Versprechen einhält, uns nicht bloßstellt; wir wollen uns darauf verlassen können, daß die Objekte, die wir kaufen, auch wirklich dazu dienen, wozu sie gekennzeichnet wurden – daß der Stuhl, auf den wir uns setzen, nicht zusammenbricht, die Kleider nicht aus den Nähten gehen, das Medikament uns heilt und nicht vergiftet. Ohne ein grundsätzliches Vertrauen geriete unsere Welt aus den Fugen, und da es in der Tat gefördert oder gestört, in seiner Entwicklung geweckt oder gehemmt werden kann, würde es sicherlich die Aufmerksamkeit der Psychologen verdienen. Derjenigen der Politiker und der Verkaufsstrategen ist es sich schon sicher: Wie man Vertrauen auch da gewinnt, wo es nicht angebracht wäre, ist zu einer Wissenschaft der Propagandisten aller Farben geworden – zu einer Technik der «geheimen Verführung».

Die *Sehnsucht* ist ein anderes Beispiel für eine Eigenart menschlichen Verhaltens, dem die Psychologie sich kaum zugewandt hat – ein Beispiel, das überdies dem des Vertrauens nahe steht, könnte man doch sagen, das Vertrauenwollen entspringe der Sehnsucht nach einer uns wohlgesinnten Wirklichkeit. Was aber ist diese Sehnsucht?

Vor kurzem berichtete das Fernsehen über ein in die Jahre gekommenes Eiskunstläufer-Ehepaar. Ihre Gesichter beeindruckten mich unmittelbar: offen, eben vertrauend, nicht in irgend etwas oder irgend wen, sondern einfach in ihr eigenes Dasein, geprägt, schien mir, durch eine lange, unbeirrte Hingabe an ihre Kunst. Unvermittelt verspürte ich Sehnsucht: Nicht nach den Personen, wie sie da standen und sprachen, sondern nach etwas, das sie ausdrückten – Sehnsucht, diesen ein wenig schmerzlichen Affekt des Wünschens und zugleich Fernseins. Etwas überrascht frug ich mich, wo ich denn sonst schon Sehnsucht empfunden hatte, und die Reihe der Beispiele, die mir so einfielen, hatte kaum ein Ende: Vor einer schönen Blume, vor der Spiegelung eines Teiches, vor dem abendlich schimmernden Meer, den in der Ferne verblauenden Hügeln meiner Heimat, vor einem lächelnden Gesicht, einer graziös schreitenden Gestalt, bei der Melodie einer fernen Flöte in einer tropischen Nacht, oder dem Klang eines Orchesters aus hellen Kirchenfenstern im Dunkel einer winterlichen Gasse, beim Anhören einer Mozartarie oder schlicht beim Schimmern des Sonnenlichtes durch ein fein geädertes Blatt. Doch all diese und viele andere Beispiele kennzeichnen nur Sehnsüchte, die besonders in meinem Gedächtnis haften blieben; die andern dagegen, jene unzähligen «kleinen» Sehnsüchte des Alltags, versinken nur allzu leicht in der Flut des Erlebten – dennoch sind sie es, die unser Handeln und Streben immer wieder antreiben.

Ja, was ist diese Sehnsucht? Gleich sei betont, daß sie keine Sucht ist. Wenn man schon versuchen will – was meist zweifelhaft ist –, dem Wort den Sinn der Sache abzulauschen, die es bezeichnet, so müßte man das Sehnen wohl eher mit Suchen als mit Sucht verbinden: Man sucht eben das zu finden, das zu erreichen, wonach man sich sehnt. Das mag tautologisch klingen, und ist doch keineswegs selbstverständlich. Weiß man immer, wonach man sich sehnt? Weiß man immer, was man sucht? Da ist Romeo, voller Sehnsucht nach Julia, und der Dichter hat sie wohltätig davor bewahrt, die Sehnsucht zum Alltag werden zu lassen – wie aber, würden sie einander «bekommen», sähe der Alltag ihrer Liebe aus? Man darf mit einer gewissen statistischen Wahrscheinlichkeit sagen, daß etwa die Hälfte aller Ehen in die Entäuschung führt, und dennoch haben die meisten davon mit einer Verliebtheit voller Sehnsüchte begonnen. Ist indessen Julia wirklich das Ziel von Romeos Sehnsucht? Zwar meint er es, aber weiß er es auch?

In der Tat erfahren wir immer wieder überrascht, vielleicht sogar verwirrt, daß die Erfüllung *einer* Sehnsucht keineswegs das Ende des Sehnens bedeutet. Das Kind, von seinen Eltern wohlmeinend in ein Ferienlager geschickt, leidet an Heimweh – doch wieder zuhause, langweilt es sich. Wäre der schweizer Söldner *«in Straßburg auf der Schanz»* erfolgreich desertiert, wie glücklich hätte er sich zuhause gefühlt? Das, wonach wir uns sehnen, entzieht sich uns nur allzu oft dort, wo wir es erwarteten. Sehnsucht, so könnte man vermuten, sucht etwas, wovon das Ersehnte eher ein Symbol ist als die Erfüllung. Und so klingt eben Bashos Haiku keineswegs mehr paradox: *«In Kyoto bin ich, / doch beim Ruf des Kuckucks / sehn ich mich nach Kyoto.»* [1]

Das aber macht die Sehnsucht zu einem schwer umschreibbaren Phänomen des Erlebens. Vordergründig erscheint sie uns als ein Gefühl des Mangels; der Sehnsüchtige erstrebt etwas, das ihm für den Sinn seines Lebens wesentlich zu sein scheint: Ohne ihn kann ich nicht leben, sagt die Liebesbekümmerte, und so tut sie alles in ihrer Macht, Kluges und Törichtes, von dem sie sich Erfüllung verspricht – um dann irgendwie doch zu erfahren, daß diese sich ihr wieder entzieht. Sie sei enttäuscht, klagt sie dann, und findet gute Gründe dafür. Wie oft aber geschieht es, daß Enttäuschungen sich wiederholen, daß Gefühle der Leere, des Unerfülltseins sich einnisten? Häufig sind dann jene, die sich reihenweise verlieben, andere, die den Wohnort zu wechseln neigen, den Beruf, oder auch nur die Möbel, die Kleidung oder das Auto. Und so regt sich die Frage, ob die Sehnsucht denn überhaupt zu stillen sei, ob sie uns nicht immer wieder, ohne Ende, dazu dränge oder verführe, sie an neue Objekte zu heften. Das äußert sich wohl am deutlichsten in den «kleinen» Sehnsüchten. In der Mode etwa, wo Rüschchen und Röckchen, Schlipse und Jeans, Wangenrouge und Wimpernschwarz in zuweilen rührender, zuweilen verführen-wollender Weise die Sehnsucht nach Schönheit, nach Anerkennung, nach Zärtlichkeit oder nach Überlegenheit ausdrücken, was wiederum, schaut man genauer hin, das Streben nach einer Festigung des eigenen Selbst bedeutet. Oder im Sport, darin man verschiedenerlei Sehnsüchte nach Kraft, nach Sieg – über andere und sich selbst – zu erfüllen sucht. Oder im Fernetourismus, der vom «Anderen», vom erfüllenderen Erleben, der Freiheit von Zwängen oder auch nur von unbeschwertem Genießen träumt. Beim Kauf eines Autos, der Einrichtung des Heimes, der Erziehung unserer Kinder, verfolgen wir Sehnsüchte, deren Bedeutung, oft schwer ergründbar, sich jedenfalls nicht einfach im sichtbaren Objekt erschöpft, und gleiches gilt für die Bücher, die wir lesen, die Fernsehprogramme, die wir bevorzugen, oder die Wahl unserer Lieb- und Freundschaften. Der Sehnsüchte sind wirklich mehr als genug, doch vermutlich eben deshalb, weil so etwas wie ein grundlegendes Sehnen sich in tausenderlei Dingen und Zielen zu manifestieren, zu «objektivieren» weiß. Wer der Einkaufsstraße einer größeren Stadt entlang schlendert, kann in vielfältigen Auslagen die große wirtschaftliche Bedeutung dieser «tausenderlei Dinge und Ziele» erkennen.

Wenn dem so wäre – und daß dem so sei, vermögen vielleicht die folgenden Kapitel nahezulegen –, so erforderte dies wohl ein nicht geringes Überdenken unserer gewohnten Konzepte von Trieben, Bedürfnissen, Motiven; man müßte annehmen, daß manches, das man sich bisher als fest vorzustellen neigte – also etwa konstante Motivationen, dauerhafte Charakterzüge –, beweglich sei, sich im Laufe des Handelns und Lebens verschiebe, konkretisiere und verwandle – alles wahrscheinlich eher unbequem für den Psychologen, der mit konstanten Begriffen umzugehen vorzieht. Doch seien diese Konsequenzen hier nur angedeutet. Denn es gibt vorerst noch anderes zu bedenken.

Denken wir etwa an das Heimweh, das ja brennend, verzehrend sein kann, und dennoch: Wenn einem die Heimkehr gelingt, wandelt sich die so glühend begehrte Heimat nur allzu bald in Gewohntes. Die Kulisse der heimischen Landschaft, in der Ferne wehmütig verklärt, wird zum

Alltag, oft kaum mehr wahrgenommen, die Menschen, nach denen man sich sehnte, ärgern einen durch ihre Mätzchen und Eigensüchte, und all das hatte man gekannt, hätte sich daran auch in der Fremde erinnern können – doch dort «vergaß» man es. Was denn war es, wonach man sich sehnte, und wie konnte dieses Sehnen die Klarheit unseres Denkens und Wollens beeinflussen, schärfen sowohl wie beeinträchtigen?

Die Sehnsucht verspricht uns eine Alternative zu einem «Ist-Zustand», dem Erleben einer Gegenwart, die uns Wesentliches vorzuenthalten scheint, und sie schärft somit unseren Blick für all das, was an dem Vorhandenen bemängelt werden kann. Wer sich dagegen in der Fremde verliebt, hat kaum Heimweh, denn das Wesentliche glaubt er in der Gegenwart zu erkennen, während deren Mängel ihm unwesentlich vorkommen. Die Sehnsucht meint also das Andere, aber nur, wenn sie es auch als ein Erfüllenderes sieht; und überdies, selbst wenn erfüllender, muß es auch, grundsätzlich wenigstens, erreichbar erscheinen – erst dann kann Sehnsucht mehr werden, als eine blasse Vorstellung von Wünschbarkeit: nämlich eine emotionale Spannung, die unser Handeln und unsere Wahrnehmung des Gegenwärtigen verwandelt, ihnen eine Richtung weist und Intensität verleiht. Dann wird unser Suchen vordringlich; was wir besitzen oder besitzen könnten, wird mit dem Ersehnten verglichen, und dabei meist, wenn auch nicht immer ohne Konflikte, abgewertet. Sehnsucht strebt nicht nur irgendwo hin, sondern auch von etwas hinweg. Rückblickend mag man das Verlassene bedauern, doch im Moment des Sehnens mindert sich sein Wert.

Warum aber diese seltsame, irgendwie überraschende Verklärung des Ersehnten? Wie kann die Heimat, die wir doch aus langen Jahren kennen, uns nun plötzlich so lichtvoll erscheinen? Man wird noch verstehen, daß der Verliebte in der Person seines Sehnens keine Mängel zu erkennen vermag oder wünscht, denn meist kennt er sie ja nur ungenügend; die Verklärungen des Heimwehs dagegen lassen sich kaum in gleicher Weise nachvollziehen.

Was so widersprüchlich erscheint, verweist auf eine Besonderheit unseres Handelns: Wir streben nie *nur* nach *bestimmten* Objekten oder Erfüllungen. Das Haus, das ich gerne kaufen oder bauen möchte, gefällt mir deshalb, weil es tiefer gründenden Imaginationen der Häuslichkeit entspricht – oder genauer, ihnen Gestalt gibt; das Auto, für das ich mich entscheide, verkörpert ein allgemeineres Streben nach Beweglichkeit, Kraft, Vornehmheit oder was auch immer, und die Frau, in die ich mich verliebe, personifiziert Vorstellungen von Wärme, Geborgenheit, von Lust oder Schönheit, die wiederum ihre individuelle Eigenart übergreifen. Die Sehnsüchte nach bestimmten Objekten «kristallisieren» eben, wie wir schon sahen, ein allgemeineres Sehnen, das wir somit als eine Grundqualität unseres Seins betrachten, ein Streben nach «Erfüllung», als solches noch ohne konkrete Ziele, einzig ein antizipierendes *Gerichtetsein,* das vorerst nur die Qualitäten andeutet, durch die wir uns «anmuten» lassen.

Im Laufe konkreter Erfahrungen verdichten sich solche Antizipationen zu dem, was ich «Fantasmen» genannt habe, individuelle Ausrichtungen des Handelns, die dann die Bewertungen konkreter Situationen und Objekte bestimmen[2]. Der Hund, den ein Mann spazieren führt, ist mehr als einfach ein Haustier: In ihm konzentrieren sich Wünsche von Zähmen und Beherrschen, von Anhänglichkeit und Schutz, Vorstellungen von Macht und Bedrohung – oder ähnliches; die Frau, die sich ein neues Kleid auswählt, will nicht nur anderen, sondern auch sich selbst gefallen, will geliebt werden, Unsicherheiten überwinden – und wiederum mancherlei mehr. Im Hund oder dem Kleid nehmen Fantasmen – der Bedrohtheit etwa, der Stärke oder des Erfolges – konkrete Gestalt an, und ähnlich werden sie sich in anderen Objekten, aber auch in Personen oder Handlungen verdichten. Der Fantasmus ist das Allgemeinere, er gibt dem Sehnen so etwas wie einen Umriß, darin konkrete Erfüllungen sich einpassen.

Das Sehnen, ein Grundzug allen Handelns – selbst unter situativen Zwängen noch irgendwie wirksam –, wie ließe sich das dennoch genauer umschreiben? Natürlich unterliegt es Bedingungen: Den Schatz im finsteren Wald kann nur finden, wer sich zu orientieren und Gestrüpp zu durchdringen vermag. Sehnsüchte zu erfüllen, setzt also voraus, sein *Handlungsvermögen* zu differenzieren, zu stärken und auszuweiten. Das umschließt nicht selten auch den Drang, sich selbst immer aufs neue zu übertreffen: Der Berg, den man ersteigen will, muß immer höher und immer schwieriger sein; wenn es keinen solchen mehr gibt, oder wenn die Kräfte nicht mehr reichen, wenden wir uns anderem zu, das verspricht, uns zu bestätigen – und wäre es nur in der Fantasie. Sehnsüchte können sich an solche Steigerungswünsche heften, zuweilen bis zur Unersättlichkeit – mißverstehend, daß das Angestrebte nicht das Gemeinte ist, sondern dessen Symbol. Denn die Stärkung unseres *Handlungspotentials,* wie viele Triumphe wir dabei auch erringen mögen, ist ja erst eine Voraussetzung – «eigentlich» gilt die Sehnsucht etwas anderem. Anders gesagt: Das Handlungspotential dient dem Können, der Meisterung; es kann nur *Mittel* sein zum *Ziel* der Sehnsucht.

Indessen, ist all dem wirklich so? Wir sind ja dauernd gezwungen, uns zu bescheiden, und dazu nicht selten auch gerne bereit. Hat der Alltag wirklich Platz für Sehnsucht, ja ist sie nicht, sollte sie uns ergreifen, ein eher störender Affekt? Kein Zweifel, Erfüllungen aufschieben oder gar verzichten zu können, sind Fähigkeiten, die wir schon als Kinder mühsam zu lernen hatten, und damit ging auch unvermeidlich einher das Unterdrücken von Sehnsüchten. Das betraf indessen nur die konkreten Sehnsüchte, die «kleinen», nicht aber – außer bei schweren Entmutigungen in früher Kindheit – die Grundtendenz des Sehnens. Diese hat sich beim Verzichten nur zurückgezogen. Wo immer die Zwänge des Alltags sich lockern, beginnen wir, uns nach «dem Andern» umzusehen, von Erfüllungen zu träumen, auch wenn wir sie nur in Kleinigkeiten zu verwirklichen vermögen oder wagen – im Pflücken eines Blumenstraußes, im Anstecken einer Brosche aus Glas, im Studium von Ferienkatalogen, im Lesen eines Buches oder, mutiger, im Lernen eines Musikinstrumentes. Ja vielleicht, noch tiefer reichend, haben uns die Verzichte dazu gedrängt, nicht nur vom «Anderen» zu träumen, sondern davon, selbst ein anderer zu sein.

Was aber ist denn das «eigentliche» Ziel der Sehnsucht? Man kann ihm mancherlei Namen geben – Geborgenheit, Erfüllung, Sinn, Harmonie etwa. Wagen wir indessen das sie alle umfassende Wort, das dem zünftigen Psychologen ein Ärgernis sein muß: Das *Glück*. Ein Ärgernis – denn wer will schon sagen, was Glück sei? Konkrete Sehnsüchte können wir vielleicht noch beschreiben: «Romeo sehnt sich nach Julia» bedeutet, daß sein Wunsch nach einem bestimmten Objekt derart stark ist, daß er alle anderen Ziele verdrängt. Das ist zwar auch schon introspektiv gesagt, aber kluge Psychologen könnten doch einige objektive Kriterien zum Studium von Romeos Sehnsucht erfinden. Aber «Glück»? Sicher, wir alle wollen glücklich werden, doch einmal ist die «gewöhnliche» Sehnsucht nach Glück weder so verzehrend wie die nach der Julia, noch so leicht zu definieren – für jeden von uns bedeutet Glück etwas anderes, und meist wüßten wir selbst nicht genauer zu sagen, was.

Wie schwer Glück zu definieren ist, belegt schon die tägliche Reklame des Fernsehens. Sie zeigt nie Glück, sondern suggeriert nur dessen Möglichkeit: Eine verführerische Frau neben einem makellos schimmernden Auto in einer durchsonnten Landschaft; vergnügtes Eintauchen in ein lichtdurchflutetes Wasser; zärtliches Schmusen mit einer molligen Katze; schwindelndes Schweben über ein romantisches Tal, und so vielerlei andere Traumbilder mehr. Es sind Attribute von Situationen und Dingen, die Glück nicht gewährleisten, aber doch versprechen. Wieso?

Glück ist kein Zustand, sondern ein Erlebnis besonderer, und notwendigerweise flüchtiger Art. Das Glücksgefühl entspringt einer optimalen Harmonie zwischen Ich und Welt; genauer: Es gibt Momente, in denen wir Außen und Innen als völlig kongruent erleben, Momente, in denen uns die gewohnte Diskrepanz zwischen dem Ich und der Außenwelt aufgehoben erscheint. Das kann geschehen, wenn zwei Menschen einander ihre Liebe gestehen, aber, viel bescheidener, auch beim Anblick der sanften Kurve eines fliegenden Vogels, dem Schimmern eines Rotweins im Kerzenlicht, dem Gleiten eines Sonnenflecks über ein schattiges Wasser, bei den ersten Amselschlägen im Frühling oder bei der duftenden Pracht von Jasminblüten. Das, und viele andere, sind Momente des Glücks, in denen wir uns, für einen Augenblick, in der Welt völlig zuhause fühlen. Wenn auch das eine Ereignis den einen kalt läßt, den andern begeistert, so begegnet doch jeder mannigfachen Möglichkeiten des Glücksgefühls – denen aber, das erfahren wir alle, keine Dauer gegönnt ist: Die optimale Entsprechung zwischen Außen und Innen wird unerbittlich durch das Sich-Weiterbewegen beider unterbrochen, und zurück bleibt eben nur der Wunsch, dem Glück wieder zu begegnen. Diese ephemeren Glückserfahrungen, zuweilen seltener, zuweilen häufiger, verstärken so unsere Sehnsucht immer aufs Neue, zugleich mit der widervernünftigen Hoffnung auf ein irgendwann doch dauerndes Glück.

Diese «optimale Syntonie», den harmonischen Einklang von Innen und Außen, streben wir permanent an – er ist, wie ich es anderswo nannte, ein «übergreifendes Ziel»[3], für sich allein jedoch noch inhaltsleer: Jeder Moment, jedes Ereignis kann, vorhergesehen oder unerwartet, ein solches Erleben hervorrufen, und jede Erfahrung prüfen wir gleichsam daraufhin, wie weit sie Glück verspricht oder gewährt. Wir bilden Fantasmen des Glücklichseins, für die uns zuweilen die Gesellschaft Modelle vorgibt, die wir aber auch privat, mit oft sogar uneingestandenen Inhalten ausfüllen. Das Glücklichste daran ist oft die erste Erfüllung – wenn man in das neue Haus einzieht, das Kästchen mit der glitzernden Brosche öffnet, die Ersehnte endlich in die Arme schließt; doch Erfüllung wandelt sich in Gewohnheit, das Glück bestenfalls in Annehmlichkeit, manchmal sogar in Überdruß: Ein «Dauerglück» kann nur darin bestehen, daß man die «Syntonie» immer neu erstellt.

Deshalb gehört das *Bedauern* zur Sehnsucht wie der Schatten zum Licht – denn untergründig erraten wir, daß wir hinter dem konkreten Ziel «eigentlich» ein anderes Glück erhofften, und so erscheint uns die erfahrene Erfüllung nur allzu leicht als gefährdet oder gar enttäuschend. Ob das Bedauern zur Bescheidung führt oder zur Unzufriedenheit, ist schwer vorherzusehen – ja sogar schwer zu erkennen: denn es gibt sowohl eine mißvergnügte, wie eine erfüllende Bescheidung, wie auch eine zerstörende und eine kreative Unzufriedenheit.

Das Sehnen kann also ebenso *destruktiv wie schöpferisch,* ebenso erfüllend wie verzehrend sein. Der Drang, das Wirkliche zu übertreffen, ist eine Quelle von Kreativität; zugleich aber droht das Andere, das Vorhandene zu entwerten. Mehr noch: Die Erfahrung des Glücks, als eines harmonischen Einklangs zwischen dem Ich und der äußeren Situation, weckt Ungeduld gegenüber jenen Unzulänglichkeiten des Wirklichen, die unserer Sehnsucht im Wege zu stehen scheinen – was sich zuweilen auch weniger harmlos äußert als in einfachem Mißfallen.

Denn die Erfahrung, daß unser Streben nach Glück, nach Sinn und Erfüllung immer wieder mißlingt, wirkt umso bedrohlicher, je weniger es uns gelingt, deren Ursachen zu verstehen. Sie bedroht ja meist nicht einfach, weil uns ein sachliches Ziel verwehrt blieb, sondern nicht minder auch deshalb, weil wir unser *Selbst* danach bewerten, wie weit wir unsere Hoffnungen und Ziele zu erfüllen vermögen – Sehnsüchte sind mehr als nur Zielorientierungen; sie definieren uns als Person. Deshalb suchen wir oft beharrlich nach den Gründen einer Enttäuschung, denn sie zu kennen, läßt uns hoffen, sie bekämpfen zu können – oder dafür nicht verantwortlich zu sein; anders gesagt, die Ursache von Mißerfolgen zu lokalisieren, weckt neue Hoffnung und vergewissert uns wiederum unseres Handlungspotentials.

Das Bedauern gilt also immer zweierlei: der Versagung eines konkreten Zieles, und der Begrenzung unseres Handlungspotentials. Auf das erste zu verzichten, fällt leichter, als sich damit abzufinden, daß unser Sehnen letztlich erfolglos bleibt, daß wir in den Grenzen unseres Handelnkönnens eingeschlossen bleiben. Von daher nicht selten der Drang, das Bedrohende nicht nur abzuwehren, sondern völlig auszuschalten, es nicht nur physisch zu zerstören, sondern in seinem Wesen zu vernichten; denn das Feindselige, existierte es auch nur symbolisch weiter, bliebe ein «Anti-Ich», das uns immer noch grundsätzlich in Frage stellte. Wir kennen diese verbissene Destruktivität gegenüber allem, was ein vermeintliches Glück zu verhindern scheint, zu Genüge aus den alltäglichen Nachrichten.

Solche Destruktivität müßte uns vielleicht veranlassen, neben den «normalen» Sehnsüchten die übersteigerten, ja pathologischen zu unterscheiden. Die gewöhnlichen Sehnsüchte fallen uns kaum auf; sie äußern sich im Romanelesen, Musikhören, Ferienträumen oder Schönheitskuren, und noch unauffälliger wirken sie eben als jene Motive, die uns im Gestalten unseres Heims, in mancherlei Hobbies oder, ernsthafter, in Weiterbildungskursen oder Sparplänen bewegen. Andere Sehnsüchte aber drängen nicht nur zum Zerstören dessen, was ihnen entgegensteht, sondern verzehren oft auch den, der sie erlebt. Es sind jene Sehnsüchte des unglücklich Liebenden, des Gottessuchers, der sich kasteit, des Künstlers, der verzweifelt einem Ideal nachstrebt, Sehnsüchte auch, die in den Alkohol, in Depressionen oder gar in den Selbstmord treiben.

Was sich derart destruktiv manifestiert, ist, genauer besehen, Verzweiflung – am häufigsten wohl, wenn einem die Diskrepanz zwischen Handlungspotential und Ziel unüberbrückbar vorkommt. Anders erlebt der *Gierige* diese Diskrepanz: In einem unersättlichen Raffen, Sammeln,

Erleben- und Genießenwollen meint er, sie überwinden zu können. Unersättlich kann nur sein, wer sowohl Erfüllung wie deren Flüchtigkeit erfahren hat und dieser Flüchtigkeit, da sie seine Person grundsätzlich anficht, immer wieder begegnen muß. So sucht sich der Gierige dauernd neue Erfüllungen, die ihm dennoch nie zu genügen vermögen – sie übertönen nur, was ihn bedroht.

Der Zorn gegen das, was sich unseren Sehnsüchten entgegenstellt, wird sich öfter verschlüsselt als offen äußern. Das fiel mir besonders auf in Picassos Portraits von Marie-Thérèse Walter, mit der er vielleicht seine glücklichste Liebschaft erlebte: Einigen wenigen liebreizenden Portraits stehen andere gegenüber, in denen er ihr Gesicht grotesk entstellt; dann wieder verwandelt er sie in eine drohende Megäre oder eine tote Stierkämpferin, und in noch anderen Bildern vertraut er sich selbst als blinder oder verwundeter Minotaurus ihrer Führung an – ein Zwiespalt von Zuneigung und Aggressivität, der schwer zum milden und gefügigen Liebreiz von Marie-Thérèse passen will.[4] Äußert Picasso hier nicht die «Wehmut des Glücks», ein zuweilen zorniges Bedauern darüber, daß gerade die konkrete Erfüllung ihn an die Unerfüllbarkeit seiner Sehnsüchte gemahnte? Das unerklärliche Unbehagen, das so manche Glückserfahrung stört, entspringt dem Zwiespalt zwischen der konkreten Erfüllung und dem, was die Sehnsucht «eigentlich» möchte: Jene vollkommene Harmonie zwischen Innen und Außen, die auch die inneren Dissonanzen auflöst.

Die «Wehmut des Glücks», geboren aus der dunklen Einsicht, daß Sehnsüchte unerfüllt bleiben *müssen*. Märchen enden immer bei der Wunscherfüllung und dem Satz: «...und wenn sie nicht gestorben sind, so leben sie heute noch» – die Geschichte des erfüllten Glücks zu schreiben, wagen sie nicht. Tristan und Isolde, Romeo und Julia, Faust und Gretchen, oder, weniger anspruchsvoll, Alain Fourniers *Grand Meaulnes* sind nur einige literarische Gestaltungen dieses Bewußtseins, daß die Erfüllung sich der Sehnsucht unweigerlich entzieht – und wir der Sehnsucht trotzdem nicht entkommen. In düstererer Tonart sagt uns Melvilles *Moby Dick* dasselbe.

Sehnsüchte, allerdings, tragen ihre Begrenzungen auch in sich selbst. Denn wenn die Erfüllung in einer optimalen Harmonie zwischen Ich und Außen besteht, so gehören zu diesem Außen ja auch unsere Mitmenschen, die nicht minder ihr Glück erstreben. Daß das Glück des andern unser eigenes Sehnen begrenzen müsse, ist deshalb nicht einfach eine Forderung der Moral; sie entspringt vielmehr der Erfahrung, daß Harmonie Verzicht auferlege: Verzicht, einerseits, aus Rücksicht auf andere, Verzicht, aber auch, aus Einsicht in die Begrenztheit unseres Handlungspotentials.

Das impliziert noch einen tiefer begründeten Verzicht. Würde nicht jede endgültige Erfüllung zugleich das Ende der Sehnsucht bedeuten? Und so, ohne ein Glück, das uns noch zu erstreben bliebe, verlöre unser Lebens seinen Sinn. Selbst der buddhistische Weise, in meditierender Disziplin den Begierden und Wünschen entronnen, schildert als Ziel seiner Askese *«peace and happiness of detachment»*, die ihm ein *«exhilarating feeling of ease and freedom»* vermitteln[5] – so ungern er das wahrscheinlich wohl zugäbe, auch ihn bewegt noch Sehnsucht. Und so bärge ein endgültiges Glück in sich selbst den Samen der Unzufriedenheit: Das Sehnen bliebe plötzlich ohne Ziel. Im häuslichen Glück, so heißt es zuweilen, «versauert» man – unser «Glückspotential» hat seine Grenzen. Anders gesagt, die Sehnsucht ist unerläßlich für unser Selbsterleben, und das auferlegt zugleich Verzichtenkönnen.

Das soll nicht bestreiten, daß manche Ehen bis zum Tode glücklich bleiben; was sie jedoch trägt, ist wohl eher jenes kleine Glück, das aus der Bescheidung erwächst – Bescheidung nicht allein gemeint als eine Tugend des Verzichtenkönnens, sondern zuweilen auch als eine solche der Weisheit: Der Einsicht nämlich, daß die äußeren Ziele unserer Sehnsucht bestenfalls nur Bedingungen sind für die eigentliche, nämlich innere Erfüllung. Denn das Außen mag den Einklang zwischen Ich und Welt zwar erleichtern, begünstigen, doch geschaffen wird er aus dem Innen. Auch diese innere Erfüllung, indessen, bleibt ungewiß; auch sie kann nur angestrebt werden. All die vielen Lehren, die uns Weisheit versprechen, durch Glauben, Meditation, Studium, Askese, senden uns auf eine mühsame Reise, auf der uns Zweifel und Mißerfolg nur allzu leicht anfechten. Und dem Glücklichen, der sich erfüllt glaubt, kann es sogar unversehens geschehen, daß er sich nach den Sehnsüchten seiner Jugend sehnt.

Ist dem wirklich so? Tragen äußere Umstände nicht doch entscheidend zur Harmonie von Innen und Außen bei? Ja, kann uns Glück nicht von außen beschert werden, wie so viele Schatzsucher und Glücksspieler, ja auch so manche sehnsüchtig Verliebte glauben? All jene kleinen konkreten Erfüllungen, die wir unablässig verfolgen, versichern sie uns nicht immer wieder, daß ein dauerndes Glück sich irgendwann doch finden lasse? Doch täuschen wir uns nicht: Diese sind nur scheinbar äußerlich, sie erfüllen uns nur, weil wir sie dazu bestimmt haben. Gewiß, ohne schöne Blumen gäbe es keine Beglückung durch eine schöne Blume, doch warum verflüchtigt diese sich unversehens, wenn wir entdecken, daß wir nur eine Plastikblume bewunderten? Die Schönheit einer Blume beglückt eben nur dann, wenn sie inneren Vorgaben entspricht. Martin Seel meint, das Glück einer Freundschaft mit jemandem, der uns betrügt, sei ein «unechtes Glück»[6] – wobei er allerdings, scheint mir, nicht ganz angemessen eine Innensicht (Glückserleben) mit einer Außensicht (Realitätsbezug) vermengt. Ob ein Glücksgefühl der Wirklichkeit angemessen sei, hat – vielleicht – Bedeutung für seine Dauer, nicht aber für seine Echtheit. Ich denke da an den nicht völlig unrealistischen Witz von einem Ehepaar, das nach langer Ehe entdeckte, daß der Mann Fischgerichte nur seiner Frau zuliebe gegessen, sie dagegen Fisch nur ihm zuliebe gekocht hatte. Waren die beiden sauertöpfisch, so grämten sie sich über das lange widerwillige Fischeessen; hatten sie Humor, lachten sie, fielen sich in die Arme und sagten: «Wie schön, daß wir uns all die Jahre so sehr liebten!» Und unversehens wurde daraus doch ein «echtes» Glück. Ob eine Sehnsucht passiv auf Erfüllung wartet oder sie aktiv selbst gestaltet, kann über Glück oder Unglück entscheiden. Auch die Plastikblume kann beglücken – und wäre es nur, wenn sie in uns jenes Bild der echten Blume aufsteigen läßt, von der wir träumen. Sie wird zum Symbol, das uns ein vollkommeneres Glücklichsein verspricht – ein Versprechen, das vielleicht allein schon Glück bedeutet, weil es das Sehnen rechtfertigt.

Sehnsucht also als ein Wert an sich? Gewiß; denn das Sehnen ist nicht einfach ein momentaner Affekt – das *Sich-Sehnenkönnen* ist ein «funktionales Potential», also ein allgemeines, zielunabhängiges Handlungsvermögen, so wie Wahrnehmen oder Erinnern, Träumen oder sich Freuen. Das sind grundlegende Modalitäten des Lebens und Erlebens, und dem Sich-Sehnenkönnen kommt dabei eine besondere Bedeutung zu: Es eröffnet die Zukunft, genauer, die Dimension des Werdens. Denn es läßt Erfüllungen antizipieren und erhoffen, die unerläßlich sind für die Entwicklung des Selbst. Zwar mag jede einzelne Sehnsucht geringfügig erscheinen, doch jede symbolisiert die Möglichkeit einer grundsätzlicheren Erfüllung: nämlich die, die Unzulänglichkeiten unseres Selbst und die Antagonismen unserer Welt zu überwinden. Unser Selbst erlebt sich immer – und wäre es auch nur in den abgelegeneren Winkeln seines Bewußtseins – als unvollständig; erst in der Antizipation seines Werdens gewinnt es Ganzheit.

Von da her die Bedeutung der Sehnsucht. Wir wissen auch darum, selbst wenn wir sie oft belächeln. Und so versuchen wir dauernd, Sehnsüchte, oft sogar reines, zielloses Sehnen zu stimulieren – indem wir etwa Musik hören, Gedichte oder Romane lesen, Bilder betrachten, Blumen bewundern, ja vielleicht nur, etwas neidisch gerührt, spielenden Kindern zuschauen. Sehnsucht zu verspüren, beglückt, weil sie uns vollständiger macht – und es bedrückt, weil sie uns unsere Unvollständigkeit vergegenwärtigt.

So wollen wir die «kleinen» Sehnsüchte nicht verachten, uns von ihnen aber auch nicht täuschen lassen. Denn das eigentliche Streben gilt jenem Glück, das das einzelne Konkrete übersteigt, das die Diskrepanz zwischen Ich und Nich-Ich harmonisch aufzulösen verspricht. Das mag

Utopia sein, und dennoch ein untergründiges Ziel, das nicht nur, ob er es weiß oder nicht, der einzelne verfolgt, sondern das auch unsere Geschichte bewegt hat.

Anmerkungen

[1] Japanischer Haiku-Dichter (1644–1694); in D. Krusche, 1994.

[2] Boesch, 1991/1995, Kap.7

[3] Boesch, 1991/1995

[4] Boesch, 1991/1995, Kap. 7

[5] Nyanaponika Thera, p. 43

[6] Seel M., 1994.

Das Andere[1]

Die alternative Wirklichkeit

Das Andere ist eine seltsame Dimension des Erlebens, von der Psychologie kaum beachtet, dennoch aber allgegenwärtig und bedeutungsvoll. So gehe ich etwa in ein Geschäft und kaufe mir, nach langem Auslesen, einen neuen Anzug. Zuhause, vor dem Spiegel, werde ich unsicher: Hätte mir der andere, der mir ebenfalls gefiel, nicht besser gestanden? Diese Frage, wie es wäre, wenn wir das Andere gekauft, gewählt, getan hätten, stellen sich viele Menschen unablässig; sie ist gleichsam das Nachwehen der Entscheidung, der Schatten, der dem, dem wir uns zugewandt haben, seinen Glanz zu nehmen vermag. Wie vieles, das wir verwarfen, betrauern wir nachher als verpaßte Gelegenheit, wie manche verlassenen Paradiese erscheinen uns vor allem deshalb als Paradies, weil wir sie verlassen haben?

Jenen Ausschnitt der Welt, der unserem Handeln – aktuell oder potentiell – offen steht, bezeichnen wir als unser «Handlungsfeld»; er umreißt unseren «Wirkbereich», der ja im Grunde auch unsere Wirklichkeit ist. Nicht alles darin ist uns einfach vorgegeben: Manches haben wir willentlich geschaffen oder ungewollt mit unserem Handeln herbeigeführt. Nicht alles gefällt uns daran, manches würden wir gerne ändern, manchem würden wir gerne entrinnen. Unser Handlungsfeld enthält, anders gesagt, auch negative oder wenigstens «glanzlose», unattraktive Valenzen. Zwar haben wir uns auch an diese gewöhnt, haben uns mit unserer Wirklichkeit abgefunden, ja sind sogar, würden wir zu sagen neigen, zufrieden mit uns und der Welt. Dennoch stellen wir uns zuweilen so manches vor, das schöner, bequemer, nützlicher, liebenswerter sein könnte – und das wir, hätten wir anders gehandelt, nun wohl auch besäßen. Der andere Anzug, das andere Auto, das andere Haus, der andere Beruf, der andere Wohnort, ja gar die andere Frau oder der andere Mann schleichen sich in die Bewertungen dessen, was wir sind und haben, oft wie ein Stachel ein.

So könnten wir sagen, daß sich der Wirklichkeit, in der wir leben und handeln, wie ein Schatten eine alternative Wirklichkeit hinzugeselle, ein Bild all dessen, was auch möglich wäre, eine Vorstellung von Alternativen, die uns entgangen sind, die wir vielleicht noch schaffen, oder die uns noch zustoßen könnten. Diese alternative Wirklichkeit beeinflußt die Art, wie wir unser konkretes Handlungsfeld beurteilen, sie trägt bei zu unserer Zufriedenheit oder unserem Ungenügen. Damit beeinflußt sie aber auch die Art, wie wir uns selbst sehen, sie ist beteiligt an der Bildung unseres Selbstgefühls: Ich bin der, läßt sie uns sagen, der das Andere nicht geschafft hat oder der es noch schaffen muß. Das Andere, oder die alternative Wirklichkeit, wird zu einer Dimension unseres Ich. Man beachte, wie wesentlich sich das von jenen psychologischen Aussagen unterscheidet, die meinen, das Ich konstituiere sich aus der Summe des Geleisteten und Erfahrenen; das, obwohl grundsätzlich möglich, Nicht-Geleistete gehört nicht minder zu den Determinanten unseres Ich. Die Wirklichkeit unserer Welt wie unserer Person ist sowohl eine solche des Seienden, wie des Möglichen.

Wo das Andere ein Nicht-mehr-Mögliches ist, belegt es eine Schwäche unseres Handelnkönnens, dessen, was ich «Handlungspo- tential» nenne[2]. Diese Schwäche verweist sogar auf eine *grundsätzliche* Begrenzung: man kann nicht gleichzeitig A und Nicht-A wollen oder tun. Deshalb erscheinen solche Schwächen dem «Realisten» als unvermeidlich: man findet sich eben mit ihnen ab; anderen dagegen sind sie Anlaß zu Resignation, Wehmut, Trauer, ja zuweilen sogar Depression: die Schwäche unseres Handlungspotentials führt zur Ichabwertung. Wo das Andere hingegen noch möglich bleibt, bestimmt es Zukunftsantizipationen, Sollwerte unseres Planens. Das Nicht-Verwirklichte, das Noch-nicht-Erreichte weckt Hoffnungen, veranlaßt Handlungsentwürfe, mobilisiert Energien. So mag das Andere zwar die unvermeidbaren Begrenzungen des Handelns schmerzlich spürbar machen, doch zugleich bereichert es unsere Vorstellungen von dem, was uns möglich ist – es ist ein Zielreservoir.

Das klingt allerdings sehr konservativ. Soll mein zukünftiges Handeln darin bestehen, das Nicht-Erreichte nun dennoch anzustreben? Also den anderen Anzug doch noch zu kaufen, das andere Haus dennoch zu bauen, den anderen Beruf noch zu lernen oder die andere Frau noch zu ehelichen? Zwar gibt es Menschen, für die das in nicht geringem Maße zutrifft: Die verpaßten Möglichkeiten von gestern bilden ihre Ziele von morgen. Das ist aber doch wohl nicht das Übliche, denn bisherige Handlungen haben uns neue Erfahrungen und Einsichten eingetragen, die sich auch auf die Vorstellungen des Anderen auswirken. Die tatsächliche Wirklichkeit unseres Handelns verändert sich, wenn auch oft langsam, so doch fortlaufend, und mit ihr verändern sich auch unsere Vorstellungen alternativer Wirklichkeiten. Die Verliebtheiten des Erwachsenen sind nicht mehr die der Jugend; unsere Ziele spiegeln den Grad unserer Reife und Differenziertheit wieder. Unvermerkt transformiert sich der Bereich des Anderen in dem Maße, wie wir uns selbst im Laufe der Entwicklung wandeln.

Das Andere als Wehmut und als Hoffnung: das waren zwei Seiten, die wir bisher erarbeitet hatten. Beide fließen ineinander über: Das Verlorene, einem Entgangene, stachelt Hoffnungen an, weckt Wünsche nach Kompensation, nach irgendwie doch noch möglicher Erfüllung. Wir sahen aber auch, daß das Andere die Sicht des wirklichen Handlungsfeldes beeinflußt: Was ist, aber anders, besser, schöner möglich wäre, verliert seinen Glanz und gibt Anlaß zu Sehnsüchten, zum Wunsch auszubrechen, Alternativen zu suchen, kurz, Zukunft zu planen. Das Andere wird zu einem Bereich von Sollwerten – es kann binden, verpflichten, fordern –, doch entstammen diese Sollwerte nicht immer einfach gemachten Erfahrungen: Sie werden vielmehr daraus oft neu konzipiert – das Andere repräsentiert Strukturierungen unserer Antizipationen, unserer Hoffnungen sowohl wie Ängste.

Die nicht erreichte Alternative weckt, so sagte ich, Wehmut, Trauer – aber auch Neid, Mißgunst, Eifersucht. Es kann immer wieder sein, daß der Nachbar sich das Haus baute, das man selbst gern gehabt hätte, den Beruf ausübt, der einem selbst verwehrt blieb, oder sich auch nur die hübsche afrikanische Skulptur erstand, die einem selbst ins Auge stach. Unser Anderes tritt uns, in unserer Umwelt, vielfältig entgegen. Oft ist es etwas uns Entgangenes, ja vielleicht nur Übersehenes, das uns auf einmal, da der Nachbar oder der Kollege es besitzt, als schöner und besser erscheint. Nacheifern, Wettbewerb stellen sich dabei ebenso ein, wie sehnsüchtiges oder resignierendes Bewundern, neidisches oder gar aggressives Abwerten. Auch in die Gestaltung unserer sozialen Beziehungen mischt sich so das Andere ein.

Sollwerte sind Vorstellungen davon, wie wir handeln und was wir anstreben sollten. Es gibt aber auch ein negatives Anderes, Ereignisse, die uns bedrohen: Krankheit oder Unfall, Einbruch oder Feuer, bis hin zum Krieg und der Atomkatastrophe. Das Bedrohliche kann unausweichlich sein, wie Alter und Tod, es kann aber auch nur als – konkrete oder vage – Möglichkeit vorgestellt, gefühlt oder erahnt werden. Natürlich führt auch das negative Andere zu Sollwerten, also zu Vorsicht oder zu Vorkehrungen, um uns vor Gefährdungen zu schützen; ja, ein mehr oder minder großer Teil unseres Handelns dient weniger dem Erstreben positiver Ziele, als dem Vermeiden von Bedrohungen. Das Andere ist Möglichkeit im positiven wie im negativen Sinn, in beiden Fällen aber steuert es unser Handeln.

Endlich noch: Das Andere, als alternative Wirklichkeit, umfaßt nicht nur Äußeres, sondern auch Inneres. Nicht nur, was wir haben oder erfahren, sondern auch, was wir sein könnten, gehört dazu; der Mensch, den ich zu sein träume und, mit mehr Glück, hätte werden können, und den ich, hilft mir Gott, immer noch zu werden hoffe, ist ebenso eine alternative Wirklichkeit, wie die Angst vor dem Bedrohlichen, das ich in mir ahne, sei es eine heimliche Neigung zu Ausschweifung oder Grausamkeit, sei es eine solche zu Neid oder Feigheit. Die alternativen Dimensionen meines eigenen Seins sind ebenso Inhalte des Anderen, wie die der äußeren Welt.

Die Sollwerte der Vollkommenheit

Unser konkretes Welterleben, so sahen wir, verbindet sich notwendigerweise, ja komplementär, mit alternativen Möglichkeiten des Seins und Handelns, die neben Bedrohlichem, das man vermeiden will, immer auch Erstrebenswerteres beinhalten. Deshalb neigen wir oft dazu, die Wirklichkeit, in der wir handeln, in irgendeiner Weise als unzulänglich zu betrachten: Das Ungenügen ist eine unvermeidliche Folge des Anderen. Fragen wir uns etwas genauer, was die Natur dieses Ungenügens sei.

Das Andere entsteht nicht nur aus dem, was wir unterlassen, verschmäht oder nicht erreicht haben, sondern auch daraus, daß das Erfahrene unvollkommen ist: Der neue Anzug kommt aus der Mode, am Haus, das uns einmal gefiel, entdecken wir Mängel, und die idealisierte Geliebte verrät als Ehefrau ihre menschlichen Schwächen. Ursprünglich Reizvolles stumpft ab zur Gewohnheit, Neues wird unansehnlich, unsere Ziele und Werte verändern sich, und all das weckt den Wunsch nach Alternativen. Immer wieder erfahren wir so, daß die erlebte Wirklichkeit an die alternativen Sollwerte nicht heranzureichen vermag – das Andere wird unvermerkt zu mehr als einer schlichten Alternative, nämlich zum Abbild des Vollkommenen, das sich unserem Alltag entgegensetzt.

Was aber ist das für ein Vollkommenes? Es ist ein Maßstab, an dem wir die Wirklichkeit messen, aber nicht ein Maßstab über Dinge an sich, sondern ein solcher über Dinge *für mich*: Dieser Anzug steht *mir* gut, dieses Kunstwerk gefällt *mir*, das mag *ich* nicht. Es sind Urteile über Ich-Ding-Beziehungen, ein Gefallen oder Mißfallen, die kennzeichnen, inwieweit wir uns in Übereinstimmung mit unserer Welt erleben.

Indessen kann einem nun auffallen, daß die so gewonnenen Sollwerte oft erstaunlich bestimmte Urteile über konkrete Gegebenheiten erlauben, obwohl man nicht vermöchte, sie genauer zu begründen – ich vermag zwar, Qualitäten zu erkennen, nicht aber, sie zu konzeptualisieren. Es sind vielmehr so etwas wie «Anmutungen» des Vollkommenen, die sich jeweilen in der einzelnen Wahrnehmung konkretisieren: Unsere Ich-Ding-Beziehungen werden danach beurteilt, wie nahe sie einer Sollwertvorstellung kommen, die sich unserem Definieren aber zugleich entzieht. Unsere Sollwerte erlauben also etwa nicht, Skalen der Vollkommenheit zu bilden, mit denen wir messen und vergleichen könnten, und dennoch erleben wir so etwas wie Nähe oder Distanz zu dem, was uns vollkommen schiene. Es ist, um ein Beispiel zu nehmen, wie bei einem Maler, der ein bestimmtes, für ihn in einem gegebenen Moment vollkommenes Grün sucht. Er kann es nicht benennen, sondern nur suchen; er mischt und mischt und übermalt, bis er plötzlich, erleichtert und beglückt, ausruft: Das ist es! Er wußte um seine Möglichkeit, aber nicht um deren spezifische Qualität – erst in der konkreten Wahrnehmung vermochte er es zu erkennen. Fände er es nicht, würfe er wohl zum Schluß entmutigt Pinsel und Palette weg: es schwebte ihm etwas vor, nicht umschreibbar, und dennoch ein unbestechlicher Maßstab.

Wo kommen solche seltsamen inneren Maßstäbe her? Zum Teil stammen sie natürlich aus der Erfahrung, und wo dies der Fall ist, erlauben sie allerdings präzise Antizipationen: Ich weiß, was mir am bisherigen Haus oder Auto mißfällt und was ich deshalb verändern möchte. Der Maler hat viele Arten von Grün gesehen und irgendwo lokalisiert er die erträumte Tönung. Dennoch, Erfahrung, so sahen wir schon, bestimmt nicht mit Notwendigkeit die möglichen Alternativen, sie erlaubt unterschiedliche Folgerungen; Erfahrung verbindet sich mit unserem Streben nach Neuem. Das neue Auto, das neue Haus, das erstrebte Grün schweben uns nur selten unmittelbar schon als klare Ziele vor Augen; vielmehr entstehen sie oft erst im Laufe längeren Suchens, in einem Prozeß des allmählichen Konkretisierens. Was aber steuert diesen Prozeß? Was entscheidet darüber, ob wir eine Alternative, die uns zwar möglich erscheint, auch *begehren*? Es sind natürlich, bei einem neuen Auto, einem neuen Haus, einmal funktionale Qualitäten: sie müssen den geforderten Zweck erfüllen; darüber hinaus aber muß *mir* das Objekt *gefallen*, es muß einer – wiederum recht schwer bestimmbaren – Ich-Ding-Relation entsprechen. Die Sollwerte, nach denen wir beurteilen, sind nicht nur solche des Dinges, sondern auch solche des Ich. Das optimale Grün, für das der Maler sich entscheidet, ist *sein* Grün, was immer das auch für seine Selbstdefinition bedeuten mag.

Diese Ich-Ding-Sollwerte sind zum Beispiel so vage wie unsere Vorstellungen vom Glück, vom «guten Leben», von vitaler Kraft oder persönlicher Freiheit, die wir meist kaum präziser zu definieren wüßten, deren Erfüllung oder Bedrohung wir trotzdem genau registrieren. Oft, eher als sie in Konzepte zu fassen, symbolisieren wir sie in Objekten, die uns unseren Sollwerten besonders nahe zu kommen scheinen – die Kunst, wie wir sehen werden, versucht solche Annäherungen zu gestalten, aber wir erleben sie auch in der Natur, in gewissen Personen, sicher in der Verliebtheit. Nicht selten wird der alltägliche sachliche Umgang die Symbolik solcher Objekte und Personen verändern, ja sogar ihren Sollwertcharakter verdrängen – ein konkretes Anderes wird zu einem Ist-Wert, zu einem Gegebenen, das leicht wieder alternative Hoffnungen anregt.

Solche Sollwertsysteme gehören in den Bereich dessen, was ich «Fantasmen» nannte, doch der Name ist nicht wichtig. Wichtiger ist, zu verstehen, daß wir in zwei Wirklichkeiten leben, einer unserer konkreten Erfahrung, sowie einer des Anderen, nach dem wir unsere Erfahrung beurteilen und unsere Zukunft antizipieren. Konkrete und alternative Wirklichkeit im Verbund erst machen unseren Weltbezug aus. Seltsam daran ist nur, daß die alternative Wirklichkeit bis in die Dimension eines unbestimmbar Vollkommenen hineinreicht, aus dem sich Ahnungen eher als Antizipationen herleiten; Ahnungen, die uns dennoch ohne Fehl erkennen lassen, wann uns ein «Glück» begegnet – auch wenn es jene Nachtigall wäre, die dem andern nichts als ein Uhl ist.

Das Ungenügen

Aus der Spannung zwischen den beiden Wirklichkeiten entsteht das Erlebnis des Ungenügens. Wir verstehen jetzt: das Ungenügen ist nicht einfach ein Mißfallen an irgendwelchen einzelnen Erscheinungen oder Vorgängen; vielmehr ist es eine grundsätzliche Emotion, entstehend aus der unvermeidlichen Diskrepanz zwischen dem Wirklichen und dem Anderen. Das verbindet sich mit zwei Einsichten: einmal, daß dem Unvollkommenen des Alltags ein Vollkommenes als Möglichkeit gegenüberstehe, und zweitens, daß dieses Vollkommene sich einem immer wieder entziehe. Denn alles, was wir erreicht haben, leidet unter der Vorstellung des noch nicht Erreichten.

Das ist allgegenwärtige Erfahrung, die sich bei jedem einzelnen immer wiederholt, wenn er ihrer auch oft nur unklar gewahr wird. Wer aber dafür besonders wach ist, die Diskrepanz besonders schmerzlich verspürt, ist der Künstler. Es ist diese Wachheit, die ihn zum Künstler macht, und daraus, daß es Zeugnis dieser Wachheit ablegt, erwächst dem Kunstwerk die Kraft, zu beeindrucken.

Das Andere, als der Bereich der vollkommeneren, aber auch der bedrohlichen Alternativen, ist die eigentliche Domäne des Künstlers. Er macht gleichsam das Potentielle sichtbar: die vollkommensten Landschaften und Liebschaften, das subtilste Gleichgewicht der Form, aber auch die verwerflichste Bosheit oder Häßlichkeit. *«Die lieblichste der Dichtersünden»*, meint Gottfried Keller, sei *«schöne Frauenbilder zu erfinden, wie die Erde sie nicht trägt»*, also jene Alternativen zu erschaffen, die sich unserer konkreten Erfahrung entgegensetzen.

Indessen: Schlicht das Schönere, Lieblichere darzustellen, ist Idylle, die allzu leicht zum sentimentalen Kitsch abgleitet. Zur Empfindsamkeit des Künstlers für das Andere, als vollkommenere Alternative, gehört das Bewußtsein seiner Flüchtigkeit. Die vollkommenste Verliebtheit, so sagt Thomas Manns *Tod in Venedig*, endet im tödlichen Delirium.

In einem imaginierten Gespräch mit Phaidros verwirft der Held der Geschichte die Erkenntnis und will einzig nach der Schönheit trachten, *«das will sagen der Einfachheit, Größe und neuen Strenge, der zweiten Unbefangenheit und der Form. Aber Form und Unbefangenheit, Phaidros, führen zum Rausch und zur Begierde, ...führen zum Abgrund...»* Das ist subtilste Reflexion. Sie erkennt, daß eine Quelle der Bedrohung des Vollkommenen in uns selber liegt, in der Begierde nach Besitz, nach Mehr, und im Rausch des Besitzens oder Besitzenwollens. Das Andere ist ein Verführer sowohl wie ein Bedroher, es verlockt sowohl, wie es sich einem entzieht. *«Wer die Schönheit angeschaut mit Augen»*, sagt Platen, *«ist dem Tode schon anheim gegeben»* – das Vollkommenere verlockt mit dem Versprechen, unserem existentiellen Ungenügen ein Ende zu bereiten, doch das Versprechen ist trügerisch: Das Schöne weckt den Wunsch nach dem noch Schöneren, zugleich aber ist es, je vollkommener, auch umso bedrohter – und bedrohlicher. Die alltägliche Realität ist dem Mittelmaß zugetan, nicht dem Überragenden, und darin findet sie ihre Sicherheit – die die Verlockungen des Vollkommeneren gefährden; deshalb muß es eingezäunt, umgrenzt, also gleichsam entschärft werden. Andernfalls entstünde ein Antagonismus zwischen dem Schönen, das den Alltag bedroht, und dem Alltag, der sich nicht nur dem Schönen, sondern auch dem widersetzt, der es ihm zumutet. Die Kunst genießt vielleicht Narrenfreiheit, aber kaum eine Stimme in den Parlamenten.

Das Vollkommene ist dem Künstler also bewußt als ein Ziel, doch zugleich weiß er auch um seine Flüchtigkeit und Ungreifbarkeit, wie endlich um seine Bedrohtheit. Cézanne soll in der Angst gelebt haben, das Schöne, das sich ihm darbot, nicht malerisch fassen zu können – und er war nicht der einzige; deshalb schienen für den künstlerischen Erfolg oft auch besondere Vorkehrungen erforderlich zu sein – von meditativen Einstimmungen bis zu Drogen. Jeden Künstler aber plagt das Ungenügen mit seinem Werk: das Schöne geschaffen zu haben, reicht ihm nicht; das noch Schönere ist es, was er anstrebt. Dem Wirklichen haftet immer das Andere als eine neue Verlockung an. Und so kann es sein, daß der Künstler ein Werk achtlos zur Seite stellt, ja, es zuweilen zerstört, um das vollkommenere zu schaffen.

Diese Unersättlichkeit des Künstlers, diese Unzufriedenheit mit dem Schönen, weil es das noch Schönere verspricht, verrät im Grunde unser aller Bezug zur Alltagswirklichkeit. Oft zwar scheinen wir bescheidener zu sein, doch, genauer besehen, kennen wir alle diesen Wunsch nach der immer besseren Alternative – den wir, wenn die Wirklichkeit uns anderes verwehrt, in Tagträumen, Ferneferien, den Illusionen der Literatur oder des Konsums erregender Reize zu verwirklichen suchen. Neben der Kunst ist es vielleicht der Sport, mit seinem Streben nach immer neuen

Rekorden, der am deutlichsten diese beinahe zwanghaften Verlockungen des Anderen, der vollkommeneren Alternativen belegt. Nicht den Sechstausender will man bezwingen, sondern den Achttausender, und den von seiner schwierigsten Seite – was aber ist es, das man eigentlich sucht? Was ist dieser Wunsch nach dem immer neuen, immer herausfordern- deren Anderen?

Könnte es sein, daß auch beim gewöhnlichen Menschen, dem, der weder Künstler noch Sportler ist, das Andere im Laufe des Lebens eine immer größere Bedeutung erhält? Je älter wir werden, umso reichhaltiger werden unsere Erfahrungen sowohl von Alternativen, wie auch vom Ungenügen der vollzogenen Handlungen – müßten wir also nicht immer wacher die Vielfalt des Anderen der Unvollkommenheit und der Monotonie des Erlebten entgegensetzen? Ich weiß es nicht; es gibt auch den Sportler, der auf Rekorde verzichtet – Erfahrungen weisen ihm die Grenzen seines Handlungspotentials auf, und so setzt sich Bescheidung dem Suchen nach dem Vollkommeneren ebenso entgegen, wie die geschärfte Einsicht, daß jedes Andere wiederum ein neues Anderes gebiert, daß unsere Sollwerte immer nur provisorische, immer wieder ungenügende Approximationen bewirken. Es könnte aber auch sein, daß die Attraktion des Anderen in der Tat im Laufe des Lebens steigt, so aber, daß die Sollwerte anspruchsvoller anstatt extensiver würden, vielleicht auch innerlicher, der Person eher als äußeren Zielen zugewandt. Die Frage erlaubt wohl keine allgemeine Antwort – das Andere ist eine abstrakte Dimension des Erlebens, es imaginiert, rückblickend, Verlorenes oder konzipiert, antizipierend, Erhofftes oder Befürchtetes. Wie das Umgehen mit Alternativen sich im Laufe des Lebens wandelt, bleibt ein immer noch unbeackertes, dennoch aber wohl lohnendes Terrain für die Psychologie.

Die zwei Herleitungen des Vollkommenen

Das Streben nach dem immer perfekteren Vollkommenen scheint so, auf irgend eine Weise, ohne Ende zu sein. Dem Wirklichen steht immer ein neues Mögliches entgegen. Im Grunde nun ist dieses Streben seltsam unbiologisch. Als biologische Wesen sind wir dafür ausgestattet, uns in lebenerhaltender Weise in unsere ökologische Umwelt einzufügen; diese biologische Anlage beinhaltet keinen Perfektionismus, ja, ein solcher wäre sogar anpassungsfeindlich. Das Optimale, Vollkommene in einem Bereich zu erreichen, ist Spezialisierung – die, wenn sie zu weit getrieben wird, gefährliche Schwächen in anderen Bereichen bedingt; vielleicht gehört die sprichwörtliche «Lebensfremdheit» des Künstlers und Wissenschafters hieher. Woher aber dann dieser anpassungsfremde Zwang, Vollkommenes zu schaffen oder sich anzueignen?

Es gibt wahrscheinlich mehrere Antworten auf diese Frage, von denen uns aber hier nur zwei interessieren sollen. Die eine entspricht dem, was wir uns bisher überlegten: daß es die Strukturierungen unserer – realen und möglichen – Erfahrung seien, die progressiv zu immer vollkommeneren Sollwerten führen; die zweite ist, daß Vollkommenheit als Sollwert a priori in uns angelegt sei.

Es ist, um die erste Antwort zu betrachten, relativ leicht einzusehen, daß zu beinahe jeder konkreten Wirklichkeit eine noch bessere, vollkommenere gedacht werden kann. Weshalb aber sucht man dieses Gedachte zu erreichen? Weil jede Verwirklichung eines Sollwertes das subjektive Handlungspotential erhöht. Was heißt das? Das Handlungspotential ist die subjektive Einschätzung unserer Fähigkeit und Bereitschaft, Aufgaben, die sich uns, oder Sollwerte, die wir uns stellen, zu erfüllen.[3] Diese Beurteilung unserer Handlungsbereitschaft bildet, wie leicht einzusehen, die Grundlage für das Ichgefühl. Das Ichgefühl aber ist keine stabile Größe, kein Selbstwert also, der sich, einmal eingestellt, auf der erreichten Höhe hält; vielmehr benötigt es immer wieder neue Bestätigungen, ja sogar die progressive Steigerung von Sollwerten. In der Tat, meine Handlungsbereitschaft, und damit mein Selbstwertgefühl, sind umso stärker, je höheren und vielfältigeren Anforderungen ich mich gewachsen weiß. Das Andere, als ein Feld alternativer Handlungsziele, wäre also gleichsam ein Reservoir von Möglichkeiten zur progressiv sich steigernden Ichbestätigung.[4] Es gibt zusätzlich andere Arten der Selbstwert-Stabilisierung: Ich kann zum Beispiel, worauf hier nur kurz verwiesen sei, meine Umwelt mit Objekten anfüllen – Trophäen gleichsam –, die, Vergangenes sowohl wie Antizipiertes darstellend, meine Ich-Ansprüche symbolisieren. Sie bilden damit äußere Stützen des Selbstwertes: Der Drang nach dem Vollkommenen erstrebt, könnte man sagen, eine kontinuierliche Erhöhung des Handlungspotentials, und die materiellen Ich- und Erfüllungssymbole vermitteln so etwas wie teilweise – erfahrene oder erhoffte – Bestätigungen. Allerdings, deren objektale Konstanz kann sich der Sollwertsteigerung auch widersetzen, und so werden diese Symbole nicht selten nach einiger Zeit obsolet und müssen ergänzt oder erneuert werden.

Nicht jedermann, so schien uns schon, folgt diesem Imperativ zur Sollwert-Steigerung. Man kann den Drang nach dem Vollkommeneren in Resignation und Genügsamkeit unterdrücken; man kann ihn in käuflichen Illusionen zu verwirklichen suchen, in den Phon-Zahlen einer Hi-Fi-Anlage, in Alkohol oder Drogen; man kann sich auf leicht erreichbare Pseudo-Vollkommenheiten beschränken, wie in der Mode; man kann seinen Drang nach den Erfüllungen des Anderen in der Vollständigkeit einer Briefmarkensammlung oder in der Gepflegtheit eines Gartens zu erfüllen trachten. Kurz, für das, was gewisse Künstler, Sportler oder auch Wissenschafter in zwanghaftem Streben zu erreichen suchen, gibt es einfacheren Ersatz. Auch dieser indessen scheint noch auf die Allgegenwart von Sollwerten hinzuweisen, die sich aus einem, wenn auch nur dunkel erfühlten, Anderen herleiten. Auch dieses noch drängt, meist «verkleidet», dazu, sich nicht mit dem Erreichten zu begnügen, sondern es zu steigern; kleine alltägliche Unersättlichkeiten, Sammelwüte und Perfektionismen verraten in oft rührender Eindrücklichkeit, daß das Andere, als der Bereich des zusätzlich Möglichen und Besseren, gegenwärtig bleibt.

Betrachten wir somit noch die zweite der oben gegebenen Antworten. In der Tat läßt einen die Herleitung des «faustischen Dranges» aus dem Wunsch nach einem immer besseren Handlungspotential irgendwie unbefriedigt; scheint doch das unablässige, ja unersättliche Sichselbst-übertreffen-Wollen nicht nur weit über das hinauszureichen, was unserem Handlungspotential nützt, sondern es oft sogar zu bedrohen. Ich habe vorhin gesagt, daß die alternative Wirklichkeit sich bis in die seltsame Dimension des unbestimmbar Vollkommenen hinein erstrecke, aus dem sich Ahnungen eher als Antizipationen herleiten. Ein Anderes, Vollkommeneres, dessen Bestimmbarkeit sich uns dennoch entziehe, ist ja nun doch eine seltsame Vorstellung, und sollte unser Drang, uns unermüdlich zu übertreffen, wirklich bedeuten, sich diesem unbestimmbaren Vollkommenen anzunähern, so wäre es wohl nicht leicht, das ontogenetisch herzuleiten. Zwar mag es oft Erfahrung sein, die uns auf ein Mehr, ein Besser, ein schöneres Bild oder eine ergreifendere Melodie verweist, doch vermag wohl kaum Erfahrung allein, einen solchen Zwang zum Vollkommeneren zu begründen. Müßten wir deshalb vielleicht vermuten, daß dieser innere Drang irgendwie in der Konstitution des Menschen schon angelegt sei?

Ich gestehe, daß mich diese Antwort in Verlegenheit setzt. Wir haben bisher immanente Überlegungen angestellt, das Vollkommene als ein Ziel betrachtend, das sich aus dem Erleben und Handeln des Menschen heraus konstituiere, im Grunde ähnlich dem Prozeß, der in der Technik progressiv von gangbaren über gute zu immer besseren Lösungen führt, die die Vollkommenheit zwar nicht erreichen, sich ihr aber wenigstens annähern – Vollkommenheit bliebe also relativ. Sollte es aber einen a priori gegebenen Drang zum Vollkommenen geben, so müßte er sich unabhängig von Erfahrung immer wieder äußern – ein vorgegebenes Leitbild, biologisch sowohl wie ontogenetisch rätselhaft.

In der Tat, wir sahen es schon, als biologische Wesen, die wir nun einmal sind, benötigen wir keine absoluten Maßstäbe. Die ganze nichtmenschliche Lebenswelt begnügt sich damit, die alltäglich geforderten Anpassungen zu erfüllen, und nicht zu Unrecht betrachten wir zuweilen auch die Zufriedenheit mit dem, was das Leben uns bringt und abverlangt, als Weisheit – eine Weisheit zwar, der wir uns meist nur widerwillig und halbherzig fügen. Das Faß des Diogenes diente ihm allein dazu, sich Unwesentlichem zu entziehen; im Verfolgen des Wesentlichen aber, im Streben nach Weisheit, blieb auch er unersättlich. Wir könnten zwar versuchen, uns auf die biologischen Grundbedürfnisse zu beschränken – gäben wir dann nicht das eigentlich Menschliche auf?

Das eigentlich Menschliche: wäre das nicht dieses Suchen nach dem Besseren, Schöneren, kurz, dem Vollkommen*eren*? Da dieses aber, wie wir sahen, über das Nützliche und Erfreuliche hinausgeht, und es somit wirklich eine a priori wirkende Leitidee wäre, so könnte sie nur noch das schlechthin Vollkommene meinen. Das Vollkommen*ere* läßt sich zwar auch immanent herleiten, das uneingeschränkt Vollkommene dagegen wäre – notwendigerweise, soweit ich sehe – eine transzendente Idee.

Diese Antwort hebt die immanente Betrachtung des Anderen nicht auf. Es bleibt vorerst einmal der Bereich der nicht verwirklichten – oder nicht bestandenen – Möglichkeiten, mit all den Steigerungen, die es zuläßt und anbietet. Diesem aber würde sich nun das völlig Andere entgegensetzen, dem Denken wie dem Handeln unzugänglich und dennoch, als Leitidee, verlockend. Vorerst einzig Ahnung und Antrieb, gibt es dennoch Bereiche, in denen wir uns diesen Ahnungen zu nähern, sie zu denken oder sinnlich zu fassen suchen: es sind Träume, Imaginationen, am deutlichsten verwirklicht in der Kunst, doch wohl auch in religiösen Intuitionen. Hören wir wieder dem platonischen Gespräch Thomas Manns im *Tod in Venedig zu: «Nur die Schönheit ist liebenswürdig und sichtbar zugleich: sie ist, merke das wohl! die einzige Form des Geistigen, welche wir sinnlich empfangen, sinnlich ertragen können. ...So ist die Schönheit der Weg des Fühlenden zum Geiste, – nur der Weg, ein Mittel nur...»* In der Tat, das Schöne – sei es eine Blume, eine berückende Gestalt, ein Kunstwerk – vermittelt uns, intensiver als jeder andere Versuch es zu fassen, zwar nicht das Vollkommene schlechthin, aber seine Idee; es legt uns nahe, daß es ein Anderes gebe, ein dem Ungenügen der erlebten Wirklichkeit nicht unterworfenes. Nicht durch seine Darstellung, nicht durch formale Perfektion berührte es uns, sondern durch seine Hinweisqualität, und die Ergriffenheit durch das Schöne wäre die Emotion dessen, der sich mit einem Symbol der Transzendenz konfrontiert fühlt.

So wäre es denn, in dieser zweiten Antwort auf unsere Frage, letztlich nicht der Drang zur Ich-Bestätigung, der das Streben nach dem immer Vollkommeneren erklärte, sondern dieser ganz andere, metaphysisch erscheinende Drang, uns in mannigfachen symbolischen Handlungen dem schlechthin Vollkommenen anzunähern – oder, bescheidener vielleicht, seiner Idee immer wieder Gestalt zu geben. Symbolisch: Das schlechthin Andere bleibt unzugänglich, das Vollkommene wird nur in Andeutungen faßbar – es benötigt Gleichnisse, und jeder Schritt zum Anderen, Besseren, Schöneren wäre so eine Annäherung, die nur symbolisch sein *kann*. *«Denn das Schöne ist nichts / als des Schrecklichen Anfang, den wir noch grade ertragen, / und wir bewundern es so, weil es gelassen verschmäht, / uns zu zerstören»*, sagt Rilke in der ersten Duineser Elegie. Denn: *«Nicht daß du Gottes ertrügest / die Stimme, bei weitem. Aber das Wehende höre, / die ununterbrochene Nachricht, die aus Stille sich bildet»*. Ob das schlechthin Vollkommene, weil unzugänglich, nicht denkbar, wirklich des Schrecklichen Anfang wäre? Überlassen wir die Antwort dem Dichter. Begnügen wir uns damit, das Andere mit einer Intuition des Vollkommenen zu verbinden, die als Leitidee in unserer Natur grundsätzlich angelegt wäre.

Damit habe ich natürlich die Grenzen übertreten, die mir als Psychologen gezogen sind, auch wenn ich sie mir nie zu eng bemessen habe. Ich gestehe, daß mir die Antwort besser gefällt, die das Andere immanent aus den Wirklichkeiten unseres Handelns herleitet; irgendwie befriedigt es, ein konsistentes Denkgebäude zu besitzen, darin ohne logischen Bruch auch noch so seltsame Erscheinungen wie das Vollkommenheitsstreben verstehbar werden. Zugleich aber gestehe ich auch, daß ich manchmal von Vermutungen geplagt werde: Vermutungen, daß der oft beinahe verbissene Zwang, jenes Andere anzustreben, das sich hinter dem gegebenen Gegenwärtigen verbirgt, daß der irrationale Drang zum höheren Gipfel, zum vollendeteren Kunstwerk, zur tieferen Erkenntnis im Grunde etwas anderes meinen, als sie zu sein scheinen; daß hinter diesen alternativen Wirklichkeiten sich die Ahnung des völlig Anderen verbirgt; daß unsere Versuche der dauernden Erhöhung unseres Könnens und Erlebens im Grunde ungeschickte, sehnsüchtige Annäherungen darstellen, symbolische Konkretisierungen dessen, was sich als Vollkommenes uns doch immer entzieht. Dann, wenn solche Vermutungen mich anfechten, neige ich der zweiten Erklärung zu, und der Sprung von der Immanenz zur Transzendenz erscheint mir dann kaum noch als ein logischer Bruch, denn letztlich schließen die beiden Erklärungen sich ja auch nicht aus: Wieso sollte unsere Natur nicht, einem geheimen Plane folgend, aus ihren eigenen Gesetzen heraus sich einem Anderen annähern, dessen Konzept sie fortlaufend konstruiert, und das ihr dennoch eingeflüstert wurde?

Die Negation des Vollkommenen

Verkennen wir über diesen vielleicht tröstlich erscheinenden Überlegungen nicht das dunkle Andere: Unseren Ahnungen des erfüllend Vollkommenen widersetzen sich nur allzu oft jene des absolut Zerstörenden – den Bildern des Paradieses standen schon immer die der Hölle entgegen. Können wir hier die gleichen Herleitungen erkennen, wäre auch das Böse eine Leitidee unserer Natur, ein Anderes, das uns eingeflüstert wird? Und stünde es gar in untergründiger Beziehung zum Guten – oder zu jenem Schönen, das Rilke «des Schrecklichen Anfang» nannte? Wie dürfte ich hier eine Antwort wagen? Und dennoch: Soll der Psychologe zu den letzten Fragen über die Natur des Menschen nicht auch den Mut zu Vermutungen aufbringen? Kein Zweifel: Die Erfahrung des Anderen als eines Bereiches von Bedrohungen und Anfechtungen wird keinem erspart, und aus dem Wunsch, dieser Art des Anderen auszuweichen, kann ängstliche, ja zwanghafte Vermeidung entspringen; auch diese dient der Sicherung oder Stärkung des Handlungspotentials. Es kann daraus aber auch ein Zweites entstehen: Bedrohungen erfährt man nicht nur, sondern oft besteht man sie auch. Das Bestehen einer Gefahr aber weckt Lust, weckt das Gefühl eines überlegenen Handelnkönnens, und dies verstärkt eine Freude an der Konfrontation mit Bedrohlichem – anstatt Gefahr zu meiden, sucht man sie auf. Das «dunkle Andere», wie ich es eben nannte, wird dann gleichsam zur Bedingung, an der man sein Vermögen erprobt und bestätigt, das Vollkommene erstreben zu können; die beiden Seiten des Anderen gehen hier eine beinahe symbiotische Verbindung ein. Wir haben sie, etwa beim Bergsteiger, der sich immer gefährlichere Routen aussucht, schon angetroffen.

Doch das Bedrohliche, vermute ich, kann auch Selbstzweck werden. So wie es eine Ästhetik des Häßlichen gibt, so gäbe es dann auch so etwas wie eine Moral der Perversion. Doch hier muß ich gestehen, daß mir der Mut zu Vermutungen schwer fällt. Das Häßliche bei Hieronymus Bosch oder bei Goya ist nie absolut, wohl aber in blutrünstigen Happenings oder kruden Obszenitäten, wie modern sein wollende Kunst sie zuweilen bietet; darin vermag ich indessen ebenso wenig einen Bezug zum Handlungspotential herzustellen wie bei den Perversionen des Handelns, von de Sade bis zu den rituellen Quälern oder einfallsreichen Folterern verschiedener Zeiten und Länder. Zwar kann man – wie üblich – versuchen, solches Tun auf kleinkindliche Konditionierungen oder Traumen zurückzuführen, doch reichen diese Erklärungen nur in den wenigsten Fällen aus – wäre es vielleicht doch so, daß es auch eine Ahnung des absolut Bösen gibt, der manche sich dadurch zu erwehren suchen, daß sie sich mit dem Schrecklichen verbünden? So, wie man durch kriecherische Gefolgschaft den Zorn eines Herrschers vermeidet, so entginge man gleicherweise dem erahnten Bösen.

Es braucht, fürchte ich, stärkere Geister als mich, um sich in diese Probleme zu vertiefen. Doch wie auch immer, sie belegen, daß das Andere, mit seinem Doppelgesicht, eine Quelle von Sehnsucht ist sowohl wie von Angst; überdies aber belegen sie, daß das Andere mehr ist als eine

Erinnerung an entgangene Möglichkeiten oder bestandene Gefahren, mehr auch als eine Erwartung von konkreten Erfüllungen oder Befürchtungen, nämlich grundsätzlicher: daß es Antrieb sein kann zum Guten wie zum Verderblichen, eine Motivation für Künstler und Denker und Moralisten, aber auch eine dumpfe Kraft, die zum Bösen drängt. Und so müßten diese beiden Gesichter des Anderen den Psychologen ebenso sehr beschäftigen wie beunruhigen. Wir werden diesen Fragen im Folgenden denn auch immer wieder begegnen.

Anmerkungen

[1] Nach einem Vortrag 1986 an den Zürcher Gesprächen zum Thema «Religiosität als die Suche nach dem ewig Verborgenen».

[2] Boesch, 1976, 1991/1995.

[3] Genauer ausgeführt in Boesch 1976, 1980, 1983, 1991/1995

[4] «Ich» und «Selbst» werden hier, dem üblichen Wortgebrauch folgend, als weitgehend gleichbedeutend benutzt. Zur begrifflichen Differenzierung, siehe Boesch 1991/1995, Kap. 8.

Erstes Thema:

Innen und Außen, Nahe und Fern

Haus und Heim,
oder die zwei Sehnsüchte [1]

Natürlich gibt es viele Häuser, die niemandem ein Heim sind: Geschäftshäuser, Hotels, Kasernen, Krankenhäuser, Schulen, ja selbst in dem, was man mancherorts «Bürgerhäuser» nennt – in Wirklichkeit eher Verwaltungs- und Versammlungsbauten –, wohnt bestenfalls nur der Hauswart. Das Wort «Haus» bedeutet also sowohl «Gebäude» wie «Heim», und das ist sicher nicht dasselbe: «Ein Haus zu bauen», ist etwas anderes, als «*sein* Haus zu bauen» – ein Bau ist noch kein Zuhause. Vielleicht wird er es einmal, doch kann man davon vorerst nur träumen.

Entsprechend gibt es auch zweierlei Arten des Umgehens mit dem Haus: Die eine ist das Bauen, die Außen- und Innengestaltung, was alles nicht nur ein angemessenes Nutzen von Materialien und Werkzeugen erfordert, sondern auch die Beachtung der geologischen und geographischen Gegebenheiten. Der Erbauer paßt sich also den materiellen Umständen an, führt sachliche Verrichtungen durch und erwirbt dabei «objektive» Kompetenzen und Fertigkeiten.

All das ist aber nicht Selbstzweck, sondern «instrumentelles Handeln» [2]; es soll dazu dienen, ein zukünftiges Wohnen vorzubereiten, also den umbauten Raum – im Rahmen der sachlichen Zwänge – so herzurichten, daß er zu einem *Heim* wird. Es sind Bilder des privaten Lebens, «Glücksvorstellungen» etwa, die das instrumentelle Handeln steuern, und wo die materiellen Gegebenheiten es begrenzen, sucht es diese Vorstellungen wenigstens in Symbolen darzustellen. Das sind nun keine instrumentellen Ziele mehr: Sie wollen die Wirklichkeit, die uns umgibt, so gestalten, daß wir sie als sinnvoll erleben – man könnte also von «Sinnhandlungen» sprechen. Wobei das Wort «sinnvoll» nicht einfach meint, daß wir unmittelbare Befriedigung, Freude oder Lust anstreben; vielmehr soll das Heim auch vielfältigen und entfernteren Zielen dienen. Natürlich hängen beide, Sach- und Sinnhandlungen eng zusammen: Handeln, das irgendwelche bedeutungsvollen Ziele verfolgt, muß immer zugleich auch materiell angemessen sein, doch kommt dem Aspekt des Sinnes die Priorität zu – man baut kein Haus nur, um Steine aufeinander zu fügen.

Man baut Häuser aus mancherlei Materialien: aus Schnee, wie der Iglu des Eskimos, aus Tierhäuten, wie die Yurten mongolischer Nomaden, aus Baumstämmen, Zweigen und Blättern, aus Brettern, Lehm, Stein, Beton oder gar, wie in der modernen Architektur, aus Metall, Glas oder

Plastik. Nicht minder vielfältig sind die Formen: rund oder eckig, ein- oder mehrstöckig, mit oder ohne Fenster oder innere Wände – von den Raumfantasien der modernen Architektur ganz zu schweigen. Mannigfach endlich ist, wie das Haus sich der Umwelt einfügt: Hier wird es in Felswände eingehauen, dort in die Erde gegraben, anderswo auf Pfähle gestellt; an manchen Orten bestimmt der Lauf eines Flusses die Ausrichtung von Häusern, an anderen ist es der Gang der Sonne, die Form des Geländes, die Stellung gegenüber Nachbarn oder die Berechnung des Geomanten[3]. All diese Vielfalt aber ändert wenig daran, daß man überall unterscheidet zwischen dem materiellen Bau und dem, darin man wohnt – dem Heim.

Das Heim, sagte ich, ist mehr als ein Bau: Man muß es bewohnen. Das bedeutet eine gewisse Konstanz des Aufenthaltes und vielfältige Nutzung. Dadurch wird das Heim zu einem *Zentrum des Handelns* für seine Bewohner, der Ort also, von dem aus man Tätigkeiten nachgeht und zu dem man wieder zurückkehrt. Es dient aber auch, im Gegensatz etwa zum Büro oder zur Werkstätte in einer Fabrik, mancherlei Bedürfnissen, meist privater, seltener auch öffentlicher Art: Das Heim ist «polyfunktional»: man ißt, spielt, liebt darin, pflegt seinen Körper, bewirtet Gäste, ruht sich aus, träumt und so mancherlei mehr – ein Privatbereich also, dessen Bewohner dem Außenstehenden Zutritt gewähren oder verweigern können (ein Recht allerdings, das meist kulturell oder gesetzlich begrenzt wird). Somit ergibt sich die Bedeutung des Heimes weder aus den Bauplänen des Architekten, noch beschränkt sie sich auf die «homöostatischen Funktionen» – Schutz vor Kälte, Lärm oder anderen äußeren Unbilden. Wir wollen diesen Bedeutungen nachspüren, indem wir einerseits betrachten, wie das Kind sich allmählich in sein Heim «hineinlebt», und andererseits, wie der Erwachsene sein Haus plant, und wir werden dabei entdecken, daß das Heim wesentlich zur Ausrichtung von Sehnsüchten beiträgt.

Das Heimerleben des Kindes

Wir wissen kaum genau, wie das Kind das Haus anfänglich erlebt; wahrscheinlich als ein Labyrinth von Winkeln, Räumen und Objekten, voll von mancherlei, das bald anzieht, bald ängstigt, das eine zugänglich, das andere versteckt, oft verbunden mit Ermahnungen, Erläuterungen, Warnungen oder gar Schelten der Erwachsenen. All das vermittelt Erfahrungen: die Lust-Angst des Entdeckens und Ausprobierens, das allmähliche Erwerben von Kenntnissen und sich Aneignen von Fertigkeiten. Diese unmittelbaren Erfahrungen von Objekten und Räumen sind somit zugleich solche des eigenen Handelnkönnens, wie auch von Bedeutungen, die über das hinausreichen, was die Dinge materiell darstellen: Sie gehören jemandem, dürfen nur zu bestimmten Zeiten oder Zwecken benutzt werden, ja erfordern zuweilen gar angemessenen Respekt; kurz, das Kind lernt, daß das Haus, seine Objekte und Bewohner eingebunden sind in ein System von Regeln, denen es sich teils unwillkürlich, teils gezwungen fügt. Aus der Räumlichkeit des Heimes wird so allmählich ein vielfältiges Gefüge von Ordnungen und Bedeutungen praxischer[4], zeitlicher, sozialer, ja auch ideologischer Art; es umschließt gleichsam, in reduziertem Maßstab, ein Modell der Welt, in der das Kind lebt. Natürlich sind diese verschiedenen Dimensionen des Hauses eng miteinander verknüpft. Das gilt insbesondere für das kleinere Kind, das die Inhalte des Hauses vorerst weniger als Sach-, denn als Handlungsgegebenheiten erfährt: Die Diele etwa ist der Ort, wo man sich zum Ausgehen anzieht oder beim Heimkommen die Schuhe wechselt. Allmählich aber merkt das Kind, daß dieses eindeutige «Dielenverhalten» je nach Bewohner oder Besucher, ja je nach Tages- oder Jahreszeit wechselt; es wird etwa erstaunt fragen, wieso der Besuch nicht auch im Vorraum Pantoffeln anzieht. Handlungs- und Raumqualitäten differenzieren sich also, und gleiches gilt für jeden anderen Raum, ja jedes Objekt im Hause; alle haben sie ihre spezifische Bedeutung für den einzelnen Bewohner, und diese wird nur zu einem Teil durch die sachliche Einrichtung festgelegt: Für das kleine Mädchen und seine Mutter ist die Küche ein jeweilen anderes «Handlungsfeld», und selbst das gemeinsame eheliche Schlafzimmer hat sicher nicht für beide Partner die gleiche Bedeutung.

Das mögen triviale Beobachtungen sein, die zu erwähnen man sich beinahe scheute, deuteten sie nicht auch auf besondere Erfahrungen des Kindes hin: Wenn die Bewohner des Hauses seine Bereiche verschieden nutzen und ihnen jeweilen eigene Bedeutungen zumessen, so führt das unvermeidlich und oft unerwartet zu Divergenzen, kleineren oder größeren Konflikten und Reibereien, die Auseinandersetzungen erfordern. Das Haus zu erfahren, wird so zugleich zu einer Schule sozialer Kommunikation, zu einer Einübung von Empathie, und trägt also zu einer progressiven Verminderung des kindlichen Egozentrismus bei. Die Erfahrung, daß die eigene Wahrnehmung des Heimes von der der anderen abweichen kann, fördert Rücksichtnahme und gegenseitige Koordination, das Respektieren sowohl wie das eigene Aufstellen von Regeln. Zusammen mit Toleranz und Verständnis entwickelt sich dabei aber auch die Fähigkeit, eigene Wünsche und Neigungen durchzusetzen, sei es in direkter Konfrontation, sei es durch harmlosere oder durchtriebenere Schliche. Kurz, während das Kind sein Haus entdeckt und strukturiert, erfährt es zugleich den andern und sich selbst.

Natürlich entdeckt das Kind sein Heim nicht unabhängig von dessen Umgebung. Früh schon nehmen es Eltern oder Geschwister auf

Ausgänge oder zur Arbeit mit, später krabbelt es in der Wiese herum, spielt im Sand, klettert auf Baumstämme, planscht in einem Teich oder Bach, besucht Nachbarn, und so erstreckt sich seine Welt immer weiter über das Heim hinaus. Die Dichotomie Innen-Außen wird dabei progressiv in zwei Handlungsbereiche differenziert, die sich sowohl nach Klima, materiellen Inhalten und Personen unterscheiden, in denen aber auch teilweise andere Verhaltensregeln gelten. In das zuhause, die «schützende Muschel», wie Gaston Bachelard es nannte[5], kann das Kind sich vor Wind und Kälte und Regen zurückziehen, kann sich flüchten vor «bösen Buben» oder drohenden Hunden, kann sich trösten oder pflegen lassen.

Solche Geborgenheit aber hat ihren Preis: Nicht nur, daß man die Regeln des familiären Wohlverhaltens einzuhalten hat, sondern man muß auch auf so mancherlei Ungewöhnliches verzichten, das unterhält und anregt. Am häuslichen Fenster mag ein Gewitter zwar faszinieren, doch das Kind fühlt sich in Sicherheit; draußen dagegen – solange es nicht zu nahe blitzt, nicht zu erschreckend donnert – erlebt es jene wunderlich erregende Angst-Lust des Teilhabens an einem wilden Geschehen. Was im Außen emotional aufrührt, dringt nur noch gefiltert und gedämpft in die schützende Muschel hinein, und so vermag das Erleben im Inneren kaum je gleichermaßen zu stimulieren.

So wird denn das Innen vorwiegend als der Bereich der Geborgenheit, aber auch der Disziplin und der Verhaltenheit erscheinen, das Außen dagegen als der der Freiheit und Ungebundenheit, ja sogar des Abenteuers und der Bewährung, dadurch aber auch der Gefahr und der Versuchung. Außen kann man tun, was zuhause verboten ist, kann rennen, schreien, Steine werfen, sich prügeln, kann seinen Mut beweisen, seiner Neugierde nachgeben, seine Aggressionen ausleben; doch im Außen stürzt man auch, verstaucht sich einen Fuß, verletzt sich, wird von Wespen gestochen, von Hunden angegriffen, von bärbeißigen Nachbarn zurecht gewiesen. Innen und außen werden allmählich jedes auf seine Weise ambivalent.

Diese Antinomie der beiden Bereiche ist nicht selten kompensatorisch: Der eine verspricht, was der andere versagt. Der Reiz des Außen wird zwar davon abhängen, welche Befriedigungen – oder Bedrohungen – das Kind dort antizipiert, doch dies wird seinerseits von der Geborgenheit beeinflußt, die ihm das Innen gewährt. Anders gesagt, die Anziehung des Außen steigt in dem Maße, als das Innen dem Kinde monoton, einengend, zwingend oder bestrafend erscheint, und umgekehrt steigt die Valenz des Heimes, je stärker die Außenwelt verunsichert oder bedroht.

Dennoch bleiben die beiden Bereiche essentiell verschieden. So sind Bedrohungen, denen man im Innen begegnet, eher emotional – Schelte, Zorn, Eifersucht, Versagungen oder Zwänge erfordern eine andere Art von Mut und Bestehenkönnen als die physischen Unbilden, denen man außen zu begegnen hat. Einen äußeren Gegner kann man vermeiden, kann vor ihm fliehen, einem inneren muß man sich stellen oder unterwerfen, und entsprechend wird man im Heim mit komplexeren Emotionen konfrontiert als in der äußeren Welt – wahrscheinlich besonders das Kind, dessen Abhängigkeit vom Zuhause noch größer ist.

Verschieden bleibt auch die «Dimensionalität» des Innen und Außen: Die äußere Welt ist überwiegend *extrotensiv*, sie erstreckt sich beinahe unendlich weit und umfaßt unzählbare Inhalte. Zwar kennt auch sie feste Grenzen, vom Gartenzaun bis zur Mauer mittelalterlicher Städte oder den Abschottungen der Schweiz im zweiten Weltkrieg. All diese Grenzen aber sind, mindestens grundsätzlich, überschreitbar – sie verweisen alle auf ein «Anderswo», bis hin in eine bald unbestimmte, bald benennbare Ferne, sei dieser Name nun der eines Landes oder Erdteils oder gar eines Planeten. Dem gegenüber ist die Welt des Heimes begrenzt, selbst wenn man die nahen Außenbereiche, die ich «Peripherie» nannte – Garten, Straße, Nachbarschaft – mit einrechnet[6]: Das Innen ist überwiegend *introtensiv*. Das gibt dem Explorationsdrang des Kindes unterschiedliche Richtungen: Außen streift es herum, entdeckt ganze Landschaften, erklettert Bäume und Felsen, steigt in Höhlen, durchstreift Gehölze und Wälder, spioniert Nachbarn aus, und was so dieser Handlungen mehr sind, die suchen, die Kenntnis der Gegenden auszuweiten, in denen es lebt. Innen dagegen wird es zwar auch Keller und Estrich, Truhen und Schränke erkunden, sich sein Heim also gleichsam kognitiv «aneignen»; darüber hinaus aber wird es Bücher lesen, Fernsehen, Basteln, Malen, ein Musikinstrument lernen, also kurz, das Imaginäre gewinnt eine besondere, oft sogar überwiegende Bedeutung. Extrotensive und introtensive Explorationen werden also im Außen und Innen unterschiedlich begünstigt.

Dabei werden scheinbar analoge Handlungen sich wesentlich unterscheiden. Das Innere von Schubladen und Truhen zu erkunden etwa, ist etwas anderes als das Explorieren einer Höhle. Nicht nur fehlen dabei die Lust des Kletterns und die Spannung des Abenteuers, sondern es ändert sich auch die soziale Bedeutung des Tuns: Verschlossene Behälter in der Wohnung sind Privatzonen anderer Personen. Das Kind mag etwa hoffen, darin zu finden, was Erwachsenen vorbehalten ist und sich so symbolisch deren Vorrechte anzuzeigen. Gewiß, das Explorieren der Höhle und das der versteckten Winkel im Heim mag beides vorerst einmal vom Drang bestimmt sein, die Transparenz der Umwelt zu erhöhen; dennoch haften ihnen andere Konnotationen an: die der Höhle etwa geprägt von Räuber- und Entdeckergeschichten, die des Heimes von der Privatheit naher Personen, und deshalb beziehen die beiden Handlungen wesentliche Teile ihrer Valenz aus unterschiedlichen Quellen[7].

Natürlich vermittelt das Innen dem Kinde auch gewisse «Primär-erfahrungen» – oft recht intimer Art: Das Ausruhen und Schlafen etwa, das sich Saubermachen und Schmücken, das sich Pflegenlassen und Pflegen, ja sogar das Streiten und Lieben sind alles Handlungen, die erst möglich werden durch ein Vertrauen nicht nur in das Geborgensein, sondern auch in das Akzeptiertsein der eigenen Person. Doch auch andere, vielleicht noch subtilere, Primärerfahrungen verbinden sich mit dem Heim: So kann das Öffnen einer Türe eine Handlung voller Spannung und Unsicherheit sein, sie zu schließen dagegen eine der Erleichterung, des sich Sicherns (Bachelard: *«Est-ce le même être, celui qui ouvre une porte et celui qui la ferme?»*[8]); das Verschließen von Dingen, ja die Drohung des Einge-schlossenwerdens oder die Panik des Eingesperrtseins sind Erlebnisse, die das Kind meist vorerst im Heim macht; sie prägen die Bedeutung des Geheimen und Verborgenen, von Privatheit und Besitz, von Freiheit und Abhängigkeit, aber auch die der Macht kleiner Dinge – etwa eines Schlüs-sels (alles unübertrefflich geschildert von Gaston Bachelard[9]). Für all diese Erfahrungen schafft das Heim einen Rahmen, der sie erleichtert, der zudem erlaubt, sie gesicherter zu bestehen als andere, obwohl ähnliche, die dem Kinde dann auch im Außen widerfahren. Und so werden die beiden Bereiche, auch wenn sie sich allmählich mehr und mehr beein-flussen, in dennoch je besonderer Weise auf die Bildung des Handlungs-potentials einwirken.

Das Heim bleibt also, so fanden wir bisher, überschaubarer als die Außenwelt, nicht nur materiell, sondern auch sozial, und das, zusam-men mit den Annehmlichkeiten und Befriedigungen, die es bietet, schafft seine Geborgenheit. Das Außen dagegen erscheint eher als der Bereich der Abwechslung, der Erregung oder der motorischen Freuden: Das gelang-weilte Kind verlangt somit danach, hinauszugehen, das geängstigte will nach Hause. Endlich aber fördert das Heim die imaginativen, die «intro-tensiven» Handlungsrichtungen, das Außen die «extrotensiven».

Daraus ergeben sich weitreichende Konsequenzen: Der Gegen-satz zwischen Heim und Außenwelt bildet so etwas wie den Keim der allgemeineren Dichotomie des Eigenen und des Fremden, dessen, dem man sich zugehörig fühlt und dessen, was man als andersartig betrachtet. Es fördert das Setzen von Grenzen mit ihrem jeweiligen Diesseits und Jenseits – wobei weder die Grenzen immer gleich gezogen, noch das Eigene und Fremde immer gleich bewertet werden. Je nachdem aber, wie das Kind die dichotomen Bereiche wahrnimmt, beeinflussen sie seine Neigung zu eher extrotensivem oder introtensivem Handeln – Selbst- wie Fremdbiographien wären nützliche Quellen für das Studium solcher

Einflüsse. Natürlich schließen diese gegensätzlichen Richtungen des Handelns sich nicht aus, ja, benötigen einander vielmehr, beeinflußt doch die Erfahrung der einen die Bewertung der anderen – begünstigt indessen der Lauf der Kindheit die Neigung zu einer der Richtungen, kann dies die Entwicklung der Persönlichkeit prägen.

Die Erfahrungen des Kindes von Heim und Außenwelt beinhalten also mehr als einfach das sich Aneignen und Differenzieren räumlicher Strukturen: Sie formen auch seine Beziehungen zu sozialen Partnern, zu seiner Welt und zu sich selbst. Dazu gehört überdies etwas, das an einem einfachen Beispiel erläutert sei. Man denke an ein drei- oder vierjähriges Kind vor einem Wohnzimmertisch, ein, in seiner Sicht, riesiges Möbelstück, darunter es sich sein eigenen Heim einrichtet, seine Puppen schlafen legt, oder seine Spielautos zwischen den Beinen der Erwachsenen durchfahren läßt. Was auf dem Tische liegt, befindet sich außerhalb seiner Reichweite und zieht es allein deshalb schon an. Zum Essen setzt man es auf ein besonderes Stühlchen, von dem es sich nicht mehr befreien kann – der Tisch wird zu einem Symbol sowohl des Unzugänglichen wie der Unfreiheit. Eines Tages aber wird das Kind, ohne sein Zutun, groß genug sein, um den Tisch zu überblicken und gar die Zuckerschale darauf zu ergreifen, und zu den Mahlzeiten setzt man es nun auf einen «normalen» Stuhl: Das sind Erlebnisse des Triumphes über den Widerstand der Dinge. Ganz allmählich wandelt sich dann der Tisch zum «gewöhnlichen» Möbel, an dem man ißt, Schulaufgaben macht oder Karten spielt: Dem materiell konstanten Objekt weist das Kind im Laufe des Heranwachsens fortlaufend neue Funktionen und Bedeutungen zu; es «er-wächst», könnte man sagen, den Gegenstand. An der Wandlung von Objektbedeutungen erlebt es also ein allmähliches Wachsen des eigenen Handlungspotentials, ganz von selbst, ohne eigenes Zutun. Die oft unbekümmerte Selbstsicherheit jugendlicher Menschen dürfte hier eine ihrer Wurzeln haben – wieso sollte dieses «Er-wachsen» der Wirklichkeit nicht immer weiter gehen?

Es geht jedenfalls über diese Tischerfahrung hinaus. Seine – im elterlichen Heim meist letzte – Erfüllung findet dieser «Erwerb durch Heranwachsen» im eigenen Zimmer, das dem Jugendlichen vielerorts einfach wegen seines Alters zugewiesen wird. Das signalisiert den Beginn der Selbständigkeit; er verfügt nun über einen Bereich, der nicht mehr gleichermaßen den Regeln des übrigen Haushaltes untersteht und ihm somit bisher vorenthaltene Möglichkeiten eigener Gestaltung eröffnet. Vor allem kann er nun auch lernen, das Heim als symbolische Botschaft einzusetzen. Er wird so sein Zimmer nicht nur nach seinen Wünschen und Bedürfnissen einrichten, sondern zugleich so, daß es ihn von anderen unterscheidet, seine Besonderheit, ja zuweilen seinen Widerspruch betont – die Unordnung des Jugendlichen, gegen die seine Mutter vergebens ankämpft, ist nicht nur Ausdruck, sondern auch Mitteilung. Im eigenen Zimmer werden so «Heimfantasmen» gestaltet, erprobt und wieder verworfen: Durch Posters von Filmstars und Sportidolen, durch Sinnsprüche, politische Slogans, Bilder von Traumlandschaften, durch sinnträchtige Objekte und anderes mehr sucht der Heranwachsende Zukunftsvorstellungen und Ich-Aspirationen auszudrücken. Identifikationen mit Fremd-Modellen verbinden sich darin unbekümmert mit seinen Wünschen nach Eigenständigkeit – kurz, in dem kleinen Raum variiert und konzentriert er Entwürfe von Welt- und Lebenssichten.

Aus dem anfänglichen Erfahren und sich Aneignen eines gemeinsamen Heimes und seiner Ordnungen führt so die Entwicklung des Kindes allmählich zu den Versuchen, seine eigenen Heimkonzepte zu gestalten. Das geschieht, sahen wir, in einem dauernden Hin und Her zwischen dem Innen und dem Außen, bei dem beide Handlungsbereiche fortschreitend differenziert, miteinander koordiniert oder einander entgegengesetzt werden. Beide vermitteln ihre eigenen positiven und negativen Erfahrungen, Befriedigungen wie Versagungen, und so führt die Assimilation des Heimes sowohl zu Bindungs- wie zu Lösungswünschen; die sich später in den Hauswünschen des Erwachsenen auf neue Weise konkretisieren.

Das Haus des Erwachsenen

Die Haus-Umwelt-Erfahrung des Kindes geht also gleichsam von innen nach außen; die Hauswünsche des Erwachsenen dagegen, könnte man sagen, eher von außen nach innen. Wenn früher ein Angehöriger der verschiedenen Thaistämme Südostasiens sich anschickte, ein Haus zu bauen, so beachtete er zu allererst spirituelle, topographische und soziale Erfordernisse: Die Geister des Waldes und des Ortes günstig zu stimmen, sich dem Gelände in glückversprechender Weise einzufügen, und die Beziehung zu Nachbarn harmonisch zu gestalten. Erst, wenn diese Gegebenheiten stimmten, konnte man daran gehen, das Haus selbst zu errichten [10]. Das Haus sollte gleichsam zu einem Brennpunkt werden, in dem die Kräfte der Umwelt sich schützend und begünstigend sammelten.

Diese «Zentralität» des Heimes, wie Bachelard es nennt, gewinnt unter den adversen Umweltbedingungen unserer Breiten – wie Klima, Lärm und Streß – an Bedeutung; eine Bedeutung, die nicht allein die vielen und teuren Wohnzeitschriften belegen, sondern mehr noch die Kosten, die man für Wohnungseinrichtungen auszugeben bereit ist. Die Fernsehsucht des Jugendlichen scheint sich mit steigendem Alter immer mehr in eine Heimsehnsucht zu wandeln.

Das elterliche Heim, so sahen wir, ist dem Kinde «auferlegt»; seine Zwänge und Regeln wecken das Bedürfnis, sein Heim selbst zu gestalten – das eigene Zimmer gewährt eine erste, wenn auch unvollkommene Erfüllung. Solche Bedürfnisse prägen nicht minder die Hauswünsche des Erwachsenen, oft sogar über das hinaus, was ihm erschwinglich oder zugänglich erscheint, und so kann es durchaus geschehen, daß er weit über seine Mittel hinaus sucht und plant. Er träumt von einem Haus in «bester Lage» – bald im Grünen, bald in der Höhe, bald am Wasser, bald in der Einsamkeit, bald da, «wo etwas los ist». Entsprechend wird gemieden, was ihm mißfällt oder ihn ängstigt, und wenn er auch das Beste nicht findet, so soll es mindestens das Bestmögliche sein: Er strebt Sollwerte an. Die Gefahr liegt allerdings nahe, daß die getroffene Entscheidung sich doch nicht als die bestmögliche erweist. Deshalb gehen dem Kauf und mehr noch dem Bau eines Hauses oft langwierige Planungen voraus, die suchen, Nachteile und Einschränkungen vorausschauend zu vermeiden. Gewissenhaft konsultiert man Fachleute, Freunde und Sachbücher – deren Ratschläge zuweilen eher verwirren als helfen; denn einerseits sind dem Planenden seine eigentlichen Wohnwünsche oft eher emotional als rational gegenwärtig, und andererseits vermögen seine Ratgeber weniger noch als er selbst vorauszusehen, wie die Lage des Hauses, das Material der Mauern, die Konstruktion des Daches, die Ausstattung des Bades, die Art der Möbel oder die Farben der Tapeten sein Lebensgefühl beeinflussen werden. Allgemeiner gesagt: Sowohl das Ziel selbst, wie die Mittel, es zu erreichen, bleiben zu wesentlichen Teilen unbestimmt.

So wissen wir zwar, daß wir in unserem Hause glücklich sein wollen, doch was für ein Glück meinen wir? Rührend unbeholfen bemüht man sich oft, solche Hoffnungen an konkrete Dinge zu heften – der Begüterte baut sich dann etwa ein Schwimmbad ein, dazu eine Bar-Ecke und einen offenen Kamin, die Bescheideneren begnügen sich mit Kuschelmöbeln, exotischen Vorhängen oder japanischen Liegematten. Beide verstehen so etwa ihr Glücklichsein als Möglichkeiten ungezwungenen Wohlbefindens, doch mit ihren Versuchen, dies in Objekte umzusetzen, handeln sie sich unversehens Zwänge ein – das Schwimmbad muß man benutzen, warten und reinigen, die Möbel staubsaugen, die Vorhänge waschen, den Kamin entsorgen, und bald läßt auch die alltägliche Gewöhnung das Wohlbehagen verblassen, das einem die Dinge versprachen. Was war denn das Glück, das man erwartet hatte? Die Frage weckt Sehnsucht.

Sehnsucht wonach? Zu erfahren, daß Dinge unsere Hoffnungen auf «Glück» oder «gutes Leben» bestenfalls begünstigen, nicht aber erfüllen, kann in der Tat verunsichern. Mancher mag dann vielleicht vorerst nach anderen, versprechenderen Dingen suchen, um sich zum Schluß, nach neuem Mißlingen, mit einer bescheidenen Geborgenheit zu begnügen; andere aber sträuben sich gegen die wiederholten Enttäuschungen, bilden unablässig neue Sehnsüchte nach einer doch irgendwann «echten» Erfüllung. Gauguin suchte sich seine Bleibe in der Bretagne, in Peru, in Panama, in Paris, in Tahiti – auch dort nicht restlos glücklich; es gibt viele kleinere Gauguins, die ebenso unruhig im Außen nach einem Heime suchen, das eigentlich eine introtensive Sehnsucht erfüllen sollte. Von solchen Sehnsüchten profitieren die Verkäufer von Ferienliegenschaften in aller Welt, die Tourismusbranche, die Fabrikanten von Gelände- und anderen Fahrzeugen, von Wander-, Ruder- und Kletterausrüstungen und von so mancherlei mehr, das vorgibt, im Außen von den Zwängen des heimischen Alltags zu befreien und Glück zu verwirklichen.

Doch auch das Heim selbst, durch Bau sowohl wie Ausstattung, verspricht, solche Hoffnungen zu erfüllen. Das soll uns hier etwas ausführlicher beschäftigen. Beginnen wir mit der Außengestaltung. Mauern und Wände schützen, aber sie schließen auch ein und symbolisieren dadurch nicht nur unsere räumliche Gebundenheit, sondern auch die an einen Beruf, eine Gruppe, an ein Gesamt von Verpflichtungen. Diese Bindungssymbolik suchen wir, je nachdem, bald zu verstärken, bald zu mildern – sichtbar schon in dem, was man eine «Übergangssymbolik» nennen könnte, nämlich einerseits Gestaltungen der Hausumgebung – Gärten, Terrassen und Balkone –, aber auch, andererseits, die der Außenansicht des Hauses selbst.

Die ersten weiten gleichsam das Innen in die Außenwelt aus, die Gegensätzlichkeit zwischen beiden wird verringert, das Haus umgibt sich mit einer Art «Peripherie», die sowohl den Neigungen der Bewohner entspricht, wie auch ihren Regeln des Zuganges und des Verhaltens unterworfen wird. Diese Regeln sind oft konventionell, so daß ganze Nachbarschaften wöchentlich einen gleichen englischen Rasen mähen, ähnliche Kies- oder Plattenweglein pflegen, und alles mit gleichhoch geschnittenen Buchen-, Hasel- oder Eibenhecken umschließen. Da dem Blick der Öffentlichkeit ausgesetzt, wirken hier soziale Üblichkeiten oder Normen stärker ein als auf die eigentlichen Innenräume; dennoch wird man danach streben, diesen äußeren Bereichen ebenfalls Qualitäten des Heimes zu verleihen und so, symbolisch, die Innen-Außen-Dichotomie zu entschärfen. Wir verwandeln darin Natur in Kultur und belegen damit zugleich unsere Fähigkeit, sie zu beherrschen.

Andere allerdings versuchen beeindruckendere Gestaltungen: Da zwingt jemand dem Wildwuchs der heimischen Natur die Zucht eines japanischen Gartens auf, oder ein anderer pflanzt exotische Gewächse zwischen die schüchternen Kräuter und Gräser seiner kühleren Heimat. All das indessen, wenn auch eigenwilliger als die Forsythiensträucher im Kurzrasen, will ebenfalls symbolisch die Begrenztheit des Heimes überwinden. Selbst die riesigen Parks chinesischer Kaiser oder die Gärten von Versailles dienten dem selben Ziel, und auch deren Besitzer konnten nicht vermeiden, irgendwann an der Grenze ihrer Heimbereiche, so wie der junge Gautama Buddha, auf den Antagonismus des Außen zu stoßen. Auch noch in unserem zivilisierten Alltag markieren Papiertaschentücher, Zigarettenstummel, Hundekot, Lärm und Gestank oft nur allzu sichtbar diesen Antagonismus.

Gärten, allerdings, erweitern nicht nur die Innensphäre in das Außen, sondern beziehen zugleich Äußeres in das Innen ein; sie sind Bereiche der selektiven Assimilation. Einiges wird als Unkraut gejätet, anderes gehegt, seltene Kräuter im Wald ausgegraben und zuhause eingepflanzt, ferne Gewächse teuer herangeschafft. Denn das Außen widersetzt sich uns ja nicht nur, sondern bereichert uns auch, durch Farben, Formen, Gerüche oder durch seine symbolischen Konnotationen. Die Grenze des Gartens wirkt gleichsam wie eine Zellmembran: Willkommenes läßt sie ein, Unerwünschtes schließt sie aus – auf seine Weise bewahrt der Garten Innen-Außen-Gleichgewichte.

Gärten bilden somit Übergänge und grenzen zugleich ab – vielerorts sichtbar mit Zäunen und Mauern, zuweilen einfach nur durch eine andere Ordnung. Sie kennzeichnen aber auch, teilen gleichsam dem Vorübergehenden mit, welcher Art der Bewohner sei und signalisieren dem Besucher Regeln des Zuganges und des Verhaltens. Die Form und der Schmuck der Häuser vermitteln ihrerseits ähnliche Botschaften: Die Säulen und Friese an Palästen, die Fresken und Ornamente an Vorstadthäusern, oder die Malereien an afrikanischen Lehmhütten verkünden – je nach Kultur oder Bewohner – den Reichtum, die Bedeutung, den Geschmack, die soziale Zugehörigkeit, ja sogar den Glauben des Besitzers. Im Gegensatz zum Garten aber, der den Kulturbereich des Heimes mit der Außenwelt verbindet, betont die Gestaltung des Hauses den Gegensatz des Innen zum Außen; anstatt, wie der Garten, die Dichotomie zu mildern, verschärft sie sie.

Das mag aus praktischer Notwendigkeit geschehen, wie bei den Wehren und Mauern mittelalterlicher Burgen. Dagegen haben die Türmchen und Zinnchen späterer Bürgerhäuser nur noch die symbolische Bedeutung, die Andersartigkeit von Heim und Welt zu markieren; Ähnliches wollen sichtlich die Glasscherben auf Gartenmauern oder die Speerspitzen an Zäunen, die oft nur vordergründig der Abwehr realer Gefahren dienen. Die mythologischen und religiösen Skulpturen und Fresken an Renaissance-Fassaden polarisieren das Private und Öffentliche in anderer Weise: Innen die Frömmigkeit, die Zucht, die Kultur, außen die gemeine Welt, die Unzucht, die Gewalt. Viel bescheidener, doch nicht minder eindrucksvoll, beschwören magische Zeichen und Zeremonien den Gegensatz des schützenden Innen zum unheimlichen Außen. Charpentier und Clément etwa schildern den Einzug in ein neues Haus im nördlichen Thailand: Dabei umspannten die Mönche das ganze Gebäude mit einer geweihten Schnur, und der Besitzer erklärte: «*Wir wollen, daß alles gut sei im Haus, und deshalb umgibt man es mit dieser Baumwollschnur, um es vor dem Bösen zu schützen, das außen ist und uns angreifen will; die Schnur hindert es am Eindringen.*» [11] Derartige Schutzbräuche gab es früher gemeinhin auch bei uns [12], doch der Schmuck heutiger Häuser – sofern man die Kosten dafür überhaupt noch erbringt – dient wohl einzig noch dem Ausdruck individueller Besonderheiten der Bewohner.

Die Reaktionen auf die Begrenztheit des Hauses sind also, so scheint es bisher, doppelt gerichtet: Sie suchen, einerseits, das Haus gleichsam auszuweiten in eine Umgebung, die zugleich der bedrohlichen Qualitäten des Außen entkleidet wird; andererseits betonen sie diese und verwandeln dadurch Eingeschlossensein in Schutz, Enge in Intimität. Aus den Zwängen des festen Quartiers, eigentlich Beschränkungen des Handlungspotentials, entsteht so Stärke – was die kommerzielle wie psychologische Bedeutung der Vorstellungen vom «Schöner Wohnen» verstehbar macht.

Das sich Abschließen und Schützen gegen Außen erhält natürlich in kalten Klimata eine größere Bedeutung als in milden; das Haus muß vorerst einmal ausreichend dauerhaft und sicher gebaut werden. Das erfordert zwar ein funktional angemessenes Einsetzen von Materialien, doch verband sich diese «physikalische Funktionalität» in traditionellen Kulturen schon von Anfang an mit religiösen, magischen oder sonstwie glückverheißenden Maßnahmen, die nicht minder unentbehrlich waren als die materiellen: So mußte man die Lage des Hauses und den Zeitpunkt des Bauens sorgfältig nach astrologischen oder mythischen Vorschriften bestimmen, mußte die geeigneten Opfer erbringen, schützende Geister beschwören und Abwehrrituale vollziehen. In moderneren Zivilisationen mag man – eher versteckt – das eine oder andere davon noch praktizieren, insgesamt aber legt man das Hauptgewicht auf die Qualität und Verarbeitung der Materialien und die Funktionalität der räumlichen Anordnung und Ausstattung.

Das mag rational gerechtfertigt erscheinen, reduziert aber, genauer besehen, die Funktion des Hauses darauf, Schutz zu bieten und Raum zu schaffen für notwendige oder erwünschte Tätigkeiten. Soll das Haus indessen auch so etwas wie eine «Privatsphäre» umschließen, reicht ein solcher Begriff der «Funktionalität» kaum mehr aus. Denn hier geht es ja nun eher darum, die Zwiespältigkeit des Heimes zu mildern, also seine behütenden Qualitäten zu betonen, seine einengenden zu verringern.

Als ergonomische Angemessenheit verstanden, wird Funktionalität vor allem für Arbeitsräume gefordert, die so gestaltet sein sollen, daß die darin notwendigen Verrichtungen möglichst wenig ermüden; man mag auch noch von einem «funktionalen Schlafzimmer» sprechen, bedeutend, daß der Raum nur zum Schlafen diene und dazu genügend Platz und Einrichtung biete. Indessen umfaßt das Konzept der Funktionalität oft auch unscheinbare Einzelheiten: die Form etwa von Türgriffen oder Lichtschaltern, oder die der Tasten auf der Schreibmaschine. Geht es hier auch noch um ergonomische Angemessenheit?

Die früher überstehenden Lichtschalter waren ebenso leicht zu bedienen wie die, die man heute wandplan versenkt, und wer je einen Nagel in eine unter Putz unkorrekt verlegte elektrische Leitung geschlagen hat, wird kaum noch von «Funktionalität» sprechen. Solches ist nicht praktischer, sondern, sagt man, «schöner» – doch was bedeutet das? Eher als Schönheit, wird man diesen Dingen einfach Unauffälligkeit zugestehen: Der Schalter fällt dem flüchtigen Blick kaum mehr auf, und die Leitung ist gar völlig unsichtbar. Wäre es etwa so, daß man hier die Illusion zu wecken sucht, durch ein schlichtes Berühren des «richtigen» Punktes eine entfernte Wirkung auszulösen – ausgeprägter noch bei den Fernbedienungen mit «Sensortouch»? Erinnert das nicht an Frazers Definition der «homöopathischen Magie»[13]? Übrigens: Wissen die Benutzer von Fernbedienungen mehr über deren physikalische Kausalität als die «primitiven» Zauberer über die ihrer Zeichen und Gesten?

Vielleicht erscheint es gewagt, dermaßen hinter dem, was wir moderne Funktionalität zu nennen neigen, Träume von magischem Handeln zu vermuten, und gewiß bleiben sie den meisten Benutzern unbewußt. Schauen wir uns also weiter um. Die sinnlichen Kurven von Polstern in einladenden Farben, suggerieren sie nicht warme Geborgenheit oder entspannte Geselligkeit? Die mobile Fernsehbar, bedeutet sie nicht unbeschwerten Genuß? Die eingravierten Weinkelche im Glasschrank, das ästhetisch geformte Besteck in der Schublade, das Geschirr mit Golddekor, das gestickte oder fantasievoll bedruckte Tischtuch – symbolisieren sie nicht Erfüllungen, die mehr wollen, als Hunger und Durst zu stillen? Offensichtlich soll das Innen des Heimes nicht nur «praktisch» sein: es soll uns auch emotional «ansprechen», soll Wünsche erfüllen, ja, grundsätzlicher noch, unser Vermögen der Wunscherfüllung symbolisieren. Damit, kontrapunktisch zur Außenwelt, repräsentiert es ein Handlungspotential, das uns jene oft verweigert: «Wohlleben», «Intimität», «Selbstverwirklichung» zu erreichen, kurz, eben «Geborgenheit» und das, was wir in ihr erhoffen, zu verwirklichen. Das ist einer der Aspekte dessen, was wir weiter oben «introtensives Handeln» nannten: die «extrotensive»

Begrenztheit des Raumes dadurch zu überwinden, daß man ihm eine emotionale Tiefe verleiht.

So häuft man denn Symbole an, die die Tiefendimension des Heimes betonen, es indessen oft zugleich auch nach Außen «öffnen». Da ist der bretonische Schrank, die afrikanische Maske, die Töpfervase aus Cannes und so mancherlei mehr, dem nicht nur private Konnotationen anhaften, sondern das auch die Umgrenztheit des Raumes symbolisch durchbricht. In besonderer Weise tun dies die Bilder, die den Wänden gleichsam zusätzliche Fenster einfügen, ja, sie zuweilen völlig öffnen wollen: So die, früher häufigen, inneren Freskos oder die, heute, großflächigen Bildtapeten, die, die ganze Wand ausfüllend, die Aussicht in eine Landschaft oder auf eine imaginäre Szene vortäuschen. Etwas anders negieren unsere üblichen Bilder nicht die Wand, sondern «durchstoßen» sie nur, und vermitteln so beides, Konnotationen des Geschützseins wie der Freiheit, so wie Fenster und Türen ja auch zugleich einschließen und hinauslassen.

Allerdings, das Außen, in das das Bild sich öffnet, ist kaum je das der konkreten Wirklichkeit. Selbst eine gerahmte Fotografie stellt einen besonderen Ausschnitt dar, sei es durch die Schönheit des Objektes, die Originalität der Sichtweise, sei es durch die Bedeutung, die man dem Dargestellten zumißt. So repräsentiert das «Bild-Fenster» beinahe immer idealisierte oder dem Bewohner sonstwie bedeutungsvolle Inhalte. Das Bild, das ein Heim schmückt, ist nicht, wie die Wandkarte des Geographen, das Schaubild des Statistikers oder die Dokumentaraufnahme des Journalisten, ein Handlungsmittel für bestimmte Tätigkeiten; es symbolisiert, in einem doppelten Sinne, emotionale Inhalte: Sie entsprechen, einerseits, «introtensiven» Vertiefungen, andererseits lassen sie die Begrenztheit des Raumes überwindbar erscheinen. Indem das Bild so das Innen durch einen «Ausblick» erweitert, betont es das Streben des Bewohners nach einem doppelten Handlungspotential.

In dieser Doppelbedeutung steht das Bild dem Garten nahe: So wie dieser das Innen gleichsam in das Außen ausdehnt, so zieht das Bild ein, zwar selegiertes, Außen nach innen; der Antagonismus des Außen ebenso wie die Beengtheit des Innen werden von beiden symbolisch verringert. Das gilt allerdings, sei hier angefügt, nur begrenzt für das Fernsehen: Dieses scheint zwar auch, sogar mehr noch als das Bild, außen und innen zu verbinden, doch lebt es geradezu vom Kontrast zwischen Geborgenheit und Bedrohung. Wohlgeschützt in seiner Geborgenheit Gefährdungen zu erleben, die man, obwohl sie real sind, nicht zu bestehen braucht, oder vielleicht bestehen zu können sich einredet, stärkt in besonderer Weise unser subjektives Handlungspotential; denn, sich imaginierend mit Bedrohungen auseinanderzusetzen, hilft uns, Möglichkeiten des

Verhaltens zu präzisieren – nur allzu leicht meint man dann allerdings, über diese gegebenenfalls auch zu verfügen. Das Selbstvertrauen, besonders von Jugendlichen, wird dabei – zu Recht oder Unrecht – angehoben. Der Voyeurismus so mancher Fernsehgucker nährt sich aus dieser geheimen Verstärkung des imaginierten Handlungspotentials.

Die «Zentralität des Heimes» bedeutet also nicht einfach einen festen Ort für unser Weggehen und Zurückkehren, einen geschützten Bereich der Ruhe nach den Ermüdungen, Unsicherheiten oder Bedrängnissen des Außen; vielmehr entwickeln wir darin das «introtensive» Handeln, das heißt, wir intensivieren emotionale Beziehungen und Ansprüche, vertiefen Innerlichkeit und Reflexion. So führt das Heim denn zu *zwei verschiedenen Sehnsüchten*: derjenigen, einerseits, nach Loslösung, Freiheit, Bewährung im Außen, und derjenigen, andererseits, nach Geborgenheit, Wärme und Vertiefung einer inneren Welt. Beide Arten von Sehnsüchten suchen sich an Gegenständliches zu heften – an Gegenden, Landschaften, fremde Menschen, Pflanzen, Tiere im Außen, an Möbel, Bilder, sinnträchtige Objekte, Bücher und ähnliches im Innen; doch was sie anstreben, sind weniger diese Dinge selbst als das, was sie bedeuten: Bedeutungen, die, obgleich unterschiedlich von Mensch zu Mensch, mit Ich-Fantasmen zusammenhängen.

Diese nun können sich wandeln. Das Haus dagegen wandelt sich nicht. Zwar kann man Bilder austauschen, wenn sie einem verleiden, kann Möbel umstellen oder sich neue kaufen, kann umtapezieren, das Haus aber bleibt, wo es ist und wie es ist. Dann droht Geborgenheit wirklich, sich in Unfreiheit zu verwandeln, der Komfort in Langeweile. Unerwartet entdeckt man – was eigentlich nie verborgen war –, daß Erfüllungen, die man sich erhoffte, weniger der Wirklichkeit der Dinge entsprangen, als den Bedeutungen, die man ihnen zulegte [14]. Das Haus als Ziel der Sehnsucht ist ein Projekt; zum Objekt erstarrt, kann es zum Zwang werden, der anderen Projekten entgegensteht. Ein Umzug vermag höchstens auf Zeit zu helfen: Die Konsonanz zwischen Ich-Fantasmen und materieller Realität fordert immer wieder, neue Gleichgewichte zu bilden.

Natürlich ist es ein wenig irreführend, das Haus selbst als «Ziel der Sehnsucht» zu bezeichnen – das gilt nur etwa so, wie auch ein Auto oder ein Schmuckstück Ziele von Sehnsucht sein können; sie sind sozusagen «instrumentelle Sehnsüchte», Dinge, die man als unerläßlich betrachtet, um zu erfüllen, wonach man sich «eigentlich» sehnt – intimes Glück etwa, Ungebundenheit, oder soziale Anerkennung. Häufig zwar wird man sich dieser «eigentlichen» Sehnsüchte gar nicht richtig bewußt sein, wird dazu neigen, deren ganze Valenz den Dingen selbst anzuheften [15], ja zuweilen zwanghaft nach dem «erfüllenden» Objekt zu suchen, ohne sich seiner wahren Beweggründe gewahr zu werden.

Wir haben bisher von zwei Handlungsrichtungen gesprochen, die der Gegensatz zwischen dem Heim und der Außenwelt begünstige: den Drang in die Weite als «extrotensives», und den in die «Innerlichkeit» als «introtensives» Handeln. Wie so häufig verführt auch hier die Sprache zu überzeichnenden Dichotomisierungen: Die Entdeckungsreisenden, seien sie nun Touristen auf einem Erkundungstrek oder Seefahrer wie Cook oder Bougainville, verdeutlichen zweifelsohne «extrotensives» Handeln; gilt das etwa auch für Gauguin, dessen Drang in die Weite ja eher ein Weg nach Innen war? Der Maler in seinem Atelier, der Philosoph in seiner Bibliothek, der Bücherwurm in seinem Lesesessel verfolgen sicherlich «introtensive» Handlungen, sie suchen innere Bilder zu gestalten oder zu vertiefen; gälte dies gleicherweise für den, der sein Haus sorgfältig mit all dem ausstaffiert, womit er seine Gäste zu beeindrucken hofft? Verlieren wir uns nicht in terminologische Kniffligkeiten: Extrotensives Handeln ist nicht auf das Außen, introtensives nicht auf das Innen beschränkt; vielmehr soll nur gesagt sein, daß die beiden Bereiche bestimmte *Handlungsrichtungen* besonders anregen und fördern. Natürlich kann einer auch beim Bergsteigen Gedichten nachsinnen oder im stillen Kämmerlein Abenteuer planen. Überdies kann, wie wir sahen, das Heim das Streben nach Innerlichkeit auch enttäuschen und dazu verführen, «wahre» Intimität in der Ferne zu erhoffen; und das Außen seinerseits, obwohl anziehend, kann zugleich auch ängstigen, so daß mancher es vorzieht, seinen Fernesehnsüchten im Heim nachzuhängen – die Verleger schöner Bildbände oder spannender Reiseberichte profitieren davon.

Es gibt indessen Kulturen, die Innen und Außen nicht streng zu trennen brauchen, wo das Klima und vielleicht sogar die Mitmenschen so freundlich sind, daß das Haus bestenfalls gegen Regen und Wind und Mücken, nicht aber gegen Kälte und Einbrecher zu schützen hat – wie steht es dort mit den introtensiven Neigungen? Ich weiß darauf keine allgemeine Antwort; detaillierte Schilderungen von Hauseinrichtungen in anderen Kulturen sind mir nicht viele begegnet, und überdies lassen Beschreibungen von Objekten so lange wenig Schlüsse zu, als sie nicht auch deren Bedeutungen für die Bewohner mit beachten – selbst die ungeschmückte Ecke eines Zimmers kann einem Kind die Intimität des Zuhauseseins vermitteln. Trotzdem müssen ja wohl introtensive Explorationen umso spärlicher werden, je weniger Verstecktes ein Haus enthält, und Geheimnisse im Haus sind etwas anderes als Verborgenes im Außen: Sie markieren Privatsphären, deuten Innerlichkeit und Intimität nahestehender Personen an und dürften somit wohl die introtensive Neugierde besonders fördern. Das sei indessen weder eine allgemeine Folgerung, noch möchte ich nahelegen, daß introtensive Handlungsneigungen sich allein im Inneren des Heimes entwickeln.

Dennoch finden wir in Häusern fremder Kulturen mancherlei, was unsere Überlegungen bestätigt. Auch da, wo ein mildes Klima erlaubt, unbekümmert zwischen Innen und Außen zu wechseln, werden die beiden Bereiche vielerorts deutlich getrennt; die Gegensätzlichkeit scheint also geistiger eher als materieller Natur zu sein. Die Abwehrzeremonien bei der Einweihung eines Hauses in Thailand wurden schon angeführt; dazu gesellen sich andere apotropäische Vorschriften und Rituale: die Besänftigung von Geistern beim Schlagen von Holz, deren Beschwörung beim Aufrichten der Hauspfosten, die ungerade Zahl der Treppenstufen, schützende Zeichen über der Eingangstüre, das magische Abschirmen des Hauses bei Geburt und Wochenbett, oder endlich die umständliche Art, einen Verstorbenen aus dem Hause zu entfernen, um seinem Geist die Rückkehr zu verunmöglichen. Unheilbedeutende Pflanzen oder Gegenstände werden aus der Umgebung des Hauses entfernt, glückbringende an deren Stelle gepflanzt oder angebracht, und so mancherlei mehr[16]. Beachtenswert erscheint mir auch die Bedeutung von Schmutz und Sauberkeit. Die Forderung etwa, vor dem Betreten des Hauses die Füße zu waschen oder die Schuhe auszuziehen, hat mehr als nur hygienische Bedeutung: Dem Schmutz haftet auch das grundsätzlich Bedrohliche des Außen an. Auch bei afrikanischen Häusern – etwa bei den Matakam in Nordkamerun[17] – finden sich solche Dichotomisierungen: Nicht nur werden die einzelnen Hütten des Gehöftes so zusammengefügt, daß sie eine Art Rundmauer bilden, sondern überdies wird der Eingang noch durch magische Objekte gesichert. Der Antagonismus Innen-Außen scheint also allgegenwärtig, nicht aber unüberwindbar zu sein; er erfordert Wachsamkeit, doch mit den angemessenen Schutzmaßnahmen kann man ihn bestehen.

Solche Maßnahmen machen nun in der Tat selbst einen ungeschmückten Innenbereich zu einem Raum der Innerlichkeit, der Entspannung, der spirituellen Geborgenheit; es braucht also nicht unbedingt Truhen und Schränke, Estriche und Keller, um introtensives Handelns zu fördern: Wo die Wachsamkeit nach außen sich lockern darf, entstehen die Freiräume des Träumens und der Intimität. Vielleicht entwickelt sich darin eine andere Art von Innerlichkeit, als in den reich möblierten Wohnbereichen unserer kälteren Kulturen – wir wissen es nicht. Die Frage nach den Beziehungen zwischen unseren Um- und unseren Innenwelten harrt noch auf vielerlei Forschung.

Anmerkungen

[1] Nach einem Vortrag im «Institut Européen d'Ecologie», Metz
[2] Boesch, 1991, 1995
[3] Die Literatur dazu ist vielfältig; hier nur einzelne Titel: Dumarçai, 1987; Gardi, 1957, 1973; Charpentier et Clément, 1984; Sathienkoset, 1969; Tambia, 1970; Boesch, 1980.

[4] «praxisch» = konkretes Handeln betreffend; dazu Boesch, 1976, 1991.
[5] Bachelard, G., 1970.
[6] Boesch, 1963, 1976.
[7] zum Problem der Handlungsvalenz siehe z.B. Boesch 1976, 1991.
[8] Bachelard, G., 1970, p. 201
[9] Bachelard G., op.cit..
[10] etwa Charpentier S., Clément P., 1984.
[11] ibidem, p. 329
[12] etwa Fillipetti et Troterau, 1978
[13] etwa Boesch, 1983, oder Gaster, 1959
[14] «objektiv» = sachlich, allgemeingültig; «objektal» = Objekte betreffend; siehe Boesch, 1976, 1991.
[15] zum Begriff der Valenz, siehe Boesch, 1976, 1991.
[16] dazu etwa Textor, 1973
[17] siehe etwa Gardi R, 1973

Heimweh und Fernweh[1]

I

«Zu Straßburg auf der Schanz, da fing mein Trauern an...» – so sang ich als Primarschüler, und kindlich fühlte ich mit dem Söldner, dessen Heimweh ihn dazu nötigte, desertierend sein Leben aufs Spiel zu setzen – *«ins Vaterland mußt ich hinüberschwimmen – das ging nicht an.»* Daß Straßburg nicht an der schweizer Grenze lag, focht mich damals nicht an; ich hegte keine Zweifel daran, daß das Lied das Heimweh eines Schweizers besang. Ich war selbst ein Heimwehbub; in Ferienkolonien war ich oft heimwehig traurig, und einmal machte ich mich gar aus dem Heuet im Walsertal auf und wanderte zu Fuß und ohne Geld ins Rheintal hinunter, mit allmählich wunden, blasigen Füßen, bis mich dann ein mitleidiger Autofahrer auflud und nach St. Gallen brachte. Und so war mir das Fühlen des Deserteurs in Straßburg nicht fremd.

Dennoch wählte ich als Studienort Genf – die Universitätsstadt, die meinem Heimatort am entferntesten lag (noch ferner verhinderte der Krieg). Später ließ ich mich an die Universität Saarbrücken verlocken – weil, so hieß es damals, dort eine europäische Universität entstehen sollte: Europa, zu jener Zeit – 1951 –, noch ein ferner Traum eines neuen Kontinents, der auch meine eigene Heimat sicherer sowohl wie weltverbundener einschlösse. Dann einige Jahre Thailand – was früher Heimweh gewesen war, schien sich nun in Fernesehnsucht gewandelt zu haben, und daß ich zuerst eine Französin, ja in zweiter Ehe gar eine Thailänderin heiratete, machte dies nur noch offensichtlicher. In meinen Bücherschränken stehen einige hundert Schriften über Thailand, wohl mehr als ein halbes Hundert über andere asiatische und afrikanische Kulturen, aber über die Schweiz sind es wohl kaum zwei Dutzend. Wäre ich aus einem Heimwehler zu einem Fernewehler geworden – oder was für verborgene Kanäle könnten das sein, die Heimat und Fremde verbinden?

Heimweh spürt man natürlich meist in der Fremde. Da mag einen ein ungutes Schicksal hingetrieben haben, etwa als Flüchtling, und daß man dann dem Verlorenen nachtrauert, erscheint verständlich. Oft aber hat man die Fremde selbst aufgesucht, ist einer Verlockung gefolgt, einem beruflichen Angebot vielleicht oder einfach dem Wunsch nach Neuem, nach Bewährungen oder nach Abenteuern. Aus der Heimat gesehen, schien das Ferne mancherlei zu versprechen, der Glanz der Fremde überstrahlte den gewohnten, zuweilen lustlosen Alltag. Aber dann, weit weg von eben diesem Alltag, gewinnt er plötzlich an Leuchtkraft, und das Heimweh ergreift uns.

Man muß die Wörter wörtlich nehmen: «Heim-Weh», «ergreifen». Das ist mehr, als einfach an zuhause denken. Sicher, auf Reisen kommt einen manchmal der Wunsch an, wieder einmal im eigenen Bett zu schlafen, im Stammcafé mit Freunden zu jassen, oder anstelle des dauernden Lautsprechergedudels wieder einmal gute Musik zu hören. Man wird solche Gedanken kaum Heimweh nennen, und man fühlt sich wohl auch nicht besonders durch sie «ergriffen». Heimweh ist vielmehr, wie der *Petit Robert* treffend definiert, jener *«état de dépérissement et de langueur causé par le regret obsédant du pays natal, du lieu où l'on a longtemps vécu»*[2] – ein Zustand des Dahinsiechens und Schmachtens, bedingt durch ein quälendes Bedauern einer verlorenen Heimat. Die hier gewählten Begriffe deuten auf einen Geisteszustand hin, der einen eben «ergreift», dessen man nicht Herr zu werden vermag, und der einen zu so irrationalen Akten treibt wie den unglücklichen Deserteur im fremden Straßburg. *Heimweh und Verbrechen* lautete denn auch eine Schrift von Karl Jaspers, darin er auf die aus dem emotionalen Ergriffensein entstandenen Handlungszwänge hinwies.[3]

Jaspers folgend, haben manche Psychiater das Heimweh als eine depressive Verstimmung betrachtet, die, so wurde gar behauptet, eine psychopathische Konstitution voraussetze.[4] Dabei wurde wohl übersehen, daß der eigentlich Depressive Handlungsziele *allgemein* entwertet – nichts erscheint ihm mehr erstrebenswert. Dem Heimwehkranken dagegen ist gerade eines, nämlich seine Heimat, so übermächtig erstrebenswert, daß darüber alles andere verblaßt. Er gleicht im Grunde eher einem unglücklich Verliebten – sehnsüchtig nach einer Angebeteten schmachtend, die ihm unerreichbar erscheint.

Nur, das ist ein extremes Bild. Sicher, das verzweifelte Heimweh kommt vor, so wie es ja auch geschehen kann, daß ein unglücklich Verliebter sich umbringt. Selbstunsicherheit, Unreife, wie bei Kindern, bedrückende oder gar bedrohliche Lebensumstände, aber auch neurotische Zwiespälte können dazu führen, daß das Heimweh solch stürmische und, in Extremfällen, pathologische Formen annimmt. Meist aber begnügt es sich mit milderen Manifestationen. Es kann so etwas sein wie ein Schatten über der Umgebung, in der man sich befindet, eine untergründige Freudlosigkeit an der Gegenwart, ein Gefühl, um es einfacher zu sagen, daß man nicht da lebt, wo man «eigentlich» hingehörte. Das mag, äußerlich, den Heimwehigen kaum von dem unterscheiden, der sich zuhause fühlt; er wird vielleicht höchstens sagen: «Wenn ich pensioniert bin, kehre ich zurück». Zurück: Heimweh, so scheint es, ist eine rückwärts gerichtete Sehnsucht. Die, wie jede Sehnsucht, die gegenwärtige Wirklichkeit ihres Glanzes beraubt, ein Anderswo dagegen, oder ein Damals, in das milde Licht einer imaginierten Beglückung taucht.

Rückwärts gerichtet: Manche Psychoanalytiker würden dazu neigen, von einer Sehnsucht nach dem verlorenen Paradies der Kindheit – oder, «wissenschaftlicher», von infantiler Fixierung – zu sprechen. Andere denken an das Gleichnis vom Verlorenen Sohn, in der biblischen Fassung oder der von Rilkes *Malte Laurids Brigge*. Die ersten weisen auf Verwöhnungen, Wärme und Geborgenheit hin, zu denen zurückzukehren es einen drängt; Rilke dagegen beschreibt die Flucht aus einem beengenden Elternhaus, die das, was zu tun gewesen wäre, ungetan bleiben ließ, so daß der Fremdling dann an seine Kindheit zurückdenkt als den Bereich, wo nachzuholen wäre, *«was er früher nicht hatte leisten können.»*[5] Zwei verschiedene Auffassungen der rückwärts gerichteten Sehnsucht also, sei es als Wunsch nach einer verlorenen Glückseligkeit, sei es als Bedürfnis, Unterlassenes noch zu tun, eine Aufgabe zu erfüllen, der man damals, der Enge und Zwänge der Heimat überdrüssig, ausgewichen war. Beides, zweifelsohne, könnte wohl Inhalt des Heimwehs sein. Zwischen beiden läge das biblische Gleichnis, das unserem, das Offensichtliche, Naheliegende bevorzugendem Geist eher zusagt: Der Verlorene Sohn suchte zuhause nicht infantile Paradiese – er litt einfach unter der Not, in die ihn Gier, Übermut, Unerfahrenheit und Unreife getrieben hatten und kehrte dorthin zurück, wo er eine Minderung seiner Leiden erwartete. So, wie eben die Mutter gemahnt hatte: «Du wirst dann später schon einmal schätzen lernen, was du hier alles hattest!» Heimat nicht als Paradies, auch nicht als Aufgabe, sondern als vielleicht minimale, jedenfalls aber unverlierbare Geborgenheit. Entsprechend etwa dem Heimatort des Schweizers, der dem Bürger zusichert, auch in der schlimmsten Not noch auf eine Bleibe rechnen zu können – wenn auch armselig vielleicht, und mit der Schande des Versagens behaftet; dieser Rückkehrer würde dann zum «Armenhäusler» und an die Peripherie der Heimat gedrängt – nicht allen verlorenen Söhnen schlachtet man ein Kalb.

Diese Gleichnisse und Theorien vermögen mich nicht recht zu befriedigen. Mir scheint, man müßte genauer zu verstehen suchen, ob und in welchem Sinne Heimweh rückwärts gerichtete Sehnsucht sei. Insgeheim zwar finden wir Gefallen an solchen Interpretationen; das Leiden des Heimwehs bestätigt die Qualität unserer Heimat und ihrer Ordnungen – daher wohl auch die Glorie, die den desertierenden Söldner umgab. Vergessen wir aber darüber nicht, wie oft wir uns gegen sie auflehnten? Die heimischen – oder gar kindlichen – Paradiese sind ja wohl weniger Wirklichkeit als Ergebnis verklärender Fantasien. Ist die Kindheit nicht angefüllt mit Enttäuschungen und Versagungen? Das Schreien des Kleinkindes manifestiert hilflose Abhängigkeit; aber kaum kann es gehen und sprechen, versucht es schon, gegen Einschränkungen aufzubegehren («Trotzalter» nennt man das); dann kommen die Zwänge und Ängste der Schule, die Verwirrungen der Pubertät, die Konflikte mit Erziehern, die Demütigungen der Berufslehre – all das, wenn auch vermischt mit Freuden und Erfüllungen, ist eben doch weit davon entfernt, ein Paradies zu sein.

Infantile Fixierungen kommen sicherlich vor, und sie manifestieren sich unterschiedlich – von unsicherer Ängstlichkeit etwa bis zu narzisstischem Genußstreben. Dennoch müßte man den Begriff sparsam verwenden. Glückliche Kindheitserinnerungen zu bewahren und aus ihnen neue Ziele des Glücklichseins herzuleiten, ist nur, was wir alle tun: Die erfolgreichen Erfahrungen, die Erlebnisse von Wohlbefinden, Gelingen und Selbstbestätigung bilden immer Anstöße zur Bildung künftiger Ziele. Fixierung wird solches erst dann, wenn es unbeweglich macht, unfähig also, sich Neuem zu eröffnen und die Bilder der Vergangenheit in Gegenwärtiges umzusetzen. Es gehört zum Lauf des Lebens, Erfahrungen progressiv in Neues zu transformieren.

Deshalb wird der junge Mensch sich normalerweise kaum nach der Kindheit zurücksehnen, sondern vielmehr versuchen, sie von sich abzuschütteln. Heimat erleben wir als Kind nur allzu oft als beengend, als Beschränkung des Potentials, uns und unser Leben zu gestalten, und so wird das Fernweh beim jungen Menschen oft stärker als das Heimweh. Ein Fernweh allerdings, das meist keineswegs das völlig Andere anstrebt; die Sehnsüchte, die er verfolgt, wurzeln in der Erfahrung seiner Heimat.

Das gilt, und auf unterschiedliche Weise, nicht nur für Jugendliche. So begnügt sich des einen Fernweh damit, sein gewohntes Zuhause mit Mandalabildern und afrikanischen Figürchen auszuschmücken und gelegentlich, beim sanften Geruch von Räucherstäbchen und einem Tonband von Meditationsmusik, indischen Tee zu konsumieren. Andere wollen mehr: Sie machen «Erlebnisreisen» in jene fremden Kulturen, die einem das «Andere» versprechen – jene Lebensformen, Genüsse, Erfüllungen, die man in der Heimat zu vermissen glaubt. Zuweilen kehrt man enttäuscht zurück, zugleich aber mit verstärkten Sehnsüchten: Sehnsüchte nach dem, was in besonders glücklichen Orten oder Momenten aufzublitzen und zu bestätigen schien, daß es das «wahre Andere» doch irgendwo geben müsse – es gelte nur, es zu finden. Manche verzehren sich, wie Van Gogh, in unerfülltem Verlangen, andere, wie Gauguin und seine Nacheiferer, kehren der Heimat (beinahe) endgültig den Rücken: Aus bloßen Träumern sind sie «Aussteiger» geworden. In Chiengmai steht am Fluß das alte Thaihaus eines schweizer Malers, der dort, nachdem er lange in Bali gelebt hatte, in bescheidenem Ruhm seinen Lebensabend verbrachte. Ein traumschönes Haus, umgeben von einem märchenhaften Garten –

trotzdem, während seiner letzten Krankheit plagte ihn das Verlangen nach der Heimat: Fernweh schlug in Heimweh um.

II

Was kann so ein Heimweh denn erstreben wollen? Von der Kindheit ist nichts mehr übrig geblieben, und eine schweizer Mietwohnung (mehr hätten die heimatlichen Immobilienpreise kaum erlaubt) böte nur einen traurigen Kontrast zum Haus am Ufer des Flusses Ping. Freunde? Wieviele Freunde seiner Jugend kann ein alter Mann noch anzutreffen hoffen? Was denn ist eigentlich diese Heimat des Heimwehleidenden? Und was, müßte man aber sogleich fragen, ist die Fremde? Denn Heimat und Fremde verhalten sich zueinander wie Licht und Schatten, wie Tag und Nacht. Heimat benötigt Fremde, um erlebt zu werden, und Fremde wird zu einer Realität nur im Kontrast zur Heimat. Mehr aber noch: Sie scheinen sich so komplementär zu sein wie die Schalen einer Waage – je schwerer die eine, umso höher stiege die andere. Heimat und Fremde bauen sich auf in kontinuerlichem Gegeneinander, schon von der frühesten Kindheit an. Das Kind, zufrieden im Arm seiner Mutter, beginnt zu schreien, wie es ein Unbekannter in die Arme nehmen will; später vergnügt es sich auf einem fremden Spielplatz, wird aber unruhig, ängstlich, ja weint, wenn es die Mutter aus den Augen verliert. Seinem Vater folgend, nähert der kleine Bub sich einem fremden Hund und beginnt ihn zu streicheln, unbegleitet aber weicht er ihm ängstlich aus, und in den dunklen Wald oder die finstere Höhle wagt er sich nur, wenn der ältere Bruder ihm voran geht. Heimat sind vorerst einmal die Bereiche, die uns sichern und dadurch allmählich erlauben, Mut und Selbstvertrauen aufzubauen. Heimat, so gesehen, ist jene Art von Geborgenheit, die den Mut ermöglicht, sich in das Fremde vorzuwagen. Vorerst wohl, indem sie das Kind schützend begleitet, bald aber einfach dadurch, daß sie ihm die Gewißheit verleiht, immer gegenwärtig und erreichbar zu sein. Der verlorene Sohn besitzt, was dem Flüchtling fehlt: die Möglichkeit der Rückkehr. Deshalb ist auch der Entzug der Heimat, die Ausbürgerung, eine so schwere Strafe.[6]

Sich hinaus zu wagen, setzt also voraus, daß die Heimat Erfahrungen des eigenen Handelnkönnens gestiftet hat. Das furchtsame Kind läßt die Hand der Mutter nicht los: es mißtraut seinem Handlungsvermögen. Eine Heimat, die den Mut des Kindes nicht wachsen läßt, kann nicht echt Heimat sein: Die Ängste sind ihr gleichsam eingewoben, ihre Geborgenheit bleibt durchsetzt mit Bedrohung. Zweierlei gehört deshalb zur Heimat: einmal eine *Transparenz*, die Orientierungen leicht macht, und zweitens *Bestätigungen*, die das Handlungsvertrauen des Kindes stärken. Beide, offensichtlich, hängen eng zusammen.

Mit «Transparenz» meinen wir hier die Durchsichtigkeit der Umwelt. Das bedeutet also einmal, daß wir sie räumlich kennen, und schon da erweist sich die enge Verknüpfung zwischen Transparenz und Handlungsvermögen. Denn die räumliche Kenntnis erwirbt das Kind explorierend, und das erfordert immer, in geringerem oder stärkerem Ausmaß, den neugierigen Mut, sich in Unbekanntes vorzuwagen. Was aber bestärkt – oder schwächt – diesen Mut eher als die Erfahrung bisherigen Handelns? Transparenz umschließt jedoch mehr als die räumliche Kenntnis der Gassen und Höfe und Winkel, der Wälder und Wege in seinem Handlungsfeld, nämlich auch deren Bedeutungen: Gewisse Orte sind attraktiv, andere muß man meiden, und das gründet nicht nur auf eigenen Erfahrungen, sondern auch auf Interpretationen und Berichten anderer. Anders gesagt: Das Explorieren wird oft geleitet durch neugierige Erwartungen, aber auch begleitet von Erklärungen sozialer Herkunft. Die Bedeutungen, mit denen das Kind so allmählich sein Handlungsfeld ausfüllt, umschließen auch Handlungsanweisungen: So oder so hat es sich da oder dort zu verhalten – die Vorsicht beim Überqueren eines Baches, die Technik des Schnitzens einer Maienpfeife, die Art des Umgehens mit Pfeil und Bogen, bis hin zu den Verhaltensregeln, die in einem fremden Haus zu beachten sind.

Somit setzt Transparenz auch Sprache voraus: Sie ist nicht nur räumlicher und sachlicher, sondern auch geistiger Art. Viele Bedeutungen kann man nicht einfach beobachtend erschließen: Sie müssen sprachlich vermittelt werden. Gewiß, es gibt Erfahrungen, die sich sprachlich nicht ausdrücken lassen, andere, die der Sprache vorausgehen, und der Begriff des «eingeschränkten Sprachcode» («restricted code»), den wir Basil Bernstein verdanken, läßt uns vermuten, daß die Sprache in vielen sozialen Interaktionen eher eine Hinweis- als eine Erklärungsfunktion erfüllt.[7] Dennoch bleiben sprachliche Inhalte unabdingbar für die Vermittlung von Bedeutungen, und mehr noch für diejenige all jener Inhalte unserer Umwelt, die ideatorischer Art sind: Mythen, Ideen, Fantasien und Theorien etwa.

Nicht minder wichtig ist, daß Sprache uns ermöglicht, die Reaktionen anderer auf unser Handeln zu verstehen: zu wissen, ob wir erfolgreich, «richtig» oder «gut» handeln. Zwar erlauben uns gewiß die direkten Erfolge oder Mißerfolge, unser Handlungsvermögen einzuschätzen, doch das Lob oder der Tadel, die Zustimmung oder das Mißfallen unserer sozialen Partner tragen dazu ebenfalls bei – deren Unwillen kann bewirken, daß wir auch der materiellen Erfolge einer Handlung nicht froh werden.

Überdies wird Sprechen zu einem Handeln eigener Art. Man spricht oft nur zum Vergnügen, das das Reden bereitet, wie jeder Klatsch oder jede Biertischdiskussion belegen; vielerlei Handlungen werden rein –

oder überwiegend – sprachlich vollzogen: beim Markten und Feilschen zum Beispiel, beim Werben und Flirten, beim Lehren, Anweisen oder Disputieren, beim Schreiben und Lesen von Berichten und Gedichten, und sicher nicht zuletzt bei den jeder Kultur eigenen, oft subtil vielschichtigen Sprachspielen. So wird die Sprache sowohl zu einem Handlungsmittel wie zu einem Handlungsbereich, und das selbstverständliche Sprechen- und Verstehenkönnen somit auch zu einem eigenen Handlungsvermögen. Das ist es, was Sprache zu einem wesentlichen Element der Heimat macht.

Endlich aber erlaubt Sprache etwas, das für unser Problem besonders wichtig ist: nämlich «das Andere» darzustellen, Wirklichkeiten oder gar unwirkliche Inhalte, die sich unserer direkten Erfahrung entziehen. Dadurch erst kann das Fremde Gestalt annehmen und der Heimat, kontrastierend, Profil verleihen.[8]

Heimat, so können wir also als erstes schließen, bedeutet ein Handlungsfeld, das uns transparent ist, das wir verstehen, darin wir uns zu orientieren vermögen und darin wir, endlich, die Möglichkeiten unseres Handelnkönnens, wie auch dessen Grenzen erfahren. Offensichtlich kann das Wort «Transparenz» hier nur bedeuten, daß wir glauben, unsere Umweltkenntnis entspreche irgendwie optimal dem Geflecht unserer Handlungen. Denn natürlich kennt auch der Einheimische weder räumlich noch ideell seine gesamte Umgebung; für jeden gibt es Bereiche, die ihm verborgen bleiben. So bildet das Fremde, auch noch für den Erwachsenen, mancherlei Einsprengsel in der Heimat – gelegentlich fordern sie auf zu neugieriger Exploration, manche vermeiden wir oder «verdrängen» sie sogar, wenn sie unser Bild der Heimat beeinträchtigen («Tabubereiche»)[9], andere, endlich, bleiben schlicht uninteressant. Trotzdem verringern sie solange nicht unseren Eindruck von Transparenz, als sie die Synomorphie[10] zwischen Handlung und Umwelt nicht wesentlich stören.

All das indessen, Transparenz und Handlungsvermögen, sind im Grunde nur äußere Aspekte. Wir können die Sprache eines fremden Landes lernen, können es räumlich und sozial erkunden, so daß wir es zuweilen besser kennen als die Einheimischen: Dennoch wird es dadurch noch nicht zur Heimat. Vielleicht fühlen wir uns dort «zuhause», nicht aber «daheim». Es muß noch anderes geben, was die Heimat ausmacht.

Lassen wir uns also durch das bisher Gesagte nicht verleiten, Heimat sachlich – als Raumstruktur, soziales Geflecht und ideatorisches Gefüge – definieren zu wollen; eine Gegend, eine Gesellschaft, werden erst für ein inneres Erleben zur Heimat: Dann, wenn man sie als zu sich, und sich als zu ihnen gehörig wahrnimmt. Heimat ist deshalb nicht einfach etwas Vorhandenes, Vorgegebenes, sondern sie besteht in dem inneren Bild einer spezifischen, durch Handlungserfahrungen geprägten Ich-Umwelt-Beziehung, das im Laufe der Kindheit aufgebaut und individuell gestaltet werden muß. In einem gegebenen Raum sich orientieren und handeln zu können, sind Voraussetzungen zur Bildung des Heimatgefühls: Was aber ist darüber hinaus von Bedeutung?

Beachten wir vorerst, daß der Heranwachsende in der Heimat die ersten Erfahrungen seines Handelnkönnens – oder Versagens – macht. Solche *Ersterfahrungen* wirken oft besonders intensiv; über das unmittelbare Erlebnis des Tuns hinaus erschließen sie neue Dimensionen des Handelns und stärken dadurch in sicherlich besonders prägnanter Weise das Selbstvertrauen: Sie sind ich-bildend und ich-verstärkend. Zwar können sie auch negativ verlaufen; dann weisen sie Grenzen auf, was ichbedrohend erlebt werden kann; doch Mißerfolg fördert zugleich Umsicht, Vorausschau und Handlungsplanungen und erhöht dadurch auf seine Weise ebenfalls sowohl die Umwelttransparenz wie die Selbstsicherheit.

Ersterfahrungen, sagte ich, erschließen neue Handlungsdimensionen. Das können subtile, beinahe mikroskopische Erfahrungsbereiche sein: frühe Eindrücke von Grillenzirpen, von Spiegelungen im Wasser, das erste Kraulen und Streicheln eines weichen samtenen Kätzchens sind Momente beglückten Entdeckens von Umwelt sowohl wie unserer Fähigkeit, sie zu erleben und mit ihr umzugehen. Sie tragen, trotz ihrer anscheinenden Geringfügigkeit, zu unserem Handlungspotential bei und prägen Konnotationen von Dingen und Situationen, die im weiteren Handeln des Kindes fortwirken. Analoges gilt, natürlich modifiziert, für schmerzhafte oder ängstigende Erfahrungen. Und indem das Kind so seine Heimat in vielfältigen Erlebnissen entdeckt und strukturiert, entfaltet es zugleich sein Selbst; Heimaterfahrung und Selbstbildung amalgieren sich zu einer untrennbaren Einheit.

Dabei bildet das Kind grundlegende Identifikationen: Denn indem es sich die Umwelt erschließt, bewertet es sie ja auch. Diese Bewertungen umfassen mehr, als was im Gegenwärtigen anzieht oder abstößt; sie betreffen auch antizipierte Versprechungen oder Bedrohungen. Dabei werden Modelle gebildet, solche des Handelns sowohl wie der Selbstwerdung, Modelle, die man vielleicht imitiert, denen man nachstrebt, die man dabei aber auch assimilierend transformiert. Diese Zukunftsprojektionen sind von zentraler Bedeutung für das Handlungspotential: Nicht nur, daß sie dem Handeln Richtungen geben, sondern sie umschließen ja auch die Erfahrungen des Wünschens und Hoffens, des Planens, Vorausschauens, also imaginierende Handlungen, die wir oft lustvoll als Verstärkung unseres Handelnkönnens erleben, die aber auch, nicht minder wichtig, das Ich zu einem Werdenden machen. So können erlebte Unzulänglichkeiten antizipierend kompensiert, ja gar in Erfolge verwandelt werden – die Zukunft enthält nicht selten das, was wir «eigentlich» sind.[11]

Somit wird Heimat zu mehr als einem transparenten Handlungs-feld: nämlich einem Bereich und einem Zeitraum, in dem unser Ich seine grundlegenden Bewährungen sammelte und Richtungen sowohl wie Inhalte seiner Antizipationen umriß, also Lebensplanungen zu bilden begann. Heimat beinhaltet so Zukunft ebenso sehr wie Vergangenheit, und sie umschließt nicht nur das Vertraute, sondern auch das Fremde: Denn die Bereiche unseres Herkommens wurden ja dadurch zur Heimat, daß sie dem Kind erlaubten, fortlaufend ein Unbekanntes hier, ein Fremdes dort zu erkunden, zu erleben und sich darin zu bewähren; das Hin und Her zwi-schen Geborgenheit und Wagnis gehört unabdingbar zur Kindheit und damit zur Heimat. Deshalb verbindet sich die Heimat grundsätzlich auch mit Imaginationen des Fremden – die sowohl zu ihrer Kraft wie zu ihrer Fragwürdigkeit beitragen können.

Es gibt Kindheiten, wo die Geborgenheit zu gering ist; dann wecken sie Sehnsucht, meist verbunden mit Unsicherheit oder Angst. Weniger das Wagnis wird dann angestrebt als die Kompensation des Mangels – auch das, allerdings, ein «Nachholen des Nicht-Geleisteten», um Rilkes Worte zu benutzen. Doch Geborgenheit, wo sie im Überfluß gewährt wird, droht auch zu beengen, und dann kann die Sehnsucht das Ungesicherte, das Abenteuerliche erstreben; nicht minder mag der, den die Kühnheiten des kindlichen Explorierens allzu sehr beglückt hatten, noch erwachsenen Abenteuergelüsten nachhängen. Das sind indessen Sonder-fälle. Grundsätzlich erlaubt die Heimat, mit ihrer Mischung aus Gebor-genheit und Wagnis, das Bilden von Ich-Projekten, also von Antizipa-tionen dessen, was man werden, erleben, erringen möchte – was immer sowohl ein Gleiches wie ein Anderes beinhaltet; die Dimension des Frem-den wurzelt somit in der Erfahrung der Heimat. Mehr noch: Heimat selbst kann zu etwas werden, das noch nicht ist, das man gestalten oder suchen will; denn nicht immer entspricht sie den Sollwerten, die zu bilden sie uns dennoch veranlaßt.

III

Meist, oder oft, sucht man diese Sollwerte nicht in der räumli-chen Ferne, sondern in der Imagination. Es gibt zwei Konzeptionen der Kultur: Neben der der Anthropologen, die sie als die Gesamtheit aller Lebensumstände einer Gemeinschaft definieren, steht die der Geistes-wissenschaften, die Kultur in den Bereichen der Kunst, Literatur, Musik, Philosophie oder Religion sehen – also in den Bildern, die sich eine Gruppe schafft. Bilder, die nicht nur «das Eigene» gestalten, indem sie es klären, bewußter machen, zuweilen auch idealisieren, sondern die ebenso «das Andere» umreißen, als das Fremde, dessen Kontrast wir zur Selbst-darstellung benötigen, das zugleich aber auch Bedeutungen aufdeckt, die unser Alltag verdrängt und die über ihn hinausweisen. Das Kind begegnet solchen Bildern in Märchen und Geschichten, Cartoons, Fernsehsendungen, und deren Inhalte gehen in die Strukturierung von Heimat ebenso ein wie in die Antizipation der Fremde; sie regen an zu imaginierendem Handeln, zu Fantasien der Selbstbewährung, sie erlauben dem Kind, in der Geborgenheit des Heimes vielfältige Emotionen zu erleben, in denen es das fremde «Andere» besteht. Ist es ein Wunder, wenn dieses dabei oft sehnsüchtigere Fantasien anregt als das allzu gewohnte Eigene?[12]

Wenn dann die konkreten Fremderfahrungen sich einstellen, so geschieht ein Hin- und Herverschieben dieser Bilder. Heimatliches wird dem Fremden übergeschoben, Fremdes stiehlt sich in die Heimatbilder ein. Ich bin St. Galler, aber wenn ich, zurückdenkend, mich frage, was denn in der Schweiz gleichsam konzentriert das darstelle, was mich dahin zieht, so taucht in meinem Innern ein Bild auf: der Blick auf den Genfersee, wenn man bei Chexbres aus dem Eisenbahntunnel kommt – eine plötzliche, strahlende Weite von See und Bergen in einem unbeschreibbaren Licht. Ich habe nie dort gewohnt, und keine Erinnerungen anderer Art verbinden sich mit diesem besondern Ort – er ist nur Eindruck, Qualität, Anmutung, die sich kaum in Worte umsetzen lassen. Die Gigue in der b-dur Partita von Bach – nicht so hingaloppiert, wie man das meist hört, sondern leicht und tänzelnd gespielt – weckt in mir zuweilen die Erinnerung an dieses Licht: Es ist ein Stück Fremde und doch Bild der Heimat, aber nicht der Heimat, wie sie *ist*, sondern wie sie *sein sollte* – das Symbol einer Hoffnung eher als einer Wirklichkeit.

So könnten wir denn eine «faktische» von einer «fantasmischen» Heimat unterscheiden, die erste als der – geographische und soziale – Bereich, aus dem wir stammen, die zweite als das, was wir daraus an Sollbildern entwickelt haben. Das faktische Heim von Rilkes Verlorenem Sohn war sein Vaterhaus mit dem, was es an Menschen, Tieren und deren Eigenheiten umschloß; die fantasmische Heimat dagegen waren die Träume, die ihn beim Viehhüten in den Feldern ergriffen: *«Das Geheimnis seines noch nie gewesenen Lebens breitete sich vor ihm aus…; man war ein Bucanier auf der Insel Tortuga, und es lag keine Verpflichtung darin, es zu sein; man belagerte Campêche, man eroberte Vera-Cruz; es war möglich, das ganze Heer zu sein oder ein Anführer zu Pferd oder ein Schiff auf dem Meer: je nachdem man sich fühlte. …Soviel Einbildungen sich aber auch einstellten, zwischendurch war immer noch Zeit, nichts als ein Vogel zu sein, ungewiß welcher.»* Aber eben, was Rilke vergaß, war, daß auch dieses Sich-weg-Träumen ein Teil der Heimat war.

In der Tat, wenn das bisher Gesagte zutrifft, so könnte man Heimat durchaus als jene Geborgenheit verstehen, die einem erlaubt, sich aus ihr hinaus zu träumen. So wie das Kind eben ungeängstigt sich vom

Hause entfernt, weil es gewiß ist, wieder zurückkehren zu können, so nutzt der junge Mensch seine Geborgenheiten, um sich nach der Fremde zu sehnen. Mir fällt immer wieder auf, wie heftig junge Schweizer ihr Land kritisieren, nicht selten auch solche, die kaum persönliche Gründe für ihre Unzufriedenheit anführen könnten. Jeder Mangel im Gemeinwesen scheint ihnen Anlaß zu geben, es zu verwerfen – kleinkariert, engstirnig, gewinnsüchtig, borniert etwa lauten dann die Urteile. Wie recht oder unrecht sie auch haben mögen: Es ist dennoch gerade die Geborgenheit der Heimat, die es erlaubt, Sollwerte der vollkommenen Erfüllung zu bilden; nicht selten projizieren wir sie in die Fremde und lasten der Heimat dann das – wirklich oder imaginiert – Unbefriedigende an. Dadurch aber, daß die Heimat solche Projektionen ermöglicht, trägt sie wesentlich zur Selbststärkung bei: Im Imaginieren und Anstreben von Sollwerten, in kritischem Kontrast zur wahrgenommenen Wirklichkeit, festigen wir unser Selbst. Die Reifung der Person erfordert sowohl das Bewahren wie das Überwinden des eigenen Herkommens. Und so wäre denn die makelfreie Gemeinschaft, gäbe es sie, eben gerade auch unvollkommen, weil sie dem jungen Menschen diese Übungen im Widerspruch, dieses Anstreben des Besseren vorenthielte – er müßte sich die Mängel geradezu erfinden. Deshalb fällt es oft schwer, aus den politisch opportunen und den psychologisch erwünschten Vorwürfen die wirklichen Mißstände herauszufiltern.

So enthält die Heimat die Samen des Strebens nach Fremde: Sie läßt uns die Erregungen und die Triumphe des Entdeckens vorwegnehmen, sie erzählt uns Geschichten des Fernen, Erstaunlichen, Wundersamen, ja selbst durch ihre Schilderungen von Not und Bedrohung in der Fremde, ihre Warnungen vor dem Andersartigen und Verachtenswerten, weckt sie zuweilen noch Neugierde und Bewährungsdrang. Natürlich werden die Versagungen, die uns die Heimat auferlegt, die Beschränkung unserer Selbstansprüche, die Neigung verstärken, sich einem gewährender und erfüllender gedachten Anderswo zuzuwenden. Da jede Umwelt Begrenzungen birgt, und reale Handlungsergebnisse meist auch von den angestrebten Sollwerten abweichen, werden solche Neigungen immer Nahrung finden. Allerdings, dem steht entgegen, daß Geborgenheit, die die Heimat gewährt, den Gegenpol zur Bedrohtheit bildet. «*Es sollte wieder einen Weltkrieg geben*», sagte neulich in einem Fernsehinterview eine von Unglück verfolgte Frau; «*aber nicht so mit Atombomben*», fügte sie an, «*[sondern] so wie 1939, in der Schweiz sind wir ja sicher.*» Die Antinomie Heimat-Fremde wird hier in erschreckender Weise deutlich: Die Abwertung der Heimat führt zur Imagination von Katastrophen, die sie aber der Fremde auferlegt, mit dem Ziel, die Heimat den verratenen Sollwerten von gemeinsamer Bescheidung und Genügsamkeit wieder anzunähern. Die Bilder von Heimat und Fremde interagieren; aber

Geborgenheit ist für diese Frau so wichtig, daß sie es nicht wagt, ihre aggressiven Wünsche auf die Heimat zu richten.

IV

Die Fremde wird so bevorzugt zu einem Bereich von Projektionen, positiver sowohl wie negativer Art, und das wird erleichtert dadurch, daß ihr die Transparenz fehlt: Sie ist weitgehend amorph, unstrukturiert, sie enthält nicht, wie die Heimat, präzise Pläne des möglichen und des unmöglichen Handelns. Deshalb können wir ebenso befürchten, daß unser *erfahrenes* Handlungspotential sich dort als unzureichend erweise, wie glauben, daß unser *erstrebtes* Handlungspotential erst dort richtig zur Entfaltung käme. Die Fremde ist gewissermaßen leer, und in diese Leere lassen wir Hoffnungen und Wünsche, sowie auch Ängste einfließen. Ähnlich der Zukunft, wird so die Fremde für manchen der Bereich, in dem er erst würde, was er eigentlich ist, so wie für andere die Fremde die Bedrohung dessen darstellt, was sie glauben zu sein.

Trotz dieser Durchdringung des Eigenen und Fremden neigen wohl alle Kulturen dazu, die Welt bipolar einzuteilen, in ein Hier und ein Dort, ein Wir und ein Sie. «Wir» sind, wie die Ethnologen aus manchen Kulturen berichten, die «Menschen», «Sie», die Anderen, die Nicht- oder gar Unmenschen; hier ist das Gute, dort das Böse, das Unheimliche, das Ängstigende: die Geister, Dämonen, wilden Tiere, die Schmutzigen, die Barbaren, Ungläubigen, die fremden Teufel, oder wie man sie auch nennt. Die Fremde wird zu einem Bereich des Gefürchteten oder Verdrängten. Zuweilen schlägt diese Polarisierung um: In Überdruß oder gar Verdruß an unserer Zivilisation, ihren Beengungen und Mängeln, entdecken wir anderswo die unschuldigen Naturmenschen, die Besitzer alter Lebensweisheiten, die Einwohner gerechterer oder wohlhabenderer Sozietäten, die wir beneiden – die Diabolisierung der Fremde weicht dann dem Mythos paradiesischer Zustände und unbeschwerten Glücks. Man braucht weder ethnologische Feldberichte noch Rousseau zu lesen, um Belege für solche Entgegensetzungen zu finden – die Prospekte unserer Reiseunternehmen oder selbst politische Tagesmeldungen sind genau so aufschlußreich.

Unbeschadet solcher Wertumkehrungen, galt das Reisen von altersher – und mehr noch das Ausreisen – als gefährlich. In traditionellen Kulturen mußte man deshalb vor einer Reise den Hellseher, Astrologen oder das Orakel befragen, mußte Opfer darbringen und Amulette ein- segnen lassen. Zur realen Gefahr des Reisens kam noch, daß der Emigrant sich dem Verdacht der Abtrünnigkeit aussetzte: Durch sein Weggehen verriet er die Selbstverständlichkeit des Hierseins; indem er das Dortsein als eine mögliche, ja vielleicht sogar erstrebenswertere Alternative erscheinen ließ, machte er die gewohnte Polarisierung der Welt fragwürdig. Symbole der Zugehörigkeit (man denke an Abschiedsgeschenke), Zusicherungen des Verbundenseins, des «Nicht-Vergessens» («Ich werde oft schreiben») gehören deshalb auch heute noch zu den Ritualen des Verreisens.

Der willentliche Emigrant weckt Ängste, aber auch Neid, stachelt geheime und unterdrückte Unzufriedenheiten an und bedroht die Geordnetheit des gefestigten Weltbildes – all dem haben die Abschiedsrituale entgegenzuwirken. Kehrt er aus der Fremde zurück, so werden vielerorts Zeremonien der Reinigung oder der Neueingliederung gefordert – unsere Sitte, den Zuhausegebliebenen Geschenke mitzubringen, gehört zu solchen Ritualen des Sich-wieder-Einkaufens. Unterschwellig sind deshalb Auslandschweizer (um ein mir naheliegendes Beispiel zu nehmen – es gäbe auch andere) für viele zuhause Gebliebene Abtrünnige und somit nur noch halbe Schweizer; das gilt jedoch unterschiedlich je nach Dauer und Ort des Fremdaufenthaltes, denn unter den Außenbereichen erstellen wir Hierarchien, und so wird nicht jeder Rückkehrer gleich empfangen.

Das trifft, sei angefügt, nicht nur zu für geographische Emigration, denn das «Wir» definieren wir ja nicht nur räumlich, sondern auch durch Regeln des Umgangs, der Sprache, des Denkens, ja sogar des sich Vergnügens und des Humors. Sigmund Freud war wohl nicht minder ein Abtrünniger als Paul Gauguin, und er hat dafür auch seinen Preis bezahlt. Die Fremde ist eben nicht nur das Ferne, sondern auch jenes Andere, das nicht sein darf. Da es indessen zuweilen trotzdem verlockt, spart die Gesellschaft oft «Nischen» aus, darin sie einem das Spielen und Liebäugeln mit dem Fremden zugesteht – Mode, Literatur, Kunst, ja selbst Philosophie und Religion füllen dann solche Freiräume aus, Karneval und Fernsehen tun es in je anderer Weise, doch auch in diesen Nischen herrscht nicht völlige Freiheit: Wer die erlaubten Grenzen überschreitet – wie etwa der frühe Freud – wird eben, für die «Zuhausegebliebenen», zu einem geistigen Fremdling. Das hat nichts mit dem zu tun, was man üblicherweise Konservatismus nennt: Auch Revolutionäre definieren, zuweilen sogar sehr eng, ihre Abweichungstoleranzen. Unter Gläubigen ist Glaube Heimat, Unglaube Fremde.

Ich habe versucht, zu beantworten, was Heimat und was Fremde sei und will mich nun dem Emigranten und seinem Heimweh zuwenden. Dabei seien jene Emigranten ausgeklammert, die, wie etwa Touristen oder Experten, sich nur für ein paar Wochen oder Monate in einem fremden Land aufhalten; für diese bleibt das Heimweh wohl eher ein peripheres Problem. Auch Vertriebene oder gar Verschleppte würden eine besondere Behandlung erfordern[13], denn bei ihnen vermengt sich das Heimweh mit der Reaktion auf schwere existentielle Bedrohungen. Vielmehr will ich mich auf Auswanderer beschränken, Leute also, die länger in einem fremden Land verweilen und darin auch meist ein erträgliches Auskommen gefunden haben. Nicht alle unter ihnen neigen zu Heimweh; bei denen aber, die es tun, zeigt es sich in seiner reinsten Form, unbeeinflußt von materiellen Nöten. Das Heimweh des Verlorenen Sohnes in der Bibel ist suspekt: Satt gefüttert, könnte er seine frühere Not vergessen und wieder der Fernesehnsucht verfallen. Das Heimweh dessen aber, dessen Futtertöpfe gefüllt sind, muß Gründe haben, die nicht heimatlichen Überfluß, sondern andere Qualitäten anstreben.

Emigranten, die lange in der Fremde verweilen, gibt es mancherlei Art, von den Gauguins, die ihren heimlichen und eingestandenen Bildern nachreisen, bis hin zum jungen Kaufmann oder Handwerker, der sich der Auslandszulagen willen von seiner Firma nach Afrika schicken läßt, von der Ehefrau, die ihren Mann begleitet, bis hin zu den Jane Goodalls und Diane Fosseys,[14] die einem fernen Biotop verfallen. Wie viele von ihnen zuweilen an Heimweh leiden, weiß ich nicht, manche vielleicht überhaupt nie. Ich habe aber doch vom Kunstmaler in Chiengmai berichtet, den es gegen das Ende seines Lebens mit allen Fasern nach der Heimat zog – irgendwann kann die Heimwehkrankheit auch den Fernesüchtigen ergreifen.

Das erste Erfahren der Fremde gleicht dem kindlichen Erkunden und Entdecken der Umwelt. Auch der Einwanderer erlebt sich in einer unbekannten, zuweilen rätselhaften Welt, von der er oft nicht einmal die Sprache versteht, und auch er muß deren Orte und Plätze, Gewohnheiten und Gebräuche erkunden. Vielleicht wird er wie ein Kind die Sprache lernen und die Schrift wie ein Primarschüler; seine Ungeschicklichkeiten werden ihm Mißerfolge eintragen, und nur allmählich wird er erfahren, wie soziale Partner reagieren, denken und fühlen. Natürlich verläuft vieles davon bewußter als in der Kindheit, und je nach Andersartigkeit der Fremde werden diese Lernphasen länger oder kürzer dauern. Zuweilen werden sie wohl ambivalent erlebt, öfter aber ebenso euphorisch, wie die kindliche Eroberung der Umwelt, ja, da die heimatlichen Zwänge fehlen und man, als Fremdling, nicht selten eine Art Narrenfreiheit genießt, kann sich ein ungewohntes Gefühl der Unbeschwertheit und des gesteigerten Handlungspotentials einstellen.

Das Entdecken der neuen Umgebung und das Erwerben der fremden Sprache erweitern progressiv unsere Verständnismöglichkeiten; die neuen sozialen Kontakte mögen anfänglich verwirren, dann aber erlebt man sie oft als anregend und bezieht daraus nicht geringe Selbstbestätigungen. Da entdeckt man etwa eine fröhliche, gütige und hilfsbereite Bevölkerung, trifft an der Universität kluge Leute, Idealisten und Wahrheitssucher, die uns mit einer Offenheit begegnen, die man zuhause vermißte. Unversehens fühlt man sich in dieser neuen Welt heimatlicher als da, wo man herkam – was sich zuweilen in einer seltsamen Besitzeifersucht äußern kann: Mancher Ethnologe hat sich verbissen dagegen gewehrt, daß ein Kollege in «seinem» Dorf oder Stamm ebenfalls forschen wollte. Solche frühen Euphorien setzen allerdings voraus, daß der Neuling vermag, sich bei Bedarf in so etwas wie «Geborgenheitsräume» zurückzuziehen – ein Hotel mit ausreichenden Annehmlichkeiten, ein Haus mit dienstbaren Geistern oder irgend ein sonstwie unangefochtenes Zuhause; Freunde oder Liebschaften gewähren zuweilen auf ihre Weise solche Entspannungsbereiche. Wo er dagegen ohne eine Schutzzone in die fremde Welt geworfen wird – wie dies etwa Ethnologen oder Entwicklungshelfern nicht selten geschieht – mag die anfängliche Verlorenheit eher bedrohen. Wie das seine Umwelt entdeckende Kind, braucht auch der Immigrant die Möglichkeit des Hin und Her zwischen Unbekanntem und Geborgenheit.

Unvermeidlich indessen wird auch dieses Fremde strukturiert, wird vertrauter, selbstverständlicher, und allmählich geschieht, was auch dem Kinde in seiner Heimat geschah: daß die Wirklichkeit den Erwartungen, die sie weckt, den Sollwerten, die wir gebildet haben, wiederum widerspricht – wenn auch wohl in anderer Weise. Man muß sich gestehen, daß der Idealismus, den man bewunderte, das Lächeln, das einen bezauberte, oft nur etwas verdecken, dem man mit enttäuschtem Erstaunen allmählich auf die Spur kam. Das kann schmerzlich sein, ja, zuweilen sogar ähnlich einer Verliebtheit, die sich im Alltag abnutzt und in die Erkenntnis mündet, die vermeintliche Glückseligkeit nur erträumt zu haben. Die Fremde, hatten wir gesehen, ist ein Bereich von fantasmischen Projektionen, von Erfüllungen sowohl wie Bedrohungen unserer Ich-Aspirationen. Die Anfangseuphorie wurde deshalb als Ichstärkung erlebt, die Ernüchterung, unvermeidlicherweise, als Ich-Einbuße. Nicht selten wird diese dann der Gastkultur zur Last gelegt: Man entdeckt plötzlich die negativen Eigenschaften von Dingen und Personen, die man vorher lobte.

Damit kann man gegebenenfalls leben – ich kenne Auslandseuropäer, die sich von ihrem Gastland nicht zu trennen vermöchten, es aber trotzdem herablassend, ja zuweilen verächtlich beurteilen. Die Beziehung wird ambivalent, man schätzt Annehmlichkeiten, seien sie materieller, seien sie emotionaler Art, aber man verweigert die innere Identifikation. Man «ist anders». Vergangene Identifikationen werden wieder aufgewertet, man schließt sich zu Schweizer Vereinen oder einer Alliance Française zusammen, und so erhält die Heimat seines Herkommens einen Glanz, der ihr bisher abging – nicht selten sind denn auch Auslandseuropäer überzeugtere Patrioten als die zuhause Gebliebenen. Die Heimat, unterdessen verblaßt und nur noch selektiv erinnert, wird nun ihrerseits zu einem Bereich von – allerdings meist positiven – Projektionen.

Das Erkunden und Aneignen des Fremden – die «Anpassung» – war Leistung; der Immigrant hat dabei manches gelernt, hat sein Handlungspotential erweitert und verstärkt, hat Einsichten gewonnen – zugleich aber hat er nun auch die Hoffnung verloren, eine Wirklichkeit zu finden, die den Sollwerten seiner Person näher steht als die Heimat. Am Ende ihres Aufenthaltes in einem afrikanischen Dorf gesteht die Ethnologin Eleonore Smith Bowen, daß, «*je länger man in einer wirklich fremden Kultur gelebt, an ihr teilgenommen und sie verstanden hat, umso mehr erkennt man, daß man ihr nicht zugehörig sein kann, ohne seiner persönlichen Integrität Gewalt anzutun*», und sie versteht, daß «*die Wichtigkeit der Treue zur eigenen Kultur und den eigenen Werten gegenseitig ist. Das ist es, was Toleranz bedeutet: jedem seine eigene Integrität zuzugestehen.*» [15]Die Identifikation mit der neuen Heimat wird problematisch, und das bedeutet, daß man seine Sollwerte hinterfragt, ja, sie neu zu definieren hat.

«Seiner persönlichen Integrität Gewalt antun» – das ist ein anderer Begriff für das, was man meist eher «Anpassung», «Integration» oder «Assimilation» nennt. Der Ausdruck trifft nicht zu, denn unsere persönliche Integrität wandelt sich, wenn auch meist unmerklich, im Laufe des Lebens. Mit dem neuen Wunsch, ihre persönliche Integrität zu schützen, wehrt sich die Ethnologin gegen das, was sie anfänglich empfand: die Verführungen zur Identifikation. Die Fremde-Euphorie kommt unserer Sehnsucht entgegen, einer Welt zuzugehören, die unsere innersten Sollwerte bestätigt; die nachfolgende Ernüchterung und Versachlichung vergrößert wieder die Diskrepanz zwischen erlebter und erhoffter Wirklichkeit. Die Besinnung auf das, was wir «eigentlich sind», dreht die Bezugsrichtungen um: Nun lokalisieren wir unsere Wunschidentität wieder in der ursprünglichen Heimat.

Daraus entsteht das Heimweh, vorerst vielleicht nur als ein Gefühl der Zuwendung und Wärme, wenn wir an die Heimat denken; zu seiner akuten Form, zum schmerzlichen und trauernden Affekt, entwickelt es sich erst, wenn wir uns von der Fremde nicht nur ernüchtert, sondern bedroht fühlen. Bedroht nicht – notwendigerweise – in unserer physischen oder ökonomischen Existenz, sondern eben in unserer «persönlichen Integrität», in dem, was wir als fundamentale Belange unseres Selbstseins empfinden. Heimweh, dieser «*désir obsédant*», ist ein Kämpfen um seine Selbst-Identität.

Deshalb ist Heimweh nicht eine Sehnsucht nach Mutters Töpfen und Konfitüregläsern, nicht ein Wunsch nach den Paradiesen der Kindheit. Rilke hat sein Wesen besser verstanden, wenn er vom Verlorenen Sohn sagt, «*daß er beschloß, das Wichtigste von dem, was er früher nicht hatte leisten können, was einfach nur durchwartet worden war, nachzuholen. Er dachte vor allem an die Kindheit, sie kam ihm, je ruhiger er sich besann, desto ungetaner vor; alle ihre Erinnerungen hatten das Vage von Ahnungen an sich, und daß sie als vergangen galten, machte sie nahezu zukünftig. Dies alles nochmals und nun wirklich auf sich zu nehmen, war der Grund, weshalb der Entfremdete heimkehrte.»*

Das, was an Ich-Verwirklichungen, unreif und naiv, in der Fremde gesucht worden war, wird nun, in einem Regreß, der zugleich eine Weiterführung sein will, in der Heimat erhofft – in einer Heimat, offensichtlich, die der Emigrierte nun anders sieht, deren Bild sich in ihm verwandelt hat. Die Verwandlung besteht zugleich in einer Verfremdung: über die realistische Erinnerung der Heimat, über all jene Kenntnisse und Erfahrungen, die damals die Fremde anziehend machten, schiebt sich nun ein Schleier fantasmischer Verklärung und Hoffnung. Die Heimatstadt, einmal als kalt, grau und monoton erlebt, wird nun mit einem Male zu einem lichten Florenz.

Deshalb kann das Heimweh selbst heimatlos werden. Denn dieses allmählich oder plötzlich geläuterte und geklärte Bild muß sich ja, sei es bei Besuchen, sei es beim Lesen von Berichten, oder auch nur in Momenten unverklärten Erinnerns, konfrontieren lassen mit einer zuweilen harschen Realität. Mein Bild der Schweiz ist geprägt worden durch das St.Gallen der Stickereikrise in den dreißiger Jahren und durch die Zeit vor, während und unmittelbar nach dem zweiten Weltkrieg. Es beinhaltete eine unkomplizierte und nicht allzu wohlhabende, herzliche Gemeinsamkeit, Spontaneität unter Freunden und geistig gleich Gestimmten, wenn auch der Drang zum Erdenken und Verwirklichen von Neuem sich immer wieder zu stoßen hatte an allerhand schwerfälligen Sturheiten. All das war – in meinem Verständnis – fern von der heutigen Schweiz, der (doch nicht ihr allein) bedenkenlos Reich-werden-Wollende ihre Marken aufdrücken. So daß, eben, das Heimweh nicht mehr weiß, wo es sich hinwenden soll – es wird heimatlos.

Das weist darauf hin, daß Heimweh im Grunde eine wesentlich moralische Regung ist: Es meint in der Heimat die Voraussetzungen zu erkennen, um uns dem Guten anzunähern, das wir erstreben. Als Emotion indessen möchte ich es eher ästhetisch nennen – es ist ähnlich jenem Gefühl, das uns zuweilen vor einem Kunstwerk ergreift, und das ich in einer früheren Arbeit «wehmütige Sehnsucht» nannte.[16] Das Kunstwerk symbolisiert eine Soll-Ordnung, die unsere erfahrene Realität transzendiert, und die dennoch so unzugänglich bleibt, wie die Fantasmen und Ziele unseres Lebens: Wir meinen uns ihnen anzunähern, und stellen doch immer wieder eine Distanz fest, die uns von ihnen trennt. Genau das ist auch die Qualität des Heimwehs. Seinem Ziel mag man vielleicht so gefährlich zustreben wie der Deserteur oder so mühselig wie der Auto-stopper – doch wenn man es erreicht, ist dann das Heimweh behoben? Rilke sagt vom Verlorenen Sohn: *«Wir wissen nicht, ob er blieb; wir wissen nur, daß er wiederkam.»* Die Heimat erreichen, bedeutet ähnliches, wie das Kunstwerk kaufen – die Ordnung, die wir in ihm erahnen, wird durch den Kauf noch nicht unser eigen, und so besteht auch die Heimat, nach der wir uns sehnen, nicht in den häuslichen Gerüchen und Genüssen: Sie ist vielmehr nur der Startbereich für nach wie vor unerfüllte Ziele – und die, vielleicht, die Heimat sogar übersteigen.

Und so bleibt zum Schluß die Frage: Was denn ist Heimat? Der Realist wird zur Antwort auf seinen Paß verweisen, der Psychoanalytiker auf den mütterlichen Schoß. Andere werden nachdenklicher: Sie erkennen vielleicht, daß Heimat eine Dimension ist, deren Anfang in einem Ort und einer Kindheit liegt, deren Richtung aber auf Erfüllungen hinweist, die der Einzelne als den Sinn seines Lebens sich erträumt. Hinter Rilkes «ungetaner Kindheit» verbirgt sich die Vision einer Zukunft.

Anmerkungen

[1] Erschienen 1991 in Rück P. (Hg.) Grenzerfahrungen. Marburg/Lahn, Basilisken-Presse. Vergriffen.
[2] Petit Robert, 1967: «Nostalgie».
[3] Jaspers, K., 1909.
[4] Stern, E., «Heimweh». In: K. Birnbaum, 1930.
[5] Rilke, R.M., *Malte Laurids Brigge*, S. 258–267.
[6] Siehe dazu Greverus, I.-M., 1979.
[7] Bernstein, B., 1971.
[8] Siehe hier Kapitel «Haus und Heim».
[9] Boesch, E.E., 1980.
[10] Barker, R.G., 1968.
[11] Boesch, E.E. 1986.
[12] Zu diesen Fragen siehe Boesch, E.E., 1983a; sowie 1991/1995.
[13] siehe Boesch, E.E., 1983d.
[14] van Lawick-Goodall, 1971; Fossey D., 1983.
[15] Smith Bowen, E., p. 291.
[16] Boesch, E.E., 1975.

Das äußere und das innere Fremde[1]

«Das Fremde» ist ein Wort besonderer Art. Worte wie «der Baum», «der Stein» oder «der Berg» benennen etwas Äußeres, andere, wie «Gefühl», «Angst» oder «Schmerz» etwas Inneres; «das Fremde» dagegen bezeichnet etwas Äußeres zugleich mit der Art, wie wir darauf reagieren; es meint eine Innen-Außen-Beziehung, und deshalb ist es von besonderem Interesse für den Kulturpsychologen. Wir haben im Kapitel über das Haus gesehen, wie aus der Dichotomie Innen-Außen allmählich die des Eigenen und des Fremden entsteht, und haben diesen Vorgang beim Heimweh und Fernweh noch genauer betrachtet. Hier indessen wollen wir einem anderen Problem nachgehen: In was für einer Beziehung ein äußeres Fremdes zu einem anderen steht, das, schwerer faßbar, ein inneres ist.

Äußeres und inneres Fremdes

Das Eigene und das Andere, so sahen wir, konstituieren sich in kontinuierlicher Interaktion. Das Andere, das sich dabei herausbildet, ist vielgestaltig, umfaßt Bekanntes wie Unbekanntes, das wir aber noch nicht notwendigerweise als fremd erleben.[2] Denn das Fremde, wie wir es hier verstehen wollen, ist nicht nur anders, sondern auch *unvertraut*, und seine Unvertrautheit kann uns zugleich ängstigen wie anziehen. Diese Unvertrautheit des Fremden wäre also von einfacher Unbekanntheit zu unterscheiden; sie bezeichnet jenes Noch-nicht-Erfahrene, das, selbst wo es verlockt, unser Handlungspotential in Frage stellt; es beinhaltet die Möglichkeit des Unerwarteten, zuweilen sogar des Unheimlichen, auf jeden Fall aber einen Grad an Unsicherheit.

Allerdings, neben dem äußeren Fremden müssen wir wohl auch eines in uns selbst beachten. In der Tat, die Gewöhnungen und Prägungen, die uns in eine Gemeinschaft einfügen, unsere Erfahrungen, die die äußere Welt differenzieren, wirken zusammen, um das Eigene und das Fremde zu konstituieren; doch sind das in einem nicht geringen Maße auch innere Prozeße: Sie schaffen Konstrukte und Bilder des Eigenen und Fremden. Das Eigene erlaubt immer mehr, Übereinstimmungen zwischen erlebter Wirklichkeit und Erwartungen zu erstellen, das Fremde dagegen bleibt der Bereich des Unerwarteten. Die Folge ist, daß sich beide nicht mehr einfach räumlich trennen lassen, das Wir ist nicht einfach hier und das Fremde dort: Auch außerhalb nehmen wir Eigenes wahr, und auch in uns selbst meinen wir Fremdes zu erleben. Diese Vorgänge der intimen Verschränkung machen es schwierig, das Fremde dem Eigenen als umschreibbare Kategorie entgegenzusetzen. Schon materiell gelingt diese Unterscheidung nicht immer. Äußeres kann in uns eindringen, wie die Luft, die wir einatmen oder die Nahrung, die wir zu uns nehmen, und dabei wird es in Eigenes verwandelt, kann aber auch fremd bleiben und uns bedrohen, wie die verschmutzte Luft oder die verdorbene Nahrung. Mikroorganismen, die uns befallen, der Splitter, der sich in die Haut bohrt, die injizierte Medizin, die Prothese, das transplantierte Organ – vielerlei Fremdes, einiges gut, anderes übel, dringen in unseren Körper ein und zwingen ihn zu Anpassungen und Abstoßungen.

Wir erfahren indessen auch bald, daß Fremdes nicht nur von außen in uns eindringt oder einverleibt wird, sondern auch in uns selbst entsteht, vom Eiterpickel im Gesicht bis zum Fieber, von der Übelkeit bis zum Magengeschwür. Das Unerwartete und Unerwünschte geschieht nicht nur im Außen, sondern auch in uns. Das gilt auch metaphorisch: Der biblische Balken im eigenen Auge ist weder ein materielles Fremdes, noch ein körperliches. Er meint jene Inhalte unseres Ich, die wir nicht als eigen zu erkennen wünschen. Wie das Magengeschwür gehören sie zwar zu uns, aber wir nehmen sie als etwas Fremdes wahr.

Das ist nun, genauer besehen, seltsam. Daß wir in unserem Tun im Außen auf das Andere treffen, also ein Nicht-Ich und Nicht-Wir, erscheint uns als selbstverständlich; daß sich darunter solches befindet, das «unvertraut» erscheint und uns dergestalt als «fremd» anmutet, vermag ebenfalls einzuleuchten. Zu akzeptieren aber, daß Fremdes sich auch in unserem eigenen Inneren befinde, als heimliche Komponenten unseres Ich, will uns nicht so leicht gelingen.

Im Bereich des Körpers zwar fällt es uns weniger schwer. Irgendwie hat uns schon die alltägliche Erfahrung der Körperausscheidungen an «fremde» Inhalte gewöhnt, die auszustoßen man sich bemühen muß, weil sie «schmutzig» sind. Die Forderung nach «Reinlichkeit» – des Inneren oft nicht minder als des Äußeren – entsteht wesentlich auch aus dieser Erfahrung; mit «Blutreinigung» oder «Blutwäsche», mit Schröpfen und Aderlassen, mit allerhand Kuren zum «Hinausschwitzen», zur Reinigung des Darmes, bis hin zum Trepanieren des Schädels bei «Besessenen» suchte man – und sucht es teilweise noch – das zu vertreiben, was uns «eigentlich» nicht zugehört, was uns von innen her bedroht. Das «Fremde» stellt man sich bald als «Schmutz», also unreine Substanzen vor, bald aber auch als Geister, «pathologische» Gedanken oder «nicht überwundene Traumen»; das innere Fremde kann somit auch immateriell sein, und es kann die Selbstkontrolle des Menschen verunmöglichen, was in der modernen Rechtsprechung sich noch im Begriff der «Unzurechnungs-fähigkeit» niederschlägt.

Indessen betrachtet das Kleinkind die Ausscheidungen seines Köpers noch keineswegs als schmutzig; unbekümmert spielt es damit, bis die verzweifelte Mutter sich beeilt, ihm den Ekel anzuerziehen. Ist die Ekelreaktion aber einmal erworben, breitet sie sich bald auf äußere ähnliche Dinge aus – feuchte Erde, Lehm, und, davon gleichsam infiziert, das, was darin lebt, Würmer, Asseln und anderes Ungeziefer, Maulwürfe, Mäuse, Kröten oder Schlangen. Was dunkel und was unten ist, wird so oft mit dem Schmutzigen gleichgesetzt, das dann bald auch das Üble, ja das Böse darstellt[3]; die Füße, und natürlich auch die Ausscheidungsorgane, gelten vielerorts nicht einfach als unrein, sondern auch als unheilbrin-gend – aus dem physischen, wird unversehens ein moralischer Ekel.

Das innere Fremde hat aber auch andere Ursprünge. Wo immer das Kind mit seiner sozialen Umwelt in Konflikt gerät, wird ihm bedeu-tet, daß es «böse» sei; so erfährt es bald, daß eigene Impulse, Wünsche, ja sogar Freuden verwerflich sein können. In dem Maße, als es sich mit seiner Umgebung identifiziert (oder, später, sich auch an eigenen Soll-werten mißt), wird ihm solch inneres Böses als nicht konsistent mit seinem Ich, also als fremd erscheinen: Man neigt dazu – nicht nur als Kind – sich als grundsätzlich gut zu betrachten, und Regungen, die dem widerspre-chen, äußeren Ursachen anzulasten: üblen Freunden, widrigen Situa-tionen, bis hin zu Einflüsterungen des Teufels; vielleicht auch, moderner, kindlichen Traumen, zugefügt von unverständigen Erziehern.

Trotzdem, insgeheim wissen wir, daß solche Regungen uns dennoch zugehören, und wir belegen dies durch mancherlei Versuche, uns von ihnen zu befreien: Bittgänge und Wallfahrten, Beichten und Bußen, Meditation und Askese, Diät und Sport, und natürlich all die Methoden, mit denen man die Traumen der Kindheit aufzuarbeiten, sein «wahres Selbst» zu entdecken oder zu entwickeln sucht, bis hin, endlich, zu den Medikamenten und Drogen, die Seelenruhe versprechen.

Allerdings, vergessen wir nicht, daß unser Inneres uns oft auch freudig überrascht. Sicher, manche Träume ängstigen, und wir suchen dann beunruhigt nach deren Ursachen; aber es gibt auch schöne Träume, beglückende Einfälle, unerwartete Hochstimmungen. Auch diese können ungewohnt sein, doch als fremd erleben wir sie kaum – viel eher scheinen sie uns ein inneres Potential, jenes «eigentliche» Selbst zu bestätigen, das sich hinter den farblosen Gestimmtheiten des Alltags verbirgt.

Es gibt also ein inneres wie ein äußeres Fremdes, beide ambiva-lent, bald bedrohlich, bald erfüllend, und wir müssen wohl vermuten, daß beide in oft untergründiger Weise aufeinander einwirken. Das sei als Nächstes betrachtet.

Die Innen-Außen Interdependenz

Wir sind, als biologische Wesen, mit unserer Umwelt auf das Intimste verbunden. Trotzdem nehmen wir uns selbst als «Ich», die Umwelt als «Nicht-Ich» wahr, und beide scheinen uns unzweifelhaft wesensverschieden zu sein. «Ich» ist der Bereich des inneren Erlebens, direkt zugänglich und auch, so meinen wir wenigstens meist, direkt steuerbar; das «Nicht-Ich» dagegen, zuweilen vertraut, zuweilen uneinsehbar, gewährt bald Erfüllungen, bald setzt es uns Widerstand entgegen, erweist es sich als Barriere oder als Gefahr. Wir sind deshalb fortwährend bestrebt, die Umwelt einsehbar zu machen, ihre Gewährungen zu optimieren, ihre Bedrohungen zu minimieren. Das erfordert zweierlei: einmal unsere räumlichen, zeitlichen und sozialen Orientierungsmöglichkeiten zu verfeinern, also die «Transparenz» der Umwelt zu erhöhen, zweitens das zu stärken, was ich das «grundsätzliche Handlungspotential» nenne, also unsere Fähigkeit, vorhersehbare wie unerwartete Situationen zu bestehen, relevante Ziele auch gegen Erschwerungen und Hindernisse verfolgen zu können[4].

Beides hängt eng mit dem «Fremden» zusammen. Der Begriff soll hier, wie schon erwähnt, mehr bedeuten als nur Unbekanntheit. Was etwa in einem Handbuch der Porzellanherstellung steht, ist mir völlig unbekannt, nicht aber «fremd». Es ist einfach ein «Anderes», das mich gleichgültig läßt. Das Fremde dagegen spricht uns unvermeidlich an, es ist ein potentieller oder aktueller Inhalt unserer Handlungsbereiche; es verunsichert – selbst dann, wenn es uns etwas verspricht, denn es beinhaltet Unvorhersehbares. Das braucht indessen keine spezifische Bedrohung, keine vorhersehbare, greifbare Gefahr zu sein; eher bedeutet es ein inneres Angefochtensein, wie es etwa dem Gefühl des Unheimlichen anhaftet. Anders gesagt, das Fremde stellt unser Handlungspotential in Frage; es betrifft damit in unmittelbarer Weise unser Ich.

Zu den Konnotationen des Fremden gehört aber auch die potentielle Erfüllung, zuweilen schwer spezifizierbar, eher untergründig verlockend, zuweilen verführerisch ausgemalt. Was die Seefahrer früherer Zeiten, neben dem Einbringen von Gewürzen etwa, von ihren Fahrten erhofften und befürchteten, war sicher vielfältig, teils mehr, teils weniger bewußt, teils sachlich, teils irrational, ein «polyvalentes» Konglomerat von Motiven; ähnlich wird der moderne Rucksacktourist zwar der Bedrohungen des Fremden gewahr sein und sie als Gelegenheit zur Bewährung seines Mutes oder besonderer Handlungsvermögen betrachten, zugleich aber mancherlei andere Erfüllungen erhoffen, die ihm nicht immer bewußt sind, die er sich zuweilen nicht einmal eingesteht.

Wenn wir nun aber das Fremde dergestalt als Unvertrautes, sowohl verlockendes wie bedrohendes, erleben, so ist es notwendigerweise mehr als eine faktische, nämlich eine *gedeutete* Wirklichkeit.

Unsere Erfahrungen mögen zu seiner Kenntnis beitragen – soweit sie das tun, verliert es seine Fremdheit und wird einfach ein «Anderes»; nicht selten aber füllen wir das Fremde mit Vorstellungen an, die der Imagination eher als der Erfahrung entstammen – als ob wir seine Unbekanntheit benötigten, um darin Hoffnungen sowohl wie Ängste zu lokalisieren. Was denn prägt solche Vorstellungen?

Denken wir daran, daß, außer in den seltenen Momenten reinen Glückes, alle Erfahrungen Ungenügen implizieren. Das Wirkliche entspricht nur selten dem Erhofften, oft nicht einmal dem Vorhergesehenen. Die bestandene Gefahr mahnt an jene, in der wir vielleicht umkämen; im Erlebnis des Erfolges schwingt hintergründig mit, daß man auch hätte versagen können; selbst ein Mißerfolg kann noch auf einen drohenden anderen verweisen. Das Fremde, als das Unbekannte und uns dennoch Betreffende, scheint, obgleich oft konkret nicht sichtbar, als eine Konnotation des Erlebens schon in unserer erfahrenen Wirklichkeit enthalten zu sein.

Solche Konnotationen, gefährliche sowohl wie versprechende, konkretisieren sich indessen mannigfach in dem äußeren Fremden. Da gibt es Hitze und Dürre, Skorpione und Schlangen, Malaria und Ruhr, schlitzäugige Gauner, schwarzbärtige Banditen, verführerische Frauen, unheimliche Krankheiten. Da gibt es aber auch die unberührte Natur, die Unschuld des Gemütes, die fröhlich-gastliche Mitmenschlichkeit. Solche Informationen von Reisezeitschriften oder Fernsehreportagen wecken breites Interesse, wären sie auch nur Klischees; was verlockt daran, was bringt es, über Gefahren ferner Länder zu wissen, in die man oft gar nicht zu reisen plant?

Selbst dann: Vor meinem ersten Aufenthalt in Thailand kaufte ich mir eine Pistole – ein rational völlig unsinniger Akt. Gegen größere Feinde, etwa räudige Hunde oder gar wilde Tiere, hätte das kleine Kaliber kaum viel ausgerichtet, und gegen die flinken kleineren, wie Schlangen oder Ratten, wäre meine ungeübte Schießkunst viel zu langsam gewesen – hätte ich die Waffe im Moment überhaupt zur Hand gehabt.

Zwar hatten mir angebliche Kenner mancherlei Gefahren in dem Land geschildert, das damals ja noch nicht für Touristen erschlossen war; trotzdem hätte ich meinen Waffenkauf rational wohl kaum ausreichend erklären können. Denn die Pistole war ein Symbol: Sie vermittelte mir das Gefühl, Gefahren gewachsen zu sein, die in der Vorstellung des fremden Landes mitschwangen – Gefahren, die weniger mit Schlangen oder tollwütigen Hunden zu tun hatten, als mit meinem grundsätzlichen Handlungspotential. Die Fremde ist ein Bereich der Orientierungslosigkeit, die uns in Abhängigkeiten und Unsicherheiten zurückversetzt, die wir in der Heimat längst überwunden zu haben glauben; sie bedroht unser Handlungsvermögen in einer Weise, die weit über spezifische Gefährdungen hinausreicht. Ähnlich also, wie man als Junge versuchte, Machtträume mit dem Besitz von Steinschleudern, Blasrohren oder Fahrtenmessern zu erfüllen, sollte die Pistole mein Gefühl der Handlungsfähigkeit stärken. Unsere Wahrnehmung des Fremden weckt geheime innere Unsicherheiten, und so wären das innere und das äußere Fremde durch verborgene Kanäle miteinander verbunden.

Solche Verbindungen zeigen sich zuweilen in pathologischen Beispielen deutlicher als im normalen Alltag: Man denke etwa an die Neigung des Paranoiden, überall Bosheiten und Übelwollen wahrzunehmen, oder die des Hypochonders, Bedrohungen seiner Gesundheit zu befürchten. Beide haben das innerlich Fremde – Aggression, Angst – in ein äußeres verwandelt: Inneres, das, amorph und ungestaltet, zu bedrohlich wäre, wird, wenn man es nach außen zu verschieben vermag, beherrschbar. Man kann es definieren, lokalisieren, kann Strategien der Abwehr entwickeln, und so erscheint die Konsistenz des Selbst gewahrt; ja, zuweilen wird man dabei sogar Bekräftigungen des eigenen Handlungspotentials und dadurch Ich-Verstärkungen gewinnen: Der Hypochonder eignet sich medizinisches Wissen und Techniken der körperlichen Ertüchtigung an, und der Paranoide erwirbt sich – scheinbares – Geschick im Umgang mit Aggressionen oder wenigstens Advokaten.

Unauffälliger vollzieht sich Ähnliches bei jedermann: Auch wir ziehen es vor, mit äußererem eher als mit dem inneren Fremden umzugehen. Dem uns im außen Begegnenden können wir wenigstens aus dem Wege gehen; sollten wir uns mit ihm auseinandersetzen wollen, finden sich nicht nur sozial anerkannte Argumente und Strategien, sondern oft auch der Beifall oder gar die Unterstützung anderer. Und wo das Fremde nicht bedroht, sondern verlockt, verleiht es Hoffnungen und Wünschen eine äußere Gestalt; amorphe Sehnsüchte werden zu Versprechungen, nicht nur spezifischer Genüsse, sondern auch eines eigenen Handlungsvermögens – Hoffnungen sind Ich-Verstärker.

Das weist darauf hin, daß das Verschieben nach außen nicht einfach ein schon vorgeprägtes Inneres projiziert. Das Innere, sei es Angst, sei es Sehnsucht, benötigt Konkretisierungen – ohne die es amorph bleibt. Im Laufe der Veräußerlichung entdecken wir in der Umwelt Entsprechungen, nicht aber Abbilder, von Innenerfahrungen; dabei differenzieren wir Inneres, transformieren es, passen es an Äußeres an, und verändern dabei zugleich dessen Bedeutung. Die Innen-Außen-Kommunikation besteht in gegenseitigen Präzisierungen und Umgestaltungen. Fremdes wird mit Eigenem in Beziehung gesetzt, was erlaubt, das eigene Handlungspotential gleichsam hypothetisch an äußeren Gegebenheiten zu messen – und unvermerkt wandeln wir dabei auch uns selbst. Wobei es geschehen kann, daß das Fremde für unser Selbstgefühl sogar notwendig wird. Unsere Handlungserfahrungen und -strategien kondensieren sich zu «Fantasmen», also Sollbildern unserer Zukunft, und deren Stabilität erfordert auch die Konstanz der Welt, in der wir uns wahrnehmen. So hat, wer Bedrohungsfantasmen entwickelt, nicht nur Gefährdungen erlebt, sondern er *braucht* sie auch für die Konsistenz seines Selbstbildes; wer Erfolgsfantasmen gebildet hat, benötigt gleichermaßen die Herausforderungen möglichen Mißerfolges – ohne die der Erfolg ja fade bliebe. Und so erlaubt – und fordert – auch das Fremde, mit Bedeutungen und Inhalten angefüllt zu werden, die uns eine Konstanz unserer Ich- und Wirbilder zu gewährleisten scheinen.

Somit konkretisiert also das äußere Fremde häufig dunklere Aspekte unseres Selbst. Hexen, Juden, Zigeuner, Türken, Moslems, Hindus, Kommunisten, Freimaurer und Freidenker und viele andere dienten im Laufe der Zeiten als Ankerpunkte, an denen inneres Fremdes – Gier, Lüsternheit, Aggressivität, Ängste – festgehakt werden konnte. Deshalb ist es auch unwichtig, ob der einzelne Moslem oder Serbe dem entspricht, was man seiner Gruppe vorwirft: Es geht um Symbole, nicht um Wirklichkeiten. Um das Eigene, also unser Selbst zu schützen, mag dann jede Art der Abwehr gerechtfertigt erscheinen; ja, die Heftigkeit der emotionalen Gegnerschaft verrät nur allzu leicht, in welchem Maße sie dem «Ichschutz» dient.

Diese Art der Veräußerlichung ist bekannt – wenn vielleicht auch, etwa in der Pädagogik der Aggressivität, zu wenig beachtet. Subtiler indessen sind andere Objektivierungen des inneren Fremden. Man begegnet ihnen in mannigfachen Ritualen, von Geisterbeschwörungen bis zum Karneval: Was motiviert etwa einen gesitteten jungen Mann, sich die Maske eines Clowns aufzusetzen, eine wohlerzogene junge Dame, sich als Hexe oder als leichtgeschürztes Lebemädchen zu verkleiden? Wir wissen noch nicht viel über die Psychologie des Maskentragens, bei uns wie anderswo, doch darf man wohl vermuten, daß inneres Fremdes, verlockend wie ängstigend, hier sichtbar und eben auch faßbar zu werden versucht. Gleichzeitig wird dabei das Fremde assimiliert: Das Kind, das sich als Kaminfeger verkleidet, lernt ein wenig Einfühlung in den gefürchteten «schwarzen Mann», und der Basler, der eine Hexenmaske trägt, versöhnt sich – unbewußt wohl – mit eigener wie fremder Hexennatur.[5]

Noch subtiler erscheint solches in der Kunst. Kunst schafft Außenwelt; genauer, sie «objektiviert» Inneres, konkretisiert es in Bildern, Skulpturen oder Musik. Wo er «Schönheit» anstrebt, gestaltet der Künstler gleichsam ein Nicht-Ich, das den Wunschvorstellungen des Ich entspricht; er vermindert – symbolisch sowohl wie wirklich (man denke an die Gartenkunst) – den Antagonismus zwischen Ich und Welt. Das fertige Kunstwerk, allerdings, ist ja nun wiederum ein Außen – es entfremdet also zugleich dem Selbst, was ihm eigen war[6]. Der ästhetisch geordnete japanische Garten benötigt einen unermüdlichen Gärtner, um den Eigenwillen des Außen – der Natur – zu zähmen, und das Bild, das der Künstler schafft, wird dem Innen nur selten genügen – eine Divergenz, die ihn zu neuen Bildern drängt. Trotzdem, insgesamt strebt diese Art von Kunst danach, Ich und Welt zu harmonisieren – letztlich sucht sie das Paradies, wie es am deutlichsten wohl Mondrian ausdrückte[7].

Das gilt in der Musik wohl weitgehend für die Klassik; in der modernen Musik, und in der Malerei beginnend mit dem Expressionismus, wird, vordergründig, dem Schönen das Häßliche, das Bedrohliche oder das Lärmende entgegengesetzt. Tiefgründiger aber ringt der Künstler in seinen Bildern mit eben jenem Innen, das ihm «fremd» ist, das er von sich loszulösen trachtet – von Hieronymus Bosch bis zu Picasso, Baselitz, Bacon und anderen. Ähnlich sucht manche moderne Musik – etwa Strawinskys *Sacre du Printemps* –, Emotionen zu bewältigen. Das innere Fremde fordert heraus, es will gestaltet werden. Dabei erlebt und mißt der Künstler sein Vermögen, das ihn Bedrängende zu meistern – auch wenn ihm das meist nur vorübergehend gelingt: Picasso hat seine Aggressivität in tausend Variationen gestaltet, aber sie ließ ihn nie los; denn obwohl Anti-Identität, war sie zugleich seine Wunsch-Identität.

In der Tat kann das Fremde zum Wunschbild werden. Das gilt von den Seefahrern der Entdeckerzeit, von Fernesüchtigen wie Gauguin und seinen Nachahmern, bis hin zu den banalsten Touristen, doch deren Ziele unterscheiden sich. Der Gipfelsteiger im Himalaya sucht anderes als der Meditationsschüler in einem indischen Kloster. Bei allen diesen indessen, scheint mir, geht es nun weniger um die Objektivierung des inneren Fremden, als um dessen Umkehrung: Das Wunsch-Fremde soll einen inneren Mangel beheben.

Unser Ich ist nie vollständig. Das Versäumte, Versagte, noch nicht Erreichte – Formen des Anderen – kondensieren sich kontinuierlich zu «Fantasmen des Werdens», das, was man zuweilen eine «Wunsch-Identität» nennt. Der Mangel kann schmerzen, und deshalb wird er häufig den erlebten Umständen zur Last gelegt – man hat ihn nicht zu verantworten. Was man im Hier als Versagung erlebt, macht ferne Bereiche verlockend; je unbekannter sie sind, je geheimnisvoller, umso erfüllender neigt man sie sich vorzustellen. So begnügen wir uns eben nicht damit, Unbekanntes in der Heimat aufzuspüren, auch nicht damit, in der Ferne «ausgetretenen Touristenpfaden zu folgen», sondern suchen dort das Versteckte, das Intime, darin wir uns Erfüllungen versprechen – selbst wenn wir sie nicht genauer zu benennen wüßten. Verbergen kann sich das Fremde sowohl auf den Höhen des Himalaya wie in den Tiefen tibetanischer Weisheit, im Unheimlichen afrikanischer Rituale wie im geheimen Sinn alter Keilschriften; selbst im Lächeln eines Frauengesichtes mag man meinen, das Geheimnis zu erraten. Das verlockende Fremde hat vielerlei Gestalten.

Der Verzicht und das «amorphe Innere»

«Das Versäumte, Versagte, noch nicht Erreichte», sagte ich eben, kondensiere sich in «Fantasmen des Werdens». Das läßt uns vermuten, daß auch das innere Fremde sich aus Erfahrungen herleitet – Erfahrungen vorwiegend von Handlungen und Zielen, auf die wir, sei es freiwillig, sei es gezwungen, verzichteten. Das Nicht-Getane, Nicht-Gelebte bleibt indessen trotzdem als eine mögliche Dimension unseres Erlebens gegenwärtig – eine Dimension indessen, die auch schmerzlich ist, verweist sie doch immer auf Unzulänglichkeiten unseres Handlungspotentials. Verzicht bedeutet Begrenztheit unseres Selbst.

Deshalb wird der Verzicht zu einem Grundthema der meisten Philosophien oder Ethiken, doch in unterschiedlicher Weise. Der Buddhismus verfolgt endgültigen Verzicht als höchstes religiöses Ziel; das Christentum und der Islam dagegen hoffen auf eine endzeitliche Erfüllung im Paradies – doch wiederum nur dem verheißen, der im Irdischen zu verzichten weiß. In Strawinskis *Geschichte vom Soldaten* (Text von C. F. Ramuz) lautet eine Stelle:

«Il ne faut pas vouloir ajouter à ce qu'on a
ce qu'on avait.
On ne peut pas être à la fois qui on est
et qui on était.
On n' a pas le droit de tout avoir,
c'est défendu.
Un bonheur est tout le bonheur, deux,
c'est comme s'ils n'existaient plus.»

Der Soldat indessen, dem diese Warnung gilt, will dennoch alles besitzen, das Gegenwärtige wie das Vergangene. Und so verliert er alles – eine Mahnung von allgemeiner Tragweite.

Wie also gehen wir mit den Verzichten um, die uns die Kultur abfordert? Verzichten zu müssen, erleben wir als Beschränkung, zuweilen als Mißerfolg, und vielfältig sind deshalb die Kompensationen, Verschiebungen, Umorientierungen von Zielen, aber auch die resignativen Abwertungen unseres Ich. Zuweilen erhöht der Verzicht die Valenz dessen, was uns entging, häufiger aber bedrückt uns weniger der Verlust eines besonderen Zieles, als die Erfahrung des unzureichenden Handlungs*vermögens*; daher erklärt sich, daß man nicht selten versucht, seine Enttäuschungen in Weisen zu kompensieren, die kaum dem gleichen, was einem entging. Die Psychoanalyse hat das Phänomen der Regression aufgezeigt. Damit ist die Hinwendung zu vergangenen Zielen gemeint, eine Rückkehr – unter dem Druck aktueller Frustrationen – zum Verzichteten, eine Reaktivierung latenter Valenzen. Nun sind Regressionen keineswegs nur neurotische Erscheinungen, sondern finden dauernd statt. Unsere Handlungen streben zwar Zukünftiges an, werden aber von vergangenen Erfahrungen mehr oder weniger sowohl mit-motiviert wie mit-strukturiert. Nun wird Erlebtes nicht nur kognitiv, sondern auch mit seiner Valenz «gespeichert», und die Annahme erscheint plausibel, daß Verzichtetes nach wie vor eine besondere emotionale Qualität besitzt: Es ist das Versäumte, Aufgeschobene, das, was noch zu tun bleibt, um unsere Hoffnungen oder Forderungen – an uns selbst wie an andere – zu erfüllen. Zugleich aber ist es auch das Noch-nicht-Erfahrene, etwas also, dem die Deutlichkeit, Klarheit und Differenziertheit des konkret Erlebten fehlt – es bleibt «amorph» und vermag dadurch projektive Imaginationen anzuregen, aber auch zu verunsichern. Es kann so vielerlei beinhalten, Obsoletes, wie etwa Kindheitsängste, Verdrängtes im psychoanalytischen Sinne, aus situativen Gründen nicht verwirklichte oder «für später» aufgeschobene Ziele; es kann unserem Bewußtsein entschwunden sein, kann sich zuweilen in Phantasien, Wünschen, Anmutungen aufdrängen, kann auch zu Plänen alternativen Handelns veranlassen.

Es liegt nahe, dieses «amorphe Innere» mit dem «inneren Fremden» in Beziehung zu setzen. Das erste verwiese auf ein, im Laufe der Entwicklung progressiv wachsendes, Reservoir von alternativen Handlungszielen und -formen, eine Art «alternatives Ich», nicht nur repräsentierend, was man (positiv wie negativ) hätte sein oder werden können, sondern oft auch das, was man noch zu sein oder zu werden hofft – zuweilen auch fürchtet; Inhalte, die, meist wenig oder gar nicht bewußt, den Kulturmenschen begleiten wie ein Schatten (um mit Jung zu sprechen), ein nicht-kulturiertes, alternatives Ich, teilweise weggefiltert, und dennoch potentiell aufrufbar, bald unbehaglich, bald auch verführerisch. Das Konzept des «inneren Fremden» dagegen würde darauf verweisen, wie das «amorphe Innere» uns *anmutet*: seine Inhalte, wenn sie uns unvermittelt konfrontieren, neigen wir dann als fremd zu erleben, wenn sie unseren «sozialisierten» Werthaltungen zuwiderlaufen; sie uns selbst zuzurechnen, wäre zu bedrohlich für unser Selbstbild. Das ist im Vorangegangenen genügend geschildert worden.

Eines sei indessen noch angefügt. Wenn das «amorphe Innere» zu einem nicht geringen Teil aus Verzichten und Versagungen herrührt, so wird es umso eher zu einem «Stachel im eigenen Fleisch», je schwerer uns das Verzichten fällt. Je widerwilliger wir Verzichte geleistet haben, umso eher drohen sie, uns irgendwann erneut zu bedrängen. Verzichten-Können erscheint somit als ein wichtiges Handlungspotential.

In der Tat, zu verzichten, erfordert zweierlei: einmal die Valenz des zu verwerfenden Zieles zu mindern, andererseits die der anzustrebenden Ziele zu erhöhen. Der Verzicht hebt einen Zwiespalt auf, was das Handeln erleichtert; aber er verdeutlicht auch die Grenzen unseres Handelnkönnens – anders gesagt, er verlangt sowohl Umschichtungen von Valenzen, wie Umstrukturierungen der Ich-Welt-Sicht, also des Selbst. Die Erfahrung, dies angemessen leisten zu können, vermittelt ein eigenes Gefühl der Befriedigung, eine Stärkung des subjektiven Handlungspotentials. Wo einem dagegen das Verzichten nicht ausreichend gelingt, entstehen Bedauern und Trauer, Resignation, aber auch Sehnsucht. Ein hohes «Verzichtpotential» kennzeichnete also, könnte man sagen, den «Realisten», den, im freudschen Sinne, «ichstarken» Menschen, aber auch den Verdränger; im gegenteiligen Falle würde man eher von einem Romantiker, Träumer, aber auch Zögerer oder Rebellen sprechen. Ein zu hohes Verzichtpotential kann also ebenso unerwünscht sein wie ein zu geringes, denn das eine verdrängt die Sehnsucht, das andere macht sie übermächtig. Und so dürfen wir wohl vermuten, daß zwischen dem inneren Fremden und dem Selbst des Menschen enge Beziehungen bestehen – auch wenn wir sie noch kaum ausreichend ztu präzisieren vermögen.

Die Mythen des Fremden
Das bisher Geschilderte sind überwiegend individual-psychologische Vorgänge. Sie werden indessen zuweilen ausgelöst, zuweilen gefördert oder bestärkt durch kollektive Vorstellungen des Fremden – von «Mythen des Fremden»[8]. Es gibt sogar Mythen des inneren Fremden: Auch in unserer Kultur glaubten viele bis in die neuere Zeit hinein an Besessenheit; noch in meiner Arbeit als Schulpsychologe traf ich in entlegenen Gegenden der Nordost-Schweiz auf Geisteraustreibungs-Rituale, und glaubt man Zeitungsberichten, soll Ähnliches manchenorts immer noch vorkommen. Wir Heutigen haben das Konzept der Besessenheit durch Vorstellungen ersetzt, die vielleicht «vernünftiger» sind, dennoch aber auch eine Art inneres Fremdes annehmen, wie wir zu Beginn dieser Überlegungen schon fanden.

Jede Nation oder Gesellschaft hat noch anderes «inneres Fremdes»: die dunklen Punkte ihrer Geschichte, die Unrühmliches oder Destruktives verraten. Nicht die offizielle Geschichtsschreibung allein, sondern auch die Ideologien des Wir suchen solches auszuklammern oder wenigstens umzudeuten, und die Propaganda in politischen Konflikten bemüht sich meist, das eigene «innere Fremde» auf die Gegner, also nach außen, zu verschieben. Nicht immer finden jene Historiker ein leichtes Gehör, die – wie kollektive Psychoanalytiker – diese dunklen Punkte aufzudecken versuchen.

Verbreiteter sind die Mythen des äußeren Fremden. Die alten Kulturen berichteten von unbekannten Gegenden, bevölkert von wunderlichen Fabelwesen, von verführerischen Nymphen auf fernen Inseln, die den sehnsüchtigen Abenteurer ins Verderben lockten. Die frühen Seefahrer glaubten oft, an fremden Gestaden «edle Wilde» in paradiesischen Kulturen zu entdecken[9]. Der europäischen Verquertheit und Verderbtheit setzte man rousseausche Natürlichkeit entgegen und meinte, sie anderswo auch wirklich vorzufinden. So liest man etwa, daß die Muria, ein Stamm in Zentralindien, den Kindern und Jugendlichen weitgehende sexuelle Freiheit zugestanden und dadurch, wie auch Inselstämme der Südsee, die bei uns üblichen Beziehungsprobleme zwischen den Geschlechtern vermieden[10]. Man entdeckte die indischen Gurus, die japanischen Zen-Meister[11], die südamerikanischen Zauberer[12], die indianischen Heilzeremonien und Weisheitsdrogen[13], die chinesische Medizin – kurz, lauter Versprechungen eines größeren Glücks aus entfernten Landen. Zugleich aber entwickelten sich auch negative Fremdbilder: die heidnischen Götzendiener, an denen das alte Testament «den Bann vollzog», die «animalischen» Neger, die zu bekehren uns auferlegt und die zu versklaven uns zugestanden war, bis hin zur «gelben Gefahr», den «Nicht-Ariern» und noch moderneren «Untermenschen», die nötigenfalls zu vernichten sogar zum Dienst an Volk und Sache wurde[14]. Oft unentwirrbar, vermischen sich so im Mythos des Fremden sowohl Versprechungen wie Bedrohungen.

Vom Umgang mit Fremdem

Wie aber geht man nun mit diesem vielgestaltigen Fremden um? Manches ist bisher schon gesagt worden, deshalb will ich hier nur noch einige besondere Aspekte aufgreifen. Das Fremde, fanden wir, ist unvertraut, und dadurch immer zugleich verlockend wie bedrohlich. Man wird deshalb als erstes versuchen, seine Unvertrautheit zu mindern. Das mag zuweilen zu sachlichem Erforschen führen, häufiger aber wohl dazu, es einfach bekannten Kategorien der Bewertung oder des Umganges zuzuordnen. Das erhöht, auch wenn es falsch ist, das Gefühl der Sicherheit, also des Handlungspotentials. Jemand trifft auf eine Blindschleiche und sagt: «Eine Schlange!». Damit wird die harmlose Echse den Kategorien des zu Vermeidenden oder des zu Tötenden zugeordnet, und der zoologisch Unerfahrene meint nun zu wissen, wie er sich zu verhalten hat – er hat, subjektiv, Ungewißheit in Gewißheit verwandelt.

Die taxonomische Einordnung, also die Definition des Fremden, impliziert somit auch Regeln des Umganges, und diese Regeln zu kennen, erhöht das Handlungspotential; von daher unsere Neigung zur ethnozentrischen Wahrnehmung des Fremden – sie erlaubt uns, vertraute Handlungsmuster beizubehalten. Das reicht indessen meist nicht aus; deshalb sucht man, das Bedrohliche so umzudeuten, daß es vermeidbar, beherrschbar oder besiegbar, so oder so also weniger ängstigend erscheint, sucht das Verlockende seinerseits sich als erreichbar sowohl wie ungefährlich vorzustellen. Das sind subtile Prozeße, denn das Verlockende wie das Bedrohliche dürfen dabei nicht in das Gewöhnliche umschlagen: Der Reiz des Fremden besteht ja darin, uns herauszufordern, also Gelegenheit zu bieten, unser Handlungspotential zu bewähren oder zu erweitern; da man indessen im Umgang mit dem Fremden unvermeidlich auch Grenzen überschreitet, muß uns zugleich die Rückkehr in die Geborgenheit des Eigenen gesichert bleiben. Ohne die Möglichkeit zur Rückkehr wird der Verlorene Sohn zum Heimatlosen.

Am deutlichsten zeigt sich dies wohl beim modernen Touristen: Zwar will er den Reiz der Fremdartigkeit genießen, den Kitzel des möglicherweise Gefährlichen spüren, aber mit dem Rückflugbillet in der Tasche; er geht auf Abenteuer-Trecks, aber will sich dann im Komforthotel ausruhen. Er deutet das Fremde um in ein grundsätzlich Bestehbares, ja sogar freundlich Gesinntes, und die «Infrastruktur» an Reiseführern, Hotels, Restaurants, Kliniken und was so gebraucht werden könnte, sichert ihm die ständige Zugänglichkeit des Eigenen. Ähnliches gilt selbst für den Ethnologen oder den Entdecker: Auch sie zieht das Fremde an, doch obwohl willens, ein oder zwei Jahre im Busch zu leben, wissen sie, daß ihnen die Rückkehr offen bleibt.

Unverkennbar ist auch die Bedeutung des Fremden in der Kunst. Um die Jahrhundertwende etwa schätzten europäische Maler afrikanische Masken als Alternativen zur eingefahrenen Aesthetik ihrer Zeit[15]. Sie entkleideten sie also weitgehend ihres dämonischen oder sonstwie kultischen Charakters – obwohl die damaligen ethnologischen Museen diesen schon deutlich herausstellten. In seinen *Demoiselles d'Avignon* aber überschritt Picasso die Grenze der Harmlosigkeit und offenbarte das kraß Dämonische der afrikanischen Maske; dennoch, da er gestaltend über sie verfügte, sicherte, ja erweiterte er dabei zugleich sein Handlungsvermögen in einem doppelten Sinne: einerseits, indem er das äußere Fremde in ein eigenes Werk umwandelte, also «subjektivierte», und andererseits, indem er seine gequält-aggressive Erotik nach außen verschob, also «objektivierte»[16].

Die Grenzen, die Picasso dabei überschritt, waren offensichtlich die der ästhetischen Konvention, aber vermutlich auch solche der inneren

Sicherung. In der Tat, der Bereich der Rückkehr in ein «Eigenes» schien ihm versperrt. Picasso war kein Verlorener Sohn, auf den ein Zuhause wartete. Er hatte sich selbst exiliert, äußerlich gesehen in die immer nur provisorischen Behausungen in Paris oder der Provence – genauer aber in eine Fremde, in der er ein Eigenes suchte, das sich ihm dauernd entzog[17]. Anders etwa bei Gauguin, dem noch offensichtlicher Exilierten. Denn Frankreich war ihm ebenso sehr Fremde wie Heimat: Ein Ur-Großvater mütterlicherseits soll Spanier, ein in Peru lebender Onkel indianischer Abstammung gewesen sein, und Gauguin verbrachte seine neun ersten Kindheitsjahre glücklich mit der Mutter in Peru[18]. Diese Geschichte und Abstammung spielten offensichtlich eine wesentliche Rolle in der Bildung seiner «Ich-Fantasmen» – die er vorerst in der Bretagne, dann in Panama, und schließlich in Ozeanien zu verwirklichen suchte. Doch das klingt wohl zu einfach; Fremdes und Eigenes lassen sich bei Gauguin kaum trennen, denn wenn er auch in Tahiti und in den Marquesas sich selbst zu finden meinte, blieb er auch dort ein Fremdling; er sah und gestaltete die Welt seiner Wahlinseln durch die Brille einer in Frankreich geprägten Persönlichkeit. In den afrikanischen Masken der *Demoiselles d'Avignon* verarbeitete Picasso subjektive Inhalte; ähnlich nutzte Gauguin die Südseewelt dazu, sein Innen zu gestalten. Und so schreibt der Kunsthistoriker Varndedoe: «*Tahiti sollte ein Ort werden, wo die Natur seinen Träumen besser entspricht, wo er vom Pazifischen Ozean weichere Zärtlichkeiten erwartet, mit der alten und gewissen Liebe eines wieder entdeckten Vorfahren. The voyage out was a voyage in, and back.*»[19].

Varnedoes umfängliche Analyse illustriert drei unserer Überlegungen: einmal die Verlockung des Fremden, zweitens die enge Verquickung von Eigenem und Fremdem, und drittens die Verwandlung des Fremden in den Verläufen des Handelns. Im Falle Picassos habe ich anderswo versucht, aufzuhellen, wie Eigenes und Fremdes in der Verarbeitung eines bedrohlichen Außenereignisses – der Bombardierung Guernicas – sich vermischten[20], und will es also hier nicht weiter verfolgen. Doch wollen wir zum Schluß noch kurz betrachten, wie Fremdes sich in Eigenes und Eigenes in Fremdes verwandeln können.

Der Umschlag des Eigenen in Fremdes

Man kann zuweilen Überraschendes beobachten: In Yugoslawien etwa sind binnen kurzem viele Serben und Bosnier, bisher Kollegen, Nachbarn, ja Eheleute, zu Feinden geworden. Ähnliches schien zwischen Tutsi und Hutu in Ruanda und Burundi zu geschehen, zwischen «Juden» und «Ariern» während der Nazizeit, zwischen Religionsgruppen in Indien oder Clans in Somalia – ja, ist grundsätzlich überall denkbar.

Nun machen unsere Überlegungen sicher verständlich, daß uns ein Mensch, wenn wir ihn als fremd wahrnehmen, unvertraut, ja sogar unheimlich vorkommen kann: Wir verspüren in ihm ja auch unser inneres Fremdes, das wir möglicherweise noch stärker abwehren als real Bedrohendes. Es scheint auch leicht einsehbar, daß aus Fremden Freunde werden können: Bekanntschaft und gemeinsame Erfahrungen erhöhen Vertrautheit. Schließlich erstaunt es uns auch nicht, daß Freunde sich zuweilen über einem Konflikt entzweien, ja, sogar zu Feinden werden. Unverständlich aber mutet es an, wenn man ohne ersichtlichen Grund im bisher geachteten Nachbarn nur noch den Juden sieht, den geschätzten Lehrer plötzlich als Klassenfeind betrachtet oder, alltäglicher, wenn eine Frau nach langjähriger, anscheinend glücklicher Ehe auf einmal entdeckt, daß ihr Mann «ihr fremd sei», daß seine Berührung sie abstoße, sein Reden sie ärgere. Wie wird Eigenes zum Fremden, Vertrautes zu Unvertrautem?

Wir sind Personen im Wandel. Kontinuierlich verwandelt sich, im Laufe des Lebens, sowohl die Erfahrung unserer selbst, wie die unserer Umwelt, und dementsprechend verändern wir nicht nur unsere materiellen Ziele, sondern auch unsere «Fantasmen des Werdens». Das sind gewöhnlich eher allmähliche Prozeße, deren man sich kaum bewußt wird. Sie können zwischen sozialen Partnern mehr oder weniger synchron, aber auch unterschiedlich verlaufen. Dann entstehen Divergenzen, die man zwar meist lange nicht besonders beachtet; wird irgendwann aber eine Schwelle überschritten, wandelt sich die Divergenz zur Dissonanz. Oft sind es besondere Umstände oder Ereignisse, die solche Wahrnehmungswechsel auslösen – ein aktueller Streit etwa, eine menschliche Begegnung, die uns unerwartet beeindruckt oder, im politischen Feld, das Auftauchen einer neuen Ideologie. Daß man dann dazu neigt, die Schuld für die Dissonanz eher beim Partner als sich selbst zu suchen, ist eine banale Beobachtung – daran überraschen muß jedoch, daß der Partner einem nun in der Tat «fremd» erscheint.

Es wirkt weniger seltsam, wenn man sich daran erinnert, daß einem der andere Mensch – in Graden – immer fremd bleibt, daß Vertrautheit sich also immer nur begrenzt – und oft eher äußerlich – einstellen kann: Man weiß, wie der andere reagiert, was er gerne hat und tut; was er sagt, glaubt man zu verstehen, wenn der Glaube auch zuweilen täuscht, und was er nicht sagt, bleibt einem oft ebenso unbekannt, wie was er «eigentlich» denkt und fühlt. Somit gibt es, selbst im Umgang mit sehr Nahestehenden, immer einen mehr oder weniger großen Bereich der «Unschärfe», der Unbekanntheit, und gute Partnerschaft besteht nicht zuletzt darin, dem anderen eine entsprechende Privatheit zuzubilligen.

In der Situation der Dissonanz nun wandelt sich diese Privatheit in Fremdheit: Man weiß nicht ausreichend, wie der andere auf die Dissonanz reagieren wird, was er uns vorwerfen, ja, in schlimmeren Fällen gar antun könnte: aus dem Wir-Bereich ausgeschlossen, ist er, im hier verwendeten Wortsinn, unvertraut geworden. Das, was wir an ihm geschätzt haben, wird nun belanglos, ja gar verwerflich, und auf einmal fragen wir uns, wie wir seine Schwächen, bisher freundlich übersehen oder geduldet, denn ertragen konnten. Wir messen ihn an neuen Sollwerten.

Zuweilen stammen diese aus neuen sozialen Einflüssen, zuweilen aus inneren Umbewertungen: Ich-Umwelt-Konstellationen wandeln sich, verändern die Selbst- und die Weltsicht und wecken neue Sehnsüchte. Das rührt indessen unvermeidlich auch an alte Hoffnungen und Ängste. Denn das bisher Vertraute bedeutete zugleich ja eine Stabilität unserer Beziehungen, eine Konstanz unseres Weltbildes – eine Sicherung also, für die man lange bereit war, den Preis von Verzichten zu erbringen. Dazu gesellt sich wesentlich, wenn auch oft eher unterschwellig, ein Weiteres: Die Verwandlung von Eigenem in Fremdes, von Zugehörigem in Gegnerisches, konfrontiert einen unversehens damit, daß man in einer trügerischen Wirklichkeit lebt. Lange Geglaubtes scheint auf einmal irrig gewesen zu sein, feste Bewertungen wanken.

Das Umschlagen von Vertrautem in Fremdes verwandelt somit nicht nur den andern, sondern schwächt auch das eigene Handlungspotential: es bedroht unser Selbst. Hatten wir nicht auf falsche Werte gesetzt, unweise Entscheidungen getroffen, Hoffnungen geweckt oder Versprechungen gemacht, die zu erfüllen wir uns jetzt verbieten? Versagen oder gar Schuld belegen ein vergangenes Ungenügen unseres Handelns, aber sie wecken auch Zweifel, ob uns zukünftige Entscheidungen besser gelingen. Und überdies repräsentiert der nun fremde Andere auch Ich-Aspekte, die wir jetzt ablehnen, haben wir uns doch früher mit ihm identifiziert. Unversehens fühlen wir uns konfrontiert mit einer nicht-transparenten äußeren wie inneren Wirklichkeit.

Das ist tief belastend, und deshalb erstaunt es nicht, daß wir in solchen Situationen vielfältig nach Sicherungen suchen. Schuldzuweisungen, und damit zusätzliche Abwertungen des Anderen, gehören beinahe immer dazu; sollte man ideologische Unterstützung finden, greift man sie willig auf: Rassistische, klassenkämpferische, sexistische, religiöse und politische Rechtfertigungen haben sich in der Geschichte ebenso «bewährt», wie mehr private, unterschiedliche Ideologien der Selbstverwirklichung. Dabei findet man zugleich soziale Zuwendung und Bestätigung, was den oder die Verunsicherten dann auch leicht an entsprechende Gruppen zu binden vermag – zuweilen allerdings um den Preis des besonderen Eifers, den man vom Bekehrten erwartet. Doch die neue Stärkung des Selbst, die gesicherte Weltsicht und die Minderung seiner Schuldgefühle läßt manchem den Preis durchaus angemessen erscheinen.

Allerdings, nicht jeder oder jede werden sich bei solchen Wandlungen von Eigenem in Fremdes der Beunruhigung auf derart leichte Weise zu entziehen suchen. Sie werden eher eine vertiefte Sicht des Außen wie des Innen anstreben, einer Sehnsucht nach Transparenz ihrer Ich-Weltbezüge folgend. Und so erscheinen denn die Interaktionen zwischen Eigenem und Fremden als vielfältig, oft verwirrend und beunruhigend, und sie verbieten uns, offensichtlichen Trennungen in Hier und Dort, in Wir und Sie zu trauen. Letztlich geht es dabei um subtile Prozeße der Selbst- und Wirklichkeitsbildung. Im Abschnitt über die Maske werden wir dem «inneren Fremden» – dort auch das «amorphe Innere» genannt – nochmals begegnen und uns einigen weiteren Fragen zuwenden, die der Umgang mit dieser Dichotomie stellt.

Anmerkungen

[1] Umgearbeitet und gekürzt nach «Das Fremde und das Eigene», in Thomas A. (Hg.), 1996. Mit freundlicher Erlaubnis des Herausgebers.

[2] Siehe dazu hier das Kapitel «Das Andere».

[3] Siehe Douglas, 1966; zur Transformation von Kot in Gold, siehe Freud, 1942, Boesch, 1991.

[4] Boesch, 1976, 1991.

[5] Siehe hier das Kapitel «Die Maske und das Böse».

[6] Siehe hier die Kapitel «Form und Inhalt», «Das Schöne und das Hässliche»; auch Boesch, 1983.

[7] Boesch 1983, 1991.

[8] Boesch, 1991, 1995.

[9] siehe etwa Bougainville, 1771/1980.

[10] Elvin, 1959; M. Mead, 1954.

[11] Suzuki, 1970.

[12] etwa Castaneda, 1972.

[13] Myerhoff, 1974.

[14] Boesch, 1964/1971, und 1983c.

[15] Rubin, 1984.

[16] Zu den Konzepten «Subjektivation» und «Objektivation» siehe Boesch, 1980, 1991/1995.

[17] Dazu Boesch 1991/95, Kap. 7.

[18] Hoog, 1987.

[19] Varndedoe, 1984, p. 187. Meine Übersetzung und Hervorhebung.

[20] Boesch, 1991, Kap. 7.

Tödliche Sehnsucht

I

Das Fremde und das Eigene, so haben uns die vorangegangenen Kapitel schon nahegelegt, bilden gleichsam die zwei Pole einer anthropologischen Grunddimension. Dabei wurde aber auch offensichtlich, daß beide sich eng miteinander verflechten, dergestalt, daß fortdauernd die Qualitäten des einen die Wahrnehmung des anderen färben. Solch intime Durchdringung kann einem in wacher Selbstbeobachtung auffallen; eindringlicher noch erscheint sie zuweilen in den Schilderungen von Dichtern. Ein Beispiel, das ich Thomas Mann entlehne, soll uns das verdeutlichen.

Zur Einführung vorerst eine Zusammenfassung und Ergänzung bisheriger Überlegungen. Jeder von uns hat wohl schon jenen Überdruß erfahren, der ihn seine eigenen vier Wände bedrückend, die Routinen des Alltags langweilig, das häusliche Essen fade erscheinen ließ, ja, der ihn verleitete, gegen die Geregeltheit seiner Welt rebellieren, aus ihr ausbrechen zu wollen. Dann hat er vielleicht seine Koffer gepackt und sich nach irgendwo aufgemacht, dahin, wo er sich Abwechslung, Freiheit, emotionale Befriedigungen versprach. Blieb er dort lange genug, holte ihn der Überdruß wieder ein, das Erregende wurde ebenfalls fade – Heimweh befiel ihn. Und so kehrte er zurück, erleichtert, ja beglückt darüber, wiederzufinden, was ihn doch vor kurzem noch so gelangweilt hatte.

Er hat so die Ambivalenz sowohl wie die Komplementarität des Eigenen und Fremden erfahren. Nur auf dem Hintergrund des Eigenen zeichnet sich das Fremde ab, und nur im Gegensatz zum Fremden konstituiert sich das Eigene. «Konstituiert sich»: In der Tat, auch das Eigene ist kein Vorgegebenes, sondern wird im Laufe der Entwicklung gebildet, differenziert und erweitert; das Kind lernt dessen *Regeln* kennen, lernt sowohl, sich ihnen zu unterwerfen, wie auch sie zu nutzen, ja, es ist vor allem dieses Beherrschen von Regeln, das das Eigene ausmacht: es mindert Gefährdungen, sichert Erfüllungen und bestätigt dabei unser Handlungspotential. Die Regeln des Fremden dagegen sind uns uneinsichtig, eine Unkenntnis allerdings, die nicht gleichgültig läßt, weil das Fremde – anders als das nur Unbekannte – uns ja immer auch irgendwie angeht: es verunsichert, und dadurch wirkt es «*unvertraut*».

Das Eigene ist somit grundsätzlich ambivalent: Es verleiht Sicherheit, aber schränkt sie, durch seine Sach- und Regelzwänge, zugleich ein; deshalb suchen wir – das Kind im Laufe der Entwicklung, der Erwachsene in der Gestaltung des Heimes – die Zwänge im Eigenbereich auf das Nötige zu reduzieren, die Freiheit zu optimieren, zugleich aber auch seine protektive Kraft gegenüber dem Fremden zu stärken. Daraus ergibt sich der fortdauernde Drang des Menschen, den Bereich des ihm Eigenen auszuweiten.

Allerdings kann das Eigene, sei es durch seine Monotonie, sei es durch seine Zwänge, unser Handeln irritierend oder gar schmerzlich beschränken, und dann geschieht es leicht, daß einem das Fremde zu verheißen scheint, was die Heimat vorenthält. Die Eigen-Fremd-Polarität erhält so eine bedeutsame Ich-Relevanz: Wir definieren uns einerseits durch ein Eigenes, mit dem wir uns identifizieren, aber auch, andererseits, durch Fremdes, sei es eines, dem wir uns widersetzen, sei es umgekehrt eines, das uns Selbstbestätigungen verspricht. Im Eigenen, könnte man sagen, lokalisieren wir unser erlebtes Ich, im Fremden dagegen potentielle Bedrohungen, Bewährungen oder Erfüllungen.

Das alles leuchtet ein, solange wir im Fremden etwas Äußeres sehen. Doch, da weitgehend unbekannt, müssen wir *imaginieren* und *bewerten*, was es sein könnte: Trotz seiner äußeren Existenz, wird es zugleich innerlich konstituiert. Die Auseinandersetzung mit dem Fremden spielt sich somit notwendigerweise vorerst in unserem Inneren ab, ja, die *Fremdheit* als eine Qualität des *Erlebens* – die des *Unvertrauten* –, kann nur in unserem Inneren entstehen; sie entspringt einer bestimmten Relation des Ich zu einem als äußerlich Wahrgenommenen.

Das allerdings verlangt nach einer Ergänzung: Über die inneren Konnotationen des äußerlich Fremden hinaus, gibt es ja auch ein eigentlich *inneres* Fremdes. Nicht alles, was in uns geschieht, erscheint uns so vertraut, daß wir es als eigen erlebten. Da erschreckt uns ein Alptraum, beunruhigt uns eine aggressive Fantasie, verspüren wir ein unvertrautes Gelüste, ergreift uns ein unerklärlicher Zorn oder eine unsinnige Verliebtheit, alles Regungen, bei denen wir zuweilen erstaunt meinen, «Ich weiß nicht, was da in mich gefahren ist!» Doch auch Kreatives oder Beglückendes kann uns unversehens ergreifen – kurz, es scheint Regungen in uns zu geben, die uns nicht vertraut sind. Sie können dem entsprechen, was die Psychoanalyse Verdrängtes nennt, sie können dem «Anderen» entstammen, jenen mannigfachen Alternativen, die wir vielleicht hätten leben wollen, aber aus irgend welchen Gründen nicht gelebt haben, ja, sie können sogar Ahnungen und Ziele sein, die sich allmählich oder unerwartet konkretisieren. Ich sprach bisher davon je nachdem als dem «inneren Fremden» oder dem «amorphen Inneren». Auf jeden Fall aber ist es ein Fremdes, das ähnlich verunsichert wie das äußere – und somit auch ähnlich bald Abwehr, bald Faszination hervorruft.

Und so wird das äußere nicht selten zu einem Abbild dieses inneren Fremden, und unser Umgehen mit dem, was uns äußerlich scheint, wird dann, genauer besehen, zu einer Auseinandersetzung mit uns selbst. Thomas Manns Novelle *Der Tod in Venedig* soll uns helfen, dies genauer zu verstehen.

II

Die Geschichte ist bekannt und schnell erzählt. Hugo von Aschenbach, der berühmte und geehrte Schriftsteller, alternd schon und ermüdet von der anstrengenden Disziplin seiner Arbeit, stand nach einem Spaziergang an der Haltestelle einer Straßenbahn, als er, vor dem gegenüber liegenden Friedhoftor, einen Mann erblickte, der ihn als ein fremdartiger Wanderer anmutete. Unerwartet verspürte er dabei eine eigene innere Unruhe, ein «*jugendlich durstiges Verlangen in die Ferne, ...ein Gefühl, längst entwöhnt und verlernt*» (9)[1], ja ein Ungenügen mit seinem Werke, und er folgte dem plötzlichen Drang, seinen geregelten Lebenslauf zu unterbrechen und einige Wochen des «*Stegreifdaseins, der Tagedieberei, der Fernluft und Zufuhr neuen Blutes*» (12) einzuschalten. Nicht zu ferne sollte es sein, nicht «*gerade bis zu den Tigern*», und so fährt er denn kurz entschlossen in die Gegend von Venedig, wo er sich in einem Strandhotel einquartiert. Unter den Gästen entdeckt er eine polnische Familie, eine vornehme Mutter, eine Gouvernante, drei streng gekleidete und sittsame Töchter und ein etwa vierzehnjähriger Sohn, der ihm von «*göttlicher*» Schönheit erscheint. Aschenbach, dem Schönen aus tiefstem Inneren zugewandt, fühlt sich von diesem Jungen unwiderstehlich angezogen, und seine binnen kurzem fiebrige Verliebtheit läßt ihn seine ganze geistige Zucht vergessen. In qualhaftem Drang sucht er nicht nur Tadzio – so hieß der Junge – nahe zu sein, sondern auch sich selbst durch Schminke und Kleidung einen jugendlichen Anschein zu geben. Er genießt es, den Knaben am Strand zu betrachten, folgt ihm schamvoll verstohlen auf seinen Gängen durch ein Venedig, wo – von den Behörden verschwiegen, aber von Aschenbach erkannt – die Cholera wütet. Vor der Abreise der Polen vergnügt Tadzio sich nochmals am Strand, wo er mit einem stärkeren Kameraden in Streit gerät und unterliegt; darauf wendet er sich zum offenen Meer und Aschenbach, von Krankheit geschwächt in seinem Strandstuhl liegend, meint ihn in die Flut hinaus schreiten zu sehen, meint, daß er «*ihm zulächle und winke*», und in fiebrigem Wahn will er ihm folgen. Nach einer Weile entdeckt man ihn tot zusammengesunken in seinem Stuhl.

III

So weit also die Geschichte, die, könnte man sagen, vom Untergang im Fremden handelt. Die Erzählung, in eher steif-antiquierter Sprache, wird zugleich von einer meisterhaft strukturierten Symbolik getragen, deren Verzweigungen nachzugehen reizvoll wäre. Wir wollen uns indessen auf einige Hauptthemen beschränken: das «wilde Fremde» als erstes, das «schöne Fremde» als zweites, und endlich noch das «zerstörerische Fremde»; sie sollen uns Zusammenhänge zwischen dem äußeren und dem inneren Fremden aufhellen.

Von Aschenbach, der berühmte Schriftsteller, *«roh und schlecht beraten»* in seiner Jugend, hatte durch selbstverleugnende Disziplin eine Würde gewonnen, die in *«Abkehr von allem moralischen Zweifelsinn, von jeder Sympathie mit dem Abgrund»* bestand, verbunden mit einem Schönheitssinn, der durch *«adlige Reinheit, Einfachheit und Ebenmäßigkeit der Formgebung ... seinen Produkten ein sinnfälliges, ja gewolltes Gepräge der Meisterlichkeit und Klassizität verlieh»* (18). Wir verstehen also, daß Aschenbach sich diese Würde und diesen Stil des Arbeitens, zugleich ein Stil seines Lebens, dadurch aneignete, daß er eine frühe Roheit und Unbesonnenheit überwand; ein Überwinden jedoch, das wohl eher ein Verdrängen war, wie das Erlebnis an der Haltestelle vermuten läßt. Er verwandelte dabei, könnte man sagen, ein bedrohendes Eigenes in ein inneres Fremdes. Daß er den Wandersmann am Friedhoftor erblickte, mag als ein mahnendes Symbol erscheinen, doch noch zwiespältiger mahnt die Vision, die dieser im wartenden Betrachter weckt: *«Er sah wie mit leiblichem Auge eine ungeheure Landschaft, ein tropisches Sumpfgebiet unter dickdunstigem Himmel, feucht, üppig und ungesund, eine von Menschen gemiedene Urweltwildnis aus Inseln, Morästen und Schlamm führenden Wasserarmen. ...Dem Schauenden war es, als hauchte der laue, mephitische Odem dieser geilen und untauglichen Öde ihn an,... zwischen den knotigen Rohrstämmen eines Bambusdickichts glaubte er einen Augenblick die phosphoreszierenden Lichter des Tigers funkeln zu sehen – und fühlte sein Herz pochen vor Entsetzen und rätselhaftem Verlangen.»* (9)

Verweilen wir einen Moment bei dieser Vision. Sie ist das Bild einer Fremde, die Aschenbach – und vermutlich auch Thomas Mann – nie gesehen hat. Zwar malte, etwa zur Zeit, als Thomas Mann dies schrieb, der Zöllner Rousseau solch exotische Welten; auch in seinen Bildern gab es, wie in Aschenbachs Vorstellung, Tiger, *«abenteuerlich blühendes Pflanzenwerk,... milchweiße Blumen, Palmenschäfte, Vögel von fremder Art mit unförmigen Schnäbeln»* (10), doch Rousseaus Wildnis war verführerisch, verträumt erotisch. Selbst also wenn Thomas Mann aus irgendwelchen Schilderungen oder gar den Bildern Rousseaus solche Landschaften gekannt hätte, so interpretierte er sie doch auf seine Weise.

Mehr noch: Kein *äußerer* Umstand drängte Aschenbach dazu, beim Anblick des Wanderers eine tropische Morastlandschaft zu imaginieren; die Fantasie entsprang spontan seinem eigenen Inneren. Das äußere Fremde mußte, wie auch immer, ein inneres wiedergeben. Und dieses Innere war offensichtlich bedrohlich. Das äußert sich nicht allein in der Atmosphäre und den Konnotationen des Bildes, sondern wird später noch deutlicher, als Aschenbach sich in Venedig nach dem Ursprung der Cholera erkundigt und erfährt, daß, «*erzeugt aus den warmen Morästen des Ganges-Deltas, aufgestiegen mit dem mephitischen Odem jener üppig-untauglichen, vom Menschen gemiedenen Urwelt- und Inselwildnis, in deren Bambusdickichten der Tiger kauert*» (75), die Seuche sich ausgebreitet habe und «*von syrischen Kauffahrern*» in den Mittelmeerbereich verschleppt worden sei. Was anfänglich nur seine private Vision gewesen war, schildert man ihm nun hier, in beinahe gleichen Worten, als eine Gegend, aus der der Tod ausbricht. Damals zwar noch fern, ohne konkrete Bedeutung, meldet das Unheilvolle sich doch unverkennbar schon im Tagtraum an der Tramhaltestelle. Das Bild der Exotik, das ihn sowohl abstößt wie verlockt, scheint einem Inneren zu entspringen, das, obwohl abgespalten von seinem zuchtvollen Ich, immer noch eine zugleich bedrohliche wie verführerische Macht bewahrt.

Trotz der warnenden Konnotationen seiner Imagination gibt Aschenbach der Verlockung nach, wählt sich aber, gleichsam zum Schutz vor dem unmäßig Wilden, eine harmlosere Exotik: Venedig. Venedig hat den Vorteil, unserer zivilisierten Welt anzugehören, es ist eine Stadt der höfischen und merkantilen Kultur, und der Besucher darf hoffen, darin weder mephitischen Sümpfen noch reißenden Tigern zu begegnen. Dennoch, die Anziehungskraft von Venedig besteht gerade darin, untergründig ein Gegenbild zu unseren Städten darzustellen; es symbolisiert das Andere: Kanäle anstelle von Straßen, Boote anstatt Kutschen oder Autos, dunkle Fenster in bröckelnden Fassaden verlassener Paläste, bleiche Masken über üppigen Kostümen, Musik aus maurischen Häuserfronten, seltsame Gerüche und Geräusche. Kurz, Venedig ist die ganz andere Stadt, das Gegenteil der Alltäglichkeit, ein Nährboden für geheime Fantasien. Deshalb war Aschenbachs Reiseziel, obwohl fern seiner imaginierten Urwaldwelt, immer noch das Exotischste, was ihm Europa bieten konnte – ja mehr noch: Obwohl geografisch lokalisierbar und beschreibbar, war dieses Venedig dennoch eine Fremde, deren ängstigende wie verlockende Konnotationen seiner imaginierten Wildnis irgendwie verwandt zu sein schienen.

Das erweist sich nicht erst, als die Cholera aus indischen Morästen Venedig erreicht, sondern schon gleich nach Aschenbachs Ankunft. Die venetianische Gondel, darin der «*sargschwarz lackierte, mattschwarz gepolsterte Armstuhl der weichste, üppigste, erschlaffendste Sitz von der Welt ist»*, erinnert ihn *«an lautlose und verbrecherische Abenteuer in plätschernder Nacht»* (27), und der Gondolier, der ihn dann zum Lido fährt, *«von ungefälliger, ja brutaler Physiognomie»* und *«schroffer, überheblicher Art»* (28), weckt Ängste. Beim Spaziergang durch die Gassen Venedigs bedrückt ihn *«eine widerliche Schwüle, die Luft war so dick, daß die Gerüche, die aus Wohnungen, Läden, Garküchen quollen, Öldunst, Wolken von Parfums und viele andere in Schwaden standen, ohne sich zu zerstreuen. Zigarettenrauch hing an seinem Orte und entwich nur langsam. Das Menschengeschiebe in der Enge belästigte ihn. ...Er floh aus den drangvollen Geschäftsgassen über Brücken in die Gänge der Armen: dort behelligten ihn Bettler und die üblen Ausdünstungen der Kanäle verleideten das Atmen.»* (42/43)

Aschenbach erkennt, daß ihm das Klima Venedigs nicht zusagt und will abreisen. Doch auf der Fahrt zum Bahnhof über die Lagune und den Canal Grande erscheint ihm die Stadt plötzlich völlig anders: *«Die Piazzetta eröffnete sich noch einmal in fürstlicher Anmut und ward verlassen, es kam die große Flucht der Paläste, ...des Rialto prächtig gespannter Marmorbogen. ...Die Atmosphäre der Stadt, diesen leis fauligen Geruch von Meer und Sumpf, den zu fliehen es ihn so sehr gedrängt hatte – er atmete ihn jetzt in tiefen, zärtlich schmerzlichen Zügen...»* (45)

Abscheu gleichzeitig mit Anziehung hatte Aschenbach in der Vision an der Tramhaltestelle empfunden. Nicht minder zwiespältig erscheint nun seine Reaktion auf Venedig. Die Ambivalenz, so sahen wir schon, gehört zum Fremden: Es stößt ab, bedroht, aber es verlockt zugleich, und je nach innerer Gestimmtheit wird das eine oder andere überwiegen – so wie eben Aschenbach die Stadt bald als zu fliehen, bald als bleibenswert erlebt.

Aschenbach kehrt also reuevoll in sein Hotel zurück, und Venedig erscheint ihm nun für eine Zeit als *«wunderlich-wundersame Stadt»*; die *«Bläue des Südmeers, der groß gestirnte Himmel über dem Lido»* bilden einen Kontrast zu *«den fürchterlichen Gewittern»*, den schweren Wolken und den Raben seines heimatlichen Landsitzes in den Bergen, und er fühlte sich dann, *«als sei er entrückt ins elysische Land, an die Grenzen der Erde, wo leichtestes Leben den Menschen beschert ist...und in seliger Muße die Tage verrinnen, mühelos, kampflos, und ganz nur der Sonne und ihren Festen geweiht.»* (50) Aber beim Ausbruch der Cholera wird die Verderbtheit Venedigs, ebenso wie Aschenbachs Ambivalenz, wiederum und deutlicher offenbar. Nach einigen Wochen bemerkt er, daß der Gäste immer weniger werden, und bei einem Ausflug in die Stadt *«wittert er plötzlich in der Luft ein eigentümliches Arom, ..., einen süßlich-offiziellen Geruch, der an Elend und Wunden und an verdächtige Reinlichkeit erinnerte.»* (62) Er forscht nach, merkt, daß nur die deutschsprachigen Gäste allmählich abreisen, erfährt endlich die Ursache, beschließt aber zu schweigen. Er empfand *«eine dunkle Zufriedenheit über die obrigkeitlich bemäntelten Vorgänge in den schmutzigen Gäßchen Venedigs – dieses schlimme Geheimnis der Stadt, das mit seinem eigenen Geheimnis verschmolz, und an dessen Bewahrung auch ihm sehr gelegen war. Denn der Verliebte besorgte nichts, als daß Tadzio abreisen könnte...»* (63) Er beginnt, heimlich Tadzio und seiner Familie auf ihren Ausflügen in die Stadt zu folgen, beschämt und zugleich *«trunken»*, und dabei wird Venedig immer mehr zu einem Abbild des verlockend-verderblichen Dschungels seiner Imagination: *«Aus kleinen hochliegenden Gärten hingen Blütendolden, weiß und purpurn, nach Mandeln duftend, über morsches Gemäuer. Arabische Fensterumrahmungen bildeten sich im Trüben ab. ...Das war Venedig, die schmeichlerische und verdächtige Schöne, – diese Stadt, halb Märchen, halb Fremdenfalle, in deren fauliger Luft die Kunst einst schwelgerisch aufwucherte und welche den Musikern Klänge eingab, die wiegen und buhlerisch einlullen. Dem Abenteuernden war es, als tränke sein Auge dergleichen Üppigkeit, als würde sein Ohr von solchen Melodien umworben; er erinnerte sich auch, daß die Stadt krank sei und es aus Gewinnsucht verheimliche...»* (65) Er wandte *«eine spürende und eigensinnige Aufmerksamkeit den unsauberen Vorgängen im Inneren Venedigs zu, jenem Abenteuer der Außenwelt, das mit dem seines Herzens dunkel zusammenfloß und seine Leidenschaft mit unbestimmten, gesetzlosen Hoffnungen nährte.»* (67) *«Hoffnungen, unsagbar, die Vernunft überschreitend, und von ungeheuerlicher Süßigkeit. ...Was galt ihm noch Kunst und Tugend gegenüber den Vorteilen des Chaos?»* (78)

Aschenbach erlebt die Cholera, obwohl ein äußeres Fremdes, mit einer Art innerer Komplizenschaft, die mehr ist, als der zufällige Nutzen des Ereignisses für seine gegenwärtigen Wünsche: Schon seine anfängliche Vision hatte ihm ja eine Natur vorgespiegelt, die, zwar üppig und verführerisch, dem Menschen dennoch unzuträglich war und gemieden werden mußte. Die venetische Cholera schien nur zu konkretisieren, was schon in Aschenbachs Innerem lauerte. Sein diszipliniertes Leben, die klassische Würde, die er sich angeeignet hatte, sollten ihn, so wird dem Leser nahegelegt, gegen Neigungen schützen, deren Verlockungen ihn ängstigten. Er wird, unvermeidlich wohl, an diesem Zwiespalt zugrunde gehen, doch um das genauer zu verstehen, müssen wir uns dem anderen, nämlich dem *schönen Fremden* zuwenden.

IV

Aschenbachs Venedig illustrierte, daß das Fremde unvertraut und dadurch auch bedrohlich sei, was wir leicht zu verstehen vermögen; daß es dadurch eine besondere Kategorie des «Anderen» darstellt (das ja weder immer unvertraut, noch gefährlich erscheint), ist nicht minder verständlich. Das Schöne aber, ist es nicht einfach beglückend, erbauend, erfüllend? Was soll uns an einer Blüte, einem Kunstwerk, am Farbenspiel eines morgendlichen Sees bedrohen?

Unterscheiden wir zweierlei Schönheit. Einmal die, die man eine «ästhetische Anmutung» nennen könnte: eben diejenige, mit der uns eine Blume, eine Landschaft, die Grazie einer tänzerischen Bewegung, die Linie einer Melodie ansprechen. Es ist, wenn man so will, eine «gestalthafte» Schönheit, bedingt durch eine Harmonie von Farben, ein Gleichgewicht von Formen, ein Fließen von Rhythmen. Dieser Schönheit ist eigen, vergänglich zu sein: Ein Bild, das man zu häufig sieht, verliert die Kraft seiner Anmutung, Mozarts *Kleine Nachtmusik*, zu oft gespielt, wird zur Schnulze. Etwas nachdenklicher betrachtet: Die ästhetische Anmutung scheint unseren Wunsch nach Harmonie zwischen Innen und Außen zu erfüllen – anders gesagt, das Schönheitserlebnis überbrückt, für einen Moment, den Antagonismus zwischen Ich und Nicht-Ich. Aber eben nur für einen Moment: Alles Schöne erweist sich unvermeidlich als ein Außen, ein Anderes, das uns fremd bleibt. So verbindet es sich mit einem dauernden Ungenügen: Den Künstler drängt es zu immer neuen Werken, den Betrachter zu immer neuen ästhetischen Erlebnissen.[2]

Von daher eine zweite Art der Schönheit, die nicht mehr in einem konkreten Erlebnis, sondern in einer Idee besteht: Jene unvergängliche Schönheit, die wir immer nur anstreben, erhoffen, imaginieren, nie aber erreichen. Sie ist der Grundfantasmus nicht nur des Künstlers, sondern auch des Liebhabers, ähnlich wie die endgültige Wahrheit der Fantasmus des Wissenschafters, das absolut Gute der des Philosophen sein kann. Aschenbach meinte in dem jungen Tadzio das Abbild dieser absoluten Schönheit zu erkennen, die Wirklichwerdung seines Fantasmus.

Natürlich hat man handfest, wie wir nun einmal zu urteilen neigen, den *Tod in Venedig* als eine homosexuelle Fabel interpretiert, und das mag sogar nicht völlig falsch sein. Doch Sexualität und Liebe sind verschiedene Dinge; zum Kopulieren und Fortpflanzen braucht man keine Liebe, und lieben kann man auch ohne manifeste Sexualität. In der Verliebtheit verfolgen wir immer etwas, das uns übertrifft, und gerade deshalb scheitert sie so oft. Allzu oft vermittelt die sexuelle Lust nur die Illusion, durch die Vereinigung der Körper auch das uns anzueignen, was im Geliebten liebenswert erscheint. Was Aschenbach erlebt, ist die verzweifelte Leidenschaft, ein Vollendetes zu erlangen, das ihm immer verwehrt bleiben muß. Auf diese Weise wird Schönheit zu einem Fremden, das uns bedroht. Vor gut zwanzig Jahren, als ich zum ersten Mal versuchte, das Erlebnis des Schönen psychologisch zu verstehen, schrieb ich, das Kunstwerk *«löse so etwas aus wie eine wehmütige Sehnsucht: …wehmütig, weil man die Unzugänglichkeit spürt, Sehnsucht, weil man die Zugehörigkeit wünscht.»*[3] Auch als konkrete ästhetische Anmutung verdeutlicht das Erlebnis des Schönen immer unsere Begrenztheit, und je intensiver wir nach dem endgültig Schönen streben, umso unerbittlicher läßt es uns unser Unvermögen erkennen. Mit aller Schärfe erlebt Aschenbach diese bedrohende Fremdheit des Schönen.

Der junge Tadzio verzückt den ästhetisch Empfänglichen: *«Welch eine Zucht, welch eine Präzision des Gedankens war ausgedrückt in diesem gestreckten und jugendlich vollkommenen Leibe! Der strenge und reine Wille jedoch, der, dunkel tätig, dies göttliche Bildwerk ans Licht zu treiben vermocht hatte, – war er nicht ihm, dem Künstler, bekannt und vertraut? Wirkte er nicht auch in ihm, wenn er, besonnener Leidenschaft voll, aus der Marmormasse der Sprache die schlanke Form befreite…? …Seine Augen umfaßten die edle Gestalt dort am Rande des Blauen, und in aufschwärmendem Entzücken glaubte er mit diesem Blick das Schöne selbst zu begreifen, die Form als Gottesgedanken, die eine und reine Vollkommenheit, die im Geiste lebt, und von der ein menschliches Abbild hier leicht und hold zur Anbetung aufgerichtet war.» (53)* Und dann entspringen dieser Entzückung philosophische Fantasien, die zugleich die Unerfüllbarkeit seines Wünschens ausdrücken: *«Er sprach …vom heißen Erschrecken, das der Fühlende leidet, wenn sein Auge ein Gleichnis der ewigen Schönheit erblickt; sprach…von den Begierden des Weihelosen und Schlechten, der die Schönheit nicht denken kann, wenn er ihr Abbild sieht…; sprach von der heiligen Angst, die den Edlen befällt, wenn ein gottgleiches Antlitz, ein vollkommener Leib ihm erscheint. …Denn die Schönheit, mein Phaidros, nur sie, ist liebenswürdig und sichtbar zugleich: sie ist, merke das wohl, die einzige Form des Geistigen, welche wir sinnlich empfangen, sinnlich ertragen können. Oder was würde aus uns, wenn das Göttliche sonst, wenn Vernunft und Tugend und Wahrheit uns sinnlich erscheinen wollten? Würden wir nicht vergehen und verbrennen vor Liebe…? So ist die Schönheit der Weg des Fühlenden zum Geiste, – nur der Weg, ein Mittel nur…Und dann sprach er das Feinste aus, der verschlagene Hofmacher:…daß der Liebende göttlicher sei als der Geliebte, weil in jenem der Gott sei, nicht aber im andern, – diesen zärtlichsten, spöttischsten Gedanken vielleicht, der jemals gedacht war, und dem alle Schalkheit und heimlichste Wohllust der Sehnsucht entspringt.» (54)*

Seine Verzückung scheint ihn vorerst mit sich selbst zu versöhnen. *«Ehemalige Gefühle, frühe, köstliche Drangsale des Herzens, die im strengen Dienst seines Lebens erstorben waren und nun so sonderbar gewandelt zurückkehrten, – er erkannte sie mit verwirrtem, verwunderten Lächeln.»* (58) Bald aber wurde die Verzückung zur Obsession, wenn er zwanghaft dem Geliebten folgte, und zugleich stellte sich das Ungenügen mit sich selbst ein, das Gefühl des Krankhaften, das sich im Interesse an der verborgenen Seuche in Venedig sowohl äußerte wie verbarg. Ein dämonisch saturnischer Traum ängstigte ihn und verlockte ihn zugleich mit *«Unzucht und Raserei des Unterganges».* *«Entnervt, zerrüttet und kraftlos dem Dämon verfallen»* wachte er daraus auf. *«Er scheute nicht mehr die beobachtenden Blicke der Menschen,... ja, wenn sein Blick am Meere schwer, unverantwortlich, unverwandt auf dem Begehrten ruhte, wenn er bei sinkendem Tage durch Gassen, in denen verheimlichterweise das eklige Sterben umging, ihm unwürdig nachfolgte, so schien das Ungeheuerliche ihm aussichtsreich und hinfällig das Sittengesetz.»* (80) Das Ungenügen mit seiner eigenen Person verschaffte sich Geltung; er benutzte Parfums, suchte sich jugendlich zu kleiden, ja ließ sich zu guter Letzt die Haare färben, Wangen und Mund schminken und scheute sich so nicht mehr, jenem alternden Geck zu gleichen, der ihn bei der Herfahrt auf dem Schiff abgestoßen hatte.

Noch in diesem selbstzerstörenden Rausch bleibt Aschenbach nicht ohne tiefe Einsicht. *«Unser Trachten gilt einzig der Schönheit»,* sagt er in einem Traumgespräch mit Phaidros, *«das will sagen, der Einfachheit, Größe und neuen Strenge, der zweiten Unbefangenheit und der Form. Aber Form und Unbefangenheit, Phaidros, führen zum Rausch und zur Begierde, führen den Edlen vielleicht zu grauenhaftem Gefühlsfrevel, den seine eigene schöne Strenge als infam verwirft, führen zum Abgrund. Uns Dichter, sage ich, führen sie dahin, denn wir vermögen nicht, uns aufzuschwingen, wir vermögen nur auszuschweifen. Und nun gehe ich, Phaidros, bleibe du hier...».* (84)

V

Verlassen wir hier das Schicksal Aschenbachs. Wir kennen das Ende, und schöpfen wohl aus dem Betrachteten den Verdacht, daß Themen des Todes und der Zerstörung mit dem des Fremden untergründig zusammenhängen. Kapitän Ahab, der Moby Dick, dem weißen Wal nachjagt – ein anderes Symbol des äußeren wie inneren Fremden – kommt dabei um; die alten Seefahrer träumten nicht nur von Gewürzen und Gold, sondern auch von unbeschwerter Liebe auf pazifischen Inseln und steckten sich dabei mit der Syphilis an, die andere Abenteurer, ihnen zuvorgekommen, dort eingeschleppt hatten; den heutigen Ferne-Sehsüchtigen drohen neuere Gefahren, von Malaria tropicana bis Aids oder Ebola. Doch Thomas Manns Fabel belehrt uns, daß die Destruktivität des Fremden tiefer wurzelt.

Das Fremde, sagte ich, ist ein Anderes, das nicht gleichgültig läßt, sondern beunruhigt. Es bedroht nicht nur die gefestigten Strukturen dessen, was wir als eigen betrachten, sondern unsere Identität selbst. Doch diese Bedrohung, sahen wir, entsteht aus dem Innen nicht minder als dem Außen. Jene «*köstlichen Gefühle und Drangsale des Herzens*», die Aschenbach wieder aufsteigen fühlte, hatte er, wahrscheinlich früh schon, zu einem inneren Fremden gemacht; sie mußten ihm so suspekt, ja gefährlich erschienen sein, wie das tropische Sumpfgebiet seiner anfänglichen Vision. Wir tragen alle mancherlei in uns, das wir aus unserer Identität auszusparen suchen; in Träumen begegnen wir ihm mit Befremden, in Ängsten sucht es uns zuweilen heim. Es beunruhigt uns, aber, wie eben Aschenbach, neigen wir dazu, es im Außen zu sehen. Die Ursachen von Ängsten außerhalb unserer selbst zu lokalisieren, erleichtert uns, mit ihnen umzugehen; das äußere Fremde kann man vermeiden, kann es bekämpfen und findet dabei Gelegenheiten, sich sein Handlungspotential zu bestätigen. Aschenbach entwickelte eine seltsame Komplizität mit der Cholera Venedigs, er «*war sich eines besonderen Anrechtes bewußt, an dem Geheimnis teil zu haben, und, gleichwohl ausgeschlossen, fand er eine bizarre Genugtuung darin, die Wissenden mit verfänglichen Fragen anzugehen und sie, die zum Schweigen verbündet waren, zur ausdrücklichen Lüge zu nötigen.*» (67) Die Cholera verschweigend, vergewissert er sich, subtil intrigant, der Komplizenschaft anderer Lügner, und ihnen die Lüge nicht zu ersparen, verschafft ihm ein perverses Vergnügen.

Das innere zum äußeren Fremden zu machen, hilft uns also, sich ihm zu widersetzen – wenn auch mit nur beschränktem Erfolg. Deshalb suchen sich viele Menschen dauernd Feinde; ein einmaliger Sieg reicht ihnen nicht: da er das falsche Objekt betrifft, vermittelt er nur einen momentanen Triumph, eine kurze Aufhebung der Angst. Von Aschenbach dagegen wähnte, in Tadzio die endgültige Erfüllung zu erkennen: In der wuchernden Exotik seiner Vision war sein inneres, bisher verbanntes Fremdes durchgebrochen, und altersmüde hatte er ihm nachgegeben. In Tadzio aber schien es überwunden zu sein: Vor der reinen Schönheit verblaßte, ja verflüchtigte sich das wir Bedrohende. Zugleich indessen erfuhr er, daß der Wahn ihn selbst verzehrte.

Unheimlich versammelt Thomas Mann in seiner Geschichte Symbole des Todes und des Verfalls: Der Wanderer vor dem Friedhoftor, der Aschenbachs Imagination weckte; die sargschwarzen venetianischen Gondeln mit dem düsteren Ruderer, der an den Fährmann Charon erinnert; eine Atmosphäre von Siechtum und Fäulnis in Venedigs Kanälen und

Gassen, ja selbst die Schminke und die modischen Albernheiten, mit denen der Geck auf dem Boote und später Aschenbach selbst ihr Alter zu überdecken suchen, sind Vorboten des Endes. Thomas Mann beschreibt einen physischen Tod, doch meint er eine essentiellere Bedrohung des Selbst: Jene Fremde, die Aschenbach in seinem Inneren verbarg, und zum Schluß dennoch in einem verführerischen Außen aufsuchte, verneint das Eigene, in harter Disziplin geschaffen, es vernichtet seine Meisterschaft, seinen Ruhm, letztlich seine Würde. Zuweilen mutet die Fabel wie eine Beichte an – «*Siehst du nun, daß wir Dichter nicht weise noch würdig sein können? daß wir notwendig in die Irre gehen, notwendig liederlich und Abenteurer des Gefühls bleiben? Die Meisterhaltung unseres Styls ist Lüge und Narrentum, unser Ruhm und Ehrenstand eine Posse, das Vertrauen der Menge zu uns höchst lächerlich...*». (84) Mehr als der Körper wird hier zerstört: Das Fremde kann die Grundlagen selbst bedrohen, auf denen wir unser Selbst aufbauen.

VI

Ist das nur eine dichterische Fabel? Hören wir die Reden der politischen Extremisten an – die oft nur lautstark äußern, was andere insgeheim fühlen: Die Juden, hieß es einmal, die Flüchtlinge und Asylanten, heißt es heute, überschwemmen unser Land, durchsetzen mit ihren Unsitten die Grundwerte unseres Volkstums, verführen unsere Frauen, stiften Unsicherheit, Unfrieden, sind schmutzig, verroht – und was so der Vorwürfe noch sind; kann man die Gefährdung unserer Identität, die man vom Fremden befürchtet, noch deutlicher ausdrücken? Doch auch die Verherrlichung des Fremden fehlt nicht: Die tiefen Einsichten fernöstlicher Weisen, die Heilsversprechungen indischer Gurus, die Schönheit und Sanftmut asiatischer Frauen, die vitale Potenz afrikanischer Männer, die Bekömmlichkeit ayuravedischer Kost und die Wunderwirkungen chinesischer Medizin oder philippinischer Geistheiler – Tadzio erscheint uns in hunderten von Gestalten.

Dazu gesellt sich das Fremde als Herausforderung – etwas, das Thomas Manns Novelle nicht enthält. Denn eine der wichtigsten Weisen, Bedrohungen zu begegnen, ist, sie zu überwinden. Die «Ärzte ohne Grenzen» treten der Cholera anders entgegen, als Aschenbach das tat; die Missionare aller Zeiten zogen aus, um das Fremde – das sie Heidentum nannten – in Eigenes zu verwandeln – was sie Bekehrung hießen. Die Bezwinger von Gipfeln im Himalaya, die Urwald- oder Tiefseeforscher und so viele mehr suchen Fremdes zu bestehen und, indem sie das Unvertraute erkunden, zu eigenem zu machen. Gleiches aber gilt auch für die Asketen im Urwald und Eremiten in der Wüste, für Psychoanalytiker und ihre Patienten: sie spüren dem inneren Fremden nach, um es zu überwinden und dadurch «anzu-eignen». Der Schritt vom konstruktiven zum destruktiven Überwindenwollen ist oft klein. Wie leicht ließ und läßt sich nicht die Aggressivität gegen Fremde und Andersgläubige anfachen: Die Kette von Gewalttätigkeit reicht von den Kreuzzügen über die Hexenprozeße zu den Kristallnächten und Kremationsöfen, zu den Brandlegern an Asylantenheimen und den Schlächtern von Frauen, die sich dem Schleier verweigern. Solches mag uns schwer verständlich erscheinen, doch erinnern wir uns an zwei wesentliche Überlegungen: daß nämlich, einerseits, das Fremde die Grundlagen unserer kulturellen und inviduellen Identität bedrohe, und daß, andererseits, ein äußeres Fremdes zu bekämpfen, es erleichtere, mit dem inneren Fremden zurecht zu kommen. Das Fremde zu bekämpfen, belegt, daß es nur ein äußeres ist, wir demonstrieren damit unsere Loyalität, gliedern uns ein in den Schutz einer Gemeinschaft und erfahren darin unseren Wert. Im Fremden vermögen wir zuweilen eine Identität zu finden, die andernfalls nur allzu zerbrechlich bliebe: Um das innere Fremde zu bestehen, benötigen wir *die* Fremde und *den* Fremden; und nicht minder oft brauchen wir sie, um innerer Unerfülltheit zu entrinnen.

Das Fremde, das uns umgibt, ist unendlich; unser Eigenes, unsere Heimat bildet darin nur einen winzigen lichten Fleck. Von Magie bis zu Wissenschaft, von Religion bis zu Philosophie suchen wir, diese kleine Lichtung auszuweiten, das Unvertraute in Vertrautes zu verwandeln, es zu ordnen, zu erklären, zu beherrschen. Deshalb eben bezeichnete ich die Polarität fremd-eigen als eine anthropologische Grunddimension. Oft leitet uns dabei Unverständnis mehr als Einsicht. Von Aschenbachs Verderben entsprang drei Fehlern: Der erste war, daß er Äußeres mit Innerem verwechselte, das Symbol mit seinem Sinn; der zweite, daraus folgende, war, daß er zu besitzen trachtete, was ihm verwehrt bleiben mußte. Beide Fehler aber entsprangen aus dem dritten: daß er nicht vermochte, sich mit seinem inneren Fremden zu versöhnen und somit seine Würde und seinen Ruhm auf einen Grund baute, der so verräterisch war wie der Morast seiner Visionen. Aschenbachs Fehler könnten wohl auch unsere sein; dann würde die Fabel zur Parabel.

Anmerkungen

[1] Die Seitenzahlen der Zitate beziehen sich auf: Thomas Mann, *Der Tod in Venedig und andere Erzählungen*, Fischer-Taschenbuch 1993.
[2] Siehe hier «Zweites Thema: Von der Schönheit».
[3] Boesch, 1975, p. 56.

Überleitung:
Vom Sehnen zum Gestalten

Der Blick und das Lächeln[1]

I

Vor einigen Jahren schrieb ich eine Reihe fantastischer Erzählungen, angeregt von der siamesischen Vorstellungswelt, darunter eine von einem jungen Mann, der vom Geist eines einäugigen Drachen besessen wurde. Seine Symptome verrieten zwar nicht ihm, aber einem kundigen Mönch seine Besessenheit, und eines dieser Symptome, das mir beim Erzählen so unversehens eingefallen war, mag dazu dienen, die folgenden Überlegungen einzuführen.

Aran, so hieß der junge Mann, ließ sich, von quälender Unruhe getrieben, in seinem Zimmer vor dem Buddhabild nieder und suchte meditierend seiner Beklemmung zu entrinnen. Doch ohne Erfolg. Seine Gedanken irrten wild bald hier, bald dorthin, und so öffnete er nach einiger Zeit wieder die Augen. Als er das Buddhabild ansah, fiel ihm dessen Blick auf, den er bisher eigentlich nie besonders beachtet hatte. Der Buddha saß in einer Haltung der Lehre, entspannt, aber dennoch einem Gegenüber zugewandt. Unvermittelt meinte Aran, die Augen des Buddhas seien auf ihn selbst gerichtet, und befremdet fühlte er, daß sie ihn reglos anstarrten, ohne ihn zu sehen, daß sie unbewegt durch ihn hindurch ins Leere schauten, in ein Nichts, das er selber war. Dieser Blick, der nicht das Geringste an ihm wahrnehmen wollte, erfüllte ihn mit kalter Angst.

Aran, der Malerei zugewandt, suchte fiebrig seine Farben und Pinsel zusammen *«und begann, die Augen der Buddhastatue zu bearbeiten. Er malte das Weiß des Augapfels, die braune Iris und die dunkle Pupille, verbissen all sein Geschick aufbietend, um die Augen zu zwingen, ihn zu sehen. Aber sie blieben kühl, unberührt, fern, ohne nur den kleinsten Funken jener Wärme, die ein Erkennen begleitet. Aran mischte neue Farben, übermalte, bis sie dem Buddha wie Tränen aus den Lidern quollen und über die Wangen rannen. Doch die Tränen machten die Augen nicht traurig, den Blick nicht wärmer, sondern einfach schmutzig, wie die zerrinnende Schminke eines schwitzenden Harlekin. Angst und Ingrimm vermischten sich zu Zorn,…, und in blinder Wut verschmierte er des Buddhas Gesicht mit dem Rest der Palette. Dann ging er zum Teich im Garten, wusch sich Gesicht und Hände und lief hinunter ins Dorf.»*

Die Geschichte geht weiter, die Verwirrung Arans steigert sich, bis er fiebernd und ohnmächtig im Garten seines Elternhauses aufgefunden wird. Man ruft einen Mönch zuhilfe, der ihn untersucht und dann, auf

Arans Klage, daß der Buddha ihn nicht habe sehen wollen, erklärt: *«Besessen vom Geiste des Drachen, bist du weder ein Mensch, noch ein Drache, und was in keine der Kategorien des Seienden gehört, ist eben für den Buddha, den Wissenden, ein Nichts.»* So wird er in den Tempel des Mönches gebracht und reinigenden Ritualen unterworfen. Nach deren Abschluß führte ihn der Mönch vor das Buddhabild des Tempels und hieß ihn dort warten. Er überließ sich der Stille des Ortes, die gedämpft nur der getragene Singsang der betenden Mönche durchklang. Allmählich erfüllte ihn *«eine sanft-kühle Ruhe»*, und nach einer Weile *«schaute er zu dem Buddhabild auf, und erschrak beinahe: Der Buddha blickte ihn an. Nicht etwa, daß seine Augen einfach auf ihn gerichtet gewesen wären, nein, dieser Buddha sah ihn. ...Und überrascht fühlte sich Aran befreit von dem Schatten, der ihn die ganze Zeit verfolgte, losgelöst von seinem verzweifelten Grübeln. Unvermittelt, beinahe bedrängt dankbar, warf er sich erneut vor dem Buddha nieder und neigte seine Stirne lange und tief.»* [2]

Das ist nun eine irgendwie seltsame Thematik, die mich selbst überraschte und nachdenken ließ. Dabei fiel mir eine Szene ein, die mir eine Analysandin berichtet hatte: Vor dem Zubettgehen paradierte sie, als kleines Mädchen, im Unterhemd vor ihrem Vater, wurde von ihrer Mutter ausgescholten und schlafen geschickt. Eine belanglose Szene, wie sie wohl jedem Kind passieren könnte – wieso aber blieb sie so lebendig, daß eine erwachsene Frau sie noch erzählenswert fand? Offensichtlich geht es hier wieder um das Gesehenwerden – im Unterhemd noch dazu. Nicht nackt, auch nicht voll angezogen – das erste wäre wohl, in einer gut katholischen Familie, zu «unschicklich», das zweite dagegen allzu anständig, gleichsam die soziale Schale, die das Ich verbirgt. Das Kind suchte, vermutet man, so gesehen zu werden, wie es sich fühlte, nicht, wie es zu sein hatte. Die Problematik des Gesehenwerdens erschien hier nicht mehr nur in einer literarischen Fiktion, sondern in der alltäglichen Wirklichkeit. Was aber bedeutet der Blick des anderen, wozu wollen wir gesehen werden?

Ein australischer Ethnologe hat ungefähr diese Frage an melanesische Eingeborene gestellt, deren Schmuck und Körperbemalungen zu bestimmten Festlichkeiten berühmt geworden sind [3]. Wozu, frug er, dekoriert Ihr Euch für Eure Tänze? Folgendes etwa war die Antwort: *«Wir alle arbeiten hart im Garten und im Busch, ohne daß uns jemand sieht, und so feiern wir Feste damit andere Leute kommen und uns anschauen; das ist der Grund, wir arbeiten allein und wollen uns wieder dem öffentlichen Blick zeigen.»* Und wie der Ethnologe weiter frug, was die Zuschauer bei einem Tanz denn meinten, wenn sie dies einen guten, jenes einen schlechten Körperschmuck nennen, erhielt er zur Antwort: *«Wenn die*

Federn leuchten und glänzen, und auch die Gesichtsbemalung, sehen sie gut aus und wir betrachten sie mit Freude; wenn sie aber nicht gut aussehen, bedeutet das Unglück, einer von uns wird sterben, und wir können das, was uns geschuldet wird, nicht eintreiben.» [4]

Es gibt eine ausführliche Psychologie der Wahrnehmung, eine weniger ausführliche des Betrachtens, doch kenne ich keine des Gesehenwerdens. Das überrascht vielleicht, denkt man an die Allgegenwart der Mode und an andere Mittel des Sichdarstellens. Die angeführten Beispiele indessen scheinen auf eine recht tiefe Bedeutung hinzuweisen. Da findet, einmal, ein Erzähler das Betrachtetwerden bedeutungsvoll für die Heilung eines Besessenen, also in seinem Selbst Gestörten; es scheint, weiter, eine Rolle zu spielen in der Entwicklung des Kindes, und bei den melanesischen Hochlandbewohnern, endlich, erhält es sogar eine glück- oder unglückbringende Kraft.

Ist das nicht übertrieben? Schauen und Betrachtetwerden gehören doch selbstverständlich zu unserem Handeln, Grundbedingugen, ohne die Bezüge zur Umwelt nicht möglich wären, ähnlich dem Atmen oder der Verdauung – wozu wollen wir ihnen noch eine besondere Symbolik zumessen?

Nun, so selbstverständlich sind sie eben nicht, gibt es doch verschiedene Arten des Betrachtetwerdens. Wenn der Vater meiner Analysandin sein Töchterchen mit einem Lächeln, die Mutter es aber mit Stirnrunzeln betrachtete, wird beides sich auf das Mädchen verschieden ausgewirkt haben – wenn es auch nicht leicht fällt, diese Unterschiede genauer zu definieren. Sie sind atmosphärisch, so wirksam und so unfaßbar wie der Einfluß des Wetters auf unser Gemüt. Wir Humanwissenschafter neigen zwar dazu, das Benennbare, Definierbare, oder lieber sogar noch Meßbare solchen Unwägbarkeiten vorzuziehen, aber das macht sie nicht weniger wirksam. Es sind solche «Anmutungen», die unser Erleben und Handeln wesentlich mitbestimmen – wenn es auch nicht belegt ist, daß das Flattern eines Schmetterlings einen Orkan auslösen kann, so hat sicher ein Lidschlag und das leichte Heben der Mundwinkel mehr als einmal ein Duell oder gar Totschlag bewirkt.

Und so erinnern wir uns daran, daß Millionen von Menschen jeden Alters beträchtliche Summen ausgeben für modische Kleidung und Frisuren, Makeups, Tätowierungen oder Schönheitsoperationen, all das, um nicht nur einfach gesehen, sondern *zustimmend* gesehen zu werden. Zustimmend heißt ja wohl eine Bejahung unserer Person, und aus dieser sozialen Bejahung beziehen wir offensichtich auch eine Selbstbestätigung – während sie uns zum sozialen Partner macht, bestärkt sie zugleich unser Ich.

Das beginnt schon früh. Schon das kleine Kind sucht mit allen Mitteln die Aufmerksamkeit auf sich zu ziehen, durch Rufen, Schreien, Weinen, Paradieren, sich Vordrängen. Ihm zu sagen «Zeig dich mal, du bist aber heute hübsch», bedeutet eine mit Stolz angenommene Bejahung seiner Person; sein freudiges Sich-Zeigenwollen dagegen mit einem unwilligen «Laß mich, ich habe zu tun» abzuweisen, kann es als schmerzhafte Verletzung des Eigenwertes erfahren. Später wird es diesen Wunsch, gesehen zu werden, auf seine schulischen oder sportlichen Leistungen, auf Zeichnungen, Musikspiel oder auch Clownereien ausdehnen, doch immer wird das unmittelbare Betrachtetwerden seiner Person von Bedeutung bleiben – bis hin zum sklavischen Befolgen, durch Junge wie Ältere, modischer Gags, mit denen man anderen zu gefallen meint.

So liegt es wohl nahe, zu sagen, der Blick des anderen, das Gesehenwerden, trage wesentlich zur Sozialisierung des Kindes, wie auch zur Entwicklung des Selbst bei. Doch Blick ist nicht gleich Blick, und so kann er Positives wie Negatives, Beiläufiges wie Schwerwiegendes bedeuten – man erinnert sich der Melanesier, die erklärten, die zustimmende oder ablehnende Betrachtung bringe Glück oder Unglück, ja sogar Krankheit oder Tod.

Das Kind, sahen wir eben, sucht den zustimmenden Blick, aber es meidet auch den tadelnden, abwertenden, zornigen. Die Sorge, die so viele auf ihr Aussehen verwenden, drückt sowohl den Wunsch nach Anerkennung, wie die Angst vor Ablehnung aus. Das junge Mädchen vermerkt sehr genau, wenn der Blick des anderen – ob Mann oder Frau – es einfach nur streift oder haften bleibt, und wäre es nur sekundenlang. Vielleicht sogar glauben auch wir insgeheim noch – wie die Melanesier – daß die Art des Gesehenwerdens Glück oder Unglück verspreche; damit meine ich mehr als nur die Hoffnungen, die ein Blick im Verliebten zu wecken oder zu zerstören vermag. Was aber denn, muß man fragen, läßt uns erkennen, ob der Blick des Anderen Zustimmung oder Ablehnung ausdrücke?

Man spricht vom freundlichen, verliebten, mitleidigen, aber auch vom harten, bösen, leeren Blick, obwohl es «den Blick» gar nicht gibt: Es gibt nur das Auge einerseits, den Vorgang des Betrachtens andererseits, nicht aber «den Blick». Das Wort ist ein Kürzel und bedeutet eine bestimmte Art des Schauens – neben dessen Richtung und Dauer auch inneres Erkennen, Verarbeiten, Bewerten. Es sind diese inneren Vorgänge, die «der Blick» uns andeutet; wir werden nicht nur betrachtet, sagt er uns, sondern auch eingeschätzt – im Gesehenwerden scheint sich uns unser Wert im Auge des anderen zu konstituieren.

Deshalb gehört zum Blick die Mimik und Gestik, zum zustimmenden Blick das Lächeln, zum ablehnenden das sich Abwenden, das

Stirnrunzeln, oder schlicht einfach die «Leere», wie im Bild des schauenden, aber nicht sehenden Buddha. Natürlich entsprechen den inneren Prozeßen des Betrachters auch solche beim Betrachteten: Er sieht nicht nur den Blick des anderen, er interpretiert ihn auch; Gesichtsausdruck, Körperhaltung, Besonderheiten der Situation deutet er schon, bevor der Betrachter zu sprechen anhebt. Ein Sprechen, das dann zuweilen den Eindruck des Blickes bestätigt und ergänzt, zuweilen dagegen ein verwirrendes Gefühl der Unstimmigkeit weckt – der Blick läßt den Worten mißtrauen. Und so frägt man vielleicht: «Hast du etwas? Du schaust mich so seltsam an…»; oder: «Bist du mir böse?» «Nein, ich war nur in Gedanken versunken…».

Mancher Blick aber weckt auch Angst. Man spricht vom «bösen Blick», der verhexen kann, und wenn man etwa an die Augen von Picasso denkt – schwarz, hart, durchdringend – kann man verstehen, daß der Blick gewisser Leute besonders beeindruckt. Denn über das momentane Betrachtetwerden hinaus meinen wir, im Blick des anderen auch eine Einstellung zu seiner Umwelt insgesamt zu erkennen – der Blick wird dann zum Ausdruck seiner Person. Bei manchen Tieren wirkt der direkte Blick als Drohgeste, und verbunden mit entsprechender Körperhaltung gilt dies auch unter Menschen; entspannt dagegen und lächelnd lädt er ein zu freundschaftlichem Kontakt.

Der Blick verrät also, er teilt mit, verspricht sogar, aber seine Botschaft ist nicht eindeutig. Er kündet an, wie eine neue Beziehung sich entwickeln, eine bestehende weitergehen soll. Der Betrachtete liest daraus, wie der andere ihn einschätzt, und unreflektiert neigt er dazu, sich selbst entsprechend zu sehen. Solche «Metaperspektive» ist natürlich ein Gemisch aus Partnererfahrung und Selbstprojektion, aber dadurch trägt sie dennoch dazu bei, seine Beziehung zu anderen und sich selbst zu reflektieren; sie fördert, wie unmerklich auch immer, die Identitätsbildung. Das aber, wie gesagt, vermag nicht der Blick allein; er muß ergänzt werden durch Mimik und Haltung, und dazu gehört das Lächeln. Doch auch dieses ist vieldeutig: man kann offen oder nur angedeutet lächeln, gezwungen oder spontan, sauer oder beglückt, höflich oder herzlich. Wann lächeln wir denn?

II

Zwar verrät das Lächeln irgendwie Wohlgefallen oder Wohlbefinden, doch nicht jeglicher Art. Man lächelt, wenn man einen Menschen trifft, den man mag, ein Kompliment bekommt oder ein Geschenk erhält, wohl kaum aber vor einem schönen Bild, noch beim Anhören einer wohltönenden Musik, vielleicht nicht einmal beim Betrachten eines bunten Schmetterlings. Das Lächeln scheint irgendwie zu einem positiv empfundenen sozialen Kontakt zu gehören.

Allerdings, Lächeln ist kein automatischer Reflex; es kann sich uns zwar aufdrängen, aber wir können es auch unterdrücken oder willentlich produzieren und somit vielfältig einsetzen. In einem Roman über ein nordost-thailändisches Dorf kommt der kleine Bub Khuun mit seiner Familie von einem Fischfang zurück und schaut dann zu, wie seine Mutter einen Teil der Beute anderen Dorfbewohnern verkauft. Wie sie dem *moo lam*, dem Sänger traditioneller Geschichten, einige Fische für wenig Geld überläßt, fragen Dabeistehende: Wieso habt Ihr dem *moo lam* nicht mehr Geld verlangt – er ist ja reich? Aber, so heißt es weiter, Khuuns Mutter *lächelte nur* – eine geschickte Art des Lächelns: Es überbrückt Dissens, ohne ihn zu leugnen, es schafft freundlichen Kontakt, wo er gefährdet erscheint.[5] Das Lächeln, in einem solchen Fall, drückt nicht einfach eine Beziehung aus, sondern erstellt sie.

Das kann es mannigfach tun. In Thailand, so oft – in Konkurrenz zu Japan – «Das Land des Lächelns» genannt, lächelt man nicht nur, um Sympathie zu zeigen, sondern auch, um einen Erbosten zu besänftigen, um Scham oder Angst oder gar Wut zu verbergen, aus Verlegenheit oder Unsicherheit. Es kann Unterwürfigkeit ebenso wie Zuwendung ausdrücken – all das aus dem Bestreben, eine soziale Beziehung zu entspannen, sie positiv zu gestalten, sein «Gesicht» und damit zugleich seine Selbstachtung zu wahren.[6] Dabei schleicht sich natürlich leicht eine Unehrlichkeit ein – wie wir sie, etwa beim Lächeln des Verkäufers, ja ebenfalls kennen; es gibt – überall – das «falsche» Lächeln, das «heuchlerische», aber diese und ähnliche Adjektive belegen nur, daß das «eigentliche» Lächeln ein ehrlicher Ausdruck sozialer Zuwendung sein soll. Insgesamt aber entspringt das Lächeln des Thai einem spontanen Streben nach Harmonie. Dabei können im Kontakt zwischen Kulturen beträchtliche Mißverständnisse entstehen: Eine junge Thailänderin wird nicht allzu selten einen Touristen so offen und strahlend anlächeln, wie es bei ihm zuhause nur eine Verliebte täte – und schon entflammt er; und wo einer, beleidigt, seinen Zorn hinter einem Lächeln verbirgt, merkt der Fremde den begangenen Fauxpas gar nicht und versäumt die Geste der Versöhnung. Nicht in allen Kulturen lächelt man gleich oder in gleichen Situationen, immer aber wird das Lächeln, ehrlich oder nicht, dazu dienen, soziale Beziehungen auszuregulieren.

«Richtig» zu lächeln, ist also ein Geschick. Es läßt einen seine Fähigkeit erfahren, Soziales zu gestalten und damit persönliche Ziele zu erreichen; Lächeln, in theoretischeren Worten, ist ein «funktionales Potential» und trägt somit, wie jedes Handlungsvermögen, auch zur Selbststärkung bei. Es gibt durchaus «virtuose Lächler» – man denke an das Mädchen, von dem der Vater, sicher nicht leidvoll, klagt «Mit ihrem Lächeln kann sie mich um den Finger wickeln!» In der Schule lernten wir bei unserem Englischlehrer ein Lied: *«There isn't any trouble if you s-m-i-l-e, so smile when you're in trouble, they will vanish like a bubble, if you s-m-i-l-e.»* Der Verfasser des Textes wird nicht bei den Thais in die Lehre gegangen sein, aber er hat deren Handlungsphilosophie sehr präzise formuliert: Das Lächeln ist ein notwendiges Geschick im Umgang mit anderen und sich selbst. Ist das Lächeln aber, könnte man hier schon fragen, nicht ein Geschick des Schwächeren, eine Art Geste der Unterwerfung? Wir werden der Frage noch einige Beachtung schenken müssen.

III

Man könnte das Lächeln nun dem Lachen entgegensetzen, das ja nicht die Beziehung zu einer Person ausdrückt, sondern eine bestimmte Art von Divergenz zwischen einem Ereignis und dessen Erwartung; eher vielleicht stünde es im Gegensatz zur Grimasse, die Verachtung, Abscheu, Ekel, Zorn, Wut, aber auch Angst, Schrecken oder Schmerz verrät. Trotzdem haben beide, Lachen wie Grimasse, mit dem Lächeln gemeinsam, daß sie die innere Reaktion auf ein Geschehen ausdrücken. Deshalb gibt es, meine ich, einen noch stärkeren Kontrast zum Lächeln: Das «leere Gesicht». Dieses verweigert schlicht die Kommunikation. Es ist das Gesicht dessen, der sieht, aber nicht wahrnimmt, schaut, aber nicht erkennen will – ein Gesicht, das zum Normalgesicht des modernen Städters geworden ist. Mit Grauen meint der vom Drachengeist besessene Junge diesen schauenden, aber nicht wahrnehmenden Blick an seinem Buddhabild zu entdecken; wir modernen Städter aber haben das Grauen verlernt. Wie wollte man im Fußgängergedränge einer Großstadt auf die vielen vorübertreibenden Leute anders reagieren? Sie sind nur noch anonyme Gegebenheiten, an denen es einzig gilt, ohne anzustoßen vorbeizukommen. Man merkt es den Blicken an, die einen unbewegt, höchstens noch irritiert – wenn man ihr Fortkommen behindert – streifen. Unter diesen Gegebenheiten, meint man sagen zu müssen, sei der «leere Blick» durchaus verständlich.

Unvermerkt aber wirkt er auf unser Bild des Nächsten ein, der nun entweder einfach zu einem unvermeidlichen Inhalt der Umgebung wird, zu einem Objekt wie der Baum oder ein vorbeifahrendes Auto, oder gar zum Hindernis, ja Ärgernis, das unsern Handlungsspielraum einschränkt. Man merkt es an der Sprachlosigkeit der Frauen vor dem Wühltisch im Warenhaus, dem schweigenden Anstehen in einer Warteschlange, am Ausbleiben eines humorvollen Wortes im engen Fahrstuhl – und daran, vor allem, daß es sich auch dort zeigt, wo kein Gedränge einen dazu nötigt. Beim Waldspaziergang etwa, wo man sich nicht mehr ein freundliches

«Grüß Gott» gönnt, sondern beinahe angestrengt versucht, das Kreuzen des Blickes zu vermeiden oder nach einem verstohlen neugierigen Hinsehen eilig wegschaut. Die Jugendlichen in meiner gutbürgerlichen Nachbarschaft kennen mich zwar, die meisten aber gehen an mir vorbei, wie wenn ich ein Fremdling wäre. Allerdings, wenn zwei Hundehalter ein- ander begegnen, grüßen sie sich, ja es entsteht ein Gespräch – sei es, weil der Hundebesitz eine Gemeinsamkeit anzeigt, sei es, eher noch, weil den Hunden die Kontaktbremse des leeren Gesichtes fehlt und ihr stürmisches Interesse den Halter zum Verweilen zwingt.

Das leere Gesicht, um bei diesem Ausdruck zu bleiben, entspricht also nicht einfach dem situativen Gewühl der Einkaufsstraße. Was bedeutet es dann? Als ich etwa achtzehn Jahre alt war, wohnten wir für einige Zeit in einem appenzellischen Dorf, runde zwanzig Kilometer von St.Gallen, meiner Heimatstadt, entfernt. Damals war es in den ostschweizerischen Dörfern – wie anderswo auch – üblich, daß Begegnende einander den guten Tag wünschten. Unseren Gruß aber erwiderte man nicht, sondern ging – mit eben diesem leeren Gesicht – vorbei. Wir waren die «Fremden», die «Zugezogenen», und Grüßen tat man nur, die «dazugehörten». Somit darf man annehmen, daß Anschauen, Lächeln und Grüßen Zugehörigkeit manifestieren. Gehört man nicht dazu, ist man eben «ein Nichts». In den Straßen der Großstadt gehört man natürlich ebenso wenig dazu, wie ich bei den Jugendlichen meiner Nachbarschaft.

IV

Was aber bedeutet dieses «dazu»? Wir sind hier wohl einem doppelten Phänomen auf der Spur: einem Verschieben von Loyalitäten und einer Umbewertung des Mitmenschen.

Nachbarschaft erfordert Regeln des Nebeneinanders, und diese bedingen Kommunikationen. Unvermerkt entsteht so eine Gemeinschaft; die Anwohner werden gleichsam zu Trägern – und damit auch zu Bewahrern – dieser Regeln. Offensichtlich nun können einzelne sich diesen Regeln zum Teil entziehen; sie nutzen die Gemeinschaft nur noch als Wohnort, als den Bereich, in dem man schläft und zuweilen noch ißt, dessen Annehmlichkeiten man benutzt, deren Erstellen und Bewahren aber anderen überläßt. Das setzt natürlich voraus, daß dem Einzelnen zugestanden wird, seine Loyalitäten beliebig zu orientieren, sie also etwa zu verschieben auf eine Gruppe von Altersgenossen mit gleichen Interessen; Gruppen, die sich dann nicht selten durch Kleidung, Sprache, Verhalten von anderen abzugrenzen trachten. Die Familie bleibt zwar meist eine «Loyalitätsgruppe», immer mehr aber einseitiger Art: Den Kindern fällt das «Ausklinken» nicht nur leichter als den Eltern, sondern wird ihnen, in unserer heutigen westlichen Kultur, auch eher zugestanden.

Die Nachbarschaft ist eine Zufallsgemeinschaft – man wählt sich seine Nachbarn nicht aus; sie unterscheiden sich, analog der Gesellschaft insgesamt, nach Alter, Beruf, Interessen, sogar Landsmannschaft. Die Interessengruppen dagegen sind Wahlgemeinschaften, homogener im Alter, gleichgesinnt – oder öfter nur gleichgestimmt –, auf wenige gemeinsame Vorlieben eingestellt. Im Vergleich zu den Nachbarschaften erscheinen sie narzißtisch – sie leben davon, egozentrische Neigungen und Interessen des Einzelnen nicht nur zu fördern, sondern ihn darin zu bestärken. Dieses Nebeneinander von Nachbarschaften und Interessengruppen gab es schon immer. Die Ideologien der «Selbstverwirklichung» erleichtern es indessen dem Einzelnen heute, die Verbindung zwischen beiden zu kappen, die Loyalitäten nur noch auf seine Wahlgruppen zu beschränken. Selbst, wie gesagt, das Ausklinken aus der Familie wird heute akzeptiert: Ein abgeschlossener Wohnbereich des Jugendlichen, ein «angemessenes» Taschengeld, ein eigenes Auto oder wenigstens Motorrad erscheinen vielerorts als selbstverständlich, ja Unterhaltsansprüche bis ins Erwachsenenalter hinein, zuweilen gerichtlich einklagbar, belegen, wie sehr die bisherige Gegenseitigkeit von Loyalitäten sich in Einseitigkeit zu verwandeln droht. Der andere, sofern er nicht zur selbstgewählten Gruppe gehört, hat seine Bedeutung verändert: Er ist nicht mehr Ziel, wie Kant forderte, sondern nur noch Mittel.

Diese Einschränkung der Loyalität auf Interessengruppen hat indessen nicht unbeträchtliche Konsequenzen: Die relative Homogenität der Gruppenmitglieder läßt auch deren Erfahrungen und Ansichten eintöniger werden und vermindert somit die Vielfalt von Handlungsmodellen, die eine Gesellschaft dem jungen Menschen anbieten sollte. Die häufige Selbstbezogenheit in solchen Gruppen macht überdies den Einzelnen immer mehr austauschbar. Die kollektiven Trancen in Rockkonzerten oder die Reizwelt der Diskotheken fördern die Aufhebung der Individualität; der Partner zählt noch, soweit er mitmacht, nicht aber als Person. Aus Einsamkeit wird Langeweile, aus dem Fehlen eines mitfühlenden anderen schlicht der Mangel an Kumpanen.

Den «leeren Blick», wir fanden es schon, kann man also nicht allein dem «crowding» anlasten, der Massierung von immer mehr Menschen in nicht-expandierenden Räumen; er entspringt ebenso sehr einer Umgruppierung von Loyalitäten, die die Neigung fördert, andere auszugrenzen. Wer indessen anderes ausschließt, schließt zugleich sich selbst ein; indem er zum Un-Wert macht, was ein Wert sein könnte, begrenzt er seine Handlungsmöglichkeiten, mindert also sein subjektives Handlungspotential. Das wird immer dort Gefühle der Verunsicherung begünstigen, wo das Andere den Eigenwert zu bedrohen scheint. Die Ausgrenzung des anderen bedeutet so einen Ich-Verlust – man mag dessen nicht bewußt sein, ja ihn zuweilen sogar, in der Gesichertheit der Gruppe, mit Ich-Stärkung verwechseln. Doch der Verlust verrät sich in der oft heftigen affektiven Ablehnung dessen, das «nicht zu uns gehört»; und umso mehr sucht man dann in der Bindung an «syntone» Gruppen die Verunsicherung zu kompensieren. Das fördert natürlich wiederum die Neigung zur Abgrenzung, womit man vordergründig zwar sein subjektives Handlungspotential zu festigen glaubt, zugleich aber neue Gefühle des Bedrohtseins weckt – ein Teufelskreis, der das, was man zu bannen sucht, immer wieder verstärkt und sich nicht selten in Aggressivität entlädt.

Oder eben, milder, im «leeren Blick», der dem andern, aus welchen Gründen auch immer – sie reichen von materieller Behinderung bis zu seiner symbolischen Bedeutung – die Gemeinsamkeit verweigert. Gerade deshalb aber verlangt das Kind so sehr nach dem lächelnden Blick. Denn dieser bezieht es ein, macht es zugehörig, und indem er es von anderen unterscheidet, betont er zugleich seinen Wert als individuelle Person: Er hilft ihm, sein Selbstbild zu formen und wird somit zu einem mächtigen Verstärker. Blick und Lächeln steuern unsere Sympathien, wecken und festigen unsere Anhänglichkeiten – sie sind unabdingbar im Stiften von Gemeinschaft. Das ist nicht immer unproblematisch. Der zugeneigte Blick etwa, mit dem die Mutter auf die Zärtlichkeit ihres kleinen Jungen reagiert, kontrastiert mit ihrer Zurückweisung seiner physischen Zudringlichkeit und weckt einen Zwiespalt, der in der Genese der Ödipus-Problematik sicher nicht weniger mitwirkt als die von der Psychoanalyse angenommenen Triebwünsche.

Und der Erwachsene? Natürlich braucht auch er den zustimmenden Blick und sucht ihn auf je eigene Weise: der Witzeerzähler am Stammtisch, der Tennisspieler vor seinen Zuschauern, die junge Dame in der modischen Bluse, die Hausfrau mit ihrem kunstvoll gekochten Mahl, der Wissenschafter mit seinem neuen Buch, sie alle gleichen nur allzu sehr dem Mädchen, das in seinem neuen Hemdchen stolziert. Wir alle wollen uns im Lächeln bestätigt fühlen, und aller Ruhm ist dafür vielleicht nur ein prunkvoller, aber nicht ausreichender Ersatz. Das mag dem Mann in mittleren Jahren bewußt werden, wenn Mädchen mit leerem Blick an ihm vorbeigehen, aber so richtig merkt er es erst dann, wenn sich im Alter vielleicht noch späte Ehrungen einstellen, die persönlichen Zuwendungen aber immer seltener werden.

Das Bestätigtwerden, allerdings, hängt von unseren Hemdchen ab. Das kleine Kind darf noch meinen, die einfache Tatsache seiner Person reiche dazu aus, doch bald erfährt es, daß der Blick des anderen prüft und abwägt, ob das Lächeln gerechtfertigt sei. Und so steigert sich allmählich, was er für seine Zustimmung zu fordern neigt, noch mehr aber, was wir selbst glauben, für den lächelnden Blick leisten zu müssen. Nicht nur Schönheit, auch Witz, Charme, Intelligenz, Stärke, und so mancherlei mehr, beginnen wir, uns selbst abzuverlangen, und überdies wird daraus immer mehr, anders als beim Kind, eine gegenseitige Forderung: Ich lächle dir zu, wenn auch du mir zulächelst, und was du dafür von mir erwartest, erwarte ich auch von dir. Die Gemeinschaft aus spontaner Sympathie wandelt sich so nur allzu oft in eine auf Gegenseitigkeit: Die Zuwendung verlangt ihren Preis, und wenn der eine das Erwartete nicht mehr zu leisten vermag – durch Unglück, Krankheit, Alter etwa – so entzieht ihm der andere auch das Lächeln. Das äußert sich wohl kaum in der konkreten Begegnung («Ach wie nett, Sie wieder zu sehen! Wie geht's denn immer?»), aber in der Stille, die ihn umgibt. Er gehört nicht mehr «dazu».

Ist es dann nicht verständlich, daß der Ausgegrenzte mit zuweilen aufdringlichen, zuweilen sogar lächerlichen Mitteln versucht, doch noch dazu zu gehören? Der ausgeschlossene Junge, der sich den Kameraden anbiedert, die Frau oder der Mann «in den besten Jahren», die auf «Jugendlichkeit machen», der Pensionär, der mit vergangenen Leistungen oder Positionen wichtig tut, der zudringliche Witzbold, die Matrone in der Parfumwolke, der unentbehrlich sein wollende Vereinsmeier, und so viele andere mehr, sie spüren, wie die zustimmenden Blicke allmählich leer werden und suchen, sie zurückzugewinnen.

V

Es überrascht vielleicht, wenn ich nun meine, es gebe eine verbreitete Form des Schauens, die, obwohl dem «leeren Blick» verwandt, hoch geschätzt wird: die Fotografie. In den ersten Monaten meines Aufenthaltes in Thailand schlenderte ich eines Tages durch ein Quartier der kleinen Händler in Bangkok. Vor einem der Läden saß eine Chinesin mit ihrem Kind. Ich hielt an und hob meine Kamera, doch sie wehrte mit einer Handbewegung ab. Natürlich insistierte ich nicht, ja war sogar erfreut darüber, nun in Wirklichkeit anzutreffen, was ich aus ethnologischen Berichten kannte: daß nämlich, sagte man dort, Eingeborene bestimmter Gegenden das Fotografiertwerden fürchten, weil die Kamera ihnen ihre Seele rauben oder das Bild zu magischen Manipulationen mißbraucht werden könnte. Etwas übereilt setzte ich die Reaktion dieser Chinesin in Bangkok mit der von Eingeborenen entlegener Berggegenden gleich, und daß ich, trotz dieser naiven und unzutreffenden Verallgemeinerung, auf eine andere Weise recht hatte, merkte ich erst sehr viel später: Mein Fotografieren-Wollen machte die Chinesin zu einem Objekt, beraubte sie also in der Tat ihrer Seele, und ihre abwehrende Geste drückte wohl, eher noch als einen Aberglauben, die Abneigung dagegen aus, eine Sache zu sein, ein Schaustück, irgendwo auf eine Weise benutzt oder kommentiert, die sie nicht beeinflussen konnte. Hätte ich sie respektvoll-freundlich begrüßt, hätte mit ihr eine Weile geplaudert, wäre es durchaus denkbar gewesen, daß sie sich lächelnd hätte fotografieren lassen; damals sprach ich noch kein Thai, war mit den Formen zwischenmenschlichen Verkehrs unvertraut und, wenn auch unbewußt, noch überzeugt davon, daß mir als westlichem Experten solche symbolischen Besitznahmen durchaus zustünden.

Insofern also unterscheidet sich die Fotografie vom «leeren Blick»: Dieser verweigert die Kontaktnahme, grenzt aus, jene aber will vereinnahmen, zwar nicht die «Sache», aber doch deren Erscheinung – sie nimmt nicht *wahr*, sie registriert einzig. Sie grenzt aber auch aus: Zahllos sind die Touristen, die mit dem Druck auf den Auslöser die Interaktion mit dem Gegenstand ihres Interesses beenden – die Auseinandersetzung, aus der eine echte Empathie erst entstehen kann, findet nicht statt; so richtig anschauen, sagte mir einmal ein Freund, tue ich das erst zuhause, wenn ich die Dias projiziere. So viele sind wie Schmetterlingssammler, die das Ding töten, um es zu betrachten.

Zu betrachten eben nicht, um es wahrzunehmen. Wahrnehmen heißt, im hier verwendeten Sinn, etwas aus seinem Wesen, seiner inneren Lebendigkeit heraus erkennen und erfordert deshalb ein Sich-Einlassen. Der Blick des Fotografen weist Bedeutungen zu, er erschließt sie nicht interagierend. Zwar grenzt er nicht so eindeutig aus wie der «leere Blick», doch indem er das genuin Andere in ein gemeintes Eigenes verwandelt, ist er ihm dennoch verwandt: Man fotografiert eben meist den andern, den man denkt, nicht den, der er ist. Sicher, grundsätzlich gesteht man ihm seine Eigenheit zu – im Moment des Fotografierens indessen interessiert sie nicht. Und da dieser Moment oft die ganze Dauer der Interaktion ausmacht, grenzt der fotografische Blick auf seine Weise ebenfalls aus.

Und, wenn auch anders als der leere Blick, demonstriert auch er Macht. Der leere Blick setzt der Nichtigkeit des Begegnenden die Wichtigkeit des Wir entgegen; ja, je mehr das Nicht-Wir verunsichern könnte, umso stärker vermischt sich die Leere mit dem Zeigen von Überlegenheit. Der Fotograf dagegen praktiziert Macht durch Distanz, durch unbeteiligtes Dabeisein. Seine Kamera ist zugleich Barriere gegen die Teilnahme und ein mechanisches Surrogat der Interaktion. Sie erlaubt, das Sich-Einlassen zu vermeiden, ja zuweilen sogar, auf Mitmenschlichkeit zu verzichten: Man kann die Angst des anderen aufnehmen, kann sein Ertrinken oder gar sein Umgebrachtwerden filmen, ohne einzugreifen – die tätige Betroffenheit wandelt sich in kühles Interesse. Wenn auch mancher Fotograf den «Schrecken des Krieges» oder dem Unrecht der Politik entgegenzuwirken sucht, so erliegen wohl noch mehr der Verführung, mit ihrer Kamera das Bedrohliche auszufiltern, das Schreckliche ins Sensationelle zu wandeln. Das aber vermittelt ein Gefühl von Macht.

Der «leere Blick», sagte ich, grenzt nicht nur aus, sondern auch ein, er beschränkt das funktionale Potential des Betrachters. Die Kamera dagegen vermittelt nicht nur eine Illusion des Dabeiseins, sondern auch eine des Verfügen- oder Beherrschenkönnens. Sie gibt Interesse vor und erlaubt sogar, wenn auch nur fiktiv, das Abgebildete zu besitzen; sie suggeriert also – wie trügerisch auch immer – Zugehörigkeit sowohl wie Überlegenheit. Das trägt wohl mit zur Beliebtheit der Fotografie bei: Sie kompensiert das Gefühl der Isoliertheit, das der leere Blick schafft, ohne die Verpflichtungen einzugehen, die eine Gemeinsamkeit auferlegen würde.

Sie tut noch mehr. Denn indem der leere Blick andere ausgrenzt, mindert er auch den eigenen Wert – man ist nicht mehr jemand für jedermann, sondern nur noch für die eigene Gruppe. Dagegen ist Fotografierenkönnen ein funktionales Potential; es erhöht den Selbstwert und scheint zuweilen sogar neue Gemeinsamkeit zu schaffen: Der Fotograf schaut sein «Sujet» an, wählt es aus, verspricht ihm gleichsam – dazu dient ja das Bild – sich seiner zu erinnern, und der Fotografierte kann sich dessen sogar vergewissern, indem er um einen Abzug bittet. Im Fotografieren und Fotografiertwerden erleben beide sich als mitmenschlich und vergessen darüber die Oberflächlichkeit der Interaktion. Wer einige Wochen in einem thailändischen Hotel verbrachte, ist sicher schon von Angestellten gebeten worden, sie zu fotografieren und ihnen ein Bild zu schicken – in der vergeblichen Hoffnung, die Flüchtigkeit des Kontaktes in Beständigkeit zu wandeln.[7]

Verurteilen wir indessen nicht zu schnell. Wenn man anstatt des genuinen Anderen, wie ich sagte, ein gemeintes Eigenes fotografiert und damit der flüchtigen Begegnung – symbolisch – Konstanz zu verleihen vorgibt, was geschieht da eigentlich? Entspricht dieses «gemeinte Eigene» nicht einer Sehnsucht, und suchten wir dann fotografierend nicht, unseren Sehnsüchten Gestalt zu geben? Natürlich gälte das weder für jede Aufnahme, noch immer in gleicher Weise; hier sei vorerst nur die Frage gestellt – ich werde später versuchen, dazu mehr zu sagen.

VI

Mit einigem, was ich hier sagte, scheine ich mich einer etwas einfachen soziogenetischen Ideologie verdächtig zu machen. Der lächelnde Blick, so könnte man verstehen, wirkt als ein Verstärker, der unvermerkt und progressiv das Kind sozialisiert, es veranlaßt, unerwünschtes Handeln aufzugeben und erwünschtes anzustreben, und so würden in der Tat, wie etwa G.H. Mead oder Lévi-Strauss meinen, die erfahrenen sozialen Reaktionen vom Kinde verinnerlicht und sein Ich bestimmen.[8] Das ist indessen eine Theorie, die mir nicht nur falsch, sondern pervers erscheint.

Vergessen wir nicht, daß das Kind – wie wir alle – mancherlei lächelnde Zustimmung oder stirnrunzelnde Ablehnung erfährt, die zuweilen übereinstimmen, sich zuweilen widersprechen. Es muß also unterscheiden: Dieses Lächeln bedeutet mir etwas, jenes nicht, diese Ablehnung läßt mich kalt, jene bedrückt mich. Vergessen wir weiter nicht, daß nicht jedermanns Aufmerksamkeit und Gefallen sich gleich erwirken läßt; auch hier also muß man wählen. Und vergessen wir endlich nicht, daß der Einzelne auch entscheiden kann, *nicht* gefallen zu wollen, weil ihm seine Zustimmung zu sich selbst mehr bedeutet, als die anderer. Die Reaktionen der sozialen Partner, deren Introjekte angeblich das Ich konstituieren, werden ihrerseits selbst durch dieses Ich mitgeformt, weil es ja, über sein individuelles Sosein hinaus, den Partner aktiv bestätigt oder ablehnt. Dieses gegenseitige Einanderbestimmen bewirkt Gestaltungen und Umgestaltungen bei beiden Partnern – die Identität des Einzelnen ist kein Abbild, sondern erwächst aus Synthesen zwischen dem Selbst und dem andern. Soweit zur Begründung, wieso die Theorie falsch ist.

Daß sie pervers sei, wiegt schwerer. Wäre unsere Individualität nur eine soziale Prägung, käme es in der Tat nicht mehr auf den Einzelnen an, sondern nur darauf, die in der Art vorhandenen Gene möglichst effektiv zu vermehren. Die gesündesten, stärksten, möglicherweise auch klügsten Individuen wären dann die dazu geeignetsten, und diesen genetisch besten Exemplaren hieße es, die günstigsten Bedingungen zur Fortpflanzung zu schaffen; darüber hinaus bliebe das Schicksal des Einzelnen ohne Belang. «Minderwertiges» auszuschalten, würde dann – wie schon geschehen – sogar zur politischen Pflicht. Sicherlich haben Lévi-Strauss, George Mead und ihre Schüler das bedrohliche Potential ihrer Ansichten nicht bemerkt; widersprechen müßte ich aber dem möglichen Einwand, die politischen Konsequenzen wissenschaftlicher Einsichten hätten den Wissenschafter nicht zu kümmern. Die ideologischen Hintergründe der Wissenschaft sind beträchtlicher, als man gerne zugibt, und so muß man sich der Verantwortung stellen, die ideologischen Kontaminationen ihrer Befunde zu hinterfragen.

In dieser soziogenetischen Ecke will ich also nicht sein. Der lächelnde Blick ist, sicherlich, ein Verstärker, aber er konditioniert nicht blind. Im Austauschen des lächelnden Blickes werden Gemeinsamkeiten nicht nur bekräftigt, sondern auch gestaltet; sie sind Teilprozeße einer sozialen sowohl wie individuellen Kreativität.

Will man nun aus dem Gesagten folgern, das leere Gesicht verneine Gemeinschaft, der akzeptierende, wahrnehmende Blick dagegen stifte sie, so gilt dies nur bedingt. Eine all-lächelnde Gemeinschaft steht in Gefahr, sich selbst aufzuheben. In Thailand etwa erlebt der Ausländer das allgegenwärtige Lächeln als freundliche Zuwendung, doch seine Vieldeutigkeit – Offenheit und Zuneigung ausdrückend, Zudringlichkeit abwehrend, Zorn verbergend – mindert zugleich seine Bedeutung; andere Zeichen müssen helfen, es zu entschlüsseln. Die all-lächelnde Gesellschaft ist vielleicht angenehmer, nicht unbedingt jedoch harmonischer als die der unbewegten Gesichter. Es gibt kein Zusammenleben ohne Divergenzen, keine Gesellschaft ohne Konflikte.

Erinnern wir uns indessen an den thailändischen Dorfjungen Khuun, von dessen Mutter ich weiter oben berichtet hatte: Auf Vorwürfe ihrer Nachbarinnen, dem *moo lam*, dem Dorfsänger, ihre Fische zu billig verkauft zu haben, antwortete sie nur mit einem Lächeln. Anderswo hätte daraus ein hitziges Hin und Her von Argumenten entstehen können: Bevorzugung! Ausbeutung! – man hört gleich schon die Stichworte. Khuuns Mutter kam all dem mit dem Lächeln zuvor – sie praktizierte ihre eigene Art von Konfliktlösung. Ich hatte anfangs gefragt, ob das Lächeln nicht die Ausdrucksweise des Schwächeren, eine Geste der Unterwerfung sei. Khuuns Mutter indessen ist eindeutig die Überlegene, nicht jedoch durch Argumente, sondern auf eine Weise, die sich mit den Begriffen unserer Streitkultur nur schwer definieren läßt: sie beharrt, ohne sich zu widersetzen; ihr Lächeln drückt sowohl Eigenwillen aus wie soziale Einfügung. Ihre Stärke gleicht der des Bambus, der sich im Winde biegt, ohne zu brechen. Der Gesellschaft, die das Lächeln zu pflegen versteht, scheint eine besondere Philosophie des Selbst und des sozialen Miteinander eigen zu sein.

VII

Ein letzter Hinweis: Es kann uns widerfahren, daß auch *Dinge* zu lächeln scheinen. Vor kurzem hörte ich ein Schubert-Trio, und unvermittelt empfand ich an einer bestimmten Stelle: Diese Musik lächelt. Ein seltsamer Eindruck – andere Stellen fand ich ebenfalls schön, aber sie lächelten nicht. Ich glaube, daß Monet ein Lächeln seiner Seerosen verspürte, und bei bestimmten Spiegelungen von Wolken und Bäumen im Wasser meines Gartenteiches würde ich ebenfalls zu sagen neigen, daß er lächle. Das sind natürlich Metaphern, doch sagen sie etwas aus. Es gibt bestimmte Empfindungen, obwohl nicht durch Personen ausgelöst, die denen gleichen, die das Lächeln in uns weckt. Dennoch: Das Lächeln des Mitmenschen ist *außen*, es verspricht, weckt Erwartungen; das Lächeln der Dinge dagegen ist *in uns*, und es weckt nicht Erwartungen, sondern erfüllt sie – es bestätigt unvermittelt die Wirklichkeit von etwas, das ich erhoffe. Das sind flüchtige Erlebnisse, willentlich nicht wiederholbar, ein seltenes Aufblitzen von Erfüllungen, darin innere mit äußeren Konstellationen harmonieren – doch gerade deren Flüchtigsein verstärkt auch die Sehnsucht.

Wir formen dauernd Erwartungen dessen, wie unsere Welt sein sollte, Fantasmen einer Ich-Welt-Harmonie, doch nur allzu oft widerspricht ihnen die Erfahrung. Wenn aber nun unversehens das schlichte Sosein äußerer Dinge innere Wertungen widerspiegelt, scheint dieser Einklang zu belegen, daß unsere Erwartungen objektiv möglich seien, ja, die sachliche Besonderheit der Dinge vermag sogar, unsere Hoffnungen zu präzisieren, ihnen Richtungen zu weisen. Das «Lächeln der Dinge», wie flüchtig es auch sei, bestätigt nicht nur die potentielle Wirklichkeit unserer Fantasmen, sondern bietet ihnen auch konkrete Verankerungen an.

Das erinnert an die Frage, die am Schluß meines Exkurses über die Fotografie stand. In der Tat, der Fotograf mag sachliche Gründe für die Auswahl seiner Sujets haben, doch vielen wendet er sich zu, weil sie seine Sehnsüchte konkretisieren – Sehnsüchte etwa nach Ferne, nach dem Anderen, nach Intimität, erotischer Erfüllung, ästhetischer Vollendung; und die Dia-Projektion zuhause erlaubt ihm, ihnen noch intensiver nachzuhängen, erscheinen sie nun doch gleichsam als reine Erfüllungen, befreit von den störenden Zufälligkeiten konkreter Situationen.

Wendet man sich von da zurück zum Blick und dem Lächeln des anderen, neigt man zur Vermutung, daß ich von dem Spaziergänger im Wald nicht deshalb gegrüßt werden möchte, weil mir an seiner Person läge, sondern weil sein Gruß eine allgemeinere Gültigkeit meiner inneren Wertungen bestätigt; daß ich vor dem leeren Gesicht immer ein wenig Ärger, Trauer oder gar Angst verspüre, weil es mich wiederum die Diskrepanz erfahren läßt, die die Wirklichkeit und meine Sollwerte scheidet. Der andere selbst ist nur Symbol einer Welt, in der ich heimisch zu sein versuche und dabei allzu oft die Fremde erfahre.

Wird damit aber der Wunsch nach dem lächelnden Blick nicht einfach ein Ausdruck meines Egozentrismus? Im Lächeln des anderen meine Sollwerte bestätigt zu finden, nimmt ihm gerade wieder seinen persönlichen Eigenwert, macht ihn zu einem Repräsentanten abstrakter Prinzipien. Ist das dann noch Mitmenschlichkeit?

Der Mitmensch ist immer Träger abstrakter Prinzipien. Auch dem, der ihm mit leerem Blick begegnet, repräsentiert er das Andere, Auszugrenzende oder Abzuwehrende, und dies nicht als Individuum, sondern als ein Symbol. Der Sollwert, den der lächelnde Blick bestätigt, beinhaltet eine Bereitschaft zur Interaktion, ja sogar deren potentiellen Beginn. Solche Interaktion entsteht notwendigerweise aus einem anfänglichen Selbstbezug, aber sie führt aus dem Egozentrismus hinaus zur Empathie. Selbstbezug steht nicht im Gegensatz zur Gemeinschaft; sie lebt aus ihm, und verwandelt ihn zugleich.

Es sind solche Unwägbarkeiten wie der Blick und das Lächeln, die unsere Beziehung zu unserer Welt, wie auch zu uns selbst, gestalten.

Wie in den Anmutungen einer Melodie oder einer Rose, den Verführungen eines Parfums oder der Beglückung einer Geste, konkretisieren sich unsere Sehnsüchte in Kleinigkeiten des Alltags, und wenn wir, eingefangen in die Netze rationaler Konzepte und technischer Messungen, sie geringschätzen zu können meinen, wissen wir nicht, was wir dabei verlieren.

Anmerkungen

[1] Nach einem Vortrag an den «Zürcher Gesprächen» und an dem Congrès International de Psychanalyse et de Psychologie de l'Enfant, Metz, beides 1995.

[2] Boesch, E. E.,1993, «Das Drachenauge», Zitate gekürzt, zum Teil. verändert.

[3] Strathern A., 1981; siehe auch Bühler et.al., 1962; Gardi und Bühler, 1958.

[4] Nach Boesch 1991, p. 325–6

[5] Boontawee Kampoon, 1988.

[6] Siehe Boesch, 1994.

[7] Zur Fotografie, siehe S. Sonntag, 1977.

[8] G. H. Mead, 1934; Lévi-Strauss, C., 1977.

Die Maske und das Böse[1]

Das sich Zeigen, das Gesehenwerdenwollen, hat eine moralische Qualität. Man mag sich zu sehr darum bemühen – dann erntet man leicht den Vorwurf der Eitelkeit; man mag es zu wenig tun, und so den Verdacht wecken, daß man «etwas zu verbergen» habe. Doch auch wer die angemessene Mitte zu halten versteht zwischen eitlem Demonstrieren und ängstlicher Scheu, möchte so gesehen werden, daß man ihn oder sie positiv einschätzt; und «positiv» meint hier, über das ästhetische Urteil hinaus, auch eine moralische Bewertung: Man möchte nicht als ein irgendwie «schlechter» Mensch erscheinen. Doch gibt es nun ein sich Zeigen, das dem gerade zu widerzulaufen scheint, bei dem man sich mit Absicht das Aussehen des Bösen, des Verwerflichen, des Ängstigenden gibt: die Verkleidung, vor allem beim Karneval, als Hexe, Dämon, Teufel, Poltergeist, aber auch als Räuber, Landstreicher, ja sogar als Tod. Diese «Dämonenmasken» wollen sicher auch gesehen werden. Wieso dieser seltsame Versuch, den Eindruck unserer Erscheinung ins Negative umzukehren? Daß man sich – was es ja auch gibt – als eine Prinzessin, als ein Seefahrer oder als einen verliebten Harlekin verkleidet, widerspricht ja nicht dem allgemeinen Bestreben, sich positiv darzustellen; es gibt uns einzig den Anschein, so zu sein, wie wir es in Träumen gerne wären. Die «böse Maske» dagegen, bedenkt man es genauer, ist verwunderlich. Wir wollen sie deshalb etwas eingehender betrachten und sie besonders auch in ihrer Beziehung zur Sehnsucht zu verstehen suchen.

Moralität entspringt dem Wunsch, in einer Welt zu leben, darin die Regeln des menschlichen Miteinanders durchschaubar sind, so daß Handlungsweisen anderer sich vorhersehen und eigene sich steuern lassen; Moralität verspricht also, die Gegensätzlichkeit zwischen Ich und Nicht-Ich, wenn auch nicht aufzuheben, so doch wenigstens zu mindern. Trotz aller Verachtung, mit der jüngere und ältere Rebellen sie oft belegen, strebt Moralität nach jener Harmonie, die allen Gesellschaften irgendwie als eine paradiesische Utopie vorschwebt, umschreibe man diese nun jenseitig wie die Religionen oder diesseitig wie die politischen Ideologien. Trotzdem ist Moralität noch keine Sehnsucht – sie bildet dazu nur so etwas wie das Zwischenziel, das die Bedingungen schafft, die die eigentlichen Erfüllungen erst ermöglichen. Was sind diese? Es ist ja wohl nicht zufällig, daß die moralischen Gebote meist als *Ver*bote formuliert werden: sie wollen Störungen, Bedrohungen, Beeinträchtigungen vermeiden, um gleichsam einen Freiraum für die eigentliche Erfüllung zu schaffen. Nennen wir diese schlicht «Glück», was uns gleich vedeutlicht, daß das kaum etwas ist, das sich allgemein definieren ließe. Glück ist eine privat-intime Erfahrung – «ekstatisch» nennt sie Seel[2] – eines harmonischen Einklanges zwischen dem Ich und seiner Welt, wie etwa am «Lächeln der Dinge» im vorangegangenen Kapitel erläutert. Moralität gewährt nicht Glück, aber sie erlaubt die Hoffnung darauf, denn sie verspricht, das Böse aus unserer Welt zu verbannen.

Das allerdings fordert seinen Preis. Denn Moralität und Glück kommen sich ja nicht selten in die Quere. Weder garantiert die Moralität das Glück, noch ist sie dazu eine notwendige Voraussetzung. Sie verspricht zwar, es zu ermöglichen, doch Erfahrung belegt, daß es sich auch leichter erreichen läßt – sofern man darauf verzichtet, die Glücksansprüche anderer zu beachten. Das droht zwar, die Antinomie zwischen Ich und Nicht-Ich zu verstärken, doch der unmittelbare Glücksgewinn mag das aufwiegen. Solchen Verlockungen der Immoralität stehen nicht nur die rationale Einsicht in die notwendige Reziprozität von Glücksbedingungen entgegen, sondern auch Forderungen an sich selbst. Welcher Art diese sind, soll uns das Phänomen des Maskierens verdeutlichen.

Das moralische Handeln

Betrachten wir zuerst die Entwicklung moralischen Handelns. Was ist gut, was ist böse? Wer kann es schon mit Gewißheit sagen? Himmler sprach seinen KZ-Schergen höchste moralische Tugenden der Selbstüberwindung, der Disziplin, der Opferbereitschaft für das Gemeinwohl zu; die früheren Inquisitoren folterten und verbrannten gläubigen Gewissens ihre Ketzer und Hexen. Hitler oder Gandhi, Pol Pot oder Albert Schweitzer entschieden jeder auf seine Weise darüber, was gut und was böse sei. In milderen Formen stoßen wir auch in unserem Alltag immer wieder auf das Dilemma. Als der Schriftsteller Jules Roy im französischen Fernsehen lächelnd-stolz gestand, in seinem Leben ein «homme à femmes» gewesen zu sein, reagierten seine Gesprächspartnerinnen tolerant lachend; im Kreise deutscher Frauen hätte er sich eher dem erbosten Vorwurf des Machismo ausgesetzt. Was also ist gut, was ist böse? Die Gegner und Befürworter der Abtreibung meinen beide, das Gute zu wollen, und trotzdem trennen sie moralische Welten – deutlich geworden in der Empfehlung des Papstes an vergewaltigte Bosnierinnen, ihre Kinder nicht abzutreiben.[3]

Der Papst sprach aus dem Glauben, daß alles Geschehen gottgewollt sei und deshalb ertragen werden müsse, daß, zudem, neues Unrecht altes nicht auszulöschen vermöge. Wem solch unbedingter Glaube fehlt, der wird widersprechen, doch auch er urteilt von seinen Bezugssystemen her. Daß etwa eine Frau das Kind ihres Peinigers nicht mütterlich zu lieben vermag, ist ein Einwand, der ein Recht des Menschen auf Selbstbestimmung und Glück beansprucht und, wie nachempfindbar er auch sei, dem Glauben an Fügung entgegensteht. Gut und Böse entsprängen also, müßte man vorerst sagen, grundlegenden Denk- und Beurteilungsstrukturen, «übergeordneten Bezugssystemen» (ich nenne sie «*Mythen*»[4]), von deren Natur die Entwicklung des moralischen Urteils abhängt. Das bisher Gesagte deutet allerdings schon an, daß solche Systeme keine widerspruchsfreien Bewertungen von Gut und Böse gewährleisten.

Mit der *Ontogenese des moralischen Urteilens* hat sich, anschließend an Piaget und Kohlberg, eine ganze Schule von Moralpsychologen befaßt[5]. Dabei wurde allerdings überwiegend die *logische Struktur* von moralischen *Urteilen* betrachtet, die indessen für gutes und böses *Handeln* von nur sekundärer Bedeutung ist. Die moralische Handlung ist sowohl komplexer wie einfacher als das Urteil. Komplexer, weil sie vieles beachten muß, was dem nicht relevant erscheint, der nur aufgefordert wird, hypothetische Konfliktsituationen zu beurteilen; einfacher dagegen, weil der praktisch Handelnde Verlockungen oder Zwängen unterliegt, die ihn leicht dazu verleiten, ebenfalls Wichtiges zu übersehen.

Ob wir eine Handlung als gut oder böse betrachten, hängt im wesentlichen von dreierlei ab: einmal von ihren *materiellen und sozialen Konsequenzen*, zweitens von den *Intentionen des Handelnden*, und drittens von der Beachtung *sozio-kultureller Normen*. Die Bewertung von Handlungen nach nur einer dieser Dimensionen kann einfach erscheinen; sie indessen koordiniert und konsistent auf eine konkrete Situation anzuwenden, lernt das Kind erst allmählich, und selbst dem Erwachsenen fällt es zuweilen schwer, wie vielfältige Konflikte unseres Alltags belegen.

Doch genauer besehen, erweist sich schon jede einzelne dieser Dimensionen als komplex. Was sind etwa positive oder negative *Effekte* des Handelns? Deren Beurteilung, mögen sie nun Sachen oder Personen betreffen, hängt von den Werten ab, die man ihnen zumißt oder die sie darstellen; diese schwanken offensichtlich je nach Lebensalter, Persönlichkeit, kultureller und ökonomischer Situation. Dieses Bild gilt dem einen als Kunst, dem andern als Kitsch – dem dritten vielleicht gar als Blasphemie, und so kann, es zu zerstören, bald Sakrileg, bald Verdienst sein, wie die Bilderstürme aller Zeiten belegen. Noch stärker divergieren Bewertungen, wenn man die Verzweigungen und zeitlich entfernteren Auswirkungen einer Handlung beachtet – die «sekundären Effekte», auf die ich gleich zurückkommen werde.

Soziale *Normen* erweisen sich als nicht minder widersprüchlich: Schon bei der Interpretation von vorhandenen Gesetzen scheiden sich oft die Geister, und noch schwieriger ist es, das Norm*empfinden* verschiedener sozialer Gruppen zu vereinen – man denke etwa an den Streit um das Verbrennen der amerikanischen Fahne während des Vietnamkrieges: hier die Verteidiger der freien Meinungsäußerung, dort jene der patriotischen Gesinnung. So ist es denn, je nach Perspektive, durchaus möglich, Gutes zu tun, das ungesetzlich ist, wie rechtens böse zu handeln.

Noch schwieriger wird die Beurteilung von Handlungs*intentionen*. Natürlich erscheint uns eine *gewollte* Schädigung schwerwiegender als eine durch Ungeschick, doch wie unterscheidet man zwischen beiden? Ein Kind verletzt ein anderes beim spielerischen Raufen – war das Absicht? Vielleicht nicht, aber hat der Kampfhahn nicht doch die *Möglichkeit* einer Verletzung in Kauf genommen? Es scheint so etwas wie einen unscharfen Bereich zu geben, darin es nicht immer leicht fällt, die «böse» von der «harmlosen» oder gar «guten» Intention zu scheiden.

Dazu gesellt sich weiter, daß das unmittelbar Gute sekundär, also in seinen weiteren Konsequenzen, auch Böses bewirken, aus unmittelbar Bösem andererseits Gutes entspringen kann. Solche *sekundäre Handlungseffekte* werden zuweilen bewußt intendiert – so etwa Strafe, die auf sekundär positive Wirkungen hofft -, zuweilen entstehen sie ungeplant. Folgeeffekte von Handlungen reichen oft nicht nur weit, sondern verzweigen sich auch, so daß die Beurteilung einer Tat neben der unmittelbaren *Absicht* auch die *Weitsicht* berücksichtigen müßte – eine Forderung, die weder in der Politik noch im privaten Leben leicht erfüllt werden kann.

Denken wir weiter an die «Polyvalenz» von Handlungen[6]. Die Psychoanalyse kennt den Begriff der «Ambivalenz», also etwa «Haß-Liebe», doch die Polyvalenz umfaßt mehr. Man liebt zum Beispiel einen Menschen wegen seiner Schönheit, seiner sexuellen Attraktivität, seiner sozialen Stellung, seiner Liebhabereien oder Überzeugungen, und zugleich ärgert man sich über sein Rauchen oder seine Eitelkeit; all diese Determinanten – jede in sich selbst wiederum polyvalent – kombinieren sich zu «Motivbündeln», sind also «Partialmotive» von überdies variablem Gewicht. Diese Komplexheit von Intentionen bleibt gewöhnlich unbewußt, doch irgendwann wird man dennoch entdecken, wie sehr sie es erschwert, Handlungen zu bewerten.

Dies umso mehr, als wir Intentionen ja nur entweder introspektiv oder empathisch[7] zu beurteilen vermögen; ein objektives Urteil bleibt schon deshalb unmöglich, weil zwei Menschen in durchaus verschiedener Absicht Gleiches tun können. Nun machen situative Befangenheit oder lückenhaftes Bewußtsein sowohl Introspektion wie Empathie zu unzuverläßigen Erkenntnisquellen – wie die vielen Konflikte beim Versuch belegen, eine Handlung zu rechtfertigen.

Ob eine Intention gut oder böse sei, hängt also nicht nur von ihrem manifesten Ziel ab, sondern auch von ihrer polyvalenten *Zusam-*

mensetzung. Ob die gute Intention dann auch zu einer guten *Handlung* führe, hängt überdies von der Fähigkeit zur Handlungs*steuerung* ab: von dem Willen also und der Möglichkeit des Individuums, Ziel und Prozeß der Handlung zu kontrollieren und sie mit anderen – eigenen wie fremden – Handlungen zu koordinieren. In der Tat, selbst eine gute Intention vermag Böses zu bewirken, wenn sie ungeschickt ausgeführt wird oder das Umfeld vernachlässigt.

Diese komplexe Vieldimensionalität des Handelns macht es schwierig, gut und böse allgemein verbindlich zu definieren. Ein Tier zu töten, gilt dem Buddhisten als verwerflich, dem Forstpfleger als notwendig, dem Großwildjäger als «sportlich». Deshalb sprechen die Forscher im Bereich des moralischen Urteils von der Notwendigkeit *übergeordneter Bewertungskriterien*, seien es situations-übergreifende Handlungsvorschriften, seien es allgemeinere Prinzipien vom Typ etwa des Kantschen Imperativs.

Solche Prinzipien sind vielfältig formuliert worden, von den biblischen zehn Geboten bis zu den «Menschenrechten» unseres Jahrhunderts. In ihrer allgemeinen Form finden sie meist breite Zustimmung; als spezifische *Ver*bote gehen sie in die Gesetzgebung ein. Weniger leicht fällt es, positive Gebote in konkrete Situationen umzusetzen – was heißt etwa «Gerechtigkeit», «Wohlwollen», «Verantwortung»[8]? Was bedeutet die buddhistische Vierheit «Mitleid», «Wohltun», «Mitfreude», «Gleichmut» oder die christliche Forderung der Nächstenliebe im Einzelfall? Gerecht etwa wäre wohl, was den Gesetzen entspricht – wonach aber entscheidet man, ob die Gesetze gerecht seien? Übergeordnete Rechtsprinzipien erweisen sich als ebenso unerläßlich wie schwer «operationalisierbar». Und so geschieht es, daß man ihnen zwar zustimmt, sie aber dann im konkreten Fall anders deutet, oder, schwieriger noch, daß allgemein akzeptierte Regeln anderen, nicht minder akzeptierten, widersprechen: wie etwa, in der Abtreibungsdebatte, das Recht auf Leben dem auf freie Selbstbestimmung. Haben nicht gerade solch allgemeine Prinzipien blutigste Dispute ausgelöst?

Handlungsintention und Handlungskontrolle angemessen zu differenzieren, erfordert demnach ein langes – oft lebenslanges – Bemühen. Dennoch erfahren wir bald, daß die Folgen unseres Tuns, ob unmittelbar oder sekundär, oft nicht unseren Intentionen entsprechen – daß wir also *nicht durchwegs Herr dessen sind, was wir mit unseren Taten bewirken*. Zuweilen gelingt es uns, das situativen Widrigkeiten zuzuschreiben, doch wenn uns einmal die Polyvalenz unseres Handelns bewußt wird, wir zuweilen also hinter anscheinend guten Intentionen auch selbstsüchtige, ja destruktive Motive entdecken, verlieren wir die Gewißheit, was gut und böse sei.

Daß wir trotz all dieser Schwierigkeiten allmählich zu «moralischen Wesen» werden, ist im Grunde erstaunlich. Zweierlei macht das möglich. Erstens einfach, daß wir in einer Alltagswelt leben, die uns nur relativ selten schwierige Entscheidungen abfordert[9]. Der zweite Grund ist, daß die kulturelle Gruppe angemessenes Verhalten belohnt und verstärkt, unangemessenes bestraft. Als Mitglied einer Gemeinschaft lernen wir, «richtig» und «verantwortungsvoll» zu handeln; wir erwerben und stärken so ein Handlungspotential und festigen damit wesentlich unsere Identität.[10]

Es gibt allerdings noch einen dritten Grund, der die Entwicklung zum «moralischen Wesen» steuert: die Erfahrung von *Schmerz und Leiden*. Diese begünstigt bewußte Reflexion und führt zum Erlebnis des *«Ich in einer Welt Seins»*, oder einer, wie ich es meist nenne, *«Ich-Welt-Polarität»*. Das beinhaltet, daß wir unsere Welt als komplementär sowohl wie antagonistisch zum Ich betrachten: Komplementär, weil sie uns befriedigt, zuweilen sogar beglückt, antagonistisch, wo sie uns bedroht oder schädigt. Ein Grundmotiv menschlichen Handelns besteht somit im Streben danach, die Divergenz zwischen Innen und Außen, zwischen Ich und Welt zu mindern, also unsere Fähigkeit zu fördern, die Welt zu nutzen und zu bestehen – was ich als *«grundsätzliches Handlungspotential»* bezeichnet habe[11]. Die Vermeidung von Konflikten – also ein Anliegen der Moralität – gehört wesentlich dazu.

Das «amorphe Innere»

Sind es indessen nur diese Schwierigkeiten, das Gute zu definieren und unser Handeln entsprechend zu kontrollieren, die die moralische Entwicklung erschweren? Fragen wir nochmals: Wozu eigentlich wollen wir gut sein? Sicher: Der «gute Mensch» erfährt Anerkennung, Lob, Respekt, und das vermittelt ihm gewichtige Befriedigungen und Bestätigungen – aber macht es ihn *glücklich*? Moralität, sagte ich anfangs, schafft zwar gleichsam den Freiraum für das Glück, nicht aber das Glück selbst. Indem der «gute Mensch» anderen diese Freiräume gewährleistet, trägt er wesentlich zu ihrem Glück bei, und dabei wird er oft die Fähigkeit zum «mitfühlenden Glücklichsein» entwickeln, zur *«vicarious happiness»*, wie es englisch heißt, oder zur «Mitfreude», wie die Buddhisten eine ihrer Grundtugenden nennen. Manchen genügt das – anderen aber wird beim Anblick eines Liebespaares schmerzlich die Liebe bewußt, die ihnen selber mangelt.

So daß, auch beim «guten Menschen», anstelle der Mitfreude Neid entstehen kann, untergründig, nicht eingestanden, und dennoch verbunden mit einer Zwiespältigkeit gegenüber der eigenen Güte, ja der Moralität insgesamt. So wie man etwa einem jüngeren Geschwister das bessere Stück Kuchen überläßt, es zugleich darum beneidet und den eigenen Großmut bedauert. Die Konstruktion des moralischen Subjektes erfordert, Regeln anzunehmen, die nur allzu oft spontanen Handlungsneigungen zuwiderlaufen; das bedeutet Verzichte und schafft Ambivalenzen, die nicht selten auch zu widersprüchlichen Handlungen führen.

Verzichte aber, das hat uns die Psychoanalyse zu Genüge gelehrt, lassen Spuren – irgendwie, bald stärker, bald schwächer, bleibt etwas Unbefriedigtes, Unerfülltes, ja sogar latente Handlungsbereitschaften zurück. Diese «ungelebten Alternativen» – vergangener wie gegenwärtiger Handlungen – fördern potentielle Unzufriedenheit, Sehnsüchte oder gar «Ausbruchstendenzen» – oft nur unklar als Spannungen, Verstimmungen, Unruhe erlebt. Zuweilen verdichten sie sich überraschend etwa in einem unkontrollierbaren Zorn, in einer verwirrten Verliebtheit, in aggressiven oder panischen Träumen, in alkoholisierter «Enthemmung» oder, weniger dramatisch, in jenem hilflosen Überdruß des «Ach, was soll's», der ein erfüllenderes Leben herbeisehnt, nicht selten, ohne es sich genauer vorstellen zu können.

Solche Erfahrungen lassen einen oft ratlos; man frägt sich erstaunt-beklommen, was einen denn anfocht. Aber wir spüren, daß es aus unserem Inneren aufsteigt, zuweilen *kreativ*, in Tanzen, Singen, Imaginieren, zuweilen aber auch ungestaltet, ja bedrohend. Es mag sich mit Fantasien begnügen, mag Handlungsimpulse wecken; zwar bleiben sie meist kontrolliert («Den könnte ich umbringen» – aber natürlich tut man es nicht), doch manchmal fechten sie uns bedrängend an. Im Kapitel über das «innere Fremde» stießen wir schon auf dieses Gemisch aus unterdrückten, zum Teil unerlaubten, zum Teil sonstwie verworfenen Handlungstendenzen, einem Potential an unterschiedlichsten verdrängten, vernachlässigten, aufgeschobenen oder unrealistischen Impulsen. Sie erschienen uns dort als Manifestationen des «amorphen Inneren», ein Begriff, den ich in diesem Zusammenhang vorziehen werde und der nochmals kurz erläutert sei.

Es sind Inhalte unseres Inneren, die uns zu dauernder *Kontrolle* zwingen, zugleich aber auch *faszinieren*. Denn sie können ja auch das alternative Leben repräsentieren, das Handeln in Freiheit, ohne inneren Zwiespalt, und dann symbolisieren sie die Einheit mit uns selbst. Als bedrohlich dagegen, also als «böse», erleben wir sie, wenn ihre Äußerungen kulturellen oder selbstgesetzten Verhaltensnormen widersprechen. Ihre Faszination erweist sich also als zwiespältig: ein Versprechen des «wahren Seins», zugleich aber auch eine Bedrohung des Selbstbildes und des Gleichgewichtes zwischen Selbst und Kultur, die immer wieder zum ausgleichenden Regulieren zwingt.

Ich möche das «amorphe Innere» also nicht dem «Es» oder dem «Verdrängten» der Psychoanalyse gleichsetzen, auch nicht dem «kollektiven Unbewußten» oder den Archetypen von Jung. Es soll nicht eine innere

«Topik», sondern nur ein latentes Erlebnispotential bezeichnen. Neben unsozialisierbaren Impulsen umfaßt es auch das Unerfüllte oder Unerfüllbare, neben dem Verdrängten auch das Verpaßte, neben dem Verworfenen sogar das erst dunkel Geahnte. Doch weil dies alles nicht Gelegenheit fand, durch Handeln strukturiert und differenziert zu werden, bleibt es eben bald mehr, bald weniger amorph – dies ist es indessen gerade auch, was ihm einen guten Teil seiner Wirksamkeit verleiht, kann es sich doch überall und irgendwie manifestieren: leise, beinahe unmerkbar etwa darin, wie es unsere Sympathien lenkt, mühsam durchbrechend in einem kreativen Ringen, explodierend in einer dunklen Wut. Doch gefährlich wirkt es wohl immer, denn es bedroht angepaßte Verhaltensweisen, gewohnte und erfolgreiche Strukturen des Alltags, unter Umständen sogar die soziale Identität; in Situationen des Mißerfolges oder sonstwie schwerer Unzufriedenheit kann sein oft radikaler Selbstbezug sogar zu unsozialem, ja amoralischem Handeln verführen.

Wie gehen wir mit diesem «amorphen Inneren» um? Es gibt Menschen, die behelligt es nicht; sie haben ihre Ich-Welt-Gleichgewichte derart ausgewogen, daß sie kaum mehr von bedrohlichen oder verführerischen Impulsen heimgesucht werden. Andere beunruhigt es ohne Unterlaß, zwingt sie dauernd, ihre Stimmungen auszugleichen – ohne ersichtliche oder ausreichende Gründe schwanken sie zwischen «himmelhoch jauchzend» und «zu Tode betrübt», sind bald aggressiv, bald schüchtern, bald wütend, bald friedlich, bald kreativ, bald innerlich leer. Der «normale Mensch» befindet sich zwischen diesen beiden Extremen und fühlt sich mit dem «amorphen Inneren» nur zeitweise, zuweilen stärker, zuweilen schwächer, meist aber nicht bedrohlich konfrontiert.

Wo es uns indessen wirklich anficht, werden wir versuchen, dem Amorphen Struktur zu geben. Das kann in zweierlei Weise geschehen: einmal *introspektiv* – man bemüht sich, sein Inneres zu «verstehen», frägt sich also etwa «Was veranlaßt mich…, warum möchte ich…?». Die elementarere, spontanere Art der Strukturierung ist *projektiv*: Man beschuldigt widrige Umstände, sucht «Sündenböcke» für aggressive Impulse, konzentriert unbestimmte Sehnsüchte auf eine bestimmte Person, polarisiert die politische Umwelt, imaginiert Erfüllungen in fremden Welten oder schafft Kunstwerke. Solch projektive Strukturierung bewirkt zweierlei: sie verleiht dem innerlich Amorphen eine konkret faßbare, äußere Gestalt – sie *«objektiviert»* es; und sie gleicht Teile der Außenwelt inneren Vorstellungen und Neigungen an, *«subjektiviert»* sie also[12]. Gelingt diese Verschiebung nach außen in einer kulturell annehmbaren Weise – im Kunstwerk, im Witz, im gemeinsamen Feindbild, in der ansprechenden Ideologie etwa –, vermindern wir den Widerspruch unseres «amorphen Inneren» zu den Normen der Gruppe, erhöhen also die «Ich-Welt-

Kongruenz», wie auch die «Ich-Selbst-Kongruenz», also den Einklang mit unserem Selbstbild. Wir erleben das als einen Erfolg, der unser subjektives Handlungspotential verstärkt. Solche «Verarbeitungen» geschehen vielleicht schöpferisch, öfter aber nur projizierend: Wir erleben das außen als konkretes Symbol unseres Innen, das Amorphe somit als abgelöst von unserem Ich, das innerlich Bedrohende als «fremd»; Objekt geworden, erscheint es leichter faßbar und strukturierbar. Am Beispiel der Maske wollen wir versuchen, das zu verdeutlichen.

Die Maske

In allen Kulturen und zu verschiedensten Zeiten fand und findet man Masken. Soweit meine ethnologischen Kenntnisse reichen, neige ich dazu, zwischen Ritualmasken und Individualmasken zu unterscheiden. Die ersten, regional am weitesten verbreitet, sind streng an bestimmte Gelegenheiten und Zeremonien gebunden, wie etwa Initiation, Jagd- und Fruchtbarkeitszauber oder Krankheitsbeschwörung. Eng mit den Traditionen einer Gemeinschaft verknüpft, bilden Ritualmasken konstitutive Elemente eines kulturellen Gefüges.

*Individual*masken gehören wesentlich zum Karneval, zu Fastnacht, Fasching und ähnlichen Festen; ich werde deshalb alternativ auch von Karnevalsmasken sprechen. Zwar leiten sich manche Bräuche des Karnevals ebenfalls von alten Ritualen her – vor allem Feiern der Winter- und Frühlingssonnenwende – und sind ebenfalls an bestimmte Zeiten und Regeln gebunden.[13] Sie kennzeichnen indessen weniger eine rituelle *Festigung*, als eine vorübergehende *Aufhebung* der sozialen Normen, was einhergeht mit einer oft ungezügelten Freiheit der Maskengestaltung und des Verhaltens. Das Ritual bestätigt kulturelle Ordnungen, der Karneval dagegen mimt die soziale Revolution und ist heute eher, um einen Begriff von Mary Douglas zu entlehnen, ein «Anti-Ritual»[14].

Ich will im folgenden vorwiegend Karnevalsmasken betrachten, insbesondere jene, die ich vorhin als *Dämonenmasken* bezeichnete; dazu gehören wohl die meisten Larven, die an Fastnacht und Karneval ihr Wesen treiben: solche von Trollen, Teufeln, Geistern, Hexen, Vampiren, aber auch die Fratzen etwa von Megären, Huren, Clowns oder die totenbleichen Harlekins.

Verfremden und Verbergen

Sich zu maskieren ist, zweifelsohne, eine Handlung. Aber was kann deren Ziel sein? Sich zu schützen, wie mit der Gasmaske, sich zu verstecken, wie der Terrorist mit seinem Motorradhelm, sich zu verbergen, wie muslimische Frauen unter dem Chador, sich zu verwandeln, wie bei Theatermasken, oder einfach sich zu amüsieren? All das erscheint plausibel, wirft aber dennoch – außer der Schutzmaske oder der Vermummung des Bankräubers – neue Fragen auf: Was etwa bewegt jemanden, sich in einen Dämon oder einen Berggeist, in eine häßliche Hexe oder einen melancholischen Harlekin zu verwandeln? Einfach der Wunsch, sich zu amüsieren? Was aber kann daran belustigen, sich ein häßliches Aussehen zu geben?

Die Maske ist, könnte man sagen, ein «Substitutions-Gesicht». Substitution wozu? Aus dem Gesicht eines Gegenübers lesen wir wichtige Informationen über seine Person und seine Intentionen: Es ist – neben der Sprache – jenes Äußere, das uns am meisten über sein Inneres auszusagen scheint. Bis zur allgemeinen Verbreitung des Spiegels blieb dem Menschen sein eigenes Gesicht gewöhnlich unbekannt; sein Interesse galt somit überwiegend dem, was das Gesicht des anderen ihm verriet. Der Spiegel ließ ihn diese Neugierde auf das eigene Gesicht übertragen. So meinen wir heute, es «verrate», wer und was wir sind, und neigen daher häufig beinahe zwanghaft dazu, unser «Ist-Gesicht» irgendwelchen Sollwerten anzugleichen – Sollwerten, die wir zwar sozialen Modellen entnehmen, sie aber auswählen und abwandeln. Die Kosmetikindustrie floriert krisenfest aus diesen Zwängen – Zwänge, entstehend aus dem Unbehagen darüber, was wir zu sein meinen oder fürchten, und die uns oft nur allzu willig zu Schminken, Salben, «Gesichtsmasken» greifen oder uns dem Schönheitschirurgen anvertrauen lassen.

Und da geschieht nun das Seltsame: Über den Ort all dieser unablässigen Prüfungen und Bemühungen stülpen wir plötzlich die Maske eines Dämons, Teufels, einer Hexe, einer zahnlosen Megäre, den Schmutz eines Kaminfegers, die Alkoholnase eines Clowns, die aufdringliche Aufgeputztheit einer Hure, oder die leblos-fahle Schönheit eines Harlekins. Die Ängste über unser Aussehen werden mit einem Mal abgeschüttelt, ja, man meint zuweilen, der eine und die andere wagen in der Maske, für die kurzen Tage eines Karnevals sich zu zeigen, wie sie sich fühlen, fühlen möchten – oder zu fühlen fürchten.

Nicht leichter zu verstehen als diese Handlung selbst ist die Faszination, die sie ausübt. In seinem *Malte Laurids Brigge* schildert Rilke eindrucksvoll deren Verführung ebenso wie deren Bedrohlichkeit. Ich erlaube mir, die Stelle – obwohl etwas lang – ausführlicher zu zitieren.

Der kleine Malte erzählt von einem großen, beinahe leeren Eckraum, dessen *«Wände ringsum mit tiefen grauen Wandschränken verschalt»* waren, zu denen er den Schlüssel entdeckt und die Inhalte untersucht hatte. Da gab es alte Trachten und Roben, gebrauchte Uniformen, Dinge, die ihn verlockten, das eine oder andere anzuziehen und sich damit in einem großen Spiegel zu betrachten.

«Ich lernte damals den Einfluß kennen, der unmittelbar von einer bestimmten Tracht ausgehen kann. Kaum hatte ich einen dieser Anzüge angelegt, mußte ich mir eingestehen, daß er mich in seine Macht bekam; daß er mir meine Bewegungen, meinen Gesichtsausdruck, ja sogar meine Einfälle vorschrieb; meine Hand, über die die Spitzenmanschette fiel und wieder fiel, war durchaus nicht meine gewöhnliche Hand; sie bewegte sich wie ein Akteur, ja ich möchte sagen, sie sah sich selber zu, so übertrieben das auch klingt. Diese Verstellungen gingen indessen nie so weit, daß ich mich mir selber entfremdet fühlte; im Gegenteil, je vielfältiger ich mich abwandelte, desto überzeugter wurde ich von mir selbst. Ich wurde kühner und kühner; ich warf mich immer höher; denn meine Geschicklichkeit im Auffangen war über allen Zweifel. Ich merkte nicht die Versuchung in dieser rasch wachsenden Sicherheit.»

Zu seinem Verhängnis entdeckte Malte zum Schluß einen letzten Schrank, der ihm, *«statt bestimmter Trachten, allerhand vages Maskenzeug auslieferte, dessen phantastisches Ungefähr mir das Blut in die Wangen trieb.»* Da gab es Dominos, Frauenröcke mit Münzen, Pierrots, *«die mir albern vorkamen»*, türkische Hosen, persische Münzen *«und Kronreifen mit dummen, ausdruckslosen Steinen. Dies alles verachtete ich ein wenig; es war von so dürftiger Unwirklichkeit»*… *«Was mich aber in eine Art von Rausch versetzte, das waren die geräumigen Mäntel, die Tücher, die Schals, die Schleier, alle diese nachgiebigen, großen, unverwendeten Stoffe, die weich und schmeichelnd waren oder so gleitend, daß man sie kaum zu fassen bekam, oder so leicht, daß sie wie ein Wind an einem vorbeiflogen, oder einfach schwer»*… *«In ihnen erst sah ich wirklich freie und unendlich bewegliche Möglichkeiten: eine Sklavin zu sein, die verkauft wird, oder Jeanne d'Arc zu sein oder ein alter König oder ein Zauberer; das alles hatte man jetzt in der Hand, besonders, da auch Masken da waren, große drohende oder erstaunte Gesichter mit echten Bärten und vollen oder hochgezogenen Augenbrauen. Ich hatte nie Masken gesehen vorher, aber ich sah sofort ein, daß es Masken geben müsse.»*
Und so verkleidet er sich, dabei vergessend, *«was ich eigentlich vorstellen wollte. Nun, es war neu und spannend, das erst nachträglich vor dem Spiegel zu entscheiden. Das Gesicht, das ich vorfand, roch eigentümlich hohl, es legte sich fest über meines, aber ich konnte bequem durchsehen, und ich wählte erst, als die Maske schon saß, allerhand Tücher, die ich in der Art eines Turbans um den Kopf wand, so daß der Rand der Maske, der unten in einen riesigen gelben Mantel hineinreichte, auch oben und seitlich fast ganz verdeckt war. Schließlich…hielt ich mich für hinreichend vermummt»*, und er geht vor den Spiegel. *«Das war nun wirklich großartig, über alle Erwartung. Der Spiegel gab es auch augenblicklich wieder, es war zu überzeugend. Es wäre gar nicht nötig gewesen, sich viel zu*

bewegen; diese Erscheinung war vollkommen, auch wenn sie nichts tat.»
...«Aber es galt zu erfahren, was ich eigentlich sei, und so drehte ich mich
ein wenig und erhob schließlich die beiden Arme: große, gleichsam
beschwörende Bewegungen, das war, wie ich schon merkte, das einzig
Richtige. Doch gerade in diesem feierlichen Moment vernahm ich,
gedämpft durch meine Vermummung, ganz in meiner Nähe einen vielfach
zusammengesetzten Lärm». Malte entdeckt, daß er mit seinen Bewegungen einen kleinen Tisch umgestoßen und die vielen zerbrechlichen
Gegenstände, die sich darauf befanden, zerschlagen hat. Er will die
Unordnung aufräumen, den Fleck aufwischen, den die ausgeflossene
Essenz aus einem zerschellten Flacon bildete. *«Ich trocknete ihn schnell*
mit irgendetwas auf, das an mir herunterhing, aber er wurde nur schwär-
zer...», und er fängt an, nach etwas anderem zu suchen. Aber ich war
«so behindert im Sehen und in jeder Bewegung, daß die Wut in mir
aufstieg gegen meinen unsinnigen Zustand, den ich nicht mehr begriff. Ich
zerrte an allem aber es schloß sich nur noch enger an. Die Schnüre des
Mantels würgten mich, und das Zeug auf meinem Kopfe drückte, als käme
immer noch mehr hinzu. Dabei war die Luft trübe geworden und wie
beschlagem mit dem ältlichen Duft der verschütteten Flüssigkeit.»

    «Heiß und zornig stürzte ich vor den Spiegel und sah mühsam
durch die Maske durch, wie meine Hände arbeiteten. Aber darauf hatte er
nur gewartet.» ...*«Während ich in maßlos zunehmender Beklemmung mich*
anstrengte, mich irgendwie aus meiner Vermummung hinauszuzwängen,
nötigte er mich, ich weiß nicht womit, aufzusehen und diktierte mir ein
Bild, nein, eine Wirklichkeit, eine fremde, unbegreifliche monströse Wirk-
lichkeit, mit der ich durchtränkt wurde gegen meinen Willen: denn jetzt
war er der Stärkere, und ich war der Spiegel. Ich starrte diesen großen,
schrecklichen Unbekannten vor mir an, und es schien mir ungeheuerlich,
mit ihm allein zu sein. Aber in demselben Moment, da ich dies dachte,
geschah das Äußerste: ich verlor allen Sinn, ich fiel einfach aus. Eine
Sekunde lang hatte ich eine unbeschreibliche, wehe und vergebliche Sehn-
sucht nach mir, dann war nur noch er: es war nichts außer ihm.»

    «Ich rannte davon, aber nun war er es, der rannte. Er stieß
überall an, er kannte das Haus nicht...» Der Lärm lockte Leute aus einem
Zimmer – *«ach, war das gut, sie zu kennen»* ... *«aber sie sprangen nicht*
herzu und retteten mich; ihre Grausamkeit war ohne Grenzen. Sie standen
da und lachten»... *«Ich weinte, aber die Maske ließ die Tränen nicht*
hinaus, sie rannen innen über mein Gesicht und trockneten gleich und ran-
nen wieder und trockneten. Und endlich kniete ich hin vor ihnen, wie nie
ein Mensch gekniet hat; ich kniete und hob meine Hände zu ihnen auf und
flehte: ‹Herausnehmen, wenn es noch geht, und behalten›, aber sie hörten
es nicht; ich hatte keine Stimme mehr.» Malte wird endlich ohnmächtig[15].

Maltes Erlebnis bewegt sich vom Vergnügen des Sich Veränderns zum Entsetzen des Sich Verlierens, von der Selbstverfremdung, könnte man sagen, zur Selbstentfremdung. Irgendwo zwischen diesen beiden Extremen hält sich die Dämonenmaske – sie verwandelt das Ich in ein Un-Ich, doch, da nur vorübergehend, ohne ernsthafte Bedrohung. Bevor wir fragen, was dazu veranlassen kann, sein Gesicht in ein solches Schreckbild zu verwandeln, halten wir uns noch einen Moment bei dem Erlebnis von Malte auf und versuchen, als erste Annäherung an das Problem der Maske, *das Vergnügen an der Verfremdung* etwas genauer zu verstehen. Das Ich-Erlebnis hat zwei Qualitäten. Die erste drückt sich aus in dem nur anscheinend tautologischen Satz: *Ich bin Ich*. Das bedeutet, «Ich bin ein Erlebender, der vielerlei tun kann, weiß, und erfahren hat». Die zweite Qualität dagegen ließe sich formulieren als *Ich bin* nur *Ich*. Das hieße, «Ich bin ein Erlebender, der vieles nicht tun kann, nicht weiß und nicht erfahren hat». Etwas anders gesagt, das Handlungspotential und seine Begrenzungen bilden den wesentlichen Inhalt der Icherfahrung; das bedingt aber zugleich den dritten und vierten Satz des Ich-Bildes: *Ich möchte jenes Ich sein*, und *Ich möchte jenes Ich nicht sein*. Zu den grundlegenden Bestrebungen des Menschen gehört, sein Handlungspotential zu präzisieren, zu wahren, zu bestärken, aber auch auszuweiten. Auszuweiten, impliziert Richtungen: Wir wollen nicht irgendwie, sondern für bestimmte Arten des Handelns potent und kompetent sein oder werden, doch dazu brauchen wir auch Möglichkeiten der Orientierung. Was den kleinen Malte antrieb, die verschlossenen Schränke zu erkunden, war also vorerst wohl der Drang, das Verborgene aufzuhellen, denn Verstecktes weckt nicht einfach Neugierde, sondern mutet auch «unheimlich» an [16]: es konfrontiert uns mit der Unfähigkeit, Unbekanntes in das Handeln einzubeziehen; kürzer gesagt, es bedeutet eine Orientierungsschwäche. Verborgene Inhalte zu entdecken, erweitert somit das Handlungsvermögen und bereitet Erfolgslust, wie etwa jeder weiß, dem es gelingt, ein Rätsel zu lösen. Andererseits aber eröffneten diese Schränke dem kleinen Malte neue Inhalte, neue Existenzformen – Kammerherrenfräcke, Orden, Frauenkleider früherer Zeiten, Uniformen, kurz Dimensionen anderen Handelns und Seins, und damit potentiell andere Möglichkeiten der Selbstdefinition.

Einiges davon kommt ihm albern vor, *«von dürftiger Unwirklichkeit»*, anderes aber berauscht ihn – insbesondere das Ungestaltete, Ungeformte, das aber gerade dadurch *«freie und unendlich bewegliche Möglichkeiten»* verspricht. Und so geschieht es, daß er sich verkleidet, ohne zu wissen, in was, irgendwie explorierend-probierend, und natürlich auch, ohne sich zu sehen. Denn dazu braucht er einen Spiegel. Er schwelgt vorerst eher im reinen *Gefühl* der kreativen Selbstverwandlung; es ist nicht deren sichtbarer Effekt, der sein Tun leitet, sondern schlicht das Vergnügen, über all die «freien und unendlich beweglichen Möglichkeiten» zu verfügen, und sich selbst dabei fortlaufend unbekannter zu werden. Das «Andere» als einen Bereich zu entdecken, der einem zugänglich ist, verändert nicht, wie man gerne vom Maskieren sagt, das Ich, sondern stärkt es vielmehr, es weitet den Bereich des Beherrschens aus: *«je vielfältiger ich mich abwandelte, desto überzeugter wurde ich von mir selbst».* Was Malte vorerst erfährt, ist gleichsam Kreativität als Prozeß, genauer, als «subjektiv-funktionales»[17] Erleben.

Aber eben, deren Effekt bleibt ungesehen: Man sieht die Maske nur im Spiegel oder, metaphorisch gespiegelt, in der Reaktion des anderen. Und im Spiegel erscheint die Verkleidung nun konkret als Verfremdung – Maltes Hand war *«nicht mehr seine gewöhnliche Hand».* Dieses Spiegelbild nötigt zu Entdeckungen: *«Es galt zu erfahren, was ich eigentlich sei».* «Eigentlich» – ein seltsames Wort in diesem Zusammenhang, das Eigentliche im Uneigentlichen zu suchen. Es scheint, als ob Rilke auf etwas hindeutete: den Wunsch, das Wesentliche des Fremden aufzudecken – verbunden mit der Neugierde auf die Möglichkeit, etwas *anderes zu sein*, ja, in diesem Anderen gerade sein Eigentliches zu finden, oder, vielleicht richtiger gesagt, sich selbst dadurch «umfassender» zu machen.

Auch das gehört zur Strukturierung von Identität, also der Gestaltung unserer Beziehungen zwischen dem Ich und dem Fremden: Wir streben danach, uns gegenüber dem Anderen abzugrenzen und als Eigenes zu profilieren. Das beinhaltet zwar, einmal, das Andere zu erkennen und, gegebenenfalls, zu meistern, aber dabei suchen wir zugleich auch das Andere, das sich dem Ich nicht entgegensetzt, sondern es ergänzt. Wir schwanken nicht nur zwischen der «Assimilation der Welt», also der Tendenz, das außen dem Innen anzugleichen, und der «Akkommodation des Ich», also der, sich selbst dem außen zu fügen[18], sondern auch zwischen dem erlebten Sein und dem, das erstrebt, entdeckt und gestaltet werden will. Sich in der Maskierung zu einem «Anderen» zu machen, und dieses Andere dabei teilweise sich anzueignen, teilweise als Fremdes zu präzisieren, scheint mir zu diesen Prozeßen der Identitätsbildung zu gehören.

Was Malte seine Verkleidungen vorerst lustvoll erleben läßt, ist die Gewißheit, eben jenes andere «eigentlich» nicht zu sein, sich im Maskenland nur als ein gelegentlicher Spaziergänger zu bewegen, jederzeit imstande, zurückzukehren. Sein Maskieren erschien so eher als ein übendes Einfühlen in das Andere, denn als ein Wechsel von Identität. Sobald ihm aber diese Freiheit des Rückkehrens verstellt war, wurde, wie bei der Verzauberung im Märchen, aus der Faszination des sich Verwandeln*könnens* der Schrecken des Verwandelt*seins* – die *«vollkommene Erscheinung»* wird zum *«großen, schrecklichen Unbekannten»*, und das

Vergnügen schlägt in Panik um. Alles Vertraute erscheint nun aufgehoben: das eigene Handlungsvermögen, die Möglichkeit, mit anderen zu kommunizieren, ja, sogar die Gewißheit, er selbst zu sein – «er fällt aus».

Entnehmen wir also dem Beispiel, daß, neben der explorierenden Imagination eigener und fremder Existenzmöglichkeiten, zum Maskieren sowohl der Spiegel – real oder metaphorisch – gehört, um die Effekte der Verkleidung zu *kontrollieren*, wie auch die Überzeugung, jederzeit wieder zu sich selbst zurückfinden zu können.

Dieses «Andere», das der Maskierende exploriert oder – vorübergehend – adoptiert, bewirkt zweierlei: es verbirgt, aber es eröffnet auch. Beginnen wir mit dem *Verbergen*, das ja, vorerst einmal, eher ein Verdecken ist. Die Maske – meist im Verbund mit dem Verkleiden des Körpers – bedeckt das Gesicht des Trägers mit einem anderen. In traditionellen Gesellschaften sind das, wie schon erwähnt, meist wenige und festgelegte Maskentypen, rituell an bestimmte Ereignisse geknüpft. Im Karneval dagegen erhalten Masken eine stärkere individuelle Ausdrucksqualität.

Immer aber schiebt die Maske verschieden geformtes und bemaltes Material zwischen Subjekt und Partner, Bilder von starrer Mimik: Sie ersetzt das lebendige Gesicht des Trägers durch ein lebloses. Man erinnert sich an die verbreitete Beziehung zwischen Masken und Tod[19]; ihre Fremdheit und Unbelebtheit verbindet die Maske mit dem Jenseitigen und Überweltlichen, mit Geistern oder Dämonen.

Diese Unbelebtheit des Gesichtes impliziert, für den Träger wie für den Betrachter, Verzicht. Der Träger kann seine Mimik nicht mehr kommunikativ einsetzen; Maltes Tränen rinnen und vertrocknen ungesehen, und selbst seine Stimme vermag die Maske nicht zu durchdringen. Der Verzicht, allerdings, wird kompensiert: Die Maske erleichtert es, das Fremde, das sie darstellt, zu imaginieren und dabei in Teilen wohl auch zu assimilieren. Überdies gewährt sie oft einen wirklichen oder eingebildeten Zuwachs an Macht und Handlungsfreiheit: Der Maskierte kann bedrohen, erschrecken, vertreiben und kann sich Handlungen erlauben, die ihm sonst verwehrt sind. Dagegen wird ihm anderes, möglicherweise essentielleres Handeln erschwert – eine Teufelsmaske etwa bietet sich kaum an für Liebeswerben.

Die Maske errichtet noch eine andere Barriere. Zwar mögen etwa der melancholische Harlekin oder die verführerische Halbmaske für Flirts durchaus geeignet erscheinen, doch die Fiktion beschränkt ihre Wirkung: Der Maskierte weiß, daß er einen eventuellen Erfolg nicht seinem «eigentlichen» Selbst verdankt, und nicht minder weiß sein Betrachter, daß er oder sie mit einem «uneigentlichen» Partner spielt, und so hofft man am Maskenball gespannt auf die mitternächtliche Demaskierung – und bangt zugleich davor.

Das Verbergen schafft so eine Fiktion, die das Handeln zugleich erleichtert und erschwert. Denn beide Partner interagieren gleichsam in der Tonart des Uneigentlichen, die sowohl Freiheiten ermöglicht, wie Barrieren schafft. Dies wird noch deutlicher, wenn wir nun den anderen Aspekt, den des *Eröffnens*, einbeziehen.

Innen und Außen

Man denke nochmals an das Anziehen einer Maske. Da betrachtet man die Larve von vorne, sie beeindruckt, ja beunruhigt irgendwie und weckt dennoch die Versuchung, sie sich anzulegen. Man wendet sie um, und schaut in dieses seltsame Leergesicht, konkav, negativ, farblos-grau, mit hohlen Augenlöchern, mit dem man sich, vielleicht ein wenig zögernd, nun zudeckt. Spürt man da nicht für einen flüchtigen Moment die Symbolik des Sich Auslöschens, gleichsam des Aufgebens dessen, das man ist, um das «Andere» zu werden? Man spürt es wohl, aber man merkt es nicht; die Verlockung der begonnenen Handlung übertönt solche leichten, beinahe nur atmosphärischen Konnotationen – Rilkes Malte sagt nur, daß die Maske *«eigentümlich hohl roch»*. Gespeichert werden die Konnotationen dennoch, sinken irgendwie ab in das «amorphe Innere», bereit, in einem gegebenen Moment wieder aufzubrechen – wir wissen viel zu wenig darüber, was Anmutungen in unseren Ich-Welt-Bezügen bewirken.

Auf jeden Fall hat nun der Maskenträger zwischen sich und den Betrachter, aber auch zwischen sich und sein Selbst, eine Fiktion geschoben, die verbirgt, verwandelt, und dennoch irgendwie verrät. Er verläßt sich dabei, wie übrigens auch der Zuschauer, auf die Gewißheit, daß er mit der Verwandlung «nur spiele» und sie jederzeit beenden könne – ein Hin und Her zwischen fiktivem und «eigentlichem» Sein, das in seiner symbolischen Bedeutung – Selbstverneinung und Selbstfindung – sogar gefährlich werden kann. So betrachtet, erscheint das Maskieren wirklich als eine seltsame Handlung, ein irgendwie zweckloses Manipulieren der eigenen Erscheinung, das den Betrachter nicht nur als Spiegel benötigt, sondern seine Komplizität auch braucht, um sich der Unverbindlichkeit und Ungefährlichkeit der Verwandlung zu versichern. Das Schwanken zwischen Realität und Fiktion, zwischen Selbst- und Metaperspektive, mag als ein Spiel befriedigen; doch bleibt die Frage, welche Bedeutung die Beteiligten in diesem Spielen mit Unwirklichkeiten finden.

Beachten wir hier, worauf uns unsere anfänglichen Überlegungen vorbereitet haben: Das Maskieren ist eine Handlung im Umfeld der *Moralität*. Im Mittelalter wurden beim Karneval die sozialen Regeln auf den Kopf gestellt, und auch heute noch bewegt sich die Maske in einem – wenn auch nicht unbegrenzten – moralischen Freiraum. Man darf unzüchtig, unflätig, aggressiv sein, darf Autoritäten beleidigen und die üblichen sexuellen Schranken mißachten. Andererseits, allerdings, meint man beim Karneval auch eine aggressive Moralität zu bemerken: In Umzügen und Büttenreden werden Verfehlungen von Politikern und anderen prominenten Bürgern öffentlich angeprangert. Aufhebung wie Umkehrung einerseits, besondere Betonung von Moralität andererseits, scheinen also irgendwie zum Maskentragen zu gehören.

Zwar ist das Maskieren eine vielfältig polyvalente Handlung, deren Bedeutungen vollständig zu erfassen wohl kaum gelingen kann, schwanken sie doch je nach Person und Situation. Versuchen wir dennoch, mit dem Konzept des «amorphen Inneren» einen Zugang zum Verständnis zu gewinnen.

In traditionellen Kulturen waren Masken eng mit Mythen der Kultur verknüpft[20]. Auch beim modernen europäischen und lateinamerikanischen Karneval finden sich noch Maskentypen, die auf alte Zeremonien zurückgehen – insbesondere eben jene wilden Männer, Teufel, Hexen und andere Dämonenmasken. Dem heutigen Karnevalisten ist indessen die kulturell zugestandene Freiheit der individuellen Maskenwahl wesentlicher als die rituellen Wurzeln, von denen er meist nur wenig weiß. Liegt es nicht nahe, bei dieser Wahl so etwas wie eine «emotionale Verlockung» anzunehmen, die einer Affinität mit dem amorphen Inneren entspränge? Man wählt eine Indianermaske – wie immer man das auch rational rechtfertigt – weil einen das Indianersein irgendwie «anmutet»; eine Maske spricht uns kaum je als solche, sondern durch eine symbolische Bedeutung an. Sie stellt etwas dar – Hexe, Teufel, Troll – das seinerseits aber ein Inneres konkretisiert – Aggressionslust, Angst, Schuld etwa, alles schwer begründbar, kaum bewußt, und dennoch eine untergründige Komplizität zwischen dem Objekt Maske und dem Subjekt erstellt.

Das «amorphe Innere» beinhaltet das «Nicht Gelebte», das, was immer es auch sei, in uns wirksam bleibt als eine Quelle von Impulsen und Stimmungen, die aktuelle Ich-Umwelt-Gleichgewichte zu stören vermögen; als solche beunruhigt, ja erschreckt es zuweilen, wie wir schon sahen. Erinnern wir uns überdies, daß der Einzelne sich in einer Welt erlebt, die bedrohen, behindern, verletzen kann. Dieser «Ich-Welt-Antinomie» fügt sich nun an, daß auch unser eigenes Inneres uns zuweilen zwiespältig anmutet. Im «amorphen Inneren» verbärge sich so ein «subjektives Fremdes», das, wenn seine Regungen unsere Gleichgewichte stören, sogar als das «Böse in uns» erscheinen kann.

Das führt uns zur Moralität zurück. Das Böse stellte sich also in doppelter Weise dar. Einerseits als das, das den andern zu schädigen sucht, als die destruktive Absicht – vom Subjekt ausgehend oder von ihm erlitten. Andererseits wäre es nun auch das uns von Innen Bedrohende, nicht notwendigerweise, weil es schädigte (ein verdrängter Sexualimpuls etwa, gäbe man ihm nach, braucht nicht zu schaden), sondern vielmehr, weil es *unser Vermögen zur Selbstkontrolle mindert* – es schränkt unser subjektives Handlungspotential ein. Das Böse im Subjekt erschiene so als das potentiell Böse schlechthin, eines, das nicht etwas Spezifisches zerstört, sondern ein inneres Chaos zu stiften droht und damit die Person grundsätzlich als Handelnden in Frage stellt. Mythisch gesehen, ist es der Dämon in uns.

Als *Mytheme* personifizieren Dämonen Mächte der Natur und des Schicksals, mit denen der Mensch sich konfrontiert fühlt; oft symbolisieren sie überdies soziale Forderungen und Drohungen. In einem tieferen, vielleicht sogar ursprünglicheren Sinne aber repräsentieren sie auch dieses Erleben einer immer möglichen Gefährdung aus unserem eigenen Wesen; eine Gefährdung, die unerwartet und irgendwie formlos anfechten kann, und dadurch umso mehr ängstigt. Vermögen wir die Angst oder den Impuls in einem Dämonenbild zu konkretisieren, läßt sich diese Vorstellung «rational» eingliedern und verarbeiten. Das vollzieht sich nicht einseitig als «Objektivierung» des Innen, sondern zugleich auch als «Subjektivierung» des Außen: so etwa legt man unerklärliche Katastrophen, nach einem anthropomorphen Modell, dem «bösen Wollen» von Naturdämonen zur Last.

Künstler haben oft Selbstbildnisse gemalt, in denen sie sich «dämonisierten» – etwa Picasso, Bacon, Ensor. Sicher verarbeiten solche Selbstbilder Innenerfahrungen. Stärker als das künstlerische Selbstbild ermöglicht die Dämonen*maske* ein Umgehen mit dieser bedrohlich-faszinierenden Innenerfahrung. Sie wird so recht eigentlich zu einem Manipulationsobjekt: man *verfügt über sie*, und sie erlaubt nicht nur, das eigene Gesicht gleichsam aufzuheben, zu ersetzen, sondern läßt sich auch handelnd nutzen. Sie spricht, bewegt sich, der Träger sieht durch ihre Augen und sieht die Welt anders als sonst – nicht nur, weil er sich anders fühlt und anders handelt, sondern auch, weil die Umwelt anders auf ihn reagiert. Wiederum könnte man mythisch sagen, der Maskierte beherrsche den Dämon, der ihn sonst bedroht.

Ein allerdings ambivalentes Beherrschen, denn die Maskierung bedeutet ja, sich mit einem abgelehnten Aspekt des «amorphen Inneren» zu identifizieren. Diese Identifikation mindert indessen die Ablehnung: Im agierenden Tragen einer Teufelsmaske etwa wird man zu einem kulturell akzeptierten, belustigenden, vielleicht sogar liebenswerten Teufel – Schuld wie Aggressivität, die in der Maskenwahl mitschwangen, erfahren Milderung. Durch das Aufheben der üblichen sozialen Regeln erlaubt der Karneval nicht nur, neue Handlungsweisen zu erproben, sondern er zwingt sogar dazu, sich maskengerecht zu verhalten. So wird denn die Dämonenmaske, wie es sich für Geister eben geziemt, bedrohen, erschrecken, einschüchtern und dabei unversehens entdecken, daß ihr Gegenüber sich auch einschüchtern *läßt*. Die Maske vermittelt also dem einen überraschende, dem anderen erhoffte und dem dritten verführerische Erfahrungen, sei es von Macht über andere, sei es von Mut, sich selbst zu wagen. Erfahrungen, die ihn nicht nur mit seinem «amorphen Inneren» versöhnen, sondern die auch zu Modellen werden können – man möchte sie anderswo und anderswie wieder verwirklichen.

Solches Maskenhandeln ist – im allgemeinen – ungefährlich, erhöht doch der soziale Konsens die Toleranz für Regelverstöße. Doch kann es gerade dadurch auch ängstigen. In den Stolz, mit dem ein kleiner Junge seine Indianertracht trägt, mischt sich leicht die Angst vor eben den Aggressionen, die ihn selbst zwar verlocken, die er von anderen aber nun fürchten muß, und so erlebt er das Fastnachtstreiben mit einem Gemisch aus Neugierde, Lust und Bangen. Der Mythos, meist nur latent gegenwärtig, daß die kulturelle Ordnung von untergründigen chaotischen Kräften unablässig bedroht werde, mag sich hier ins Bewußtsein drängen, vom Karneval anscheinend bestätigt und in den Dämonenmasken personifiziert; ein Mythos übrigens, dessen Allgemeinheit auch Mytheme außerhalb des Karnevals belegen – im Antagonismus etwa von Gott und Teufel, im Glauben an Hexen und Zauberer, in den Gegensätzen von Demokratie und Diktatur oder von Gläubigen und Ketzern, von Gesundheit und den überall lauernden Krankheitskeimen.

Der Mythos des «lauernden Chaos» entspringt zwar, einerseits, dem immer wieder erfahrenen Antagonismus zwischen Ich und Nicht-Ich, andererseits aber, weniger artikuliert und bewußt, wird er bestärkt durch die Bedrohung aus dem «amorphen Inneren», das ja selbst in seinen kreativen Impulsen die Geborgenheit gesicherter Strukturen gefährden kann. Der Karneval als soziale Institution erfüllte somit zwar auch die Funktion, die man ihm meist zuschreibt, nämlich kulturelle Zwänge zu lockern; in einem tieferen Sinne jedoch diente er der Bewältigung jenes Chaos, mit dem uns die «fremden» Anteile unseres Inneren bedrohen. Trotz offensichtlicher Unterschiede zu den traditionellen Maskenzeremonien, erwiese sich somit auch der Karneval als ein Beschwörungs- oder Bannungsritual. Das macht auch seine anscheinend widersprüchliche Doppelfunktion verständlicher: Ordnungen aufzuheben und zugleich Normverletzungen zu zensieren.

Die Maske, sagte ich, benötigt den Betrachter – wie anders als durch dessen Reaktionen soll der Träger etwa wissen, ob er wirklich schrecklich ist? In traditionellen Gesellschaften war es Uneingeweihten – vor allem Frauen und Kindern – oft streng verboten, die Identität eines Maskenträgers zu erfahren: Da er Transzendentes symbolisiert, erhält er auch eine dämonische Identität und Macht, und deren Wirklichkeit und Wirksamkeit würde gestört, wenn unbedachte Betrachter das Dargestellte mit seinem Darsteller verwechselten. Der heutige Betrachter weiß um das Unverbindliche der Maske, was ihre Bedrohlichkeit zwar mindert, jedoch nicht aufzuheben vermag; denn nicht nur das Unbehagen der Anonymität, sondern auch das Unheimliche der symbolischen Bedeutungen bleiben gegenwärtig.

Diese «Komplizität» des Betrachters verrät, daß auch er dem Mythos des «lauernden Chaos» unterliegt. Die Maske aktiviert gleichsam sein eigenes Erleben eines «amorphen Inneren»; sie verbirgt überdies, was erlauben würde, die Fähigkeit und den Willen des anderen zur Kontrolle des «Bösen» einzuschätzen – das verunsichert, aber mahnt auch an eigene Unbeherrschtheit. Indessen, was als eine unerwartete Begegnung erschrecken könnte, wandelt sich beim Karneval in Belustigung: Der Spielcharakter des Maskentreibens läßt den Betrachter die Konfrontation mit dem Unheimlichen ertragen, ja dabei sogar ein Gefühl des Bestehen-Könnens, des sich Bewährens erfahren.

Überdies aber, grundsätzlicher, signalisiert die Unordnung der Narrentage, daß die «normale» Wirklichkeit anders sei, gesicherter, daß das Chaos sich aufheben lasse, daß hinter den furchterregenden Phantomen das Vertraute warte; die Masken ängstigen zwar, aber bedeuten zugleich, daß die Ängste unbegründet seien. Es war deshalb wohl nicht die plötzliche Hilflosigkeit allein, die den kleinen Malte Laurids Brigge erschreckte, sondern mehr noch, daß die Maske aus der ihr zugehörigen Unverbindlichkeit ausscherte und so die Ordnungen bedrohte, die sie eigentlich bestätigen sollte. Das «amorphe Innere» sowohl wie seine Projektionen zu beherrschen, ist wesentlich für die Konstitution unseres Selbst; unter Partnern auf seine Kontrolle bauen zu können, macht soziale Gemeinschaft erst möglich; die Verselbständigung von Maltes Maske zerbrach deshalb sein Ich-Welt-Gefüge – «ich fiel einfach aus».

Somit brauchen Maske und Betrachter sich gegenseitig; für beide objektiviert das Larvengesicht etwas, das sie bedrängt: das Böse wird sicht- und greifbar und dadurch – symbolisch – beherrschbar. Es gibt wohl keine bedrückendere Angst als die, die Freud «frei flottierend» genannt hat, eine allgegenwärtige und dennoch nirgends festzumachende. Die Menschheitsgeschichte ist denn auch voll von Versuchen, dem Bedrohenden Form zu geben, es zu lokalisieren und zu definieren, um ihm so vorzubeugen oder angemessen begegnen zu können. Die Maske des Karnevals, wirklich-unwirklich, versichert ihren Träger und ihren Betrachter der Ungefährlichkeit des Bösen, sie versöhnt gleichsam mit dem Innen wie mit dem Außen.

Die Maske ermöglicht somit eine paradoxe Handlung: Durch die Objektivierung asozialer Inhalte des «amorphen Inneren» sozialisiert sie es. In diesem Sinne wird sie zu Recht eingeordnet zwischen Kunst und

Magie: Kunst ist sie, indem sie Innerem eine äußere Gestalt gibt und dadurch die Kongruenz zwischen Ich und Umwelt erhöht; Magie dagegen ist sie, wo sie ihre Symbolik einsetzt, um den anderen zu bestimmen, ja zu nötigen [21]. Das Unheimliche der Maske nun verleiht ihr leicht einen transzendenten Zug – aus dem Bedrohlichen wird dann das Heilige. Das erscheint als ein seltsamer Sprung. Zwar wissen wir manches über die sakrale Funktion vieler Maskenrituale, doch haben wir ja hier das Unheimliche unserer innersten, amorphen Impulsivität zugeschrieben [22], jenen Anteilen unserer selbst, die sich immer wieder kultureller Regulierung zu entziehen drohen. Wie kann dieses zum Heiligen werden? Das Heilige ist immer zugleich bedrohend und versprechend, ängstigend und tröstend. Zuweilen werden diese Gegensätze verschieden personifiziert, etwa in Vishnu und Shiva, Buddha und Mara, Gott und Satan. Nun fanden wir aber eine ähnliche Ambivalenz im «amorphen Inneren», als Ursprung sowohl destruktiver wie kreativer Impulse; zwar neigen wir ebenfalls dazu, sie als unterschiedliche Potentialitäten der Person zu betrachten, doch erscheinen auch sie, genauer besehen, zusammenzugehören: Auch das Kreative bedroht ja Ordnungen und kann deshalb ängstigen – man denke an die Ablehnung, ja Feindseligkeit, die innovative Schöpfungen oft erfahren. Zwar versuchen wir, das kreative Potential unseres «amorphen Inneren» zu wecken und zu nutzen, und man sprach früher sogar vom «Göttlichen in uns» als der Quelle «schöpferischer Inspiration» – doch der Schritt zum Wahnsinn schien oft nicht weit zu sein. Das Unheimliche und das Heilige stehen sich näher als man meist meint – auch in unserem Selbsterleben.

Deshalb sei hier noch kurz – obwohl wir sie bisher ausklammerten – die sakrale Maske angesprochen. Wie andere sakrale Gegenstände weckt sie «Ehr-Furcht», doch anders als diese bleibt sie kein äußerliches Gegenüber, ein Nicht-Ich, sondern da man sie sich anlegt, wird sie gleichsam in die Sphäre des Ich einbezogen. Das Heilige verbindet sich hier mit der Kraft, die der Handelnde den Mythen seiner Kultur zumißt, zugleich aber rührt es an Ängste sowohl wie Sehnsüchte des «amorphen Inneren». Deshalb erfordert der Umgang mit sakralen Masken die sorgfältige Beachtung von Ritualen, die nicht nur die äußeren Mächte besänftigen sollen, sondern zugleich, in Inhalt, Abfolge und Aufbau, gewährleisten, daß der Maskenträger dem Sakralen geistig würdig – und gewachsen – sei.

So gibt es etwa in Thailand ein traditionelles Maskentheater, *khoon* genannt. Die Ausbildung dazu besteht in einem harten akrobatischen Training, doch wenn der Schüler einmal die tradierten Tanzformen beherrscht, wird er zum eigentlichen Maskentragen erst durch ein streng geregeltes Ritual ermächtigt. Bei diesem, *wai khruu* (Verehrung der

Lehrer) genannt, wird ihm eine bestimmte Maske – und nur die darf er tragen – zeremoniell «übergestülpt» (was man *khroob* nennt). Die Masken ohne dieses Zeremoniell zu tragen, würde Unheil heraufbeschwören.[23] Die Tradition beruht auf zwei ausdrücklich formulierten Mythen. Der erste besagt, daß wir von Natur aus unkultivierte, tierähnliche Wesen sind, die Erzieher und Lehrer benötigen, um Menschen – also Kulturwesen – zu werden. Die Zeremonie des *wai khruu* ist ein *Mythem*, das diesen Mythos konkretisiert; sie drückt Dankbarkeit und Ehrerbietung gegenüber den Lehrern aus und integriert den Kandidaten seinerseits in die bis in die Urzeit reichende Kette seiner Lehrer, also der Kulturträger.

Der zweite Mythos postuliert, daß es zutiefst bedrohlich sei, sich ohne besonderen magischen Schutz in andere Lebensformen, seien sie natürlicher oder spiritueller Art, versetzen zu wollen. Das Maskieren verwandelt, symbolisch, in andere Wesenheiten, und deshalb darf die Maske nur unter rituellen Vorkehrungen aufgesetzt werden.

Die Ritualmaske erscheint so als das genaue Gegenteil der Karnevalsmaske. Weder darf der Träger sie nach Belieben wählen, noch gewährt sie ihm Freiheiten des Verhaltens, vielmehr bindet sie ihn ein in strenge Regeln der Kultur. Die Karnevalsmaske entläßt ihren Träger gleichsam in die Wildheit, die Ritualmaske schließt ihn ein in eine Ordnung. Diese auferlegt ihm zwar Verzichte, doch nur sie vermag ihn gegen die Bedrohungen zu schützen, denen er sich – aus seinem Innen wie aus seiner Kultur – ausgesetzt fühlt.

Das Böse und die Schuld

Was ich hier ausführte, will keine Theorie der Maske sein; bestenfalls könnte es zu einer führen. Die Maske ist etwas spezifisch Menschliches; Tiere benutzen keine Masken. Sie sind Ausdruck eines evolutiv neuen Phänomens: der Reflexion über sich selbst. Erst in diesem Rahmen wird ein Konzept wie das des «amorphen Inneren» sinnvoll. Es impliziert sowohl eine intuitive, erst undeutlich bewußte Selbsterfahrung, wie eine beginnende Selbststrukturierung, und die Maske erscheint so als ein Ausdruck früher Reflexion.

Entspricht dieses «amorphe Innere» wirklich unserem Selbsterleben? Freuds Begriffe des Unbewußten und Vorbewußten, jungsche Konzepte, wie der Archetypus oder der Schatten, deuten ebenfalls auf geheimnisvolle innere Phänomene, die sich, obwohl schwer kontrollierbar, doch immer wieder im Alltag manifestieren. Auch der «Klaustrotropismus»[24], die oft unwiderstehliche Anziehungskraft, die Verborgenes nicht allein auf den kleinen Malte ausübt, scheint hieher zu gehören: Nicht nur Schränke und Truhen wecken unsere Neugierde, sondern auch unser eigenes Inneres. In den meisten Kulturen suchte sich der Mensch eine

Vorstellung vom Körperinneren zu verschaffen, oft weniger wegen der materiellen Organe, als um zu erkunden, wo der Geist, die Seele, das Lebensprinzip oder wie man es auch nannte, zu finden wäre. Versuche, das psychische Innere zu ergründen, sind vielfältig und reichen etwa von tantrischen Meditationen und Trancen bis zu den modernen Bewegungen zur Selbsterfahrung und -befreiung, von Schriftanalysen bis zu Traumdeutungen; was anderes als ein intuitives Gewahrwerden eines unbekannten Inneren vermöchte ein solches Interesse zu wecken? Bei all dem hofft man nicht nur, verborgene Quellen und Kräfte positiver Art zu erschließen, sondern nicht minder auch, das dunkel Bedrohende zu bannen.

Unsere Neugierde auf das Verborgene gilt also Innerem sowohl wie Äußerem: Unser Ich nicht minder als unsere Welt sollen transparent sein – damit die Wirklichkeit antizipierbar, also beherrschbar werde. Die Ängste vor Aggression, vor Unfall oder Krankheit mögen ihre realen Gründe haben, doch dahinter verbirgt sich oft eine Ahnung des Unberechenbaren, des gestaltlos Drohenden, seien es nun menschliche Bosheit, Widrigkeiten des Schicksals, eine unberechenbare Natur oder Geister und Dämonen. Vom Recht bis zur Medizin, von Technik bis zu Religion und Magie reicht das Bemühen um die Abwehr des «lauernden Chaos».

Lévi-Strauss hat eingehend die Maske – *Swaihwé* genannt – eines nordamerikanischen Indianerstammes analysiert. Er berichtet einen *«mythe d'origine»* dieser Maske, der hier übersetzt sei, liefert er doch, wenn auch auf anderem Wege, einen neuen Beleg für unsere Überlegungen:

«Es gab einmal einen kranken Jungen, dessen Körper derart mit Schwellungen bedeckt war, daß er, des Leidens müde, entschied, sich umzubringen. Ziellos irrte er in den Bergen umher, und als er an den Rand eines Sees gelangte, stürzte er sich hinein. Er fiel auf das Dach eines Hauses, das sich am Grunde des Wassers befand. Durch den Lärm seines Sturzes aufgeschreckt, hießen ihn die Bewohner eintreten. Der Held sah zuerst eine Frau, die ein kleines Kind trug; beim Vorbeigehen spuckte er es an und übertrug ihm so seine Krankheit. Seine Gastgeber, die Wassergeister waren, holten einen heilkundigen Hexer, aber der konnte das Kind nicht heilen. Man wandte sich deshalb an den Schuldigen, von dem man annahm, daß er magische Kraft besitze. Dieser erklärte sich bereit, das Kind zu behandeln, sofern die Geister ihn selbst heilten, und beides gelang.

Nach einiger Zeit wünschte der Held der Geschichte, heimzukehren. Durch einen unterirdischen Gang voller Wasser, das sich aber vor den Geistern zurückzog, führte man ihn ins Freie. Man versprach ihm eine Belohnung für die Heilung des Kindes. Der Held kehrte in sein Dorf zurück und gab sich den seinen zu erkennen. Am nächsten Tag traf er sich mit dem Seevolk, um den Preis für seine Dienste zu empfangen [nämlich die Swaihwé-Maske]. Der Mann führte seine Maske tanzend auf den Festen vor und wurde eine wichtige Persönlichkeit.»[25]

Diese Mythenerzählung befaßt sich unverkennbar mit der Antinomie zwischen Innen und Außen. Der Held der Geschichte leidet unter einem *Aus-Schlag*, einem Übel also, das von innen nach außen drängt, verdeutlicht noch dadurch, daß er die Krankheit durch seinen Speichel übertragen kann. Dieses von Innen ausbrechende Übel ist derart unerträglich, daß er sich töten will. Dazu stürzt er sich in die Tiefe eines Sees – metaphorisch wiederum ein Innen – und infiziert dort ein kleines Kind: Er überträgt also – würde ich zu deuten wagen – das Übel von seinem aktuellen auf sein vergangenes Ich, ein äußerliches Symptom auf ein inneres Bild. Magische Kräfte helfen ihm, sowohl sich selbst wie das Kind zu heilen – die Symbolik scheint Selbstversöhnung anzudeuten –, und zum Lohn erhält er die Maske, ein Objekt, das die Vorgänge in der Tiefe des Sees – also im Inneren – repräsentiert. Wie dem auch sei, für seine kulturelle Gruppe stellt die Maske sowohl das Übel, wie dessen Überwindung dar.

Natürlich «erklärt» diese Mythenerzählung die Entstehung der Maske nur nachträglich und in metaphorischen Bildern. Doch auf ihre Weise scheint die Legende nahezulegen, daß die Maske mit dem Bannen des individuellen Bösen zusammenhänge. Was wäre das für ein Zusammenhang?

Stellen wir wieder die Frage, von der wir ausgingen: Was ist böse? Wir fanden anfänglich, daß allgemein gültige konkrete Antworten darauf nicht möglich seien, daß vielmehr jede Kultur ihre eigenen Definitionen des Bösen präge. Dennoch sei nun eine zwar nicht inhaltliche, aber funktionale Begriffsbestimmung versucht: *Als böse betrachten wir eine Tat, für die der Täter Schuld empfinden sollte.* Wofür man Schuld empfindet, bleibt also offen – es soll einzig die notwendige Relation zwischen dem Bösen und der Schuld betont werden. Obwohl normativ durch die Kultur spezifiziert, wird das Böse erst durch das Schuldgefühl *erlebt*, also bewußt bewertet. Das ist wohl der Grund, weshalb die Rechtsprechung den Begriff der Schuld*fähigkeit* kennt.

Die Bedeutung der moralischen Norm wird dadurch relativiert. Man kann in der Tat Normen verletzen, ohne sich schuldig zu fühlen – man empfindet bestenfalls *Scham*. Andererseits erleben sich nicht wenige als schuldig, ohne eine – objektive – Norm verletzt zu haben. Ein Automobilist etwa, der ohne Verschulden ein Kind zu Tode fährt, kann dennoch sein Leben lang an Schuld leiden, ja manche Menschen quälen sich über «böse» Gedanken, die nicht nur ohne Taten blieben, sondern anderen als harmlos erscheinen würden – die christliche Kirche hat den unheilvollen

Begriff der «Gedankensünde» geprägt, und die Psychoanalyse hat gelehrt, daß selbst unbewußte Wünsche zuweilen schwerste Schuldgefühle wecken. Das Kriterium der *Intentionalität*, von dem ich anfangs sprach, erscheint also weder ausreichend, noch notwendig für das Erlebnis des Bösen. Nochmals: Ich will das Böse hier nicht konkret definieren. Die Maske hat jedoch unser Augenmerk auf das Erlebnis des Bösen gelenkt, jenes genauer, das sich unversehens in einem selbst regt – man denkt an die Klage von Paulus über «das Böse, das ich nicht will und doch tue». Es manifestiert sich in Impulsen und Vorstellungen, die *unsere Verfügung über unser Tun einschränken und eben dadurch Schuld wecken*; es sind also interne Bedrohungen unseres Handlungspotentials. *Schuld erscheint somit als das Gefühl, in der Selbststeuerung zu versagen.* Das Wort «versagen» sei betont: Man kann aus Gründen, die man nicht zu verantworten braucht – etwa Krankheit –, zur Selbststeuerung unfähig sein; «versagen» dagegen bedeutet deren Ausfall trotz eines grundsätzlich intakten Kontrollvermögens. Ob die Sollwerte, nach denen wir unser Handeln zu steuern suchen, sozialen oder persönlichen Ursprungs seien, ist dabei weniger relevant, als daß wir sie als wesentlich für die Definition unseres Selbst erleben.

Die Maske *als solche* erscheint deshalb weder ihrem Träger, noch ihrem Betrachter als böse. Sie *repräsentiert* ja nur ein anderes, eigentliches Böses, suggeriert aber auch die Möglichkeit, es zu beherrschen. Destruktive Impulse meistern zu können, so sahen wir, verleiht Gefühle der Erleichterung, ja gar des Triumphes, bestätigt und bestärkt also unser Selbstgefühl. Diese symbolische Bedeutung des Maskentragens, wie unbewußt sie einem auch bleibe, trägt zu dessen Lust und Prestige in einer Weise bei, die weit über das einfache Vergnügen des Verkleidens hinausreicht.

Das impliziert indessen eine besondere Ambivalenz. Denn im Triumph des Beherrschens schwingt irgendwie, aber unvermeidlich mit, der Gefahr des Nicht-Beherrschens entgangen zu sein. Kann sich daraus dann nicht die Verlockung ergeben, den erlebten Triumph zu wiederholen? Natürlich nicht etwa, daß man dauernd Masken tragen möchte, sondern vielmehr, schwerwiegender, daß man den Selbstgewinn aus dem gekonnten Umgang mit dem Bösen auch in anderen Handlungen zu erfahren sucht. Sechzehn Frauen zu vergewaltigen und dann dreizehn davon umzubringen, wie von einem Soldaten im bosnischen Kriegsgebiet berichtet wurde, hat mit Triebbefriedigung nicht mehr viel zu tun, dagegen wohl mit dem Gefühl, im Tun des Bösen sein Selbst zu bestärken: Man triumphiert dabei über die Schuld – der Übel größtes, wenn man Schiller glauben will. «Im gerechten Krieg», soll ein Serbe erklärt haben, «gibt es keine Sünde»[26], und dem würden wahrscheinlich auch in anderen Nationen nicht wenige zustimmen. Nicht nur situative Zwänge, sondern auch soziale Verführungen und Rechtfertigungen – also «Mythen» – mindern die Schuldbereitschaft und begünstigen solches Handeln, in heimlicher und zuweilen unheimlicher Komplizität mit dem Bestreben, sein Selbstgefühl zu stärken.

Der «Triumph über die Schuld» ist also mehr als einfach Gewöhnung an destruktive Impulse. Soziale Zustimmung bestärkt das Selbst und mindert Schuld, und ebenso tut dies die Erfahrung von Macht über das, was man in der Welt als gegensätzlich erlebt. Doch dazu gesellt sich etwas anderes: Die Verschiebung des «amorphen Inneren» auf ein äußeres «Anderes» verleiht den destruktiven Impulsen eine perverse, doch wirksame Qualität der «Selbstreinigung»; das Böse, greifbar und fremd geworden, kann nun auch zerstört werden. Das erlebt man nur allzu leicht als moralische Befreiung und nicht wenige sahen und sehen sich so als Ritter im Kampf gegen das «metaphysische» Böse.

Unter solchen Umständen bedroht der destruktive Impuls die Selbststeuerung nicht mehr, man erscheint sich deshalb auch nicht mehr als böse. Ansätze zu Schuldgefühlen, ein vages Bewußtsein von Selbstbetrug mögen übrig bleiben, doch wo soziale Mythen eingängige Rechtfertigungen nahe legen, verlieren sie ihren Stachel. Empfand der General des ersten Weltkrieges sich als böse, als er Hunderttausende in die feindlichen Maschinengewehre jagte, um den Nachfolgenden «eine Gasse zu bahnen»? Winkelried war doch «gut», sollen hunderttausend Winkelrieds denn schlecht sein? Empfanden SS-Offiziere oder serbische Militärs sich als böse, wenn sie rassische und ethnische Säuberung betrieben? Was anderes taten denn die Israeliten des alten Testaments, als sie, auf göttliches Geheiß, an heidnischen Stämmen zwischen Nil und Euphrat «den Bann vollzogen», also Männer, Frauen, Kinder und Vieh erbarmungslos ausrotteten? Auch der Sklavenhandel oder die Inquisition haben das Gewissen vieler gläubiger Christen über Jahrhunderte hinweg kaum belastet, ja, glaubten nicht viele ernsthaft, die hochnotpeinliche Befragung und Verbrennung junger und alter «Hexen» oder Ketzer sei ein Gott wohlgefälliges Werk?

Manche Menschen mögen sogar Schuld empfinden, wenn sie sich an solchen Taten *nicht* beteiligen: Handlungen sind ja polyvalent, können also Normen entsprechen, die der Einzelne gleichzeitig bejaht wie ablehnt; im Konflikt zwischen Vaterland und Mitmenschlichkeit etwa oder, subtiler vielleicht, zwischen formaler und einfühlender Gerechtigkeit, bleibt Raum für Schuldgefühle, wie immer man sich entscheidet. Doch die Polyvalenz von Handlungen erleichtert es auch, unser Bewußtsein auf jene Partialmotive des Tuns einzuschränken, die wir – und andere – positiv bewerten, die «bösen» Motivanteile also auszublenden und dem «amorphen Inneren» eine opportune Rationalität überzustülpen. So erklärt sich in variabler Weise die widersprüchlich anmutende Erfahrung, daß Menschen Böses tun können, ohne sich schuldig zu fühlen, während andere sich Schuld vorwerfen, ohne Böses getan zu haben.

Und nach der Maske?

Und nun, wenn die Maske ausgezogen wird, was ist geschehen? Haben wir uns ein Stück weit mit unserem «amorphen Inneren» versöhnt oder wenigstens arrangiert, die Strukturierung unseres Ichs ausgeweitet? Einfacher gefragt, sind wir reifer, weiser, ausgeglichener geworden, haben wir das Wilde in uns gezähmt, das Kreative gefördert? In der Maske zu bleiben, ist unmöglich, sie abzulegen zuweilen aber auch nicht leicht. Da stehen wir vor dem Spiegel, zwei, drei Tage lang ein Kobold, ein Clown, ein Cowboy oder ein Dracula, angeregt, «aufgedreht», lachend und belacht; und nun schaut uns das alte Gesicht wieder an, mit der zu langen oder zu spitzen oder zu runden Nase, übernächtigt, müde und mit einem Klopfen von Alkohol im Schädel – und vor uns wieder lange eintönige Tage. Wo wäre sie denn, die Katharsis des Karnevals, wie weit hat die Maske unsere «innere Fremde» verwandelt?

Man spricht zuweilen vom «schalen Geschmack» der zurückbleibt – nicht gerade, würde man vermuten, ein Symptom innerer Befreiung. Und dennoch verweist gerade dieses Gefühl von Enttäuschung, Ernüchterung, ja Verlust auf eine tiefere Bedeutung des Erlebten. So wie die Lust des maskierten Treibens uns unser Handeln als Erfolg erleben ließ, so wird der «schale Geschmack» zum Anzeichen von Mißerfolg – einem, allerdings, der nicht nur darin besteht, auf die Lust verzichten zu müssen.

Überblicken wir nochmals, was geschah. Das Aufheben der üblichen sozialen Schranken hat uns erlaubt, für einige Stunden an einigen Tagen die Kontrolle über das «amorphe Innere» zu lockern, so auszusehen, wie wir es sonst ablehnten, so zu handeln, wie weder wir selbst noch andere uns im Alltag zugestünden. Was wir uns sonst nur verbrämt oder versteckt – vielleicht in fernen Ferien oder in der Fantasie – erlaubten, also etwa aggressiv, geil oder lärmig zu sein, durften wir in der Verkleidung ungetadelt tun, ja sogar ohne Schuldgefühle. Schuld, sahen wir ja, entsteht daraus, daß wir ohne Not Normen verletzen, die wir bejahen. Sie hängt also mit dem Gewissen zusammen, jenem Bewußtsein, das die Normgemäßheit von Handlungen steuert. Nun widerspricht aber das maskierte Handeln während des Karnevals keinen Normen und kann jederzeit wieder beendet werden, weckt also keine Schuldgefühle – es legt daher nahe, daß nicht nur soziale Sanktionen, sondern auch das Gewissen sich suspendieren lassen. Ein suspendiertes Gewissen, indessen, bedeutet unvermeidlich eine Schwächung des Selbstbildes, und so mischt sich wohl in den «schalen Geschmack» vom Aschermittwoch auch ein Gefühl des Kontrollverlustes; der post-karnevale Kater entspränge nicht nur dem Alkohol, sondern auch so etwas wie rückblickender Bewertung der Konsistenz seiner selbst.

Und so bildet sich ein neues Bedauern: darüber nämlich, daß die reine Lust nicht möglich ist. Das kann, wie jeder Verzicht, Nostalgie wecken, utopische Träumereien oder gar rebellische Frustration (gegen die «repressive Bürgerlichkeit» etwa oder die «heuchlerische Moralität»); auf jeden Fall aber *verstärkt es Bewußtsein*. Nicht das rational analytische Bewußtsein, sondern eher ein intuitives Gewahrwerden der Diskrepanz zwischen Innen und Außen, zwischen Wunsch und Realität, vielleicht auch zwischen Impuls und Kontrolle; anders gesagt, die Ich-Welt-Polarität wird akzentuiert.

Auch eine andere Art des Gewahrwerdens wird verstärkt: nämlich die der Möglichkeit, innerlich Bedrängendes zu «entäußern», sozialen Sollwerten anzugleichen und so auch für einen selbst annehmbar zu machen. Negative Ichanteile wandeln sich so in Nicht-Ich, was, obwohl Selbsttäuschung, doch weitreichende Konsequenzen eröffnet.

Bevor wir uns diesen zuwenden, sei noch ein weiteres Bedauern erwähnt, das zum «schalen Geschmack» beiträgt: Die Maske, die wir gewählt hatten, war – merken wir insgeheim – nicht jene Maske, die wir uns versprachen. Das Schreckliche des Dämons, das Herrische des Indianerhäuptlings, das Verführerische der orientalischen Tänzerin, das Nostalgische des Harlekin, all das blieb irgendwie unecht, sowohl fader als erhofft, wie auch banaler als befürchtet. Im Grunde erfuhren wir einfach, daß das «Andere» sich einem immer wieder entzieht. Daraus kann ein Ungenügen entstehen, das uns noch exotischere oder drohendere Masken imaginieren läßt – das vielleicht aber auch Angst weckt vor dem grundsätzlich nicht Bewältigbaren. All das sind Verarbeitungen, meist kaum bewußt, die dennoch Bewußtsein erweitern und Einsicht begünstigen.

Und die Konsequenzen? Das «amorphe Innere» bleibt uns natürlich, wenn es sich auch fortschreitend wandelt; mit ihm bleibt auch die Faszination des Bösen. Tiere fliehen instinktiv, was ihnen als Gefahr erscheint; wir dagegen fühlen uns davon beinahe magisch angezogen. Bei Katastrophen stören die Gaffer die Helfer; das Sprengen eines Gebäudes zieht Scharen von Schaulustigen an; öffentliche Hinrichtungen brauchen sich um Zuschauer – sei es in Wirklichkeit oder im «Reality TV» – nicht zu sorgen; Kriegsbilder oder sonstwie blutige Reportagen erhöhen die Einschaltquoten. Warum? Ist es nur, weil wir, voraussorgend, Gefährdendes kennen wollen, um uns davor zu schützen?

Das Böse, das uns fasziniert, besitzt keinesweg immer Bedeutung für unsere Zukunft. Die Gasöfen der Nazis, die Gebeinshaufen Pol Pots, die Grausamkeiten der «Action»-Filme, der Blutdurst von Dracula oder anderer imaginierter Monster, sie alle faszinieren, und die Produzenten entsprechender Filme *entschuldigen* sie gerade durch ihre Unwirklichkeit – die in der Tat auch der Betrachter «schätzt»: Sie wertet seinen meist farblosen Alltag auf, ohne sein Gefühl der Gesichertheit einzuschränken. Weist indessen diese Faszination durch Übles, das einen nicht wirklich betrifft, nicht auch darauf hin, daß es etwas Inneres anmutet? Analog zur Dämonenmaske scheinen auch solche Ereignisse zu ermöglichen, Inneres im Außen zu lokalisieren.

Subtiler geschieht dies in der Faszination durch jenes Dämonisch-Bedrohende, das sich zuweilen im Schönen verbirgt. Die Harlekinmaske etwa, mit ihrem wehmütig-schönen Gesicht, soll sich herleiten aus den *Herlequins*, Dämonen der französischen Folklore, und noch heute stehe der bleiche Liebhaber Colombines mit dem Tode in enger Verbindung[27]. Zwar weiß, wer sich heute eine Harlekinmaske anzieht, kaum mehr, daß er sich mit einem Teufel identifiziert – doch ahnend mag es ihm dennoch gegenwärtig sein: Die Reglosigkeit der Maske, sahen wir schon, legt Assoziationen zum Tode nahe, und die Fahlheit des Harlekingesichtes trägt noch dazu bei. Kaum spürbar, wird ihn so die Lust anmuten, das innerlich Ängstigende im Maskenspiel zu meistern.

Doch die Erfahrung des «schalen Geschmacks» lehrt, daß das nur vorübergehend, und nur symbolisch, gelingt. Das kann dazu verleiten, die projektiven «Ent-Äußerungen» intensiver und vielfältiger gestalten zu wollen, die Lust des Maskierens in «praxischem Agieren» zu verlängern und zu verstärken; mehr noch, Dämon zu spielen, kann den Wunsch wecken, Dämon zu sein: Die Lust gibt Anstoß zum Fantasmus. So ballert der kleine Junge mit seinem Spielzeug-Revolver herum, folgt dann bewundernd den Jugendlichen in einer Gang oder den Helden einer Terrorgruppe und bedient bald stolz die eigene Waffe – die Schützen der Los Angeles Gangs, so entnimmt man der Presse, rekrutieren sich immer mehr aus den Altersstufen von zehn Jahren an. Zur Rechtfertigung sind «Robin-Hood-Ideologien» leicht zur Hand und fügen der Lust des Tuns noch die des Heldentums an.

Anstatt zum Agieren kann die Erfahrung projektiver Entäußerungen zum symbolischen Gestalten führen – also etwa zu einem Wunsch nach der schöneren, vollkommeneren Maske und letztlich zum Kunstwerk. Unvermerkt vertieft sich dabei eine Dimension, auf die die Maske ja ebenfalls verweist: die des «Anderen», das sich hinter allen konkreten Gesichtern verbirgt. Vielleicht entstanden Ritual- und Theatermasken auf diese Weise – sei es, daß, wie etwa in den japanischen No-Masken, ein wirkliches Gesicht nur noch ein gemeintes andeutet[28], sei es, umgekehrt, daß die unwirkliche Fantastik einer Beschwörungs-Maske die radikale Fremdheit des «Anderen» ausdrückt.[29] Das Symbolschaffen dient hier der reflexiven Verarbeitung von Ich-Welt-Beziehungen.

Während also die Entäußerung im Projektiven gleichsam stecken bleibt, das Innere ausklammert, wechselt die reflexive Verarbeitung dauernd die Perspektiven: sie «staunt» über die Außenerfahrung, die ihr die Maske verschafft und «erahnt» innere Entsprechungen. So ergibt sich ein Hin und Her, das sich dem annähert, was Piaget *équilibrations* genannt hatte,[30] worunter er sowohl das Erstellen gleichgewichtiger Beziehungen zwischen Subjekt und Objekten der Umwelt verstand, wie auch die Bildung angemessener kognitiver, also innerer Strukturen.

Das «Austarieren» zwischen Ich und Umwelt gehört in der Tat zu den grundlegenden psychologischen Prozeßen. Kein Individuum ist je nur Abbild seiner Umgebung; ebenso wenig aber kann es nur Subjekt sein. Wir bilden unablässig «Fließgleichgewichte» zwischen, einerseits, dem außen und uns selbst, andererseits zwischen unterschiedlichen inneren Regungen und Strukturen. Zur «Objekt-Subjekt-Äquilibration» gesellen sich also «interne Äquilibrationen».

Die zwei Folgen der Maskenerfahrung, die «projektive Fixierung» und das «reflexive Verarbeiten» weisen allerdings auf wechselnde Außen- oder Innenbetonung dieser Äquilibrationen hin. Sie entsprechen verschiedenen Handlungsorientierungen: Objektbezug oder Selbstreflexion. Die Unterscheidung zwischen innerer und äußerer Äquilibration drückt also die grundsätzliche Bivalenz unseres Handelns aus, das immer sowohl Objekt- wie Subjektbezüge impliziert, wenngleich unsere Ziele, und entsprechend unser Bewußtsein, sich bald stärker auf die einen, bald auf die anderen Bezüge zentrieren.

Über die Bildung konzeptueller Konsistenzen hinaus erfordert unser konkretes Handeln auch Gleichgewichte zwischen subjektiven Neigungen und äußerer Wirklichkeit (Freud nannte das «Ichbildung»). Jede Situation bietet besondere Möglichkeiten und setzt bestimmte Grenzen – so daß eine gleiche Handlung je nachdem bald erlaubt, bald gefordert, bald verboten sein kann. Das bedeutet, daß wir, um zwischen spezifischen Handlungen und Situationen zu koordinieren, übersituativ gültiger Regeln bedürfen.

Regeln beinhalten, neben konkreten, rational formulierbaren Richtlinien für das Handeln (du darfst, du solltest, du mußt, weil...), auch Normierungen, die *regulativ*, also weniger, oft sogar unbewußt verlaufen; nicht selten wird man sie «ästhetisch» eher als kognitiv nennen: Wie oft tut man etwas oder unterläßt es aus Gefallen oder Mißfallen, ohne es konzeptuell zu begründen vermögen. Unsere Bewegungen, Gesten und

Mimik, die Art des Sprechens, die Formen von Zärtlichkeit, der Ausdruck von Ärger oder Freude und so vielerlei mehr regulieren oder bewerten wir nach Kriterien des «Stils» eher als nach explizierbaren Regeln. Es scheint auch im moralischen Bereich etwas zu geben, das sich der «Anmutung» eines Bildes oder einer Melodie vergleichen ließe. Dem entspricht wohl, daß eine «böse» Maske beinahe notwendigerweise auch häßlich sein muß. Die Regel, als äußere Vorschrift, wird in der Verinnerlichung zum persönlichen «Stil» und erst dadurch wirklich moralisch. In dem Maße, als die Maske dem Spiel mit Regeln dient, begünstigt sie solche Verinnerlichung.

Die Maske, müssen wir nach all dem folgern, entsteht aus einer – vielleicht erst beginnenden – Selbstreflexion; sie eröffnet Möglichkeiten, mit dem «amorphen Inneren» bewußter umzugehen und es symbolisch zu verarbeiten. Das sind indessen nur Anfänge, Anstöße, und ob daraus eine Zähmung des «Bösen im Subjekt» sich ergibt, ein Sozialisieren und kreatives Gestalten, oder ob die Maske im Gegenteil projektives Ausagieren in Gang setzt, darüber entscheiden nicht mehr Maske und Karneval, sondern die Person als Ganze in ihren vielfältigen Bezügen zu einer sie freundlich oder bedrängend umgebenden Welt.

Im Laufe der historischen Entwicklung hat sich der Karneval verwandelt. Immer mehr wurde das Böse zum Lustigen. Die ursprünglichen Karnevale seien, so liest man, wüste und vielfältig aggressive Zeiten gewesen, wovon manches noch in gemilderter Form Zeugnis ablegt – so seien die fröhlichen Konfettis aus ursprünglich gefährlicheren Wurfgeschoßen entstanden, die harmlosen Klatschen aus früher handfesten Knüppeln (soi-disant zum Austreiben des Bösen), und die verbreitete Verbrennung einer Strohpuppe habe, berichtet man, die ursprüngliche Opferung des Karnevalkönigs, oder wenigstens von Tieren, ersetzt (Katzen seien noch bis in nicht allzu vergangene Zeit verbrannt worden[31]). Zwar bleibt, trotz solcher Verharmlosungen, das Schreckende untergründig auch noch in den «lustigeren» Masken des heutigen Karneval gegenwärtig, und die Attraktivität dieses Schreckenden, sahen wir, erklärt sich nicht einfach aus Außenerfahrungen, sondern aus dem innerlich Bedrohenden. Die Maske kann Anlaß sein zu Kultur wie zu Chaos, doch weckt sie die Hoffnung, daß der Dämon überwindbar sei. Wo allerdings das Innere zu bedrängend wird, das äußere konkrete Projektionen allzu leicht anbietet, braucht der Einzelne keine Maske mehr – sich seiner destruktiven Impulse unverkleidet zu ent-äußern, kann verlockender, ja sogar lohnender werden. Es war, fürchte ich, leichter, das Böse im Karneval zu bannen, als im Subjekt. Und so erscheint letztlich die Maske als ein rührend unfertiger Versuch, Zwiespältigkeiten in uns selbst aufzulösen.

Anmerkung

[1] Nach einem Vortrag an den «Zürcher Gesprächen», 1993.

[2] Seel M., 1995.

[3] Nach einer Zeitungsmeldung, 1993.

[4] Boesch, 1980, 1991.

[5] Siehe etwa Herzog, 1991; Eckensberger, 1994.

[6] Boesch, 1980, 1991.

[7] Zu diesen beiden Begriffen siehe Boesch, 1991/1995, Kap.8.

[8] Herzog, 1991.

[9] Boesch 1976.

[10] Das impliziert keine ausschließliche Soziogenese der Identität; siehe dazu Boesch 1991/1995.

[11] Boesch, 1976, 1991.

[12] Boesch 1983.

[13] etwa E. Ch. Raabe et al., 1992, A. Orloff, 1980.

[14] Mary Douglas, 1970.

[15] Rilke, 1948, S.111–116.

[16] Boesch 1994.

[17] Boesch, 1980, 1991.

[18] Mit «Assimilation» und «Akkommodation» meint Piaget die gegenläufigen Interaktionen zwischen Individuum und Umwelt; sie sind nicht deckungsgleich mit den weiter oben verwendeten Begriffen «Objektivierung» und «Subjektivierung», die Bedeutungsveränderungen von Ich und Objekt im Laufe bestimmter Interaktionen meinen.

[19] Raabe et al., 1992.

[20] etwa Lévi-Strauss 1970, Raabe 1992, Lommel, 1970.

[21] Boesch 1983.

[22] siehe Freud, 1919.

[23] etwa Thanit Yupothi, 1957

[24] Boesch, 1991.

[25] Lévi-Strauss, 1979, p. 156.

[26] L'EXPRESS, 24.4.1993, p. 54.

[27] McClelland, 1967, s.a. Orloff, 1980.

[28] etwa Brigit Bernegger, 1993.

[29] Beispiele etwa in Eva Raabe, 1992.

[30] Piaget J., 1975.

[31] Filipetti et Troterau 1978, Orloff, 1980.

Zweites Thema:
Von der Schönheit

Form und Inhalt

I

Schauen wir einem Töpfer zu. Er legt einen Klumpen Lehm auf die Drehscheibe und läßt sie kreisen. Er faßt das Material, drückt seine Daumen in die Mitte und treibt den Lehm in sanfter Wölbung nach außen. Leicht, beinahe wie lebendig, schmiegt der Lehm sich der Hand entlang in die Höhe – aus der Geste der Hand, könnte man sagen, entsteht eine weich gerundete Vase, die Spur gleichsam ihrer Bewegung. Dann setzt der Töpfer ein Holz an und zieht verzierende Kreise um den Vasenkörper, breitere, schmalere, in unregelmäßigen Abständen – das Ornament ist geschaffen.

Es fällt uns leicht, die Form der Vase wahrzunehmen – schwerer, allerdings, ihre Eleganz in Worten zu beschreiben. Aber, als Form, läßt sie sich betasten, man kann sie vermessen, fotografieren, ja sogar, wenn sie zerbricht, wieder zu gleicher Form zusammensetzen. Die exakte Beschreibung, die die Sprache nicht vermag, leistet dafür der Computer: Die Vase, in Computer-Zeichen übersetzt, kann danach genau repli- ziert werden.

Das also ist Form: betastbar, vermeßbar, kurz, unseren Sinnen zugänglich. Wir werden uns mit der Frage befassen müssen, was Form bedeute, was die schöne von einer häßlichen Form unterscheide und, tiefgründiger wohl, weshalb der Mensch schöne Formen zu bilden trachte. Doch bevor wir uns solchen Fragen zuwenden, wollen wir noch überlegen, was denn der «Inhalt» der Vase sei, deren Entstehen wir zugeschaut haben. Denn alles Wirkliche hat sowohl Form wie Inhalt.

Das Wort «Inhalt» wird hier nicht im üblichen Sinn verwandt: Nicht das Wasser, das wir in die Vase schütten, nicht die Blumen, die wir darin einstellen – nicht das materiell Eingefüllte meinen wir, sondern die «Bedeutungsinhalte» des Objektes. Diese aber, unseren Sinnen nicht unmittelbar zugänglich, sind schwerer zu erläutern als die materielle Form.

Mit diesen Bedeutungsinhalten ist verschiedenes gemeint. Da ist einmal, vordergründig und leicht einsehbar, der Zweck: Das Objekt soll eine Vase werden, also ein Behälter, sei es nun für Wasser und Blumen, sei es für sonstige Materialien. «Zweck» ist *instrumentelle* Bedeutung, das, wozu der Gegenstand dient; doch zum Inhalt des Objektes gehört noch mehr: etwa seine *materiellen* Qualitäten – also daß die Vase aus Ton gebrannt wird und zerbrechlich ist. Weiter zählt dazu, daß die Vase ver-

163

kauft werden kann – sie hat also auch eine *kommerzielle* Bedeutung, einen Preis. Der Töpfer verbindet mit ihr wohl noch subtilere Inhalte: Die Vase ist ein Ding, das er selber herstellt, und dadurch *symbolisiert* sie sein Geschick, seine Erfahrung, seinen sozialen Stand: das sind funktionale und soziale Bedeutungsinhalte. Die Vase assoziiert sich aber auch mit verschiedenen *Eindrucks*qualitäten, wie Nässe und Schmutz, Feuer und Reinigung, und endlich verbindet sie sich mit Erinnerungen, wie etwa an den Vater, von dem er das Handwerk gelernt hatte, oder den Markt, auf dem er seine Ware feilhält. Kurz, eine Vielzahl von Qualitäten instrumenteller, materieller und persönlicher Art fügen sich zu dem zusammen, was den Inhalt der Vase für den Töpfer ausmacht.

Der Käufer, der die Vase ersteht, verbindet damit nur zum Teil gleiche Bedeutungen. Er hat sie ja nicht selbst hergestellt, und so kann sie nicht sein Geschick symbolisieren; vielleicht aber will er sie einer geliebten Person schenken, und so wird diese Liebesbeziehung in das Bedeutungsmuster der Vase eingehen. Inhalte sind nicht, wie die Form, feststehende Eigenschaften, sondern hängen davon ab, wie wir einen Gegenstand sehen, nutzen und bewerten.

Damit scheinen wir eine einfache Definition der Form und eine komplizierte des Inhalts gefunden zu haben, zugleich mit dem Eindruck, daß sich beides, Inhalt und Form, leicht und sauber voneinander unterscheiden lassen. Dem ist jedoch nur scheinbar so, unsere Definitionen führen irre. Sie tun das, weil ich zur Definition der Form den Standpunkt des Betrachters eingenommen hatte, für die des Inhaltes aber den des Erstellers oder des Benutzers. Es sind diese unterschiedlichen Gegen- standsbezüge, die, zum Teil mindestens, die anscheinend klare definitorische Trennung ermöglichen. Gleichen wir somit unsere Standpunkte an und betrachten auch die Form aus dem Erleben des Erschaffers heraus.

Modellieren hat für den Töpfer eine lange Geschichte. Sie begann, wahrscheinlich, schon beim Spielen des kleinen Kindes mit nasser Erde und Lehm, beim Bauen von Sandburgen am Strand, beim Formen von irgendwelchem plastischen Material. All das ist Spiel mit einem fügsamen Objekt, einem Stück Außenwelt, das sich willig unserem Wirken unterwirft. Ich habe diese Art von Tun anderswo «Spurverhalten» genannt[1], und in der Tat hängt es mit dem Vergnügen zusammen, unsere Spuren in die Umgebung zu setzen. Man erinnere sich an das Ziehen einer ersten Skispur im frischen Pulverschnee, an das genußvolle Eindrücken der bloßen Füße in eine unberührte Sandfläche oder an ein frühmorgendliches Schreiten in dem über Nacht gefallenen Schnee. Nicht nur das Kind findet, zur Verzweiflung der Eltern, Vergnügen daran, auf weißen Wänden bunte Spuren anzubringen, auch der Sprayer von Zürich und seine vielen Nachahmer haben dabei wohl ähnliche Lust verspürt. Spuren brauchen, das

Beispiel des Modellierens hat es uns gezeigt, nicht zweidimensional zu sein: Auch das Bauen eines Schneemannes oder einer Sandburg ist Spurenverhalten. Was läßt uns diese seltsame Freude am Erstellen einer Spur verstehen? Sie entspringt einer Bewegung, die die Außenwelt verändert; wir erfahren uns somit einerseits als Bewirkende, andererseits wird das Außen dabei zu einer Abbildung unseres Handelns. Man kann formulieren, daß wir beim Ziehen einer Spur die Außenwelt «verpersönlichen», «subjektivieren», während wir zugleich das innerlich Erlebte «verdinglichen» oder «objektivieren». Die Spur, mit anderen Worten, verwirklicht eine intime Entsprechung zwischen innen und außen.

Diese ist jedoch noch nicht an sich schon lustvoll. Wer beim Skifahren stürzte und im Neuschnee eine «Badewanne» hinterließ, hat keine Freude an der Spur, ebenso wenig wie der Töpfer an einer «verknorksten» Vase. Eine Spur, die erfreut, muß gekonnt sein, elegant in die Landschaft gezogen, frei schwingend und fließend, ohne die Unregelmäßigkeiten zerrissener Kurven. Sie stellt das *gekonnte* Skifahren dar, also das, was wir einen *«Sollwert»* nennen. Das sind Spuren, die man irgendwie konservieren möchte – trägt man einen Fotoapparat bei sich, knipst man vielleicht sogar ein Bild des Hanges mit seinem frischen Ornament. Dem äußeren Bild der Kurve entspricht ein Komplex innerer Erlebnisse, sei es das Gefühl frei entspannter Bewegung, sei es eines von krampfhaftem Erzwingen, und je nachdem empfinden wir ein gekonntes Verfügenkönnen über uns selbst oder, im Gegenteil, ein mühsames Sich-etwas-Abringen. Die äußere Spur wird so zu einem Spiegel unseres Handeln-Könnens, oder unseres subjektiven *Handlungspotentials*.

Die äußere Spur ist indessen noch mehr. Um das zu verstehen, müssen wir uns daran erinnern, daß die Außenwelt uns oft als ein Gegenüber begegnet, an dem man sich bewähren muß, ja, das bedrohlich werden kann. Außenwelt ist nicht immer ein Frühling, der unsere Neigungen erfüllt, sondern ebenso oft der dunkle Winter oder die Dürre, die das Überleben gefährden. Die gekonnte Spur jedoch transformiert ein Stück Außenwelt in etwas selbst Geprägtes, sie vermindert den Gegensatz zwischen innen und außen, zeigt sie doch sichtbar, daß wir das Außen dem Inneren anzugleichen, das Fremde in Eigenes zu wandeln vermögen. Die Spur belegt nicht einfach ein Handeln-Können, sondern vielmehr eines in einer potentiell ungefügigen Umwelt.

Dieses Handeln-Können, das das Kind spontan in seinem Kritzeln und ungelenken Modellieren erfährt, haben der Skifahrer und der Töpfer – um bei diesen Beispielen zu bleiben – in bemühtem Lernen verfeinert: Ihre Sollwerte sind angestiegen, zugleich aber auch das Vermögen, sich ihnen anzunähern. Hier braucht es keine «Badewannen» mehr, um

Mißvergnügen auszulösen, hier genügen schon leichte, dem ungeübten Auge kaum sichtbare Ungeschicklichkeiten, um die Freude an der Spur zu verderben. Das bedeutet, daß die Forderungen an sich selbst gestiegen sind: Die Spur soll ein perfekteres Ich widerspiegeln. Was aber sind das für Forderungen an das Ich?

Für den Skifahrer beinhalten sie eine perfekte Entsprechung zwischen Bewegung und Gelände, also ein Handlungspotential im Koordinieren von Ich und Umwelt. Für den Töpfer fallen die Zwänge der Umwelt weitgehend weg – sie reduziert sich auf den amorphen Klumpen Lehm, der nicht, wie ein Skigelände, widerstehen, ja gefährden kann. Dafür aber hat der Töpfer etwas Zusätzliches zu erfüllen: nämlich die Forderungen, die der *Idee der Vase* entsprechen. Die Spur zu ziehen, bedeutet hier nicht mehr, sich den Konturen einer Landschaft einzufügen, sondern vielmehr, die Sollwerte einer Idee so zu erfüllen, daß das innere Bild zum materiellen Objekt wird.

Dieser «Idee der Vase» müssen wir unsere Aufmerksamkeit etwas zuwenden. Beim Skifahrer entsteht die Spur aus dem mehr oder weniger gekonnten Eingehen auf die Besonderheiten des Geländes; sein Sollwert beinhaltet spielerisch variierte Anpassung an eine fordernde und begrenzende Umwelt. Er ist nicht ideengeleitet oder, genauer, seine «Idee der Abfahrt» besteht wesentlich darin, die Struktur des Geländes und das eingeschätzte Handlungspotential aufeinander zu beziehen – sich also etwa zu fragen, «wie nehme ich diesen Hang am besten?». Die Idee der Vase des Töpfers dagegen ist ein innerer Leitwert, durch Außenzwänge nur unwesentlich bestimmt – nämlich einzig durch die Konsistenz seines Materials. Er bezieht diese Idee aus Vorbildern oder aus seiner Fantasie, und die Bewegung seiner Hände hat sich somit nicht einem äußeren Zwang, sondern diesem inneren Bilde zu fügen: Die Spur ist, in seinem Fall, überwiegend innengesteuert; sie wird zwar ein unmittelbares Abbild seiner Bewegungen, zugleich aber auch ein solches seiner Vorstellungen. Die Spur gestaltet somit ein Stück innengeprägter Umwelt.

Die Idee der Vase, sagte ich, entspringt Vorbildern oder der eigenen Fantasie, meist sogar beidem zusammen. Nun kann nicht alles Beliebige Vorbild sein; Vorbilder wählen wir uns gemäß innerer Maßstäbe aus, und in der Fantasie verbildlichen wir innere Sollwerte. Suchen wir diese inneren Maßstäbe etwas genauer zu verstehen.

Betrachten wir vorerst etwas, was mit solchen wenig gemein zu haben scheint: die Stilmode. In der Tat wird der Töpfer, soweit er sich von Vorbildern leiten läßt, durch herrschende Stile beeinflußt. Es gab etwa Zeiten wo runde, andere, wo eckige Vasen in Mode waren – eine Mode kann dann nahelegen, die eine Form eher als die andere zu wählen. Ich betone das Wort «nahelegen»: Die Mode legt nur nahe, sie bestimmt nicht;

man kann von ihr um den Preis abweichen, als ein Außenseiter, ein Original oder ein altmodischer Banause zu gelten. Wer den Preis bezahlt, erkauft sich dafür persönliche Freiheit.

Auch wer dem modischen Vorbild folgt, wählt somit, trifft Entscheidungen: wie weit er sich mit den Werten einer Gruppe identifizieren, seine soziale Identität manifestieren will. Überdies aber gewähren Moden in ihrem Rahmen meist auch Freiheiten – nicht jede eckige Vase muß der anderen gleich sein; sie erlauben dem einzelnen, seine soziale Identfikation auf persönliche Weise zu nuancieren. Durch die Wahl und Gestaltung eines Vorbildes kennzeichnet man sich also als ein Individuum in einer Gemeinschaft – das modische Objekt erhält eine «Ich-Du-Konnotation». Und die Art, wie wir unsere Ich-Du-Verhältnisse gestalten wollen, entspricht durchaus einem persönlichen inneren Sollwert.

Von «Ich-Du-Konnotationen des modischen Objektes» zu sprechen, heißt, nicht nur den Töpfer mit seiner Vase, sondern beide auch mit ihrer sozialen Umwelt in einer engen, ja unlösbaren Beziehung zu sehen. Ob eckige oder runde Vasen, sie können schlank oder bauchig, hoch oder niedrig sein, weit geöffnet oder mit schmalen Hals, bemalt, mit Ornamenten geschmückt oder nicht, all das mögen modische Formen sein, unter denen der Töpfer auswählt und die er variiert; seine Wahlen trifft er indessen auf Grund von Bedeutungen, die ihm kaum bewußt gegenwärtig sind, Konnotationen, die ihn auf eine Weise «anmuten», die über die unmittelbar formale Qualität hinausreichen: sie haben einen Symbolwert. Der schlanke Hals einer Vase wirkt etwa – ich vereinfache – fraulich, zerbrechlich, vergeistigt, die runde Bauchigkeit dagegen behäbig, genießerisch; eine weite Öffnung könnte gierig anmuten, lauthalsig oder schwatzhaft. Das sind etwas grobschlächtige Beispiele, die erlebten Anmutungen sind meist subtiler; sie sollen einzig verdeutlichen, daß unsere Wahrnehmung nicht nur Formen enthält, sondern auch Konnotationen, die dem Objekt symbolische Qualitäten verleihen, Bedeutungen, die es sowohl mit dem Wahrnehmenden selbst, wie mit seiner kulturellen Umwelt verbinden. Die Vase trägt somit ebenso die individuelle Handschrift des Töpfers wie den Stempel seiner Kultur – er sucht in ihr ein Gleichgewicht zwischen Ich-Sollwerten und sozialen Bezügen zu optimieren.

Die Idee der Vase ist indessen nur selten so präzise, daß die schaffende Hand gleichsam nur noch die inneren Formen nachzubilden brauchte. Vielmehr hat die Idee etwas Ungefähres, Skizzenhaftes, sie gibt leitende Hinweise, aber keine endgültigen Anweisungen. Das begründet einen interessanten Prozeß: Im schöpferischen Tun verdeutlicht, vervollständigt und, vielleicht, vervollkommnet sich auch die Idee. Die Spur der Hand wird somit zugleich auch zu einer Spur des sich selbst findenden

Gedankens. Die Hand schafft einen Teil des Werkes – nein, sagt der Gedanke, das ist es nicht; die Hand transformiert – ja, sagt der Gedanke, so wird es gut. So präzisiert sich in dauerndem Hin und Her zwischen schaffender Hand und kontrollierendem, darin aber zugleich auch sich konstituierendem Gedanken, die Idee der Vase, die endgültig erst dann wird, wenn das Werkstück selbst vollendet ist. Dabei aber, in diesem Prozeß, gewinnt nicht nur die Idee einer einzelnen Vase ihre Gestalt, sondern verfeinern sich auch allgemeinere Sollwerte des Handelnden. Das ist ein schwer zu schildernder Vorgang; unsere Sprache, die feste Kategorien und klare Unterscheidungen bevorzugt, eignet sich kaum zur Wiedergabe dieses subtilen Spiels zwischen Tun und dessen Kontrolle, mit den Differenzierungen der steuernden Vorstellung, die es hervorbringt, oder gar zum Nachzeichnen der Interaktion zwischen dem Schaffen des Werkes und der Entwicklung der Person. Steuern und dabei gleichzeitig gesteuert werden, ist ein häufiger Vorgang im Bereich des Lebendigen, dennoch aber schwer in Begriffe übersetzbar.

Unser Spurkonzept hat sich so verfeinert: Anfänglich nur äußeres Abbild einer Bewegung, wird die Spur zum Ergebnis einer komplexeren Handlung, die ein Objekt gestaltet, das zugleich auch das Innen darstellt. Aber es bleibt Spur, nämlich Veränderung eines Teils der Außenwelt durch handelnde Einwirkung; doch die Transformation greift nun tiefer: Stärker als beim Skifahrer wird die Außenwelt subjektiviert, das Innen objektiviert, wird das Ich zum Objekt, das Objekt zum Ich.

Unser Ausgangspunkt war der Versuch, Form und Inhalt voneinander abzugrenzen, was uns leicht und einfach zu gelingen schien. Wir frugen uns dann jedoch, ob dem nicht so sei, weil wir Form und Inhalt aus verschiedenen Perspektiven betrachteten und entschieden uns deshalb, auf beide die Sicht des Ausführenden selbst anzuwenden. Indem wir dazu den Prozeß der Gestaltung nachzuzeichnen suchten, stießen wir darauf, daß der formalen Gestaltung schon mancherlei Erlebnis*inhalte* zugehören: Die sozialen Bedeutungen von Vorbildern, die persönlichen Konnotationen von Formen und Ornamenten, das Erlebnis von Bewegungsverläufen oder das der progressiven Präzisierung von Vorstellungen. Kurz, was dem Außenstehenden als reine Form erscheinen mag, ist schon Inhalt – nicht einfach, weil sie beim Betrachten inhaltliche Assoziationen auslöste, sondern, viel unmittelbarer, weil der Prozeß des Schaffens von Form nicht frei von Inhalten gedacht werden kann. Die Form, als Spur, ist immer Spur von etwas.

II

Wenn diese Überlegungen stimmen, wenn also im Objekt der Vase sich derart intime persönliche Prozeße des Selbstausdrucks sowohl wie der Selbstgestaltung manifestieren, so läßt sich leicht verstehen, daß der afrikanische Schmied, über den René Gardi berichtet, auf einen gut gelungenen Dolch die Worte einritzt: «Er ist von mir, Mohammed».[2] Der Besitzerstolz am befriedigend gefertigten Werk entsteht daraus, daß es eine Objektivierung des eigenen Handlungsvermögens, ja, mehr noch, eine Spur des in der Werkerfahrung *gestiegenen* Handlungsvermögens ist. Kinder zeigen diesen Stolz oft am ungehemmtesten: «Schau, das habe ich gemacht!» Daher auch die Neigung zur Signatur. Ähnlich wie der Schmied Mohammed zeichnet man sein Werk mit seinem Namen, was bedeutet: Es ist ein Stück von mir, oder gar, ein Stück Ich.

Oft allerdings ist es nicht ein Namenszug, mit dem der Ersteller ein Objekt kennzeichnet, sondern ein Ornament. Der Töpfer beritzt oder bemalt seine Vase, und auch andere Kunsthandwerker schmücken ihre Produkte oft in vielfältiger Weise. Nun sind Ornamente «überflüssige» Zusätze zum Objekt: Eine Vase dient ihrem Zweck auch ohne Dekorationen, ein Dolch ist auch ohne Ziselierung eine gefährliche Waffe, und ein Rock bekleidet auch ohne kunstvolle Webmuster. Wozu also solche funktional unnötigen Anbringsel?

Ich sagte schon, daß man das Ornament als Signatur verstehen könne, weshalb auch vielerorts handwerkliche Gegenstände mit individuell festgelegten Mustern geschmückt werden: Sie gehören einem Ersteller und nur er darf sie verwenden. Das ist wohl auch einer der Gründe, weshalb manche Handwerker und Künstler die Rezepte für Farben oder Glasuren als persönliche Geheimnisse hüteten. Was aber, muß man fragen, macht ein Ornament zum persönlichen Zeichen? Mehr als nur eine Unterschrift, soll es ja auch den Gegenstand verschönern, es ist Schmuck, es drückt einen persönlichen Sollwert der Gefälligkeit aus. Anders gesagt, der Handwerker fügt dem Gebrauchswert des Gegenstandes noch einen weiteren Wert, eben den der Schönheit, hinzu. Was will er damit? Daß ein Gefäß Wasser halten soll, ist seine instrumentelle Funktion; daß man es noch als persönlichen Besitz kennzeichnet, können wir ebenfalls verstehen. Wozu aber soll es schön sein?

Dieser seltsame Drang nach Schönheit äußert sich offensichtlich nicht erst im Ornament, sondern schon darin, wie der Töpfer die Form der Vase gestaltet. Hier strebt er eine weiche Rundung an, da ein gefälliges Verhältnis von Bauchigkeit und Höhe oder läßt ihren lang gezogenen Hals sich öffnen in einen schlanken Kelch – kurz, das Streben nach Schönheit scheint schon in der ursprünglichen Vorstellung, in der Idee der Vase angelegt zu sein; wobei, sei gleich angefügt, nicht für jeden Gleiches schön ist. Ich sagte, nicht irgendwelche, sondern nur eine *gekonnte* Spur gefalle ihrem Verursacher; er findet sie «schön». Das müssen wir noch genauer betrachten.

Manche versuchen, das Schöne rein formal zu erkären: Durch das Einhalten bestimmter Proportionen – etwa des goldenen Schnitts[3]; durch Beachtung der Gesetze der guten Gestalt – etwa Geschlossenheit und Symmetrie[4]; durch Variation von «Reizoptima»[5], und ähnliche mehr. Wäre dem so, müßten bestimmte Konfigurationen allen Menschen gefallen, und der individuellen Variation schöner Gestaltungen wären enge Grenzen gesetzt. Betrachten wir nochmals den Skifahrer: Schön erscheint ihm eine Spur, wenn sie sich harmonisch mit dem Gelände verbindet und einen ungehemmt gelösten Bewegungsablauf wiedergibt. Die Kurve ist also nicht einfach schön durch ihre formale Qualität, sondern dadurch, daß sie eine optimale Entsprechung zwischen Person, Bewegung und Situation wiedergibt; nicht Form an sich, sondern Form als Ausdruck weckt den Eindruck von Schönheit.

Gälte dies auch für Form und Dekoration einer Vase? Wir sahen schon, daß beim Töpfer die Idee des Gegenstandes eine Leitfunktion übernimmt, die der des Geländes beim Skifahrer zu entsprechen scheint. Schönheit müßte deshalb irgendwie in der Kongruenz von Idee und Wirklichkeit des geschaffenen Objektes zu suchen sein – was einer rein formalen Bestimmung der Schönheit widerspräche.

Es gibt Beispiele in der bildenden Kunst, die solche Prozesse deutlich erkennen lassen. So etwa hat Picasso um die Jahreswende 1945/1946[6] elf Zeichnungen eines Stieres verfertigt, die progressiv ein anfänglich bullig-aggressives Tierbild in eine zum Schluß nur noch ätherisch-leichte Gestalt transformieren.[7] Die Serie belegt deutlich, daß die Idee des Objektes den Prozeß des Schaffens nicht nur steuert, sondern dabei selbst fortschreitend konkreter und präziser wird. Die anfänglichen Bilder des Stieres entsprachen Picassos gewohnt gekonnten Stil, doch schien ihn eine neue Idee zum Probieren und Suchen zu veranlassen, eine Idee, die er dabei progressiv verdeutlichte und vollendete. Was war das für eine Idee?

Man könnte vermuten, daß Picasso ein rein ästhetisches Problem zu lösen suchte, doch darf man wohl nicht übersehen, daß die ästhetischen Transformationen, die er dabei vollzog, zugleich solche der aggressiven und sexuellen Attribute sind. So verwandelt er die erste, noch konventionelle Stierzeichnung sogleich in ein schwarzes, massiges Monster, die Hörner vergrößern sich, Schulter und Rücken türmen sich hoch, das Geschlecht wird betont, doch dann wird das Tier immer mehr eingebunden in ein strukturelles Linien-Netz, die drohende Form des Rückens wird gleichsam nach innen verlagert, die massigen Beine, die dolchigen Hörner, ja selbst der bullige Kopf schrumpfen, und vom Geschlecht bleibt nur noch ein Blümchen übrig.

Picasso, den Stiergestalten als Symbole der männlichen Aggression dauernd faszinierten, verringerte in dieser Serie offensichtlich die Bedrohlichkeit des Tieres und verwandelte es in ein rein ästhetisches Wesen.

Erinnern wir uns, daß dies die Zeit einer neuen Liebe und erotischen Erfüllung mit Françoise Gilot war, daß die bedrückenden Jahre des Weltkrieges beendet und bedrängende frühere Liebesbeziehungen überwunden waren, so überrascht uns diese Verwandlung von Wut in Sanftmut nicht mehr: Das Objekt drückt hier, meint man zu erkennen, eine innere Gestimmtheit aus, und wenn Picasso die Serie nach dem elften Bild abbrach, so wohl deshalb, weil ihm nun Bild und Idee übereinzustimmen schienen – die Idee hatte die ihr gemäße Form gefunden.

Empfand Picasso das letzte Bild als schön – oder schöner als die vorhergehenden? Natürlich wissen wir das nicht, doch so etwas wie ästhetische Befriedigung anzunehmen, liegt nahe. Deshalb kann man auch fragen, ob die Zeichnung «wirklich» schön sei, ob sie «objektiven» Schönheitskriterien genüge. Man könnte etwa auf die Ausgewogenheit von Proportionen, die Vereinfachung auf das Wesentliche und ähnliches verweisen, um eine objektive Schönheit zu belegen; doch nicht minder einleuchtend ließe sich auch das Gegenteil vertreten. Zu erklären, daß Picasso den Stier schön *fand*, ist offensichtlich verschieden von der Behauptung, daß er schön *sei*. Das erste sagt mehr aus über den Maler als über sein Bild, also etwa, daß es ihn beglückt, daß es ihm eine Idee vollendet darzustellen scheint, kurz, daß er – und wäre es nur auf Zeit – sich mit seinem Werk eins fühlt. Solche Aussagen machen das Schönheitserleben zu einem privaten Vollzug; ein wenig, wiederum, wie beim Skifahrer, der unten am Hang anhält, zurückschaut und sich seiner Spur erfreut.

Schönheit ist somit nicht, sondern sie wird *erlebt*. Wir erleben sie, scheint es, als eine optimale Entsprechung zwischen einem Handeln und seinem äußeren wie inneren Ergebnis. Anders gesagt, eine Idee konkretisiert sich im Schaffen des Werkes, und in diesem Prozeß erleben wir unser Vermögen, das Außen mit dem Innen, das Innen mit dem Außen in Harmonie zu bringen. Harmonie von innen und außen, als der wesentliche Kern des Schönheitserlebnisses, läßt uns verstehen, wieso ein Künstler wie Mondrian meinte, *«wenn es ihm an seinem Ort gelänge, ein ‹exemplum reinster Ordnung› als eine Art bildnerischer Ikone aufzustellen, daß das ganze Umweltgefüge des Menschen sich verändern würde. Dann würde die Unordnung der Natur und der menschlichen Beziehungen durch die Errichtung einer geistigen Gegen-Natur in eine endgültige und ausgeformte Ordnung übergeführt werden und das tragische Element und die*

Angst aus dem Leben des Einzelnen und der Gesellschaft ein für allemal verschwinden»[8]. Nur, Mondrian glaubte an ein Exemplum *objektiver* Ordnung; unsere Überlegungen dagegen lassen uns die optimale Ordnung eher vermuten in der Entsprechung zwischen einem Subjekt, dem Erschaffer, und seinem Objekt. Schönheit als Ausdruck und Schönheit als Ordnung treffen sich in der Formel von Schönheit als Harmonie zwischen innen und außen.

Vielleicht gibt es – um zum Beispiel des Töpfers zurückzukehren – den nur zweckgerichteten Krug, der in nichts gefällig sein will. Indessen spielen, so sahen wir, im Formen des Kruges auch Erlebnisse des eigenen Handlungsvermögens mit; das Objekt, wie zweckbestimmt es auch sei, repräsentiert die Person als Handeln-Könnenden – das Objekt wird zum persönlichen Symbol. Die gefällige Form stellt den gekonnten Vollzug dar und optimiert dadurch diese Ich-Symbolik. Zwar kann ein Werk auch andere Dimensionen des Handlungspotentials darstellen – etwa technische Pfiffigkeit; eher als eine Harmonie, betont diese allerdings die Widerstände des Außen, denen sich die kognitive Kompetenz entgegenstellt. Schönheit dagegen entspringt der Wahrnehmung einer umfassenderen Konkordanz zwischen Subjekt und Objekt, die von posturalem und emotionalem bis zu ideatorischem «Einklang» reicht. Sagen wir es anders: Je stärker die Person sich in der Herstellung des Objektes engagiert, umso größeres Gewicht erhält dessen Schönheit.

Das Objekt, wie zweckbestimmt es auch sei, sagte ich eben, repräsentiere seinen Erschaffer. Kann dies auch gelten für offensichtlich kulturgeprägte Objekte? Betrachten wir eines, bei dem die kulturelle Prägung durch die sakrale Bedeutung besonders zwingend erscheint. So gibt es in Nordkamerun seltsam geformte Töpferwaren (siehe Anhang, Bild 1), über die René Gardi folgendes schreibt: *«Unter dem Dach eines ganz bestimmten Hauses im Gehöft findet man eigenartige Krüge. ...Es sind Seelenkrüge, Wohnungen der Seelen toter Familienangehöriger, Ahnenkrüglein, in welchen den Toten geopfert wird; denn das ist für die Fruchtbarkeit der Felder und der Menschen und für vielerlei andere Dinge des Alltags notwendig und wichtig. Nur die Schmiedefrauen dürfen solche Seelenkrüge herstellen, die, in gewissen Tälern sehr stark stilisiert, in anderen überaus realistisch dargestellt, deutliche Geschlechtsmerkmale und Gesichter aufweisen, also einen Menschen symbolisieren sollen. Auch diese heidnischen Bergler glauben bestimmt an ein ‹Weiterleben› nach dem Tode, und so leben die Ahnen mit den Lebenden friedlich unter ihrem Dache weiter.»*[9] Solche Gefäße dienen einem festgelegten Zweck, der, kulturell tradiert, wohl vordergründig die «Idee» des Kruges im Geiste der Töpferin ausmacht und bestimmt, wie sie die Gefäße gestaltet. Doch die Krüge sind, sagt Gardi, «eigenartig» geformt, bald «stilisiert», bald «realistisch», was wohl ausdrückt, daß Zweck und Form sich nicht selbstverständlich zu entsprechen scheinen – in der Tat könnten wohl auch viel einfachere Formen den Seelen zur Bleibe dienen. Die «eigenartige» Form läßt eine komplexere Idee vermuten, sie wirkt «metaphorisch».

Nun kenne ich die Kultur der Matakam, aus der dieses Beispiel stammt, nicht genügend, um über die inhaltliche Idee dieser «Seelenkrüge» mehr zu sagen, als uns René Gardi erläutert hat. Jedenfalls aber steht das Gefäß hier nicht einfach für sich allein, wie etwa Picassos Stier, sondern es vertritt die Ordnung einer kulturellen Gemeinde, die mit ihren Toten in einer bestimmten Weise umgeht, ihnen einen angemessenen Platz – materiell wie ideell – zuweist. Der Krug selbst ist nur ein einzelnes Element innerhalb dieser Ordnung, die weit verzweigt über ihn hinausweist, und indem die Töpferin ihn formt, fügt sie sich selbst diesem kulturellen System ein und bestätigt es zugleich. Anders als der Skifahrer, folgt sie nicht den Anforderungen eines Geländes, sondern greift traditionelle Muster ihres Kulturbereiches auf, und durch ihr Nachformen trägt sie symbolisch zu deren Kontinuität bei. Den Seelenkrug gefällig zu gestalten, drückt deshalb auch aus, wie sehr die Töpferin sich den Werten ihrer Gruppe verbunden fühlt; so wird selbst das kulturell genormte Werk zum Symbol einer Ich-Du-Beziehung, und im Erlebnis des Erschaffen-Könnens wird es für die Töpferin zudem zu einem solchen des Ich.

Es ist wohl wahrscheinlich, daß das kulturelle Muster, analog etwa zum Modestil, die Form des einzelnen Kruges nicht völlig determiniert. Je nach dem Verstorbenen, dem Status der Familie, oder auch je nach dem ästhetischen Geschmack der Töpferin bleiben ihr geringere oder deutlichere eigene Gestaltungen erlaubt. Formen, so sahen wir, wecken inhaltliche Konnotationen; Inhalte, ihrerseits, streben nach einer ihnen angemesenen Form. Im Falle Picassos schien es eine individuelle Idee zu sein, die das Suchen nach einer Form leitete und sich selbst dabei präzisierte; in den «Seelenkrügen» dagegen glaubten wir die Konkretisierung einer kulturellen Ordnung zu erkennen. Indessen müssen wir anfügen, daß Kulturelles die individuelle Idee des Künstlers mitprägt, während individuelle Neigungen und Vorstellungen auch das Nachschaffen kultureller Muster beeinflussen. Formen sind «überdeterminiert» oder «polyvalent», und so können wir vermuten, daß ein Betrachter oder Erschaffer eine Form umso eher schön findet, je reichhaltiger die Bedeutungen sind, die er mit ihr verbindet und je perfekter sie ihnen zu entsprechen scheint. Inhalte bedingen Formen, Formen symbolisieren Inhalte – beide sind nicht an sich denkbar. Diese innige Verflochtenheit von Inhalt und Form ermöglicht erst jene harmonische Entsprechung zwischen innen und außen, die, meine ich, das Schönheitserleben wesentlich begründet.

Das bedingt nun allerdings eine grundsätzliche Unbeständigkeit der Schönheit. Keine Spur eines Skifahrers gleicht der anderen, und die Idee der Vase eines Töpfers wird, zuweilen unvermerkt, zuweilen beabsichtigt, fortlaufend verwandelt. Zwar mögen ihr Moden und kulturelle Ordnungen Konstanz auferlegen, aber das subjektive Handlungspotential will sich immer wieder neu bewähren; monotone Wiederholung allein vermag ihm nicht zu genügen, es will auch Veränderung, und beträfe sie nur Nuancen.

Das Werk als Spur gibt innere Inhalte eines Momentes wieder, doch als Objekt ist es Außenwelt geworden: konstant, unveränderlich, widersetzt es sich den Bewegungen und Wandlungen des Innen. Unvermeidlich entfernt sich so der Schöpfer allmählich von seinem Werk, er betrachtet es kritisch, entdeckt Mängel, die er anfänglich übersah, und aus dem Ungenügen entsteht jenes dauernde Streben des Künstlers danach, sich selbst zu übertreffen. Schönheit erweist sich als vergänglich – nicht wegen «objektiver» Unvollkommenheiten der Form, sondern weil die Harmonie von innen und außen immer neu gestaltet werden will. Die Welt, auch die unserer geschaffenen Objekte, untersteht ihrer eigenen Gesetzmäßigkeit, sie ist ein Gegenüber, mit dem das fortlaufend sich wandelnde Innen seine Gleichgewichte zu bilden hat. Das ästhetische Werk, wie umgrenzt es auch sei, vereint für eine Weile die beiden Pole – doch irgendwann werden sie wieder auseinanderzudriften neigen; und dann, wenn Inhalt und Form einander nicht mehr zu entsprechen scheinen, formt sich neue Sehnsucht.[10]

Anmerkungen

[1] Boesch, 1975, 1983, 1991, hier auch Kapitel «Der Ton der Geige».
[2] Gardi R., 1969.
[3] Etwa Hofstätter, H. H., 1965.
[4] Etwa Arnheim, R., 1954.
[5] Etwa Berlyne, D. E., 1980.
[6] Genauer: zwischen dem 5. Dezember 1945 und dem 17. Januar 1946.
[7] Siehe Rubin, Picasso. New York, 1980, p. 390–391.
[8] Haftmann 1980, S. 57.
[9] Gardi R., 1954, keine Seitenzahl.
[10] Dazu Boesch, 1983 und hier die beiden nächsten Kapitel.

Schönheit und Häßlichkeit

I

Ich neige mich über eine Blume und sage: «Ach, ist die schön!» Oder ich betrachte, im zoologischen Garten, die sanft gebogene weiße Rückenlinie einer Gazelle und staune über den feinen Schwung der Zeichnung. Oder ich stehe gefangen vor einem der Gemälde aus Monets Garten in Giverny. Wenden wir uns solchem Schönheitserlebnis nochmals zu, doch nun, anders als im vorangegangenen Kapitel, vom Standpunkt des Betrachters aus. Ich will dabei keine falschen Erwartungen wecken: Die Psychologie weiß keine Antwort auf die Frage nach der Natur und der Ursache des ästhetischen Erlebens, ja, sie hat sich auch nur ganz am Rande damit befaßt. Unsere Überlegungen können also nur vorläufig bleiben – gerade deshalb aber drängen sie sich auch auf.[1]

Ja, was macht die Blume schön? Die Blume wirkt auf meine Sinnesorgane: Sie sendet Reize auf meine Retina, die im Sehlappen des Großhirns zu Formen und Farben verarbeitet werden, die mir sagen, daß ich eine rote Rose sehe. Schönheit ist in diesem ganzen Prozeß nicht dabei: Es gibt keine bestimmten Sinnesempfindungen, die, so wie andere auf Farben und Formen, auf Schönheitsreize spezialisiert wären. Schönheit ist auch nicht, so wie die Rose, eine kognitive Kategorie, die der Cortex abrufbar gespeichert hätte – ein Objekt ist nicht an sich, unter allen Umständen schön, oder anders gesagt: Schönheit ist keine konstituierende Eigenschaft eines Objektes, so wie etwa Flüssigkeit eine solche von Wasser oder Härte von Stein, ja, sie ist ein Phänomen, das bei gleichen physikalischen Reizen bald da sein, bald fehlen kann.

Wenn Schönheit somit keine feststehende Eigenschaft eines Gegenstandes ist, so ist sie auch nicht eine solche des Subjektes: Die Schönheit der Rose ist *ihr* und nicht mir eigen, aber eben nur dann, wenn ich sie in einer bestimmten Weise betrachte. Schönheit entsteht deshalb aus einer besonderen Art des Zusammentreffens von mir mit einem Gegenstand: sie hängt von der Ich-Ding-Konstellation ab. Die Rose ist allein dadurch schön, daß jemand sie sieht, doch muß er sie so sehen, daß sie dadurch schön *wird*.

Verweilen wir einen Moment bei der *Qualität* des Schönheitserlebens. Wenn es weder eine Sinneswahrnehmung, noch eine kognitive Kategorie ist, ist es doch jedenfalls ein emotionaler Bewußtseinsinhalt. Nun hängen Emotionen, wie wir ja wissen, eng mit Handlungen zusammen, sie sind so etwas wie Indikatoren von Handlungsverläufen[2] – aber was kann es für eine Handlung sein, eine Blume schön zu finden? Wäre man nicht eher versucht, zu sagen, das Schönheitserleben stelle das offensichtliche Gegenteil von Handeln dar, nämlich die reine und zwecklose Kontemplation?

Betrachten wir indessen ein Beispiel von Schönheitserleben, bei dem das Handeln offensichtlich ist: den *Tanz*. Da ertönt irgendwo im Freien eine Musik, und ein Kind fängt an, sich dazu zu drehen. Zwar fällt ihm die Koordination von Bewegung und Rhythmus noch schwer, aber irgendwie scheint die Musik das Kind zu spontanen Mitbewegungen zu verführen. Bald dreht sich ein zweites Kind, bald schließen sich Erwachsene an, die nun dem Rhythmus gekonnter folgen, das Fließen der Melodie im Schreiten und Drehen des Körpers mitgestalten – immer aber scheint der Tanz aus einem spontanen Drang zu entstehen, den Lauf der Töne in eigenes Bewegen umzusetzen. Das kann sich mit reinen Andeutungen begnügen, wie wenn wir uns zur Musik im Takte wiegen oder mit dem Fuße wippen; es kann plumper geschehen, wie wenn man im Takt aufstampft oder mit den Händen klatscht; es kann der ungelenke Tanz des Kindes oder der ausdrucksstark gekonnte einer Ballerina sein – immer setzt Musik sich dabei um in ein Mitgehen des Körpers.

Was aber sind das für Bewegungen? Ich kann mich auch ohne Musik strecken, dehnen, wiegen, beugen, doch scheint das mit Musikbegleitung angenehmer zu sein – nicht umsonst läßt man zu gymnastischen Übungen oft ein Tonband spielen; die Müdigkeit nach einem langen Marsch will dem Soldaten auf einmal geringer erscheinen, wenn die Blaskapelle ertönt. Das ist im Grunde erstaunlich, könnte man doch meinen, die Handlung sei nun komplizierter geworden: Während man, ohne Musik, der spontanen eigenen Bewegungsweise folgen konnte, muß man sich nun einem Fremdrhythmus anpassen, sich einem äußeren Zwang unterwerfen. Dem widerspricht das Erlebnis des entspannenden sich Hingebens, des fließenden Mitgenommen-Werdens, das man beim sich Bewegen zur Musik oft verspürt.

Ich muß etwas weiter ausholen. Wir leben in einer nicht durchwegs freundlichen Welt; unsere Umwelt ist oft Barriere, Widerstand, ja, zuweilen sogar Bedrohung. Der Umgang mit ihr erfordert Wachheit, Anstrengung, Geschick, manchmal auch List. Sie gibt uns Probleme auf, sie fordert uns heraus; ihrem Widerstand zu begegnen, erbringt zwar oft besondere Genugtuung, oft aber auch Müdigkeit, Angst oder Ärger. Zuweilen aber, in glücklichen Momenten, stoßen wir auf Umwelten, die uns entgegenkommen, uns beschenken, bereichern – an Weihnachten vielleicht, im Frühling, in einer glücklichen Verliebtheit, oder eben auch beim Anhören einer schönen Melodie. Das sind Spitzenerlebnisse, die uns als Idealziele vorschweben, die wir, einmal erfahren, immer wieder einzufangen wünschen. Sie versichern uns gleichsam, daß es, mit Glück oder Geschick, gelingen wird, Welt und Ich in harmonischen Einklang zu bringen.

Dieser Einklang von Ich und Welt, diese Erfahrung von Harmonie, ist wahrscheinlich die reinste Beglückung, die uns widerfahren kann. Dies aber ist es, was der Tanze vermittelt: Die Umwelt – Musik – setzt sich spontan um in Eigenwelt – Bewegung. Wie anders beim Geräusch und beim Lärm: Hier verkrampfen wir uns, widerstreben wir einer unfreundlichen Außenwelt. Im musikalischen Mitgehen erleben wir die Widersprüche als aufgelöst, wir sind, und wäre es auch nur für kleine Zeitspannen, versöhnt mit unserer Welt. Pierre Janet, der große französische Psychologe, sprach vom «Triumphgefühl», das sich einstellt, wenn eine Handlung erfolgreich verläuft: Das Triumphgefühl ist jene besondere emotionale Hochstimmung, die uns glauben läßt, die Widerstände unserer Welt bezwungen zu haben. Genau das ist es auch, was der Tänzer – im Moment des Tanzes – erlebt.

In der Tat sind der spontane sowohl wie der gekonnte Tanz erfolgreiche Handlungen. Ähnlich wie die geglückte Abfahrt eines Skifahrers, sind sie erfolgreich nicht durch Anstrengung oder List, sondern durch die Harmonie des Mitschwingens, durch das gelöste Zueinander von Körper und Umwelt. Die Musik bestimmt einen Rhythmus, in den der Körper sich lustvoll einläßt.

Das alles vermögen die groben Kategorien unserer Sprache nur unvollkommen auszudrücken. Halten wir nur soviel fest: Im (unbekümmerten oder gekonnten) Tanz erfahren, genauer, konstituieren wir einen Einklang von Ich und Welt, eines jener Spitzenerlebnisse, die – unbewußt oder bewußt – zu Leitlinien unseres Handelns und Lebens werden. Dies gilt stärker noch für den gemeinsamen Tanz: zur Harmonie von Musik und Bewegung kann sich dann – in glücklichen Momenten – die der persönlichen Nähe gesellen. Aus solchen Erlebnissen entsteht, sagte ich, das Gefühl des Triumphes, also des Erfüllens von Sollwerten.

Die Momente des Triumphes, allerdings, sind kurz, das Erlebnis der Harmonie ist vergänglich. Verlängert man es, tanzt man bis tief in die Nacht hinein, so mischt sich Triumph mit Erschöpfung, die das Bedauern über das Ende des Glückes noch verstärkt. Unweigerlich endet so die Harmonie in dem Ungenügen des normalen Alltags: Sollwerte des Erlebens entziehen sich einem immer wieder und wecken Sehnsucht.

Tanz ist vor allem ein Erleben von Rhythmus. Deshalb kann man zu Trommeln und Pauken allein beinahe ebenso gut tanzen wie zu einem Orchester. Dennoch, die Melodie mit ihrem geruhsamen Schwingen oder belebten Hüpfen hat ihre besondere Wirkung: Man tanzt einen sentimentalen Tango und einen «lüpfigen» Ländler nicht gleich. Doch verlassen wir hier den Tanz und fragen, ob das dort Beobachtete uns im Verstehen des Kunsterlebnisses weiterhelfe. Bleiben wir vorerst bei der Musik, also dem Erleben von Rhythmus, Melodie und Harmonie.

Nicht nur Musik bewegt sich in Rhythmen, sondern auch der Körper. Man kann presto laufen, andante gehen, accelerando oder ralentando schreiten. Jede dieser Bewegungsweisen entspricht einer bestimmten Art des sich Fühlens. Anders gesagt, es sind Gefühlsweisen, die sich in Rhythmen und Dynamik der Musik ausdrücken: dem Presto entspricht das Gefühl des Erregtseins, des Vorwärtsdrängens, dem Andante das der Gemächlichkeit, der Entspanntheit, dem Largo Gefühle der Erhabenheit oder der Trauer. Solche Zuschreibungen sind nicht willkürlich, sondern gründen auf psychologischen Beobachtungen: Bei Erregtheit bewegen wir uns wirklich schneller, in Trauer langsamer, in entspannter Unbekümmertheit gemächlicher. Die musikalische Dynamik entspricht unmittelbar der Art, wie wir allgemeiner unsere subjektiven Gestimmtheiten regulieren. Darauf beruht die gefühlsmäßige Einstimmung durch den Tanz, aber auch durch das Musikhören insgesamt.

Soviel läßt sich relativ leicht verstehen. Wie aber erklären wir die Einflüsse von Melodie und Harmonik? Was ergreift uns im Thema des *Musikalischen Opfers* oder auch, viel schlichter, was macht die Anmutung eines Volksliedes aus? Zuweilen wache ich frühmorgens auf mit einer Melodie im Kopf – den Text habe ich vergessen, doch die Melodie will mich den ganzen Tag über nicht verlassen. Was, in meinem nächtlichen Traumbewußtsein, hat diese Melodie ausgewählt, und was verleiht ihr ihre Hartnäckigkeit? Was ergreift mich beim Anhören eines Musikstückes, und was mutet mich bei einem anderen als süßliche Schnulze an? Und wieso mindert sich mein Angemutetsein beim oftmaligen Hören eines anfänglich ansprechenden Musikstückes, während das unangenehme «Schnulzegefühl» trotz Gewöhnung bestehen bleibt, ja sich noch verstärkt? Alles Fragen, auf die eine Antwort nicht leicht fällt.

Fragen wir uns also einmal, was man etwa beim Anhören des Hauptthemas aus dem *Musikalischen Opfer* erlebt. Man erlaube mir, rein zur Illustration, wiederum die Analogie des Skifahrers zu benutzen. Die ersten vier Töne entsprechen dem Aufstieg; diesen folgt, im verminderten Septimensprung, ein Blick in die Tiefe, mit gleich danach einer ersten, gemächlichen Phase der Abfahrt, unterbrochen durch einen leichten Auslauf, der in eine steilere, schnellere Abfahrt mündet, die endlich in einer kleinen, fröhlichen Geländewelle ausklingt. Damit will ich natürlich nicht nahelegen, daß wir das musikalische Thema wie eine Skiabfahrt erleben, sondern nur, daß die musikalische Melodie aus Verlaufsgestalten besteht, die Analogien zu anderen Handlungsbereichen besitzen. Die chromatisch absteigende Linie des genannten Themas unterscheidet sich von dem vorangegangenen zugriffigen Aufstieg durch ein seltsam insistierendes Zögern, verstärkt noch durch die synkopenhafte Dehnung, die überleitet in das entschlossenere Absteigen und ein Aufhellen der strengen Moll-Linie in der abschließenden Modulation. Man wird bemerken, daß ich in dieser nochmaligen Schilderung des Themas nun zwar nicht Worte des Skifahrens, aber Begriffe verwendet habe – wie «zugriffig», «zögernd», «entschlossen», «streng» –, die allgemeinere Qualitäten von Handeln und Emotion ausdrücken. Wie man es auch nimmt, die Melodie erscheint als eine Analogie von Erlebnisvollzügen allgemeinerer Art. Und wenn wir dazu auch nicht tanzen, so verbindet sich die Vorstellung der Melodie doch, in meist leicht beobachtbarer Weise, mit intonierenden Muskelinnervationen: wir summen etwa leicht vor uns hin, wir regulieren unseren Atem nach Rhythmus und Bewegung der Tonfolge, wir verändern Muskelspannungen, vom Kehlkopf bis zu den Gliedmassen. Hört man bekannte Musik, neigt man oft zum Mitsingen oder Mitpfeifen – selbst bei unbekannter Musik kann man noch Spannungen und Lösungen der Skelettmuskulatur beobachten. Das heißt also, daß wir angedeutete Bewegungen, «Synkinesien», vollziehen, aber wir bilden auch Analogien, das heißt, wir verbinden das Gehörte, bewußt oder unbewußt, mit mannigfachen Vorstellungen.

Diese «Mitbewegungen» verweisen uns wieder auf den Tanz. Wie dort, wenn auch nun überwiegend innerlich, harmonisieren wir uns selbst mit der Musik, das Innen mit dem Außen. In den mannigfachen Rhythmen des Anspannens und Lösens, des Steigens und Sinkens, der Wiederholung und Variation bietet uns dieses Außen Sollwerte von Handlungsregulationen: Wir erleben ein «So müßte es sein», das wir unvermerkt auf anderes als nur das Gehörte ausweiten. Stärker als beim Tanz, der ein überwiegend körperlicher Mitvollzug ist, gesellt sich hier nun eine geistige Symbolisierung dazu.

Auf eine besondere Art von Sollwert sei noch hingewiesen. Das Thema des *Musikalischen Opfers* besteht aus zwei Tempi: einem ersten, gemächlich schreitenden, und einem zweiten, sich beeilenden. Der Wechsel von Bewegung und Ruhe, von schnell und langsam, wie auch die Variation von Figuren, entspricht einem grundlegenden Bedürfnis unseres Organismus: Wir weichen der Monotonie aus, suchen Wechsel. Damit regulieren wir unsere Wachheit, also unsere Handlungsbereitschaft. Musik bewegt sich innerhalb optimaler Bereiche des Reizangebotes; sie weicht sowohl der einschläfernden Monotonie aus, wie der ermüdenden Überstimulation: Ein Motiv in langsamen Noten wird aufgelockert durch Verzierungen, eine Sechzehntelfolge endet nach wenigen Takten in einer Pause oder einem langsameren Gegenmotiv, eine schrille Disharmonie wird aufgelöst in einen harmonischen Klang. Reizrhythmus, Reizfolgen, Reizvariation bilden nicht nur optimale Strukturen von Regulationen ab, sondern sie lösen sie auch aus: Über die Prozeße des Nachvollzugs, des empathischen Innervierens und Mitschwingens gestaltet Musik wichtige Bereiche des Innenerlebens – von daher auch die therapeutische Bedeutung der Musik. Eine Charakterisierung, die allerdings etwa für die moderne Rockmusik kaum mehr gilt.

Was haben wir so gewonnen? Der Tanz hat uns auf die Harmonisierung von Innen und Außen hingewiesen, die Überlegungen zur Melodie deckten subtilere, weniger augenfällige Prozeße auf, die jedoch ebenfalls einen Einklang zwischen dem Gehörten und uns selbst anstreben und überdies das Erleben der Musik mit Symbolqualitäten anreichern. Diese beschränken sich nicht etwa auf naturalistische Effekte wie den Schlachtenlärm in Tschaikowskys Ouvertüre *1812* oder das Gewitter in Beethovens *Pastorale*; vielmehr scheint selbst das Hören derart abstrakter Musik wie das *Musikalische Opfer* analoge Handlungserlebnisse anklingen zu lassen. All diese Prozesse schaffen das, was man die musikalische «Anmutung» nennen kann.

Was dabei der einzelne Hörer erlebt, welche Analogien er empfindet, welche inneren «Synomorphien» er erstellt, bleibt offen; wir wissen weder, was das Thema des *Musikalischen Opfers* für Bach bedeutete, noch wie es jeden von uns anspricht. Musikerleben, welche Mitvollzüge und Symbolbildungen es auch anstoße, bleibt ein privates Geschehen. Durchgängig jedoch gilt, daß dabei, im äußeren Geschehen, Ich-Sollwerte erfüllt und erfahren werden; die ästhetische Emotion erscheint somit dem Triumphgefühl verwandt zu sein.

Wie aber steht es nun mit dem Erleben anderer künstlerischer Werke? Klammern wir hier die schöne Literatur aus (sie wird uns in einem späteren Kapitel begegnen[3]) und beschränken uns auf die bildende Kunst. Vor meinem Schreibtisch hängt eine Radierung des englischen Malers Ben Nicholson. Sie zeigt nichts als die sich überschneidenden Konturen dreier Flaschen oder Vasen, leicht nach links geneigt, räumlich verschoben hintereinander stehend. Die Linksneigung der Gefäße erinnert an eine rückwärts lehnende Schrift – sie wirkt leicht zögernd; das Durchsichtige, rein Konturhafte der Flaschen unterstreicht dieses Zurückhalten, verleiht dem Bild eine Zartheit, ohne jedes Zugreifen- oder auch nur Betastenwollen, so wie etwa in späten Zeichnungen Morandis. Dennoch, während diese ihre Objekte beinahe in Licht aufzulösen scheinen, deutet die Graphik Nicholsons weder Licht noch Umwelt an: man neigt dazu, an eine reine Essenz des Objektes zu denken. Genauer: die drei Objekte sind sich selber eine ausreichende, erfüllte Umwelt, sie stehen untereinander in einer ausgewogenen, in sich geschlossenen Beziehung, in einer Konstellation von Variationen einer einzigen Form. All das läßt mich das Bild schön finden.

Ich habe dies spontan geschrieben, das Bild betrachtend, ohne viel nachzudenken – so wie ich etwa jemanden, dessen Schönheitserleben ich verstehen möchte, bitten würde, ein Objekt zu schildern, das ihm gefällt. Doch sei versucht, das Gesagte zu vertiefen. Ich habe die räumliche Neigung und Verschiebung angeführt, und dabei von Zögern, zugleich aber auch von Zartheit gesprochen; ich hob die reine, in sich geschlossene Dreierbeziehung hervor, das Essentielle der Objekte, also ein Fehlen von Zufälligem oder Nebensächlichem; endlich erwähnte ich die Konstellation variierter Formen, womit ich sowohl das räumliche Hintereinander-Gestelltsein meinte, wie auch den graphischen Einbezug in ein gedachtes Dreieck, das, wie ein umgekehrtes Segel, mit der Spitze nach unten zeigend im Raume stünde, und endlich die Variation der Flaschengestalt. Die Assoziation des Segels, die sich hier zusätzlich noch einschiebt, belegt nochmals die schwebende Leichtigkeit der ganzen Konstruktion.

Worin liegt hier nun die Schönheit? Offensichtlich nicht in einem einzelnen der angeführten Elemente, sondern in ihrer Gesamtheit. Zögern, Zartheit, ausgewogenes Zueinander, vollkommene Durchsichtigkeit, harmonische Variation von Formen, schwebende Leichtigkeit, das alles, in Worten nur ungeschickt ausgedrückt, macht die Anmutung des Bildes aus. Es ist, würde ich sagen, eine Utopie – eine Welt- oder Dingschau also, deren Inhalte sich harmonisch vereinen, wogegen Bedrohliches beherrscht, ja sogar ausgeschaltet wird. Die Utopie ist eine Konstellation von Sollwerten: In Nicholsons Bild herrscht Gleichgewicht ohne Strenge, Leichtigkeit ohne Zerbrechlichkeit, Variation ohne Wirrwar – es repräsentiert eine in sich vollkommene Ordnung.

Ich habe schon verschiedentlich davon gesprochen, daß das ästhetische Werk, um gefällig zu sein, eine «gekonnte Spur» darstellen müsse[4]. Nicholson mag sein Werk dergestalt als «Subjektivierung» der Außenwelt erlebt und daran ästhetischen Gefallen gefunden haben. Wir, die Betrachter seines Werkes, haben keine Spur gezogen, wir sind konfrontiert mit einer Ordnung, die nicht die unsere ist – woher dennoch die ästhetische Emotion?

Ich habe zu beschreiben versucht, wie ich das Bild erlebe; andere Betrachter hätten es anders geschildert – Assoziationen wie «Zögern» und «Zärtlichkeit» etwa wären wohl nicht jedermann eingefallen. Das Bild entstand somit zwar nicht durch eine eigene Handlung, doch spricht es private Sollwerte an, und diese machen es für mich relevant – eine Voraussetzung für seine ästhetische Wirkung. Zwei Fragen stellen sich dann jedoch: erstens, was das für Sollwerte seien, und zweitens, welche Art von Handeln denn das *Betrachten* sei.

In der Tat, die ästhetische Wirkung entspringt nicht *irgendwelchen* Sollwerten. Mancherlei Verwirrung in der Kunst entsteht daraus, das nicht verstanden zu haben. Insbesondere totalitäre politische Systeme neigten zu glauben, die Darstellung *moralischer* Sollwerte vermöge ästhetische Wirkungen zu erzielen. Nun gibt es natürlich eine Vielzahl von Kunstwerken moralischen Inhalts – die ganze christliche Kunst belegt es. In neuerer Zeit verkünden etwa Goyas *Der 3. Mai 1808* (die Erschießung von Straßenkämpfern durch französische Soldaten) oder Picassos berühmtes *Guernica* eine unverkennbar moralische Botschaft; Käthe Kollwitz, Max Beckmann, Otto Dix und manche andere «engagierte» Künstler haben moralisch intendierte Werke geschaffen. Dennoch reicht der moralische Inhalt nicht aus, um die ästhetische Emotion zu erklären – andernfalls wären die Kriegsfotos von Robert Capa größere Kunst.

Moral lebt aus der Spannung zwischen dem Guten und dem Bösen, oder dem, was uns bewahrt, und dem, was uns bedroht. Kein Zweifel, auch der Künstler ist in diese existentielle Spannung hineingestellt, und es wäre seltsam, wenn sie in seinem Werk nicht irgendwie Ausdruck fände. Selbst ein derart abstrakter Künstler wie Mondrian war vom Gedanken besessen, ein «Exemplum reinster Ordnung» zu schaffen, um damit die Unordnung aus der Welt zu verbannen: seine so asketischen Linien und Farben verfolgten ein moralisches, ja sogar ein moralisch-magisches Ziel. Aber sie stellten eben gerade keine moralischen Inhalte dar – sie waren kein Abbild von Tod und Armut, Habgier und Prostitution, Angst und Grausamkeit; im Gegenteil, sie waren ein Versuch, Symbole einer Ordnung zu gestalten, die sich, durch ihre *formalen Qualitäten*, dem Bösen entgegensetzte.

Mondrian arbeitete mit schlichten Linien und einfachen Farben, und er glaubte, sie dergestalt in Beziehung setzen zu können, daß ihnen Macht zum Guten innewohne. Irgendwie muß es eine Entsprechung gegeben haben zwischen diesem künstlerischen Bemühen und dem Alltag seines Handelns. Nicholson schreibt über einen Besuch in seinem Atelier: *«Was ich am stärksten erinnerte, war das Gefühl von Licht in seinem Raum und die Momente des Schweigens während und nachdem er sprach. Das Gefühl in seinem Atelier mußte dem Gefühl in einer jener Einsiedlerhöhlen ähnlich gewesen sein, zu denen die Löwen kamen, um sich Dornen aus ihren Tatzen entfernen zu lassen.»* [5] Es fiele schwer zu sagen, daß Mondrian sich so verhielt, wie er malte, aber irgendwie müssen Werk und Handeln in geheimnisvoller Weise miteinander kommunizieren.

Werk und Handeln kommunizieren miteinander – bringt uns das dem Problem der Sollwerte näher? Betrachten wir nochmals Nicholsons Radierung: Durchsichtiges Glas, sanfte Konturen, verbindende Konfiguration und doch Getrenntsein, Abwechslung von Formen, zögernde

Hinwendung, sind das nicht irgendwie auch Handlungswerte? Durchsichtigkeit, also Öffnung und Klarheit; Sanftheit; Gemeinsamkeit, in der man sich selbst bleibt; Variationen eines konstanten Themas; Hinwendung und trotzdem Gefestigtsein – all das sind doch Sollwerte des Handelns oder, genauer, Sollwerte von Bezügen zwischen Ich und Welt. Die musikalischen Rhythmen und Melodien, so sahen wir, bilden ideale Verlaufsformen von Handlungen ab; ähnliches scheint beim visuellen Kunstwerk der Fall zu sein. Es ist moralisch durch seine formalen Gleichgewichte eher als durch seine Inhalte.

Das dürfte etwas klarer werden, wenn wir uns unserer zweiten Frage zuwenden, nämlich, was für eine Handlung das *Betrachten* eines Kunstwerkes sei. Ich wies schon darauf hin, daß, wie ich Nicholsons Bild beschrieb, nicht unbedingt der Sicht eines anderen Betrachters entspricht; zwischen Bild und Betrachter entsteht ein individueller Bezug. Was bedeutet das?

Das musikalische Werk verläuft in der Zeit, und so entgleitet es einem. Der Hörer kann ihm nur erinnernd zu folgen suchen. Das visuelle Kunstwerk dagegen läßt dem Beschauer beliebig lange Zeit. Betrachten bedeutet also Verweilen, und während dieses Verweilens wandert der Blick von einem Bildteil zum andern, man zieht Vergleiche, bildet Assoziationen, erstellt aber auch jene posturalen und emotionalen Empathien, von denen wir schon sprachen: Beim Betrachten von Hodlers *Holzfäller* etwa ahmt man, imaginierend, unwillkürlich dessen Stellung und Bewegung nach, und vor Goyas *3. Mai 1808* übernimmt man empathisch die Haltungen des Schreckens, der Angst und der Hingabe der Opfer vor den fremden Gewehren. Das sind keine äußerlichen Nachahmungen, sondern innere Nachvollzüge.

Die sich indessen nicht auf das Betrachten von Personen beschränken. Wenn ich, bei Nicholsons Vasen, von «zögernder Hinwendung» spreche, so verweist das auch schon bei Raumrichtungen auf solche Nachvollzüge: Das Senkrechte läßt uns emporblicken oder uns recken, das Waagrechte legt ein Vorwärtsbewegen nahe, der Kreis dagegen Sammlung und Ruhe, und diese rein formalen posturalen Bezüge haben ihre inhaltlichen Konnotationen – eben etwa «zögernde Hinwendung».

Zu solchen posturalen Nachvollzügen gesellt sich eine perzeptive Einstimmung: Ähnlich wie musikalische Monotonie und Wechsel, erleben wir visuelle Gleichförmigkeit und Variation je nachdem als ermüdend oder angenehm; anders gesagt, wir bewerten die wahrgenommenen Konstanzen und Veränderungen mit unseren persönlichen «Reizoptima».

Natürlich erstellen wir beim Betrachten auch symbolischen Sinn: «Durchsichtig» fand ich Nicholsons Vasen und meinte damit, daß kein Gegenstand den andern verdecke, daß jeder seine eigene Form bewahre, ohne die des anderen zu begrenzen. Das mag eine reine Beschreibung sein, zugleich aber auch ein Gleichnis, eine Idee. Ob Nicholson das so gemeint hat, ob ein anderer Betrachter es so sähe, bleibt hier ohne Belang: wichtig ist einzig, daß ich es so *erlebe*, daß es *mir* als eine Besonderheit des Bildes erscheint. Ich gebe ihm keine objektive Bedeutung, sondern verleihe ihm meinen privaten Sinn.

Solche «ideationale Symbolik»[6] ist oft komplex. Schon in der schlicht gegliederten Radierung Nicholsons fanden wir Analogien zu Hinwendung und Zusammensein, zu Zärtlichkeit oder Transparenz. Betrachten wir aber ein Bild wie Manets *Frühstück im Grünen* oder gar Picassos *Guernica*, so vervielfacht sich deren Symbolik, und mit ihr die Anregung zu Nachvollzügen: Nachvollzüge, die bald spontane Zustimmung bewirken, bald eher zögernde Zweifel. Man frägt dann gleichsam das Bild: «Wieso? Was ist der Sinn?» Oder man sagt gar: «Nein! So nicht!» So interagiert man mit dem Wahrgenommenen, mißt es an eigenen Einstellungen und Werten, und wo einem eine ausreichende Kongruenz zu mangeln scheint, verwirft man es.

Solche Ablehnung mag endgültig sein, doch zuweilen verändert sich auch ein Bild beim Betrachten; genauer müßte man sagen: *wir* verändern es. Ich habe vor einiger Zeit einige Überlegungen zu Picassos *Guernica* geschrieben[7], ein Bild, das ich anfänglich chaotisch, ja häßlich fand, das mich dann aber immer stärker beeindruckte. So zu Betrachten, ist allerdings kein unreflektiertes Anschauen mehr: Ich ging dabei nicht nur der inneren Struktur des Bildes nach und verglich es mit anderen Werken Picassos, sondern veränderte allmählich auch meine Beziehung zu seinen Inhalten – Picassos Kampfstiere oder sein Minotaurus symbolisierten unvermerkt nicht mehr nur seine, sondern auch meine Aggressivität, und die Frau, die so herrisch ihre Lampe aus dem Fenster reckt, berührte eigene erotische Vorstellungen. Kurz, auch bei solch objektivierendem Betrachten wirken private Nachvollzüge mit.

Beim Betrachten vergleichen wir also nicht einfach ein Bild mit eigenen Sollwerten; wir *erstellen* vielmehr eine Beziehung, und wir erwarten überdies, daß die Aussage des Bildes diese Sollwerte erfülle: Es muß das Ungenügen an der Wirklichkeit als überwindbar erscheinen lassen. Selbst über das Schreckliche, wie im *3. Mai 1808*, legt Goya eine Harmonie von Licht und Schatten, fügt es ein in ein Gleichgewicht von Formen, die den Schrecken wieder aufheben. Doch auch solches soll das Bild, wie subtil auch immer, als eine Möglichkeit unseres Strebens nahelegen; es fordert einen idealisierenden Nachvollzug.

Gelingt uns dieser, so wird das Bild zu einem Symbol privater Sollwerte, es repräsentiert ein Stück Welt, in dem wir uns zugleich wiedererkennen und wiedererkennen möchten: also nicht wie in einem

Spiegel, der unsere Flecken und Falten einfach wiedergäbe, sondern wie in einem, der unsere Mängel sowohl aufwiese wie sinnhaft transformierte. Das sind zwar recht unwissenschaftliche Formulierungen, doch müssen sie es wohl bleiben, weil die subjektive Rezeption des Kunstwerkes kein meßbares Phänomen ist, sondern in subtiler Weise sowohl reale wie fantasmische Bezüge zwischen einem Ich und seiner Welt gestaltet.

II

Ist das aber nicht eine ungebührliche Idealisierung? Wie steht es denn mit dem *Häßlichen* im Kunstwerk? Was für Sollwerte können wir in den Höllenbildern von Hieronymus Bosch, in Goyas *Schrecken des Krieges*, in den grausamen Stierkampfszenen Picassos, in den Schützengrabenbildern von Dix oder in den sozialen Anklagen von Käthe Kollwitz erkennen? Ja, kennzeichnet nicht das Häßliche, seit Picasso, weite Bereiche der gegenständlichen Kunst – von verzerrten Gesichtern und verrenkten Körpern bis zu Darstellungen von Schmutz, Blut und Tod?

Manches daran ist verbrämte Ideologie: So eben, erklärt man, wird der Mensch geschunden und gequält, zu allen Zeiten und überall. Picasso, meine ich, war ehrlicher: Er hat nicht verhehlt, daß er das Menschenbild aus Experimentierfreude, aus Neugierde, aber auch aus sadistischer Lust zerstückelte und verfremdete. Er konnte abgründig häßliche, aber auch zart schöne Frauenbilder malen – die schönen, wenn er harmonisch verliebt war, die häßlichen, in Konflikten und Überdruß, wie wenn er zerstören wollte, was ihn ärgerte. Häßliches zu gestalten, erfordert, scheint es, bestimmte Motivationen. Welcher Art sind die?

Das Häßliche bedroht. Damit gehört es unausweichlich zu uns. Menschsein heißt bedroht sein, was das dauernde Bestreben einschließt, Bedrohungen auszuweichen, vorzubeugen oder sie, gegebenenfalls, zu bestehen. Gefährdung ist somit eine Grundqualität unseres Seins, das Yin, das zum Yang gehört wie die Nacht zum Tage. Ihr verdanken wir die Entwicklung unserer Intelligenz, unserer Kultur und Technik, aber auch das Erträumen von Utopien einer heilen Welt. Das Kunstwerk nun, so schienen uns Nicholson oder Mondrian zu verdeutlichen, ist Utopie, Symbol einer Welt, die den Sollwerten – also Idealen, Wünschen, Hoffnungen – unseres Ich entspricht; es ist, in Mondrians Worten, Exemplum einer reinsten Ordnung.

Eine solche Ordnung zu schaffen, erfordert das Bewußtsein von Gegen-Ordnung, von Bedrohtheit der Utopien. Das weckt die Angst, auf Hoffnungen verzichten zu müssen, und damit unvermeidlich auch die Angst vor Selbsteinbuße. In solcher Bedrohtheit suchen wir entweder unsere Utopien immer erneut zu bestätigen – so etwa der Künstler, der zwanghaft, kaum hat er ein Werk vollendet, schon wieder ein neues beginnt; oder wir stellen uns der Angst, suchen sie zu konkretisieren und zu orten, um sie so bannen oder bekämpfen zu können. Beides sind Strategien des Umgangs mit dem Bedrohlichen. Vor den häßlichen, erschreckenden afrikanischen Bildwerken und Masken sagte Picasso: «*Ich habe verstanden, wozu sie ihre Plastiken brauchen, die Neger... Sie waren Waffen. Um den Menschen zu helfen, nicht mehr den Geistern unterworfen zu sein, unabhängig zu werden. Werkzeuge. Wenn wir den Geistern eine Form geben, werden wir unabhängig. ...Ich verstand, warum ich Maler war.*»[8]

Es gibt noch eine dritte Strategie des Umgangs mit dem Bedrohlichen. Anders als etwa Goya oder Hieronymus Bosch, die das Bedrohliche formal schön darstellten, macht die moderne Kunst es oft zum Nur-noch-Häßlichen – etwa Baselitz oder Bacon – oder zum Abstrusen und Ironisierten, wie Marcel Duchamps mit seinen verfremdeten Objekten. Immer indessen, anders als in der rein dokumentarischen Fotografie, wird es *gestaltet*. Ich habe mich zuweilen gefragt, was es für Picasso bedeutete, einen Frauenkörper zu zerstückeln und dann, auf seine Weise, zu einem häßlichen Gebilde zusammenzufügen – wie etwa in den Bildnissen der weinenden Dora Maar. Was es auch war, um das Häßliche zu schaffen, maßte er sich gleichsam die Macht des Zerstörers an. Das Kunstwerk, sagte ich, sei eine «gekonnten Spur», die Selbstbestätigungen vermittle; auch das Häßliche bildet Spuren: anstatt indessen Sollwerten konkrete Form zu geben, verneint es sie. Um einen Stier zu zeichnen, der einem Pferd die Därme aus dem Bauch reißt, mußte Picasso unausweichlich die Wut des Stieres sowohl wie das Leiden des Pferdes nachempfinden – das Schreckliche kann nicht ein Äußeres bleiben, das man unbeteiligt kühl gestaltet. Sich derart mit dem Zerstörerischen zu identifizieren, ist die dritte Strategie des Umgangs mit dem Häßlichen: Man verbündet sich gleichsam damit; um seiner Drohung zu entgehen, macht man sich selbst zum Bedroher. Das mindert die Angst, vermittelt Gefühle von Macht und vielleicht auch die Lust sadistischer Neugier – und so kann, das Häßliche zu erschaffen, durchaus Verstärkungen des Ich bewirken.[9]

Man mißtraue somit jenen Künstlern des Häßlichen, die versichern, ihre Werke entspringen der moralischen Entrüstung über das Üble in der Welt; dem mag so sein, doch ihre wirklichen Motivationen sind wohl komplexer: Hätte Picasso etwa die Lust zugegeben, die er – höchstwahrscheinlich – beim Zeichnen grausamer Stierkampfszenen empfand? Der Kunsthistoriker Huygue berichtet, Goya hätte in seinem Alter mit einer «Art krankhafter, sadistischer Befriedigung» blutige Bilder gemalt[10] – war etwa sein *3. Mai 1808* allein Ausdruck patriotischer Entrüstung? Wenn das Entsetzen uns anzieht, wenn wir versuchen, es zu gestalten, das Sterben des einen, das Blut des andern zu malen, werden wir durch vielfältige, komplexe Emotionen bewegt, Faszination sowohl wie Abscheu, Neugierde sowohl wie Angst, Lust sowohl wie Schmerz, und unter all diesen Affekten mögen die einen oder andern überwiegen und unser bewußtes und unbewußtes Erleben bestimmen. Lust aber, die Faszination durch das Übel, wird dabei kaum je fehlen – andernfalls zöge man es wohl vor, wie Mondrian dem Bedrohlichen das Schöne entgegenzusetzen.

Soviel zum Maler des Häßlichen. Wie aber steht es mit dem Betrachter? Welche Art ästhetischer Emotion kann das Häßliche hervorrufen? Ich will von jenen Betrachtern absehen, die dem Häßlichen in der Kunst einfach deshalb zustimmen, weil es Mode ist; ich will auch jene ausschließen, die – einem alten Mißverständnis erliegend – etwas schön finden, weil es einer Ideologie entspricht. Dann bleiben, meine ich, zwei Möglichkeiten übrig. Die eine ist die Reaktion vor Bildern, die die Anti-Ordnung in eine Ordnung zwingen. Hieronymus Bosch zählte ich schon zu diesen, sowie Goyas *3.Mai 1808* und Picassos *Guernica*: Hier widersetzt sich die Harmonie von Form und Farbe den bedrohlichen Inhalten. Es ist, wie wenn das Bild den Betrachter aufforderte, Bedrohung zugleich mit Ordnung nachzuvollziehen und in Relation zu setzen. Dabei mag, je nach Person und Gestimmtheit, das eine oder das andere obsiegen, doch solche Werke erlauben jedenfalls, Sollwerte zu bestätigen, ja, sie als dem Bedrohlichen überlegen zu empfinden.

Anders ist es mit der reinen Anti-Ordnung, der künstlerischen Darstellung von Zerfall, Zerstörung, Misere in ihrer brutalen Häßlichkeit. Das schockiert, denn es konfrontiert den Betrachter mit der Bedrohtheit seiner Sollwerte – eine Konfrontation, der wir auszuweichen, ein Wissen, das wir zu verdrängen neigen. Doch daraus entsteht Konflikt, ein Zwiespalt zwischen Hoffnung und Angst, zwischen Geborgenheit und Gefährdung; Sollwerte werden nicht mehr bestätigt, sondern fragwürdig. Die Konfrontation mit dem Bedrohlichen ist absolut: Wir wissen, daß es letztlich obsiegt; deshalb auch ist Mondrians «Exemplum reinster Ordnung» immer transzendent: Die Unordnung in unserer Welt kann nur durch eine Überwindung der Welt selbst aufgehoben werden.

Auch die Kunst des Häßlichen also induziert Nachvollzüge, wiederum posturaler, perzeptiver und ideatorischer Art, doch diese Nachvollzüge machen das anscheinend äußere auch zu einem inneren Chaos. Wir können darauf verzweifelt oder resignierend reagieren, im besten Falle werden wir unsere Sollwerte verstärken, ja sogar neue Utopien erdenken. Dann hat der Schatten des Häßlichen dem Lichten der Schönheit Kontur verliehen, ähnlich wie in der dissonanten Musik: sie weckt im Hörer die Sehnsucht nach Harmonie und überläßt es ihm, sie zu finden. Das Häßliche kann uns aber auch mit dem eigenen «fremden Inneren» konfrontieren [11], und dadurch vielleicht sogar erleichtern: Indem es das

«Amorphe» in uns greifbar macht und so das Bewußtwerden unserer selbst fördert.

Schönheit liegt somit, würden wir folgern, sowohl in der Hand des Künstlers wie im Auge des Betrachters. Indem dieser die Inhalte des Bildes nachvollzieht, ist er zugleich schöpferisch: Er gestaltet neu, was der Künstler vorlegt, und mag dabei dessen Intention nahe bleiben oder über sie hinausgehen. Diesem Einfühlen, Eindenken, Nach- und Neuschaffen entsprechen Gefühle des Triumphes, des Handlungsvermögens und somit der Selbstverstärkung – das begründet die therapeutische Wirksamkeit des künstlerischen Tuns wie Genießens. Das Schöne ist Utopie, es verwirklicht Sollwerte unseres Wollens und Seins, ist «Exemplum reinster Ordnung»; das Häßliche dagegen ist Anti-Ordnung, ein Schatten des Schönen, die Nacht, ohne die es den Tag nicht gäbe: Denn die Ordnungen, die wir erstreben, sind nicht nur bedroht, sondern erst die Bedrohtheit macht sie erstrebenswert. Kunst kann das Erschreckende in eine Ordnung zwingen, kann durch die Schönheit der Form das Häßliche des Inhaltes aufheben; sie kann es aber auch ungemildert gegenwärtig machen und uns dadurch zu schöpferischen Reaktionen veranlassen: Denn immer werden wir dem Bedrohlichen die Utopie entgegensetzen – unsere Niederlage ist zwar unausweichlich, aber wir akzeptieren sie nie.

Ich neige mich über eine Blume und sage: Ach, ist sie schön! Ich stehe vor ihr mit der wehmütigen Sehnsucht dessen, der ein Exemplum vollkommener Ordnung sieht und weiß, daß es welken wird, weiß, daß der Alltag auch Disteln enthält; und dennoch gelingt mir immer wieder der Mut, diese Blume als ein Symbol eigener Sollwerte innerlich nachzuschöpfen. Nicht so schön, aber dennoch ähnlich wie Rilke es tat, wenn er (in den «Sonetten an Orpheus») sagte:

Rose, du thronende, denen im Altertume
warst du ein Kelch mit einfachem Rand.
Uns aber bist du die volle zahllose Blume,
der unerschöpfliche Gegenstand.
In deinem Reichtum scheinst du wie Kleidung
um Kleidung um einen Leib aus nichts als Glanz;
aber dein einzelnes Blatt ist zugleich die Vermeidung
und die Verleugnung jedes Gewands.
Seit Jahrhunderten ruft uns dein Duft
seine süßesten Namen herüber;
plötzlich liegt er wie Ruhm in der Luft.
Dennoch wir wissen ihn nicht zu nennen, wir raten...
und Erinnerung geht zu ihm über,
die wir von rufbaren Stunden erbaten.

Anmerkungen

[1] Auf folgende – unter vielen – Arbeiten sei verwiesen: Allesch, C. G., 1987; Boesch, E. E., 1975, 1983, 1991/1995.

[2] Boesch, E. E., 1976, 1991.

[3] Siehe hier «Vom Epos zum Haiku».

[4] Siehe hier auch das vorherige und das folgende Kapitel.

[5] Summerson 1948, S. 12.

[6] Boesch, 1991, Kap. 4.6.1.

[7] Boesch, 1991/1995, Kap. 7.

[8] In Mailer N., 1996, S. 305.

[9] Siehe dazu auch die Kapitel «Das äußere und das innere Fremde» und «Die Maske und das Böse».

[10] Huygue, R., 1965, S. 130.

[11] Siehe Anmerkung 9.

Der Ton der Geige[1]

Warum wohl will ich mich, als Psychologe, mit dem Ton der Geige befassen? Er ist weder eine Verhaltensweise, noch ein Objekt – hätte mich etwa Verlaines Vers beeindruckt: *«Les sanglots longs du violon de l'automne blessent mon coeur d'une langueur monotone...»*? Oder hätte Isaac Sterns Spiel einer Brahms-Sonate den Wunsch geweckt, mein Angemutetsein zu verstehen? Vielleicht aber erspüre ich auch, intuitiv, im Geigenton eine symbolische Bedeutung, die über das musikalische Erlebnis hinausreicht. Das Thema verlockt mich jedenfalls, und so will ich mich auf diese Verlockung einlassen – unwissend, was sich daraus ergeben wird.

Beginnen wir mit dem Offensichtlichen (oft nicht der schlechteste Beginn): Der Ton der Geige entsteht durch ein Handeln – ihn zu erzeugen, muß jemandes Ziel sein. Eigentlich ein nicht leicht verständliches Ziel – flüchtig, vergänglich, ohne praktischen Nutzen, entzieht es sich einem, kaum hat man es erreicht. Was sind das für Handlungen, die derart nutzlose Ziele verfolgen, wie das Betrachten einer Blume, das Genießen einer Landschaft, das Lesen eines Gedichtes, das Bauen einer Sandburg – oder eben das Spielen einer Geige? Wir neigen dazu, den Sinn einer Handlung nach dem Nutzen ihrer Ergebnisse einzuschätzen – und da kann das reine Produzieren von Tönen kaum viel bedeuten. Die Frage scheint über das Geigenspielen hinauszureichen.

Ich bin selbst nicht Geiger. Zwar habe ich früher recht anständig Flöte gespielt und müßte mich eigentlich fragen lassen, wieso ich nicht eher dem Flötenton nachforsche. Die Phänomene, um die es hier geht, scheinen mir bei der Geige ausgeprägter zu sein – eine unvollständige Antwort, doch soll sie genügen. Zudem meine ich, durch häufigen Umgang mit Geigern so viel Einsicht in die Probleme des Instrumentes gewonnen zu haben, daß meine Überlegungen nicht allzu weit in die Irre gehen. Erfahrene Violinisten haben mich darin bestärkt.

Ich will im folgenden zuerst betrachten, wie die Geige sich aus primitiven Anfängen zu dem Instrument entwickelte, das wir heute kennen – was ich hier ihre «Phylogenese» zu nennen vorschlage. Als zweites möchte ich mich der «Ontogenese» des Geigers zuwenden, dem Prozeß also, in dem das fremde Objekt zu seinem Instrument und er selbst zu seinem Spieler wird. Dann erst soll uns das eigentliche Thema, der «schöne Ton» und die schöne Melodie beschäftigen, um daran die intime

191

Bindung von Objekt und Handelndem zu verdeutlichen – ein Paradigma vielleicht für die kulturelle Beziehung zwischen Mensch und Objekt überhaupt.

Die «Phylogenese» der Geige

Die Geige ist ein menschengemachtes Objekt, das, anders als etwa Blas- oder Schlaginstrumente, kaum aus Vorgaben der Natur entstehen konnte. Zwar war wohl schon einem urzeitlichen Jäger das Sirren der Bogensaite beim Abschießen eines Pfeiles vertraut, doch, auf seine Beute konzentriert, wird er es gewöhnlich kaum beachtet haben. Anders eher beim Aufziehen einer neuen Saite und dem Testen ihrer Spannung, beim Vergleichen von Bögen verschiedener Größe und Biegsamkeit: Hier wurde, neben der Kraft, die das Ziehen erforderte, der Schwirrton der Saite zu einem Kriterium für die Tragweite der Waffe; doch auch dies gab dem Ton nur eine instrumentelle Bedeutung. Der Jäger mußte, über das rein technische Interesse hinaus, eine besondere Sensibilität für die *ästhetische* Qualität des Tones entwickeln, um zu entdecken, daß das Sirrgeräusch der Saite zum *Klang* wird, wenn man sie nur sanft anzupft, und um mit den Klängen verschiedener Bogenlängen und Saitenspannungen zu spielen. Bei solchem Spiel stellte er vielleicht einmal zufällig das Bogenende auf eine Kürbisschale und entdeckte so die Verstärkung des Klanges durch einen Schallkörper. So etwa könnte man sich vorstellen (denn Genaueres weiß man nicht), daß das primitivste der Zupfinstrumente entstand, der Stamm gleichsam, aus dem sich dann, in einer langen Geschichte, die verschiedenen Arten der Saiteninstrumente entwickelten. Die Analogie zur Phylogenese im Reich der Lebewesen liegt nahe.

Solch primitive Zupfinstrumente existieren noch, wenn sie auch meines Wissens nicht mehr gespielt werden. Im thailändischen Nationalmuseum befinden sich Exemplare, genannt *phin*, die im wesentlichen aus einem Bogen mit einer einzigen Saite bestehen, an einem Ende mit einer halben Kürbisschale als Schallkörper bestückt (Anhang, Bild 2[2]). Sie sind die Vorläufer mehrsaitiger Zupfinstrumente vom Typ der Zyther, die sich dann im Laufe der Zeit zu den Lauten, Gitarren, Harfen, Spinetten, Cembali und letztlich dem Klavier differenzierten.

Die Entwicklung des Streichinstrumentes erforderte allerdings eine dritte Erfindung: die des Bogens. Vielleicht stieß unser spielender Jäger auch durch Zufall darauf, indem er etwa mit einem Stab oder einem zweiten Bogen über eine Saite strich und fand, daß der Ton sich dadurch dehnen ließ. Wie dem auch sei, das Entdecken des Klingens einer Saite, des Schallkörpers und des Streichbogens, notwendige Voraussetzungen für die Geige, mögen uns im Rückblick naheliegend erscheinen, doch, wie alle Erfindungen, erforderten sie ein «Umpolen» der Aufmerksamkeit, hier also eine Öffnung für ästhetische Qualitäten des Erlebens, und damit zugleich die Entwicklung einer neuen Dimension des Handelns. Die ersten «Geigen», die so entstanden, sollen zwei Arten von primitiven Instrumenten gewesen sein.

Das eine bestand aus einem Hohlkörper – einem Bambusrohr, einer Kokos- oder einer Kürbisschale zum Beispiel –, den man durchbohrte; in den Löchern befestigte man einen Stab, über den sich dann eine oder zwei Saiten spannen ließen. Eine zweite Art der Konstruktion benutzte ein langes Stück Holz, dessen eines breites Ende man aushöhlte und mit einer Tierhaut überzog; das andere Ende lief dünn aus und erlaubte so ebenfalls das Spannen und Greifen von ein, zwei, zuweilen auch drei Saiten. Diese zweite Grundform entsprach dem arabischen *Rabab*, das zum europäischen *Rebec* wurde, heute aber meines Wissens nicht mehr benutzt wird; die erste dagegen existiert immer noch in weiten Teilen Asiens, insbesondere in China und Thailand. So etwa die siamesische *soo*[3] uu, die eine mit einer Tierhaut bespannte Kokosnußhälfte als Klangkörper benutzt; ein Stab aus Hartholz hält zwei Saiten mit den langen Stimm-Wirbeln (Anhang, Bild 3). Eine Variante wird aus einer größeren (und selten vorkommenden) Kokosschale gefertigt und mit drei Saiten bespannt (die *soo saam saai*, «Drei-Saiten-Geige»). Vor allem die *soo uu* ist auch heute noch ein Standardinstrument thailändischer Musikgruppen. Ein anderes Instrument, in Thailand *soo duang* und in China *hu* genannt, benutzt, bei sonst gleicher Konstruktion, ein Stück Bambusrohr als Klangkörper.[4]

Schon diese primitiven Instrumente weisen übrigens die wichtigsten Bestandteile unserer Violine auf: Der Klangkörper (das Corpus), der Hals und die mit Wirbeln stimmbaren Saiten, die, in Analogie zum «Steg» der Geige, über ein gerolltes Stück Stoff laufen; das über den Corpus gespannte Fell übernimmt die vibrationsverstärkende Funktion der «Decke» bei der Geige, und anstelle der *f*-Löcher wird die Kokosnuß der *soo uu* oft dekorativ durchbohrt – ob nur zur Verzierung oder auch zur Beeinflussung des Tones, weiß ich allerdings nicht. Auf die Deckhaut der «Drei-Saiten-*soo*» wird meist ein – oft hübsch geschmücktes – Metallplättchen aufgeklebt, genannt *thuang*; es soll exzessive Tonschwingungen dämpfen, reguliert also, wie der innere «Stimmstock» der Geige, den Ton (wenn auch auf andere Weise). Die asiatischen Musiker haben so, offensichtlich unabhängig vom europäischen Geigenbau, analoge Lösungen gefunden, um ihre Instrumente zum Klingen zu bringen.

Die Thais, vermutet man, übernahmen die *soo* von den alten Khmer, wahrscheinlich etwa im 12. Jahrhundert, und die Einführung des arabischen *Rabab* und der turkmenischen *Fidel* in Europa wird ungefähr ins 11. Jahrhundert datiert[5]. Während indessen die asiatischen Streichinstrumente – so viel man weiß – unverändert blieben, wurden die primitiven Grundformen in Europa mannigfach um- und neugestaltet, vielfältig benannt, wie Rebec, Fidel, Lira, Viola, Vielle, Geige, Violine, Gambe – eine Geschichte, die anmutet wie ein wildwüchsiges Ausprobieren aller denkbaren Varianten. Erst im 16. und 17. Jahrhundert konzentrierte sich dieser Wildwuchs an Streichinstrumenten allmählich auf die heute üblichen Formen, die nur noch in Details verändert wurden.

Während dieser langen Zeit experimentierten die Geigenbauer so ziemlich mit allen Bestandteilen des Instrumentes und Techniken des Handwerks – man veränderte die Form des Corpus, die Länge des Halses, die Neigung des Griffbrettes, die Zahl und das Material der Saiten, versuchte verschiedene Hölzer, Leime und Lacke, variierte die Form des Steges, die Stärke des Baßbalkens, die Position des Stimmstocks, die Länge, Biegung und Behaarung des Bogens, und was sonst noch an Details denkbar war. Man stelle sich etwa vor, wie viel langwieriges Probieren es brauchte, um herauszufinden, daß die mittleren der drei Schichten von Schafdärmen die besten Saiten ergaben, oder daß das Holz der langsam wachsenden Bergfichten für die Decke des Corpus besonders geeignet war; einen elastischen Lack zu entdecken, der das Holz schützte, ohne sein Schwingen zu dämpfen, war offensichtlich so schwierig, daß man das Rezept als ein Geheimnis hütete – es soll bis heute nicht gelüftet worden sein. Von Interesse ist, daß man bei diesem Suchen und Probieren auch die Volumen der Klangköper variierte und so allmählich die verschieden großen Instrumente baute, die erst den homogenen Klang ganzer Streichorchester ermöglichten – etwas, das die asiatischen Ensembles nur bei den Schlaginstrumenten verwirklichten.

Wir hätten also, ausgehend von einer vermutlich gleichen Urform, ein Streichinstrument, das in Asien unverändert blieb, in Europa sich dagegen vielfältig aufspaltete, bis dann, nach längerer Zeit, eine dominierende Form sich durchsetzte. Was kann diesen Unterschied bedingt haben? Es gibt auf die Frage keine sichere Antwort, doch seien einige Überlegungen versucht. Daß die Asiaten weniger musikalisch wären als wir, kann der Grund nicht sein; könnte die Ursache dann eher in unserer Neigung zum technischen Pröbeln und Vervollkommnen liegen? Daß etwa aus primitiven Webgeräten moderne Webstühle wurden, verstehen wir leicht: Sie verbessern sowohl die Handhabung wie das Produkt. Gälte etwa Gleiches auch für die Geige?

Wohl nur begrenzt. Die siamesische *soo* ist leichter zu spielen als unsere Violine, und gleiches galt wohl auch für jene mittelalterlichen Gamben, die man auf den Oberschenkel aufstützte und deren Griffbrett mit Bünden versehen war. Die barocke Form der Geige, mit den funktional eher überflüssigen Zargenecken, erfand man ebenfalls wohl kaum zur besseren Handhabe – eine schlichte Einkurvung an der «Taille», wie etwa bei früheren Fidelformen, hätte ja zur Rundführung des Bogens genügt. Wäre also vielleicht unseren Geigenbauern die Schönheit der Form ebenso wichtig gewesen wie die Handhabung? Die kunstvollen Gebilde von Stegen, die Eleganz der «Schnecke», bis hin zu Intarsien des Geigenkörpers, scheinen dies nahezulegen.

Indessen finden wir analoge Verschönerungen auch bei der siamesischen _soo_: der Kokosnuß-Klangkörper wurde dekorativ geschnitzt, die Wirbel aus Elfenbein gearbeitet, ebenso wie Teile des Saitenstocks, und bei der Drei-Saiten-_soo_ erwähnte ich schon die Schwingungsdämpfer auf der Deckhaut, oft aus kostbarem Material bis hin zu Edelsteinen gefertigt.

Doch um solche Verschönerungen ging es den europäischen Geigenbauern und Musikern kaum vorrangig. Wichtiger als diese, wichtiger selbst als die Handhabung, war ihnen wohl der _Ton_, genauer, der _schöne Ton_, und diesem opferten sie sogar die leichte Spielbarkeit: So ließ man die Bünde des Griffbretts weg und begann, die Geige zwischen Kinn und Schlüsselbein zu halten, was beides das Spiel zwar erschwerte, dafür aber das Vibrato und damit einen wärmeren Ton ermöglichte.

Die siamesische _soo_ war leicht zu handhaben und bot von daher kaum Anlaß, das Instrument zu verändern; doch auch das Suchen nach dem schönen Ton mußte den Musikern wohl weniger bedeuten. Selbst die Drei-Saiten-_soo_, obwohl nach allen Berichten von schönerem Klang als die _soo uu_, setzte sich in der thailändischen Musikpraxis nicht allgemein durch. Das mag soziale Gründe gehabt haben: Einmal diente Musik in Thailand überwiegend dazu, Tanz und Theater zu begleiten; dazu kommt, daß nach der Tradition angehende Schauspieler oder Musiker rituell in die lange Ahnenreihe ihrer Lehrer eingebunden werden mußten, was ihnen auferlegte, sie zu verehren und ihrem Vorbild zu folgen[6] – das Instrument zu verändern, hätte somit kulturelle Regeln verletzt. Endlich konnte, da die buddhistische Lehre das Musizieren in Tempeln untersagt, keine geistliche Musikkultur entstehen – die Suche nach dem schönen Klang aber, so werden wir sehen, nährt sich aus einer spirituellen Dimension.

So meine ich, daß eben dieses Suchen nach dem schöneren Ton die Entwicklung der Geigenform wesentlich beeinflußte. Beachten wir indessen hier schon, daß dieser schönere im Grunde ja auch ein unbekannter Ton war. Es kam sicherlich vor, daß ein Geigenbauer ein Instrument zu verbessern meinte, beim Ausprobieren aber enttäuscht war – was denn hatte er, oder sein Kunde, erwartet? Eincn Ton, der ihm irgendwie vorschwebte, und den er dennoch kaum zu beschreiben oder benennen wußte: «wärmer», hätte er vielleicht gesagt, «weicher», «strahlender» oder etwas Ähnliches – nicht mehr als eine Intuition, eine unbestimmte Erwartung, dennoch genügend bedrängend, um Veränderungen des

Instrumentes sowohl anzuregen wie zu bewerten. Das führte zu *Soll-werten*, Leitvorstellungen, die sich im Lauf der Jahrhunderte immer wieder neu konkretisierten.

So entstand in der Geige also ein echtes «Kulturobjekt», ohne Vorbild in der Natur, vom Menschen geschaffen und vervollkommnet. Ein Objekt, das keiner sachlichen Notwendigkeit entsprang, ja nicht einmal einem besonderen Bedürfnis nach sensorischer Reizung (wie etwa bei Schlaginstrumenten). Seine jahrhundertelange Wandlung und Entwicklung scheint es vielmehr diesem seltsamen Drang nach einem immer schöneren Klang zu verdanken. Versuchen wir, das genauer zu verstehen, indem wir das Geigenlernen betrachten.

Die «Ontogenese» des Geigers

Eine Geige bleibt ein sinnloses Ding, so lange sie nicht gespielt wird. Das erfordert einen langen Umgang eines Spielers mit dem Instrument, bei dem ein unnützes Objekt zu einem zweckhaften und ein «gewöhnlicher» Mensch zu einem Geiger wird. Das ist mehr als ein Lernen von Fertigkeit; es ist ein Prozeß essentieller Wandlung.

Die moderne Violine ist wohl eines der am schwierigsten zu spielenden Instrumente, zugleich aber gewährt sie auch unvergleichliche Möglichkeiten musikalischen Ausdrucks. Wer ein guter Geiger werden will, heißt es, muß schon als Kind zu lernen beginnen; die Altersangaben schwanken zwischen vier und neun Jahren. Psychologisch dürfte das Optimum etwa um sechs Jahre herum liegen, wenn das Kind die gröbsten Schwierigkeiten der sensu-motorischen Koordination überwunden hat. Natürlich erhält es anfangs ein seiner Größe angemessenes Instrument, auf dem es mit wohl nicht geringer Begeisterung zu spielen beginnt, stolz, nun Vater oder Mutter oder einem älteren Geschwister nachzueifern. Ein Enthusiasmus allerdings, der nur allzu bald in einen Lust-Unlust-Zwiespalt umzuschlagen droht – dann bedarf es beträchtlicher Überzeugungsarbeit der Eltern, um das Kind zum regelmäßigen Üben anzuhalten. Denn, anders als etwa das Klavier, das anzuschlagen leicht ist und wenigsten angenehm klingt, vermag der Beginner seiner Geige, mit überdies schmerzenden Fingern, nur kratzende und unreine Töne zu entlocken; glücklicherweise, kann man beinahe sagen, verfeinert sich das Gehör des Kindes erst allmählich mit dem Fortschreiten seiner Spielkunst.

Mit dem Lernen früh zu beginnen, drängt sich natürlich auf, um die Motorik und die Wahrnehmung des Kindes in den noch bildsamen Jahren zu formen. Man vergegenwärtige sich die Tragweite dieser Aussage: Den geschickten Umgang mit einem Objekt zu erlernen, sich Fertigkeiten anzueignen, beeinflußt die persönliche Entwicklung. Nicht nur, daß dabei die unmittelbar betroffenen Funktionen – Gehör etwa oder motorische Koordination – geübt werden; vielmehr werden unvermeidlich auch andere organische und psychische Bereiche geprägt: das Muskelsystem und die Nervenbahnen etwa, die emotionalen Reaktionen und Wertorientierungen, bis hin zu sozialen Interessen. Kurz, während das Kind die Geige zu spielen lernt, verändert diese seine «Ontogenese».

Dreierlei macht das Lernen des Geigenspiels schwierig: die Körperhaltung, die Technik der linken Hand, und die Bogenführung. Etwa seit dem Ende des 18. Jahrhunderts begann man, die Geige zwischen Kinn und Schlüsselbein zu halten, was zwar schwieriger war als die früheren Positionen, aber der linken Hand mehr Beweglichkeit verlieh. Nacken- und Schultermuskeln benötigten nun nicht nur mehr Kraft, sondern mußten auch präzise mit den Bewegungen des linken Armes koordiniert werden – besonders beim Lagenwechsel. Zu viel Anspannung dieser Muskelpartien hemmt deren Beweglichkeit, zu wenig dagegen erhöht die Belastung des linken Armes – das optimale Gleichgewicht zwischen Spannung und Lockerung, zwischen Flexibilität und Präzision zu erreichen, dauert Jahre, und es zu bewahren, wird wohl nie selbstverständlich.

Die Fingertechnik bereitet dem Kind andere Schwierigkeiten. Anfangs wird es sogar Mühe haben, die Finger unabhängig voneinander zu bewegen und die Saiten mit ausreichender Kraft zu drücken; weiter müssen seine Finger ein Distanzgefühl entwickeln, um Töne exakt zu greifen, motorische und sensorische Diskrimination müssen also miteinander gekoppelt werden – erschwert dadurch, daß die Tonabstände beim Lagenwechsel sich verändern. Kraft und Unabhängigkeit der Fingerbewegung, Präzision des Greifens und Hörens werden besonders wichtig bei Doppelgriffen, also dem Spiel von Akkorden. Endlich muß die linke Hand auch das Vibrato meistern, das zwar dem Ton mehr Volumen und Wärme verleiht, aber das Halten der Geige sowohl wie das «reine» Spiel erschwert.

All diese Schwierigkeiten jedoch werden wahrscheinlich übertroffen durch die der Bogenführung. Der Bogen, eine leicht konkav gebogene «Stange», hält, zwischen die beiden Enden («Kopf» und «Frosch») gespannt, ein etwa einen Zentimeter breites Band aus «ausgesuchten Strähnen von Schwanzhaaren weißer Hengste»[7]. Der Spieler greift den Bogen am «Frosch» und läßt ihn über die Saiten gleiten. Wie er dies tut, bestimmt weitgehend die Qualität des Tones – ein Ungeübter, der es versuchen sollte, wird zweifelsohne über die Kratztöne erschrecken, die er hervorbringt.

Der Bogen berührt die Saiten zwischen dem Steg und dem Griffbrett; je näher dem Steg, umso härter, heißt es, klinge der Ton, je näher dem Griffbrett, umso weicher. Für einen gleichmäßigen Klang müßte der Bogen also in gerader Linie gezogen werden – was dem Anfänger, dessen Hand spontan ein Kreissegment beschreibt, keineswegs leicht fällt. Noch wichtiger aber für die Qualität des Tones sind wohl die Geschwindigkeit und der Druck, mit denen der Bogen sich über die Saite bewegt; beide müssen also konstant bleiben, um den Ton zu halten. Nun liegt der Bogen, nach den Hebelgesetzen, nicht über die ganze Länge mit dem gleichen Gewicht auf, was die Bogenhand fortwährend ausregulieren muß. Der Ton wird aber auch beeinflußt durch die Zahl der Bogenhaare, die über die Saiten streichen; deshalb verändert der Spieler die seitliche Neigung des Bogens je nach intendierter Klangqualität. Endlich hängt die Richtung des Bogens von der gespielten Saite ab – bei der g-Saite bewegt er sich beinahe horizontal, bei der e-Saite beinahe senkrecht. Selbstverständlich müssen die Bewegungen des Bogens präzise mit denen der linken Hand abgestimmt werden, und bei diesen vielfältigen Koordinationen neigt der Spieler nur allzu leicht dazu, seine Schulter- und Halsmuskeln zu verspannen – was ermüdet und den Ton beeinträchtigt. Jeder Psychologe, der je die sensorisch-motorische Koordinationsfähigkeit von Kindern geprüft hat, weiß, wie schwer ein derart differenziertes Zusammenspiel von Bewegungen fällt. Die feinen Nuancen der Bogenführung sollen zum Schwierigsten beim Geigenspiel gehören, ja, selbst fortgeschrittene Studenten müssen sich oft mehr auf diese als auf die Fingertechnik der linken Hand konzentrieren.

All dies: Die Kraft und Koordination der Bewegungen zu entwickeln, das Gefühl für Ton und Rhythmus zu schärfen, dauert Jahre – bedeutend länger (sei zum Vergleich angeführt), als die vier bis fünf Jahre, in denen man offiziell vorgibt, etwa Psychologie studieren zu können, und es auferlegt mehr tägliche Übungsstunden, als mancher andere Student willens ist, mit seinen Büchern oder Experimenten zu verbringen. Das Geigenstudium erlaubt keine Abkürzungen, kein Überspringen von Kapiteln, die einen langweilen, kein Übergehen von Argumenten, die man nicht versteht, und Unkenntnis kann nicht durch verbale Gewandtheit überdeckt werden. Jede Nachlässigkeit im Lernen der Geige verrät sich unbarmherzig beim Spiel, und deshalb wird der Student zu einer Disziplin und Ehrlichkeit gezwungen, die kaum ohne Auswirkungen bleibt auf die Entwicklung seiner Persönlichkeit.

Lernfortschritte müssen spürbar sein, müssen befriedigen, um immer wieder anzuspornen. Solches erfährt der Geigenschüler anfangs eher selten, dagegen mancherlei, das ihn zu entmutigen droht. Das Instrument klingt meist unangenehm kratzig und «falsch», die Saiten lassen die Fingerspitzen zuweilen schmerzhaft anschwellen, die Haut kann sich an der Kinnstütze wundreiben, und nach einiger Zeit wird auch das Lob der Umgebung spärlicher – die Aufforderung, «Mach die Türe zu, wenn du übst!», wirkt sicher nicht besonders anspornend; und während das Kind zu langem Üben angehalten wird, sieht es andere draußen spielen. Kein

Wunder denn, daß der junge Geiger sein Instrument allmählich zwiespältig betrachtet, und daß manche nach einiger Zeit aufgeben. «Mein liebstes Geschenk wäre es», klagte die Tochter eines Freundes, «nicht mehr Geige üben zu müssen!» Solchen Kindern wird die Geige zu einem Symbol von Zwang, Unfreiheit und der Begrenzung des eigenen Handlungspotentials; als «Nicht-Ich» repräsentiert sie Barrieren, und ihre negative Valenz kann sich sogar auf das übertragen, dem sie eigentlich dienen sollte: die Musik.

Trotzdem gibt es immer wieder Kinder, die durchhalten. Irgend ein zukünftiges Ziel läßt sie die Frustrationen des Lernens annehmen – den einen bewegt vielleicht der trotzige Wunsch, Widerstände zu überwinden, sein Handlungspotential zu beweisen und zu erweitern; eine andere will eher einem bewunderten Vorbild folgen, sei es um, wie der kleine Menuhin, ein berühmter Geiger zu werden[8], sei es auch nur, um einmal, wie der Vater, abends Quartett spielen zu können. Solche Erklärungen reichen indessen nicht aus, sondern verschieben nur das Problem: In der Tat, sein Handlungspotential stärken zu wollen, erklärt noch nicht, wieso das Kind gerade *diese* besondere Meisterschaft erstrebt; einem Vorbild nachzueifern, läßt sowohl offen, *wodurch* es anzieht, wie auch, was dieses selbst zum Geigenspiel motivierte; wäre es endlich die soziale Anerkennung, die das Kind anspornte, bliebe wiederum zu fragen, weshalb das Publikum die Musik positiv bewertet. Kurz, die Beharrlichkeit, die Verzichtbereitschaft und die Zielstrebigkeit, die der Geigenschüler aufbringen muß, lassen sich durch soziale Vorbilder oder den Wunsch, ein unspezifisches Handlungspotential zu stärken, kaum ausreichend verstehen.

Das Geigenspiel zu lernen, gehört zu den *dominanten* oder *übergeordneten* Zielen[9]. Solche Ziele liegen in einer ferneren Zukunft und werden stufenweise, über *Zwischenziele*, angestrebt; oft erfordern sie Handlungen, die an sich kein Vergnügen bereiten – wie etwa Fingerübungen auf der Geige –, allmählich aber so etwas wie «vorläufige» Befriedigungen versprechen. So wird der Geigenschüler vorerst schon stolz sein, seiner Familie ein Weihnachtslied vorzuspielen, später versucht er sich an einer Sonate von Händel, dann, ehrgeiziger, an einem Violinkonzert Mozarts, um sich endlich an die Konzerte von Brahms oder Bartok oder noch schwierigere zu wagen. Anfangs genügt ihm das Lob seiner Familie oder seiner Schulklasse, dann sucht er das eines lokalen Publikums, doch zum Schluß erhofft er den Applaus großer Konzertsäle. All diese Erfolge werden ihn anspornen, werden sein Selbstvertrauen stärken, doch letztlich reichen sie nicht aus. Je weiter sich sein Können entwickelt, umso mehr wird er sich einem noch kritischeren Hörer stellen müssen: *sich selbst*. Anspruchsvoll wird er die Präzision seiner Fingertechnik, die Differenziertheit seiner Bogenführung und die Flüssigkeit seines Spiels kontrollieren, noch kritischer aber wird er auf *seinen Ton* achten.

Auf «seinen» Ton, nicht etwa den der Geige, ja, er kann sich sogar ärgern, wenn ein Hörer meint: «Sie haben wohl eine ausgezeichnete Geige, sie klingt wunderbar!» In der Tat, auch die beste Geige klingt nur gut, wenn ein Könner sie spielt, und dieser will fühlen, daß es *seine* Meisterschaft ist, die der Geige den schönen Ton entlockt. Es kann aber geschehen, daß die Ansprüche wachsen, daß einem Spieler der Klang seiner Geige zu mißfallen beginnt; dann sucht er die Geigenbauer seiner Stadt heim, läßt das Instrument kontrollieren, den Stimmstock verschieben, den Baßbalken verstärken oder anderes verändern, oder er kauft sich gar teuer ein neues Instrument – jetzt, für diesen Zeitraum der Unruhe und des Unbefriedigtseins, geht es nicht mehr um *seinen* Ton, sondern um den *der Geige*. Dennoch wird er auch auf dem neuen Instrument täglich lange übend jene Qualität des Tones suchen, die er sich erhofft – undefinierbar, flüchtig, und dennoch tief erfüllend in den seltenen Augenblicken, in denen er meint, sie getroffen zu haben.

Ton, Geräusch und Lärm

Was denn macht den schönen Ton zu einem derart dominanten Ziel? Töne sind vor allem wichtig für unsere Wahrnehmung der sozialen Umwelt: Was Worte nicht sagen, verrät oft deren Ton. Worte bleiben beschränkt auf kollektive, standardisierte Bedeutungen – innere Vorgänge, wie Gefühle und Stimmungen, können sie höchstens andeuten, und dabei vermögen sie auch zu täuschen. Zu sagen, ich sei zornig, braucht nicht zu bedeuten, daß ich mich auch zornig *fühle*, doch der Ton meiner Stimme wird meinen Zorn oft selbst dann verraten, wenn ich ihn bestreite. Wissend, daß unsere Emotionen im Ton des Sprechens durchklingen, suchen wir unsere Stimme zu kontrollieren – sei es, um auszudrücken, was Worte allein nicht vermögen, sei es um etwas zu verbergen. Der Ton zeigt Liebe oder Zorn, Zuneigung oder Verachtung, Freude oder Angst auf eine Weise, die unmittelbar anspricht – er ist *die direkte äußere Spur innerer Vorgänge*.

Was aber denn ist der Ton *der Geige*? Unterscheiden wir zweierlei: einmal die Handlung, *Objekten Töne zu entlocken*, und zweitens *die Suche nach dem perfekten Ton*. Als Junge vergnügte ich mich damit, einen langen, starken Grashalm zwischen beide Daumen zu klemmen; das bildete einen Hohlraum mit einem «Schwingblatt», und blies ich hinein, erklang ein scharfer, oboenartiger Ton; oder im Frühling schnitzte ich mir «Maienpfeifen» aus Hasel- oder Eschenzweigen, kleine, blockflötenartige Instrumentchen mit einem verlängerbaren Piston, womit ich, solange die Rinde feucht blieb, einige Töne spielen konnte. Solche Töne waren schlicht, kunstlos, dennoch aber künstlich: es gab sie nicht in der Natur.

Spielend hatte ich jedesmal ein Stück Natur in Kultur verwandelt, und die Freude, die mir das bereitete, verriet mein erweitertes Handlungspotential: Mein Tun machte mich, wenn auch noch so bescheiden, zu einem Erschaffer. Objekte zum Klingen zu bringen, gleicht deshalb ein bißchen dem Zähmen von Tieren: *Man verwandelt dabei ein widerstrebendes Außen in eine fügsame Erweiterung unseres Ich.*

Solche Töne mögen angenehm klingen, mögen erfreuen, doch selten – und nur zufällig – sind sie auch *schön*. Der *schöne Ton* rührt uns an, beglückt, ja bezaubert. Mythen und Märchen berichten von seiner magischen Kraft: Er zähmt wilde Tiere, besänftigt böse Geister, heilt Kranke, ja vermag sogar die Engel anzurufen oder, wie Orpheus' Stimme, das Tor zur Unterwelt zu öffnen. Einen reinen, makellosen Ton hervorzubringen, will uns irgendwie als jenes höchste Handlungspotential erscheinen, dem das Vollendete gelingt – und wäre es auch nur für die flüchtige Dauer seines Erklingens. Beim Anblick eines Gemäldes von Picasso äußerte sich der britische Maler Ben Nicholson ähnlich über eine Farbe: *«Und in der Mitte war ein absolut wundersames Grün – sehr tief, sehr stark, und absolut wirklich. Ja, kein konkretes Ereignis in einem Leben war wirklicher als das, und es bleibt immer noch ein Wert, an dem ich jede Wirklichkeit in meiner eigenen Arbeit messe…»* [10] Und Gauguin drückt dieses seltsam wirklich-unwirkliche Erleben so aus: *«Der Klang meiner Holzschuhe auf den Pflastersteinen, tief, hohl und kräftig, ist der Ton, den ich in meinem Malen suche»* [11] Die Aussagen gleichen sich überraschend – gewiße Tönungen von Farbe oder Klang, erlebt als stark und beeindruckend, werden zu Sollwerten, zu übergreifenden Handlungszielen.

Zuweilen träumen wir von einer Welt im Einklang mit unseren Fantasmen, harmonisch mit dem übereinstimmend, was wir erhoffen. Wir nennen sie *Utopia*, und Mythen und Märchen geben dieser Traumwirklichkeit Gestalt. In Utopia verschwindet, könnte man sagen, der Antagonismus zwischen Ich und Nicht-Ich. Sollte uns nun der schöne Ton derart gelingen, daß er unser Ideal erreicht oder gar übertrifft, so macht er dieses zu einer äußeren Wirklichkeit. Erlebten wir dann nicht – wie vorübergehend auch immer – unsere Fähigkeit, Utopia zu erschaffen? Obwohl nichts als Ton, nur eine flüchtige Spur unseres Geschicks, würde er dennoch nahelegen, daß das Vollkommene existiere und uns, grundsätzlich, erreichbar sei. Das gilt natürlich für jedes Hervorbringen von Schönheit – Schönheit überbrückt die Kluft zwischen Ich und Nicht-Ich. Im Unterschied indessen zu anderen Werken der Kunst, ist der schöne Ton vergänglich, wirklich und unwirklich zugleich, und das verbindet unser Erleben des Vollkommenen mit dem seiner Flüchtigkeit – in ganz besonderer Weise verstärkt der schöne Ton unsere Sehnsucht.

Schönheitsideale, indessen, unterscheiden sich nicht selten von Person zu Person, von Kultur zu Kultur, ja von Epoche zu Epoche. Der Thai Musikant findet einen anderen Ton schön als der Europäer, und unsere modernen Geigen hätten Bach möglicherweise ebenso mißfallen, wie uns die damaligen zu «kraftlos» klingen (weshalb die alten Geigen später meist umgebaut wurden). Für uns Heutige muß ein schöner Ton vor allem *rein* sein, also einerseits «sauber», will heißen, frei von «Geräuschfrequenzen», andererseits tongenau. Die Geigentöne eines Beginners sind eher Geräusche, roh, kratzend und «falsch», und so wird er vorerst diese Unreinheiten zu überwinden suchen. Ein schöner Ton muß aber auch *Volumen* besitzen, er muß «rund», «warm», und gleichmäßig klingen; ein unsteter Bogenstrich bewirkt auch einen unsteten, schwankenden Ton (anders das Vibrato: eine rhythmische, minimale Variation der Ton*höhe*, wodurch jenes eigenartig Schwebend-Schwingende entsteht, das die Unwirklichkeit des Tones noch verstärkt). Weiter sollte der schöne Ton dem Geist der gespielten Musik angemessen sein; so klängen etwa eine Ländler-Klarinette oder eine Zigeuner-Geige eher deplaziert in einem Mozart Konzert. Endlich aber wird der schöne Ton immer auch beeinflußt von *subjektiven Idealen* – welches die auch seien: etwa mehr Wärme beim einen, mehr Bestimmtheit beim andern, zuweilen nur subtile Nuancen, dem Spieler dennoch oft selbst dann bedeutungsvoll, wenn kaum jemand als ein anderer Geiger sie zu bemerken vermag.

Reinheit des Tones und harmonischer Zusammenklang waren in der europäischen Musik seit langem wichtig. Die Geige wird in Quinten gestimmt, dem reinsten Intervall; konsonante Akkorde wurden bis in die Neuzeit bevorzugt; Dissonanzen, wie sie etwa in polyphonen Kompositionen auftraten, blieben Übergänge, die harmonisch zurückgeführt werden mußten. Erst die Musik unseres Jahrhunderts löste sich von diesem Zwang zur Harmonie. Dagegen blieb Konsonanz etwa in der Thai Musik unwichtig – Thai Musik ist nicht harmonisch, sondern linear. Damit hängt wohl zusammen, daß man dort der reinen Stimmung weniger Beachtung schenkt. Der Ethno-Musikologe Morton spricht von einem «sorglosen Umgang mit dem Stimmen» (*a rough and ready approach to exact tuning*), das er allerdings anders begründet: «*Da von den sieben Tönen der Thai Tonleiter nur fünf als Haupttöne benutzt werden,…, entsteht kein Bedürfnis nach großer Exaktheit beim Stimmen*»[12]. Nicht minder wesentlich, allerdings, scheint mir die *symbolische Bedeutung des reinen Tones* zu sein – ich habe schon darauf hingewiesen, daß in Thailand, anders als in Europa, die Religion in der musikalischen Praxis keine Rolle spielte.

In unseren heutigen Musikkulturen finden wir nun allerdings Stile, die dem reinen Ton weniger Gewicht beilegen, ja die Musik absichtlich mit *Geräuschen* durchsetzen. Louis Armstrong führte den heiseren Klang in sein Singen und sein Trompetenspiel ein; kreischende Klarinetten und Saxophone oder klirrende Gitarren gehören unabdingbar zur modernen Popmusik – sie produzieren Geräusche, die sicher ebenfalls langes Üben erfordern, und wenn sie auch nicht schön klingen, sind sie doch auf ihre Weise ebenfalls ausdrucksstark.

Solche Beispiele können die Bedeutung des Tones zusätzlich erhellen. In den großen Rockfestivals unserer Zeit kombiniert sich das Schnarren von Blechgitarren, das Hämmern und Dröhnen des Schlagzeugs mit dem heiseren Rufen, Schreien, Brüllen der Sänger – sie scheinen den Lärm zu genießen, und sichtbar sowohl wie hörbar tut dies auch ihr Publikum. Doch auch moderne «ernsthafte» Musik benutzt mancherlei Geräusche, von Sägen, Kratzen bis hin zu Maschinenlärm; die Reinheit des Tones ist kein Leitwert mehr – ja, vermutet man zuweilen, darf keiner mehr sein.

Lärm ist «schmutziger» – also nicht von Störfrequenzen gereinigter – Klang, und so ist es vielleicht nicht zufällig, daß Rockmusiker sich eine zeitlang auch bemühten, schmutzig auszusehen: ungekämmt, unrasiert, mit zerrissenen Klamotten – oder wenigstens mit «deplazierten» Kleidern („Schmutz", sagt Mary Douglas, «ist Materie am falschen Ort»[13]). Nun sind Lärm und Schmutz normale Erscheinungen unseres Lebens; uns davon freizuhalten, erfordert Disziplin und Anstrengung, die wir zuweilen unter sozialem Druck eher als freiwillig erbringen. Sauberkeit gehört so zu den Kennzeichen der «Kultiviertheit»; Rilkes Malte Laurids Brigge meinte, daß die Sauberkeit seiner Handgelenke trotz des sonst ärmlichen Äußeren seinen sozialen Stand verraten müsse. Besonderes Gewicht scheint Sauberkeit, in den meisten Kulturen, im Umgang mit dem Sakralen zu erhalten: nur reinen Körpers und Geistes darf man sich ihm nähern, und mancherlei Tabus belegen, daß es den Unreinen gefährdet. Schmutz und Lärm werden so zu einer – nicht nur, wie wir meinen, hygienischen, sondern allgemeineren – Bedrohung.

Natürlich gibt es vielfältigen Lärm. Es gibt die körperlichen Geräusche, die unmittelbar mit Schmutz und Krankheit in Beziehung gebracht werden, es gibt den Lärm von Katastrophen, Unfällen, Krieg und sonstigem Unheil; Fabriken, Flugzeuge, Bagger, Motorräder und andere Maschinen tragen zum alltäglichen Lärm bei. Lärm kann, bei Tieren wie Menschen, ein Drohzeichen sein. Es gibt aber auch den Lärm fröhlicher Ereignisse, das Biergartenfest, das Rockfestival, die Ausgelassenheit nach Erfolgen oder bei freudigem Zusammentreffen – die dann zuweilen in betrunkene Lärmigkeit ausarten. Lautstärke, Monotonie und Aufdringlichkeit verwandeln Geräusche in Lärm, den wir abzuwehren oder zu meiden suchen. Anders die Geräusche der Natur – wie angenehm empfinden wir etwa das Rascheln von Laub im Wind, das Murmeln eines Baches, das Plätschern von Wellen am Strand.

Reine Laute indessen, mit Ausnahme des Vogelgesanges, kommen in der Natur beinahe nicht vor. Und so ist denn unser Streben nach dem reinen, schönen Ton ein echt kulturelles Ziel, dessen Bedeutung sich im kontinuierlichen Bau immer besserer Instrumente manifestiert. Das bisher Gesagte legt nahe, im *reinen Ton ein Mythem* zu sehen, das einem *Reinheitsmythos* zugehört – einem Mythos, der die Person mit einer sozialen ebenso wie spirituellen Ordnung verbindet. In der europäischen Geschichte diente Musik lange der Verehrung Gottes. *Soli Deo Gloria* soll Bach über seine Kompositionen geschrieben haben, und der Dirigent Georg Solti bekannte noch vor kurzem, Mozart habe ihn von der Existenz Gottes überzeugt – Mozart, für uns Heutige der wohl subtilste Komponist reiner, harmonischer Musik.

Im Gegensatz dazu würde Lärm, als Ausdruck und Symbol der Anti-Ordnung, das kulturelle Mythem des reinen Tones verneinen und damit auch den Mythos, dem es entstammt. In anderen Worten, lärmige Musik widersetzt sich Zwängen und vermittelt dadurch Gefühle ungehemmter Freiheit: Auch sie repräsentiert ein Utopia, aber, in Nietzsches Dichotomie, nicht appollinischer, sondern dionysischer Art. Die Ekstase, in die diese Musik viele junge und weniger junge Hörer zu versetzen vermag, beruht auf diesem Symbolismus der Befreiung, zu dem die physiologische Betäubung-Enthemmung durch Lautstärke noch beiträgt. Klangideale können somit recht verschieden sein – man kann Lärm genau so leidenschaftlich erstreben wie Reinheit des Tones, aber sie verbinden mit anderen Mythen und Fantasmen.

Wenden wir uns wieder der Geige zu. Sie entstand, wie wir sahen, aus dem unablässigen Verfolgen des schönen Tons; sie gehört zum mythischen Bereich der Reinheit. Früh schon wird somit der Geigenschüler konfrontiert mit dem Gegensatz zwischen Kultur und Natur, konkreter, mit der Idee von Reinheit und Ordnung auf der einen Seite, und den natürlichen Neigungen (nicht nur von Kindern) zu Lärm und Schmutz auf der anderen. Dadurch bedeutet das Geigenlernen mehr, als nur ein widerspenstiges Objekte zu meistern: Die Geige wird gleichsam zum Symbol der Kultur überhaupt. Nach dem schönen Ton zu streben, beinhaltet dann zugleich, einen inneren Zwiespalt zu überwinden – nämlich, seine Person in ein Kulturwesen zu wandeln.

Daraus folgt beinahe notwendig, daß das Geigenspielen auch beeinflußt, wie der Schüler *sich selbst erlebt* und einordnet. Beinahe unvermerkt, wird das Kind dem Mythos der Reinheit, dem apollinischen Utopia zuneigen, wird sich irgendwie gedrängt fühlen, jenes «natürliche Selbst» zu verneinen, das an Unordnung, Lärm und Schmutz Gefallen findet. Und so kann das Meistern der Geige sowohl den Kampf gegen die «dunkleren Seiten» des Selbst symbolisieren, wie auch, im Verfolgen des schönen Tons, das Streben nach dem «Ideal-Selbst».

All das wird zweifelsohne auch die *Weltsicht* des Lernenden prägen. Er wird dazu neigen, eine «Wir-Welt» von einer «Welt der Andern» zu unterscheiden. Zur «Wir-Welt» gehören natürlich jene, die dieselben Werte bejahen, Violinisten, andere Musiker und all jene, die den schönen dem lärmigen Musikgenuß vorziehen – die Konzertbesucher und die Freunde, die ihn loben und fördern. In dieser «Wir-Welt» findet er auch seine Vorbilder – sie ist wirklich sowohl wie idealisiert. Die «Welt der Andern» dagegen umfaßt eben jene, denen der reine Ton nur Zwang bedeutet, die Lärm und Geräusche als Symbole der Freiheit bejahen – sie repräsentieren so etwas wie eine kulturelle Gegnerschaft. In dieser mehr oder weniger dichotomisierten Welt wird die Geige ein Instrument, das nicht einfach erlaubt, zu musizieren, sondern auch eine Botschaft zu verbreiten.

In der Tat, der Ton ist ein «Signal»: er trägt eine *Botschaft* und zugleich *ist er* die Botschaft. Der Musiker wird somit zum Vermittler der Botschaft, aber er stellt sie auch dar. Der Geiger Henryk Szeryng reiste mit einem diplomatischen Paß als «Gesandter» seiner Wahlheimat Mexiko; Yehudi Menuhin seinerseits war ein Unesco Botschafter. Beide hofften sie, zum gegenseitigen Verstehen der Völker beizutragen: Indem sie spielten, erweiterten sie die «Wir-Welt» – sie verkündeten nicht nur Gemeinsamkeit, sondern ließen sie erleben.

Dazu reicht es nicht, wie virtuos auch immer, die Geige zu meistern. Mehr oder weniger bewußt wird man den Musiker – und er sich selbst – wahrnehmen als Verkünder des Mythos der Reinheit, mit welchen Werten man das auch verbinden mag. Eine Rolle, die in jedem Konzert rituell erneuert wird: Die Musiker, in erhöhter Position, übermitteln ihre Botschaft einem Publikum, dessen Reaktionen – der Applaus – stärker ritualisiert sind, als man meist meint. Das hängt von der dargebotenen Musik und dem Ort ab – in keinem der Kirchenkonzerte etwa, die ich erlebte, wurde geklatscht: Lärm gehört eben nicht in geheiligte Bereiche. Doch auch der Applaus im klassischen Konzert unterscheidet sich von dem im Rockfestival, wo lärmige Musik und nicht minder lärmige Reaktionen der Hörer eine Atmosphäre der Übereinstimmung schaffen – die Botschaft ist verschieden, und so sind die Rituale.

Ton ist aber nicht nur Botschaft; oft schreibt man ihm auch *Macht* zu. In *L'Histoire du soldat* von Strawinsky und Ramuz symbolisiert die Geige so etwas wie den Gegensatz zu Reichtum und weltlicher Macht, zugleich aber verleiht sie die Kraft zu heilen, zu schützen, von Bösem zu befreien. Dieser Glaube an die Macht von Reinheit und Ordnung ist weit verbreitet. In traditionellen Kulturen mußte ein Magier sich vor Unreinheit hüten, um seine Kraft nicht zu verlieren, und Beschmutzung, wenn auch unterschiedlich definiert, wird in allen Kulturen als unheilbringend betrachtet[14]. Der Ton wirkt zwar durch seine spirituelle Symbolik, doch nur, wenn der Geiger auch die geforderte Reinheit einhält: Strawinskys Soldat mußte seinem materiellen Reichtum entsagen, um dem Teufel seine Geige wieder abzulisten und deren heilende Kraft zu nutzen. Reinheit des Tones, Reinheit des Herzens, Reinheit des Körpers gehören so alle zum gleichen Mythos – ihre Konnotationen sind verschieden, doch vereint scheinen sie Macht zu verleihen; ein Glaube, der vom Märchen bis hin zu religiösen Vorstellungen reicht, und doch nicht ganz unwirklich ist – man denke an ganzheitliche musiktherapeutische Lehren aus asiatischer Tradition.

Diese ideatorische Symbolik des schönen Tones beinhaltet nicht nur, daß er rein sein muß, sondern überdies, daß er nie so rein sein kann wie die Idee, die er verkündet. Deshalb peilt das Streben nach dem schönen Ton ein Ziel an, das sich einem immer wieder entzieht: Nicht der schöne Ton, den man hört, sondern der *noch vollkommenere* Ton ist das wirkliche Ziel. Es ist ein Sollwert, ein Ideal, das man nie erreicht und doch erahnt. Natürlich wollte Gauguin nicht malend den Klang von Holzschuhen reproduzieren, und ebenso wenig dachte Nicholson daran, Picassos Grün nachzuahmen; beide drückten sie in diesen Vergleichen nur ihre Intuition einer Vollkommenheit aus, die sie anstrebten, ohne sie zu kennen. Dieses Verfolgen des vollkommeneren, des erfüllenderen Objektes – oder Tuns – entspricht vielleicht einem allgemeinen Zug der menschlichen Natur[15]; es verrät die Ahnung einer Wirklichkeit, die das Gegenwärtige übersteigt, zugleich mit der Angst, sie nicht zu erreichen, die Erfüllung zu verpassen. Die verbreiteten Mythenerzählungen vom Paradies oder von Helden, die die Götter herauszufordern wagen, verbildlichen dieses Streben nach vollkommener Erfüllung.

So sind es kulturelle Mythen, die im Klang der Geige mitschwingen, und, intuitiv eher denn bewußt, wird der Geiger in den Kreis dieser Mythen einbezogen. Die *subjektive* Bedeutung allerdings, die er seinem Geigenspiel zumißt, ergibt sich aus seinen persönlichen Erfahrungen und Zielen. Jeder Musiker wird das «Mythem des reinen Tones» mit seinen eigenen Ideen von Reinheit und Ordnung erfüllen, jeder wird sein Verfolgen des schönen Tones mit privaten, oft unbewußten Konnotationen verbinden. In dieser *Subjektivierung* durch die individuellen fantasmischen Aspirationen gewinnen Mythen – als kulturelle Orientierungsmuster – erst eine konkrete Relevanz.

Die Dyade Person-Geige erscheint uns so als ein Fokus innerhalb der gesamten Ich-Welt-Beziehungen eines Musikers, polyvalent und mit manchen Sinnbereichen verknüpft. *Ein* Aspekt verdient dabei allerdings, meine ich, besondere Bedeutung: In seinem Streben nach dem schönen Ton sucht der Spieler *aus sich selbst heraus* den Antagonismus von Objekten zu überwinden – was ihn von dem unterscheidet, der sich die beste Hi-Fi-Anlage kauft. Die Geige ist, wie wir sahen, ein widerspenstiges Objekt, und sie zu meistern, erzwingt zugleich tiefgehende Veränderungen des Spielers – von körperlichen bis zu geistigen: Die Assimilation des Objektes auferlegt ihm weitreichende Akkommodationen. Diese erbringt er nicht einfach für den schönen Ton, sondern für die besondere Beglückung, ihn *selbst* hervorzubringen – und dies kann nur in der perfekten Entsprechung von Spieler und Instrument gelingen. So lassen sich Assimilation und Akkommodation hier nicht mehr trennen: Der Künstler und die Geige bilden ein symbiotisches Ganzes – das Ich, könnte man sagen, geht auf im Objekt, das Objekt verschmilzt mit dem Ich. Solange der Ton den Spieler noch unbefriedigt läßt, erlebt er ihn als Widerstand, als ein Zeichen der Divergenz von Innen und Außen; klingt er aber vollendet, belegt er seine Fähigkeit, diese Divergenz zu überwinden – oder, in Worten, die ich schon benutzte: Der vollendet schöne Ton bestätigt symbolisch, daß ihm Utopia erreichbar sei.

Die Tonspur

Diese Überlegungen wirken irgendwie unvollständig: *Schöner* Ton ist sicherlich mehr als nur *reiner* Ton. Es gibt, wie wir sahen, sogar schöne Geräusche, und reine Töne, etwa ein Pfeifen, finden wir keineswegs immer schön. Was ist es denn, über die Reinheit hinaus, was den Ton *schön* macht, ja ist es Schönheit allein, die uns ergreift?

Ich will hier den Begriff der *Spur* wieder aufgreifen und an ein Beispiel erinnern, das ich schon öfter erhellend fand[16]. Spuren sind, im hier gemeinten Sinne, die materiellen Abdrücke unseres Handelns in der Umwelt. Natürlich hinterlassen wir vielfältige Spuren, doch einige darunter haben die besondere Qualität, getreu die Bewegungen zu spiegeln, aus denen sie entstanden. Mein Lieblingsbeispiel waren die Spuren eines Skifahrers an einem frisch überschneiten Hang, deren Ausgeglichenheit die Harmonie des Bewegungsverlaufs wiedergibt. Gleichermaßen spürt der Geiger, daß die Neigung seines Handgelenks, das Gewicht seiner Hand, die Spannung seiner Schultermuskeln sich unmittelbar in Qualitäten des Tones umsetzen; der Klang der Geige verrät exakt, zuweilen grausam, den Fluß, die Gelöstheit oder Verkrampfung der Bewegungen des Spielers. In «seinem Ton» erkennt er so sich selbst – der Ton wird zum Symptom, so wie wir auch im Sprechen, Gehen oder in der Mimik unser «Selbst» ausdrücken.

Solche «Symptome», allerdings, sind vielfältig: Erregung oder Ruhe, Zorn oder Zärtlichkeit, Sorge oder Frohmut können alle, obwohl nur momentane Affekte, verschiedene Seiten unseres Selbst verraten. Deshalb wird mancher Musiker eher von *Expressivität* als von Schönheit des Tones zu sprechen neigen und sich damit auch zugestehen, bald weich, bald hart, bald warm, bald spröde zu spielen; zornig gestimmt, wird er dann etwa, ohne Rücksicht auf Reinheit, den Bogen heftig, ja kratzend über die Saiten ziehen – der Wunsch, sich selbst auszudrücken, wandelt den Ton zu einer idiosynkratischen Spur.

Wenn der Ton dergestalt nicht nur eine getreue Spur der Bewegungen des Spielers ist, sondern diese auch ein Ausdruck seines Selbst, so setzt dies subtile Selbstregulierungen in Gang, die mehr erstreben, als den Ton zu verschönern. Was man so die «Technik» des Spiels nennt, das Sich Aneignen der korrekten Haltungen und Bewegungen, muß ergänzt, ja kontrolliert werden durch das Suchen nach inneren Qualitäten. In unserem Kantonsschulorchester spielte ich Trompete, und in einer Verdi-Aufführung mißlang mir immer wieder ein hoher Einsatz, bis der Dirigent endlich riet: «Du mußt den Ton *denken*, bevor Du ihn spielst!» Was, zu meiner Überraschung, auch half. Das *innere* Handeln hatte dem äußeren voranzugehen – das motorische Geschick muß ergänzt werden durch eine geistige Disziplin. Das Instrument zu meistern, erfordert, sich selbst zu meistern, und so veranlaßt die Divergenz zwischen dem wirklichen und dem erstrebten Ton den Musiker, hat er einmal ein ausreichendes Können erreicht, an sich selbst nicht minder zu arbeiten als an seiner Technik.

Die Spur eines einzelnen Tones gleicht einer geraden Linie; ihm fehlt noch das Hinstreben auf ein Ziel. Töne drängen indessen irgendwie zu einer Bewegung, in sich unvollständig, wollen sie ergänzt werden durch andere Töne, und so weitet der Ton sich beinahe naturnotwendig zur Melodie[17]. Wirklich schön wird der Ton erst durch sein Fließen, Springen, sich Verwandeln, kurz, durch seinen Verlauf. Die Spur des geschickten Skifahrers wirkt ästhetisch durch die leichte Eleganz ihrer Kurven, und ähnlich besteht die Schönheit des Tones in dem weichen Fließen durch die Mäander einer Melodie.

Ein einzelner Ton kann anmuten, wie ein sanftes Wort, aber ein sanftes Wort ist noch keine sanfte Rede – das Wort mag vielleicht Sanftheit andeuten, nicht aber belegen. Und so vermag auch ein Ton innere Qualitäten erst dann auszudrücken, wenn er über musikalische Phrasen und Melodien hinweg trägt. Meisterschaft beweist sich im Ziehen einer schönen Spur, doch zur Vollkommenheit muß sie über die Musik hinausreichen, muß anklingen lassen, was der Ton nur symbolisiert.

Deshalb kann mancher Geiger mit schönem Ton lange Melodien spielen, und uns trotzdem nicht bewegen. Was ihm fehlt, ist jenes Gesamt von Qualitäten, das man mit dem Wort «Stil» nur unzulänglich benennt. Sie verleihen der Tonsequenz erst Gestalt, also etwa durch den Rhythmus mit seinen Ralentandi und Accelerandi, das Volumen mit seinen Crescendi und Diminuendi, durch Variation zwischen Kraft und Weichheit des Ausdrucks. Doch das sind, im Grunde, nur Äußerlichkeiten – worauf die Biegsamkeit und Beweglichkeit des Stils verweisen, ist innere Meisterung – genauer: eine Melodie schön zu spielen, belegt die Fähigkeit, Schönheit *zu erschaffen*, eine Fähigkeit, die Freiheit sowohl wie Disziplin, Wirklichkeitssinn sowohl wie Vision vereint.

Man nennt dies «Interpretation», ein wiederum unzulängliches Wort, das das Vermögen – oder wenigstens das Bestreben – des Künstlers meint, die toten Noten mit Leben zu erfüllen, für ihn selbst sowohl wie für den Hörer; das bedeutet eben, Zeichen nicht nur in Emotionen, sondern auch in Ahnungen zu verwandeln.

Dazu braucht der Musiker die Melodie, die dem Ton Richtung und Dauer verleiht. Aber er braucht auch *Kontrast*. Ja, Musik *ist* Kontrast, wie wir schon entdeckten, als wir Ton und Lärm verglichen. Man stelle sich einen jungen Matakam vor, der mit einer einfachen, selbst gefertigten Handharfe im Dorfe herumspaziert. Lässig klimpert er darauf, gewiß, die Mädchen in ihren Hütten auf sich aufmerksam zu machen. Der zarte, beinahe schüchterne Klang des Instrumentes wirkt seltsam fremd, unwirklich zwischen dem lauten Lachen, Rufen oder Palavern der älteren Männer oder dem Stampfen der Hirsemörser. Gleichermaßen kontrastiert der Ton der Geige mit dem Schmettern der Trompeten oder dem Schall eines Gongs. Es ist sicher kein Zufall, daß Trommeln, Trompeten und Pfeifen der kriegerischen Musik dienten, während Harfen, Flöten, Lauten oder Geigen Instrumente der Entspannung, der Meditation, der poetischen Imagination oder der Verliebtheit wurden. In Kontrast zum Lärm und Geschrei des Alltags kennzeichnete die Erfindung der Saiteninstrumente die Entwicklung jener Aspekte des Menschen und der Kultur, die mit Innerlichkeit, Kontemplation und Geistigkeit verbunden sind.

Kontrast entsteht allerdings, durch die Beweglichkeit des Ausdrucks, auch *innerhalb* einer Melodie – und, besonders markant, am Schluß eines Musikstücks: es endet in Stille. Die Spur bewegt sich nicht ziellos, sondern strebt nach dem, was die Musiker die «Auflösung» nennen. Selbst eine ganz einfache Melodie – etwa c-e-g —➤ c – sucht gleichsam nach ihrer Basis, der Tonika, einer Note oder einem Akkord, die ein Gefühl der Vollständigkeit, des zur-Ruhe-Kommens vermitteln. Und diesem folgt unvermeidlich Stille.

Darin unterscheidet sich die Melodie grundsätzlich von der Spur des Skifahrers. Diese ist eine äußere, objektale Wirklichkeit geworden – sie bleibt, solange der Schnee nicht schmilzt oder niemand darüber fährt. Der Ton dagegen, obwohl wirklich, ja sogar meßbar, besitzt dennoch keine Dauer. Menuhin senkt seinen Bogen, der Dirigent hält das Orchester an, und in der plötzlichen Stille findet der Hörer sich in seine Alltäglichkeit zurückgeworfen. Der Applaus hilft vielleicht, die Wirkung des Kontrasts zu überwinden – wir haben wohl alle nach einem Kirchenkonzert dieses seltsame, kaum benennbare Unbehagen verspürt, wenn man sich unvermittelt, ohne überbrückenden Applaus, in die Alltagswirklichkeit zurückfinden mußte.

Die Stille nach der Musik konfrontiert uns mehr als andere Kunstarten mit dem Erlebnis des Verlustes. Zu einem Bild oder einem Buch kann man jederzeit zurückkehren, kann die Betrachtung wiederholen oder fortsetzen; Schönheit, scheint es, *ist da*, lokalisiert und aufsuchbar. Die Flüchtigkeit des Klanges dagegen verdeutlicht, daß Schönheit aus einer intimen Symbiose von Mensch und Objekt entsteht, mühsam zu erreichen und nie mehr als ein unbeständiger Höhepunkt des Erlebens – Vollkommenheit kann nicht dauern, die Kluft zwischen Ich und Nicht-Ich muß immer wieder überwunden werden. So weckt die Stille den Wunsch danach, das Schöne erneut zu erleben, ja reiner sogar und vollkommener: Der Wunsch nach dem *noch schöneren* Ton entspringt der Erfahrung der Schönheit *und* der Angst, sie zu verlieren. Musik, dergestalt, zwingt mehr als andere Künste zum *Wieder*-Erschaffen.

Folgerungen

Zuerst nochmals ein Überblick. Was ich hier nachzuzeichnen versuchte, ist die Genese eines «Kulturobjektes», von seinen primitiven Formen – den Zupfinstrumenten zuerst, den asiatischen und arabischen «Fideln» danach – bis zur heutigen europäischen Violine. In dieser Entwicklung, gleichermaßen getragen durch Geigenbauer, Musiker und Publikum, ist die Handhabbarkeit des Instrumentes fortlaufend verbessert worden. Doch schien uns, über diese praktischen Anliegen hinaus, durchgängig ein tiefer gründendes Motiv am Werk zu sein: die Suche nach dem *schöneren Ton*. Zwar war, was gefiel, in jeder Kultur und Zeit wieder anders, je nach dem, was die jeweiligen Musikinstrumente hergaben; daß man aber in der europäischen Musik unablässig suchte, diese Instrumente zu verbessern, weist auf ein irgendwie unstillbares Ungenügen hin, eine Intuition von Klang, den der einzelne Musiker *noch nicht gehört* hatte und dennoch irgendwie antizipierte. Vielleicht ging es ihm nur darum, andere zu übertreffen, Aufmerksamkeit auf sich zu ziehen, vielleicht ging es ihm wirklich um so etwas wie vollkommene Beglückung: Was es auch war, über Generationen hinweg stand die Einbildungskraft und Kreativität von Künstlern und Instrumentenbauern im Banne dieses Strebens nach dem besseren Ton. Wie denn ließe sich sonst verstehen, daß die Entwickler von Geigen sich nicht mit praktischen und dekorativen Veränderungen begnügten, sondern mühsam mit Hölzern, Lacken, Saiten, Steg, Stimmstock,

Baßbalken und anderen Bestandteilen experimentierten, deren einziger Zweck die Qualität des Tones sein konnte?

Als zweites meinten wir, dieses Streben nach dem schönen Ton auch in der individuellen Entwicklung, also der «Ontogenese» des Geigers, feststellen zu können, wobei uns, wenigstens bei den ernsthaften Lernern, zweierlei bedeutsam erschien: zum einen, der unschöne Ton als «Hindernis», zum anderen, der schöne Ton als Symbol.

In der Tat, die anfänglich kratzigen Laute seiner Geige erlebt der Beginner als Mißerfolge, als Widerstand des Objektes gegen sein Wollen. Die allmähliche Verschönerung des Klanges zeigt ihm fortschreitende Könnerschaft an; sie stärkt sein Gefühl des Handlungspotentials, nicht nur, spezifisch, im Geigenspiel, sondern, grundsätzlicher, als ein Vermögen, die «Kluft zwischen Ich und Nicht-Ich» zu überbrücken. Ein Vermögen allerdings, das immer ungewiß bleibt – jeder neue Ton kann mißlingen, bei jedem wird das Handlungspotential neu gefordert: Der Ton ist zugleich Ausdruck unseres Könnens wie seiner Begrenztheit.

Dadurch schon erhält der Geigenton eine symbolische Qualität. Zu dieser trägt aber – erweiternd – bei, daß zum schönen Ton wesentlich auch seine Reinheit gehört. Damit wurde er, fanden wir, zu einem *Mythem*, eingebunden in den kulturellen Mythos der «Sauberkeit» und deren akustischen Gegensatz, den «Lärm». Die Reinheit des Tones bedeutet so mehr als einfach eine Qualität des Klangspektrums: Sie symbolisiert ein Wertsystem; notwendigerweise beeinflußt deshalb das Streben nach dem reinen Ton die Ich-Welt-Sicht des Lernenden.

Die «Phylogenese» des Objektes verbindet sich so mit einer «Ontogenese» der Subjekt-Objekt Beziehung, die über den Erwerb praxischer Meisterschaft hinaus den Lernenden mit weitreichenden ideatorischen Bedeutungen verbindet. Eine Entwicklung, die nie ihr Ende findet: Die immer nur flüchtige Erfahrung des schönen Tones bleibt, selbst für den Könner, nur der Anreiz zu noch vollkomeneren Zielen.

Wir haben indessen bisher nur isoliert den Spieler und seine Geige betrachtet, ohne zu beachten, wie vielfältig – ökologisch, sozial, kulturell – die Suche nach dem schönen Ton eingebunden ist. Diese Verknüpfungen zu behandeln, ist hier nicht der Raum, doch seien sie wenigstens angedeutet; nicht um den Gemeinplatz zu verkünden, daß alles mit allem zusammenhänge, doch um daran zu erinnern, daß das, was wir hier isolierten, in ein komplexes Geflecht kultureller Beziehungen gehört. Der Geigenbauer hatte, um den Ton zu verschönern, die wohlklingendsten Hölzer zu finden, die für die Saiten geeignetsten Tierdärme, was er kaum ohne die Hilfe von Forstleuten und Tierzüchtern bewerkstelligen konnte; er brauchte natürlich auch Werkzeugmacher für seine besonderen Sägen und Meisel, Chemiker für seine Leime und Lacke. Der Künstler seinerseits war abhängig vom Geigenbauer, von Komponisten, anderen Musikern, von einem Publikum und von Mäzenen, vielleicht sogar benötigte er einen Arzt, wenn die Haut seines Kinns vom Spielen wund wurde. Würde man zu all dem noch die Einflüße kultureller Mythen und Moden, sowie diejenigen persönlicher Ziele und Fantasmen beachten wollen, erwiese sich, wie umfangreich eine gründlichere Studie des Geigenspiels zu sein hätte.

Das war indessen nicht das Anliegen dieser Überlegungen. Vielmehr diente uns «Der Ton der Geige» als ein Gleichnis für Allgemeineres: Einmal für die kulturelle und individuelle Konstruktion von Objekten, die immer sowohl materiell wie geistig ist; deshalb erwirbt man dabei nicht einfach ein isoliertes Können, die Handhabung eines Instrumentes oder Werkzeuges, sondern man schafft eine Bedeutungsstruktur. Das Instrument zu erlenen, ist zwar ein scheinbar begrenztes Ziel, doch Ziele sind polyvalent, eingebettet in Netze koordinierter Handlungen, Gedanken, Werte und Regeln, und indem man dergestalt ein Ziel verfolgt, verwandelt man progressiv die Position des Objektes sowohl wie der eigenen Person in einem Sinnsystem.

Der schöne Ton ist so der unmittelbare Ausdruck einer engen Mensch-Ding-Symbiose. Deren Genese konzeptuell systematischer zu gliedern, mag vielleicht den Überblick nochmals erleichtern: Die Erfindung eines Objektes bedeutet eine *Objektivierung*, also die Transformation einer Idee in eine äußere Wirklichkeit; lernt man, das Instrument zu spielen, so assimiliert man es – das Objekt wird also *subjektiviert*, verinnerlicht, zugleich aber paßt sich der Spieler ihm an, akkommodiert sich an seine Struktur, was ihn selbst *objektiviert*. Die Konstruktion eines Objektes bedingt weiter seine *Sozialisation*, denn es wird ja unvermeidlich in gemeinsame Handlungen und Ideationen eingegliedert; das bedeutet aber, daß der Spieler beim Erlernen des Instrumentes sich selbst *enkulturiert*; endlich wird er unvermeidlich das Instrument auf seine Weise handhaben, trägt also zugleich – sei es mehr, sei es weniger – zur *Individualisation* der Kultur bei. So wird der spezifische Interaktionskreis *Objekt* —▸ *Spieler* —▸ *Objekt* zugleich zu einem allgemeineren Interaktionskreis *Kultur* —▸ *Individuum* —▸ *Kultur*. Das entspricht, grundsätzlich, Piagets Konzeption der intellektuellen Strukturierung des Objektes, doch ausgeweitet in die komplexeren Beziehungen der Person zu sich selbst und zu ihrer kulturellen Umwelt.[18]

Solche Konzeptualisierungen erleichtern zwar den Diskurs, erbringen aber kaum neue Einsichten. Wichtiger erscheint mir, daß wir am Beispiel der Geige wiederum jenes untergründige Streben – nennen wir es Sehnsucht – erkannten, das den Menschen zu Zielen drängt, die er erst erahnt; das ihn drängt, Objekte zu gestalten und Fertigkeiten zu erlernen, um etwas anzustreben, was ihm vorschwebt und das er dennoch erst handelnd entdeckt. Paracelsus soll einen Wahlspruch gehabt haben: «*Nihil humanum mihi alienum esse potest*» – eine Maxime, die dem Kulturpsychologen nicht übel anstünde. Das Suchen nach dem immer schöneren Ton scheint nahezulegen, daß zu diesem *humanum* auch die seltsame Sehnsucht gehört, das Wirkliche zu übersteigen. Wäre unser Beispiel dann nicht ein Paradigma für das Erschaffen von Kultur?

Anmerkungen

[1] Zuerst in Englisch und leicht gekürzt als «The sound of the violin» erschienen in «Schweizerische Zeitschrift für Psychologie», Bern, 1993/2, und in «The Quarterly Newsletter of the Laboratory of Comparative Human Cognition», University of California, San Diego, Vol. 15, No.1, 1993. Wiederabdruck in: M. Cole, Y. Engstrom, O.Vasquez (eds.), 1997, *Mind, culture and activity*. Cambridge, MA: Cambridge University Press.

[2] Aus Thanit Yupho, 1987; siehe auch Morton D., 1976.

[3] oo = offener, langer O-Laut.

[4] Siehe Melkus, E., 1973; Morton D., 1976.

[5] Melkus, op. cit.

[6] Siehe hier Kapitel «Die Maske».

[7] Melkus, 1973, p. 16.

[8] Menuhin Y., 1996.

[9] Siehe Boesch, 1991/1995.

[10] Summerson, 1948, p. 7.

[11] TIME, May 9, 1988, p. 49.

[12] Morton, 1976, p. 28.

[13] Douglas, 1966, p. 35.

[14] ibidem.

[15] Siehe hier das Kapitel «Das Andere».

[16] Z.B. Boesch 1975, 1983; hier Kapitel «Form und Inhalt».

[17] Siehe etwa Bernstein, B. 1970.

[18] Dazu Boesch, 1980, 1991, 1992.

Ausklang:
Vom Sinn

Der Bastler

I

Vor einigen Jahren schrieb ich einen Aufsatz mit dem Titel «Die Wirklichkeit als Metapher»[1] – eine etwas provozierende Formulierung in einer Gesellschaft, die sich gerne nur auf handfeste Wirklichkeiten verläßt, solche also, die man sehen, betasten, wägen, messen, benennen, ja meist auch noch ökonomisch bewerten kann. Mir ging es damals darum, die Unzulänglichkeit solchen Wirklichkeitsglaubens aufzuzeigen, und das illustrierte ich einführend mit einem alltäglichen Beispiel. Vor kurzem, sagte ich, traf ich eine Bekannte auf dem Rückweg von ihren Einkäufen. In ihrem Korb sah ich ein Brot und Früchte, doch sie ergänzte, ein bißchen stolz, sie hätte gerade auch ein schönes Stück Braten gekauft. Gedankenlos, wie es eben die Art solcher Straßengespräche ist, meinte ich: «Warum ein Braten? Sie kochen ja nicht gern, Aufschnitt wäre doch einfacher gewesen.» Worauf sie antwortete: «Ach, beim Aufschnitt weiß man nie, was der Metzger alles in die Würste stopft – beim Fleisch sieht man wenigstens, was man hat.» Dieses kleine Gespräch ist schon voll Metaphorik: Fleisch, für meine Bekannte, steht irgendwie in Beziehung zu Reinheit und zu Ehrlichkeit, doch sind ihm wohl noch andere Konnotationen eigen, die sie nicht anspricht. Gewiß, «objektiv» oder *denotativ*, ist Fleisch für sie vor allem Fleisch, ein Nahrungsmittel, aber sein Genuß, sein Kauf und seine Zubereitung beinhalten ein Netz von Assoziationen, das ihm zugleich symbolische Bedeutungen verleiht. Wenn wir etwa bedenken, daß das Fleisch, neben Themen der Familie, der Gastfreundschaft und der Geselligkeit, auch gegensätzliche von Blut, Grausamkeit oder gar Tod anspricht, wenn wir weiter beachten, daß andere Nahrungsmittel ähnlich *polyvalent* sind, wird deutlich, daß die Inhalte des Einkaufskorbes der jungen Frau so etwas wie Knoten im weitläufigen Gewebe ihres Lebens darstellen. Die Metaphorik scheint alles zu durchwirken.

Ich ergänzte dann dieses Beispiel durch eine autobiographische Erinnerung Sigmund Freuds, der in einer italienischen Kleinstadt unversehens in ein Quartier der leichtgeschürzten Damen geriet, daraus er sich eilends entfernte, um sich aber, nach einigen Umwegen durch unbekannte Straßen, bald wieder am gleichen Ort zu finden[2], und ich versuchte an Freuds eigener Darstellung die verzweigte Symbolik aufzuweisen, die so alltäglichen Gegebenheiten wie Fenstern, Frauen, Schauen und Betrachtetwerden anhaftet.

217

Solche Beispiele verraten, daß die handfesten Wirklichkeiten unseres Alltags mancherlei bedeuten, was das Wörterbuch nicht mit ihnen verbindet. Sie sind eben immer *zugleich* sowohl konkret wie metaphorisch. Die Metaphern der Wirklichkeit – ihre *Symbolik* – weisen über das konkret Erlebte hinaus; durch ihre *Polyvalenz* erstellen sie Beziehungen zwischen verschiedenen Erfahrungen – die Symbolik wirkt integrativ. Diese Beziehungen, indessen, wandeln sich je nach der Situation, in der wir uns wahrnehmen oder je nach unseren Handlungsprojekten. Im Werk Picassos etwa läßt sich leicht erkennen, wie die Bedeutungen der Frau, des Stierkampfes, oder gar seiner Kunst sich in oft dramatischer Weise mit jeder neuen Verliebtheit verschieben, und ähnliche Veränderungen des Wirklichkeitsbezuges wird aufmerksame Selbstbeobachtung bei jedem von uns entdecken.

Indessen betreffen solche Wandlungen die verschiedenen Komponenten eines Symbols nicht in gleicher Weise. Es gibt ohne Zweifel langzeitig konstante Bedeutungen. Zwar verfolgen wir in unserem bewußten Handeln meist spezifische, konkret definierbare Ziele, die in der Tat oft wechseln; sie werden zugleich aber von weiter gespannten Zielsetzungen kontrolliert und koordiniert. Diese, grundsätzlich konstanteren, «übergeordneten» Ziele, verfolgen wesentlich zwei Richtungen: die eine ist, *die äußere Welt* zu ordnen – real wie geistig -, um uns Orientierung in der erlebten Wirklichkeit zu ermöglichen; die zweite, damit eng verbunden, sucht *unser Selbst* – also *unsere Innenerfahrung* – zu strukturieren und zu festigen. *In dem Maße, als es uns gelingt, diese beiden übergeordneten Zielsetzungen in Einklang zu bringen, meinen wir, daß unser Handeln und Leben sinnvoll sei.* Die kleine Einführung über die Metaphorik des Wirklichen legt indessen nahe, daß wir diesen Einklang symbolisch eher als real zu erstellen suchen – denn, erinnern wir uns, das Symbolische ist es, das unsere Erlebnisbereiche verbindet. In einer Weise allerdings, die noch etwas präzisiert werden soll.

Die Literatur, besonders psychoanalytischer, ethnologischer oder religionswissenschaftlicher Richtung, hat eine Konzeption des Symbols verbreitet, die, meine ich, irreführt: daß es nämlich besondere Objekte und Vorstellungen gebe, die man als Symbole von anderen, nicht symbolischen, «objektiven» Inhalten der Wirklichkeit absetzt. Das dabei Gemeinte sind meist kollektiv gemeinsame Zeichen, die man je nachdem Embleme, Ikonen, Allegorien, Signale oder ähnlich nennt[3]. Das Symbol dagegen – wie ich den Begriff verwende[4] – bezeichnet wesentlich die subjektive Polyvalenz des Erlebten, die ihm die Kraft unmittelbarer Anmutung verleiht und dadurch die Orientierung des Menschen in der Wirklichkeit und sein Handeln sowohl reguliert wie integriert – Anmutungen, die den rationalen Beziehungsbildungen keineswegs immer entsprechen.

Wenn eine Rose nichts wäre als eine Rose, wie einige «Realisten» meinen, oder der Hund in einem Traum nichts bedeutete als eben einen Hund, wie die Daseinsanalyse lehrt[5], wäre unsere Wirklichkeit nicht nur ärmer, sondern wir blieben in ihr orientierungslos. Die Rose ist Rose nur innerhalb einer zugleich als ähnlich wie unterschiedlich wahrgenommenen Welt, und sie wird zu *meiner* Rose, zu der, die mich berückt oder deren Dornen ich meide, nur durch ihre Bedeutung in dem Geflecht meiner Handlungen. Gewiß, wir verbinden die Inhalte unserer Welt zu konzeptuellen Systemen, wir bündeln sie in Kategorien nach ihren sachlichen Eigenschaften und ihrem Nutzen; die Symbolik dagegen ordnet Objekte und Handlungen gleichsam in Kraftfelder ein, die Richtung und Dynamik unseres Handelns bestimmen. Die konzeptuellen Systeme für sich allein bleiben leer – Menschen kämpfen und sterben nicht für Theorien, sondern für Ideen; die Theorie erklärt, die Idee aber «mutet an», bewegt, entwirft Beziehungen zwischen dem Ich und seiner Welt.

II

Es ist diese Relation zwischen erlebter Wirklichkeit und Selbstbild, von der ich meinte, daß sie Sinn stifte. Das möchte ich nun an einem Beispiel verdeutlichen, das mich nicht wenig fasziniert, läßt es doch das Streben nach Sinn als eine Grunddimension menschlicher Sehnsucht erkennen. Lévi-Strauss hat eine an sich bescheiden unauffällige Person berühmt gemacht: den *bricoleur*[6]. Wir kennen alle solche *Bastler*, ja vielleicht sind wir selbst einer. Der berühmteste, den ich kenne, ist Picasso – denken wir an seinen *Stierkopf* (1942), zusammengesetzt aus der Lenkstange und dem Sattel eines Fahrrades, die er auf einem jener Abfallhaufen gefunden hatte, die er gerne durchstöberte.[7] Der Bastler scheint irgendwie abgeneigt zu sein, Objekte wegzuwerfen, die «noch zu etwas dienen könnten». Wozu dienen? Für gewöhnlich wüßte er es nicht zu sagen, dennoch füllt er Werkstätte, Keller oder Estrich mit alten Holzbrocken, Möbelstücken, Drähten, Schrauben und Nägeln, Teilen ausgeschlachteter Apparate, und sollte ein solcher Bastler Tinguely oder Picasso heißen, kombiniert er sie zu Kunstwerken, ist er der Briefträger Cheval, baut er sich daraus ein Fantasieschloß, und heißt er nur Müller oder Meier, dienen sie ihm immer noch zu erfindungsreichen Improvisationen bei der Reparatur oder Konstruktion eines Möbels. Auf jeden Fall, heiße er nun Picasso oder Müller, sammelt oder sucht der Bastler unterschiedlichste Objekte von *potentieller* Bedeutung, die oft keineswegs ihrer materiellen oder konventionellen Eigenart entspricht – ja, einer Bedeutung, die er oft noch gar nicht kennt. Picasso ging sicher nicht Fahrradteile suchen, um einen Stierkopf herzustellen; vielmehr boten sie sich ihm bei seinem Stöbern anscheinend zufällig an. *Das Objekt des Bastlers ist ein Zeichen, das auf seine Bedeutung wartet* – es ist, könnten wir sagen, ein *«Zukunftsobjekt»*.

Natürlich begrenzen die materiellen Eigenschaften dieser Objekte ihre Nutzung; nicht minder aber wird diese durch Besonderheiten des Bastlers bestimmt. Lenkstange und Fahrradsattel vereinten sich für Picasso eben deshalb zu einem Stierkopf, weil der Stierkampf ihn zwanghaft faszinierte – selbst die Frau, vielleicht seine vordringlichste Obsession, verband er immer wieder mit dem Stierkampf. Seine Kreativität befähigte ihn, sich der Tyrannei der gängigen Denotationen zu entziehen und in einem Fahrrad nicht nur ein Fahrrad zu sehen; zugleich aber wurden die Begrenzungen der Konvention durch die seiner Fantasmen ersetzt. Die Unbestimmtheit oder die Spezifizierung der Objekte des Bastlers verraten somit seine geistige Offenheit oder Einengung.

Indessen, wie unbestimmt auch immer, in seinen Objekten antizipiert der Bastler eine Zukunft. Sie ist grundsätzlich ungewiß, und dadurch – potentiell – bedrohlich; doch das Sammelsurium seiner Materialien und Werkzeuge verleiht ihm das Gefühl, für unterschiedliche Zukünfte gerüstet zu sein. Er kann es sich zutrauen, deren genauere Natur offen zu lassen – was seine Sammlung enthält, bleibt mehrdeutig, und dadurch bewahrt er sich einen Grad Freiheit. Mit anderen Worten, Material und Werkzeuge des Bastlers repräsentieren sein *Handlungspotential*; genauer, sie *symbolisieren* es, denn dieses Potential besteht, mehr als in der materiellen Ausrüstung, in seinem praktischen Geschick und in seinem Akzeptierenkönnen des Unspezifischen, seiner *«Unbestimmtheits-Toleranz»*.

Die Zukunft des Bastlers bedroht indessen nicht nur, sondern verspricht auch. Da ist der Schraubenbolzen ohne die passende Mutter – irgendwann wird sich diese wohl ebenfalls finden: In der Unbestimmtheit der Zukunft verbirgt sich auch Erwünschtes. Doch um dafür bereit zu sein, muß man das möglicherweise Passende vorrätig haben – die Schraubenmutter nützt nichts, wenn der entsprechende Bolzen fehlt. «Handlungspotential» heißt somit auch, Gelegenheiten ergreifen zu wissen. Und so verspricht das Material des Bastlers beides, verunsichernde Situationen bestehen, wie auch Chancen nutzen zu können. Es verleiht Sicherheit, aber formt sowohl wie begrenzt zugleich seine Weltsicht und sein Handeln.

Das verweist auf eine enge, beinahe symbiotische Beziehung zwischen dem Bastler und seinen Objekten. Zwar scheinen die beiden Sätze «*Das könnte* noch verwendbar sein» und «*Ich könnte* das noch verwenden» die übliche Dichotomie zwischen Objekt und Subjekt, zwischen dem Handelnden und seiner Umwelt anzusprechen. Wir neigen allgemein dazu, sachliche Qualitäten des Objektes von dessen Bedeutungen für den

Handelnden zu trennen, und da diese sich von Person zu Person unterscheiden, die Objekte selbst sich aber gleich bleiben, sehen wir uns darin bestätigt. Natürlich wußte Picasso, daß, was er zu einer Analogie von Hörnern gemacht hatte, *in Wirklichkeit* eine Lenkstange, der anscheinende Kopf, wiederum *in Wirklichkeit*, ein Velosattel war. Die ästhetische Emotion vor diesem Kunstwerk ist, meinen wir, *«nur innerlich»*, sie ist nicht nur keine Eigenschaft des Objektes, sondern entspringt eben dieser Inkongruenz zwischen der «wirklichen» Natur des Objektes und seiner Bedeutung. Doch diese Innen-Außen-Dichotomie entspringt so, wie wir sie erleben, eher einem Konstrukt als einem konkreten Dualismus. Zwar ist unsere Wirklichkeit in dem Maße «objektiv», als sie sozialen Konsens ermöglicht, also erlaubt, Handlungen zu koordinieren und Erfahrungen auszutauschen; das bedingt aber, daß diese Objektivität provisorisch bleibt – wie ja die Geschichte der Wissenschaften und der kulturelle Wandel von Objektbedeutungen belegen. Überdies kann dieser soziale Konsens nie vollständig sein, erfordert er doch weitgehend, subjektive Konnotationen der objektalen Wirklichkeit auszusparen, die mitzuteilen schwer fiele, und über die man sich oft noch schwerer einigte. Die Beziehung des Bastlers zu einem Stück Holz wird zwar durch dessen materielle Qualitäten mit definiert, zugleich aber besitzt sie eine Geschichte und einen Kontext, ist gleichsam durchtränkt von den Bedeutungen, die er in Bäumen sieht, von der Intimität eines Blockhauses, eines Holzfeuers, aber auch von seinen Erfahrungen beim Sägen, Hobeln, Feilen, Nageln und Schrauben. Es sind diese spezifischen *subjektiv-funktionalen* Komponenten, die dem Objekt eine Handlungswirklichkeit verleihen; ohne sie wäre das Holzstück nicht aufbewahrt, sondern weggeworfen worden – es hätte eine andere Wirklichkeit besessen; allgemeiner gesagt, ohne diese konnotativen Bedeutungen wäre der Bastler eben kein Bastler. Er bildet, etwas gestelzt formuliert, mit dem Objekt eine «mutuell konstitutive Einheit»: das heißt, er konstituiert dessen Bedeutung durch sein Handeln, so wie, umgekehrt, das Objekt sein Handeln – und dadurch seine Person – prägt. Deshalb eben sind Wirklichkeiten, trotz gemeinsamer Denotation, von Mensch zu Mensch verschieden. Letztlich besteht die grundsätzliche Metaphorik der erlebten Wirklichkeit darin, die Wirklichkeit unseres Handelns zu sein.

III

Die Objekte des Bastlers sind, so sahen wir, bedeutungs-offen, unbestimmt in ihrer möglichen Nützlichkeit, und insofern stellt ihm jedes die doppelte Frage des «Wozu?» und des «Kann ich?» – eine Frage also, verhohlen oder deutlich, sowohl nach möglichen Zükünften, wie auch nach ihm selbst. Seine Objekte mögen sein Vermögen erhöhen, Unvorhergesehenem zu begegnen, sein Vertrauen stärken, Unerwartetes zu meistern, zugleich aber erinnern sie auch an Nicht-Können und Nicht-Vorhersehbarkeit.

Unsere Schwierigkeit, Zukunft zu antizipieren, entspringt nicht nur deren kognitiven Komplexität, sondern mindestens so sehr auch dem Unwillen, gewohnte Sicherheiten aufzugeben. Dennoch, das Erleben der gegenwärtigen Wirklichkeit wird notwendigerweise gefärbt durch deren potentielle Zukunft – man erkennt oder erahnt darin Anzeichen, Versprechungen oder Bedrohungen. Mit dieser «Zukunftsvarianz» der Gegenwart geht der Bastler auf seine Weise um, nicht präzise planend wie ein Ingenieur (um an Lévi-Straussens Gegenüberstellung zu erinnern), sondern eben durch das Anhäufen von Dingen, die ihm Nutzen versprechen und dadurch Ungewißheit begrenzen und Freiheit des Handelns bewahren.

Doch in der Abneigung des Bastlers, scheinbar unnütze Dinge wegzuwerfen, steckt wohl mehr als einzig die Antizipation einer noch gestaltlosen Zukunft. Die Holzstücke, die beim Sägen eines Brettes abfallen, könnte er für sein Kaminfeuer verwenden, und mancher täte es auch. Der Bastler aber zieht dazu Holz vor, das zum Feuern gesammelt, zugeschnitten und getrocknet wurde – Dinge haben, so scheint er zu meinen, ihre eigene Bestimmung, und die des Restholzes beim Schreinern war nicht, verbrannt zu werden. Und so bewahrt er es wenigstens dann auf, wenn seine Größe noch eine andere Verwendung imaginieren läßt.

Ich will eine allgemeinere Formulierung versuchen. Wir neigen dazu, Negatives aus unseren Handlungsbereichen auszugrenzen, und die Ausgrenzung betont und verstärkt noch seine negative Qualität. Nahrungsreste kommen in den Kehrichteimer, und einmal dort, sind sie, obwohl vorher noch eßbar, «Schmutz» geworden. Als «Abfall» werden sie an Orte weggekarrt, die man beschönigend «Deponien» nennt, und die man, falls nicht anders genötigt, wegen des Geruchs und der Unsauberkeit meidet. Leute, die in diesen Wegwerfbereichen nach noch Verwertbarem herumstochern, gehören gewöhnlich zu den niedrigsten Gruppen der Gesellschaft, sie sind «unberührbar», auch ihrerseits so etwas wie sozialer «Abfall», nicht nur in Indien oder Japan. Der Abfall wird so unversehens zum Symbol dessen, was eine kulturelle Gruppe ausgrenzt oder verdrängt.

Der Bastler belegt, daß nicht jedermann gleichermaßen zu diesem Wegwerfen neigt. Dafür ist wiederum Picasso ein prominentes Beispiel. Françoise Gilot schreibt: «*Er grub täglich auf dem Schuttplatz herum, und bevor er überhaupt dorthin kam, durchstöberte er alle Mülltonnen, an denen wir auf unserem Weg zum Atelier vorüberkamen. Ich ging neben ihm her und schob einen alten Kinderwagen, in den er alles hineinwarf, was er an brauchbar scheinendem Plunder fand.*»[8] Sie berichtet weiter, wie glücklich Picasso war «*über eine alte Gabel, eine zer-*

brochene Schaufel, einen zerbrochenen Topf oder ähnlichen Unrat», weil ihn solche Gegenstände schöpferisch inspirierten. Der Stierkopf, schon vor Françoise Gilots Zeit entstanden, ist nur eines der Ergebnisse dieses «Sammelns». Vermutlich hätte Picasso die Worte «Plunder» oder «Unrat» selber kaum benutzt – was für Françoise wertloser Abfall war, versprach ihm noch zukünftigen Nutzen.

Grundsätzlicher, könnten wir vermuten, weigerte sich der Bastler Picasso, die Ausgrenzungen seiner Gesellschaft anzuerkennen – materiell sowohl wie symbolisch. Denn diese Ausgrenzungen symbolisierten Beschränktheiten der sozialen Gruppe, und sie beengten ihn somit nicht nur schöpferisch, sondern konfrontierten ihn mit den Drohungen einer Anti-Welt. Man erinnert sich an die Zeiten, in denen er Bettlern, Prostituierten, Zigeunern, dem gekreuzigten Christus, Selbstmördern und anderen «Ausgestoßenen» seine Sympathie zuwandte – auch diese zwangen ihn gleichsam, die Gegenwelt umzugestalten, die Ich-Bedrohungen, die er in ihnen sah, kreativ aufzuheben. Und so mag sein Drang, in Abfallkübeln und Schutthaufen noch Verwertbares zu entdecken, wiederum den Willen verraten, die Negativ-Seite der Welt im Kunstwerk zu verwandeln. Weggeworfenes, Ausgeschiedenes künstlerisch aufzuwerten, erinnert an die Versuche der Alchemisten, aus Blei Gold zu machen. Das mag allzu spekulativ klingen – halten wir einfach fest, daß die Wegwerfdinge für den Bastler eine weitreichende Ich-Welt-Symbolik besitzen können.

Das führt uns wiederum, wenn auch vielleicht auf überraschende Weise, zur Frage nach dem Sinn. Denn verbirgt sich nicht hinter dem Glauben, daß jedes Ding potentiell – irgendwann – noch nützlich sein könne, eine Vorstellung von übergreifender Sinnhaftigkeit? Dinge, scheint der Bastler zu meinen, sind wie Steine eines Puzzles – für sich allein sinnlos, fügen sie sich doch, am gehörigen Ort, zu einem sinnvollen Bild zusammen. Und daß, dergestalt, jedes Ding seinen Platz in einem noch unbekannten Ganzen hat, wäre der eigentliche Grund, weshalb der Bastler es nicht verwerfen will. Der Sinn, würde er – sicher unbewußt – meinen, *ist da*, kann sich in jedem Ereignis offenbaren, wenn er ihm nur richtig zu begegnen vermag.

Denn dieses sinnvolle Zusammenfügen geschieht ja kaum je von selbst. Es gilt, die Dinge im richtigen Moment angemessen einzubringen; mehr noch, es liegt oft am Bastler, das Bild zu finden, das seinen Objekten Sinn gibt. Doch hier nun scheint sich ein Dilemma des Bastlers anzuzeigen. Da steht er gleichsam in der Unordnung seiner Objekte, die auf eine Zukunft warten, die nicht kommt, eine Ordnung, die er noch nicht kennt. Und so bedeutet es ihm immer ein kleines Glück, wenn er unerwartet Teile seines Krimskrams sinnvoll irgendwo einsetzen, nützlich oder ansprechend verwenden kann. Es gibt, wenn man so will, eine Ungeduld des Bastlers, seinen Wirrwar in eine Ordnung umzusetzen, Chaos in Struktur zu verwandeln. Eine Ungeduld ganz anderer Art, als die der Hausfrau, die in seine Werkstätte eindringt, um «aufzuräumen». Ihm geht es nicht um ein ordentliches Arrangieren von Material und Werkzeugen, sondern darum, sein eigenes Vermögen zu erfahren, das Weggeworfene aufzuwerten, die Dinge in Strukturen einzugliedern, die ihm sinnvoll erscheinen. So wird also der eine aus Holzstücken ein Vogelhäuschen zimmern, ein anderer, wie Picasso, wird etwa aus einem Schöpflöffel, kleinen Harken, Stöcken und Schnüren eine Figur bilden oder einen Kranich aus Teilen eines Tretrollers, einer Vogelfeder und Holzresten[9]. Das sind nur Einzelobjekte, doch entstanden aus dem Vermögen des Bastlers, Wirrwar zu ordnen, Chaotisches sinnvoll zusammenzufügen. Sie erscheinen so als Metaphern einer umfassenderen Sinnhaftigkeit der Welt sowohl wie eines grundsätzlicheren Potentials des Bastlers, den Sinn im Ungeformten zu entdecken, ihm zu entlocken, ja ihm aufzuzwingen.

Sinn, sagte ich anfangs, entstehe daraus, daß es uns gelinge, die beiden Grundstrebungen, die Welt zu ordnen und unser Selbst zu strukturieren, in Einklang zu bringen. Das muß noch weiter präzisiert werden. Ordnung allein ist noch nicht Sinn – sonst gäbe es kaum Sinnhafteres als Bibliothekskataloge oder die Aktenschränke von Behörden. Ebenso wenig garantiert das Handlungsvermögen an sich schon Sinn – geschicktes Tennisspiel, elegantes Tanzen oder gekonntes Autofahren sind sicher befriedigende, kaum aber sinnstiftende Fähigkeiten. Was denn ist mit diesem Ich-Welt-Einklang gemeint?

Das Stück Abfallholz ist sinnlos, zu nichts Unmittelbarem nütze; es erhält jedoch, wie wir sahen, einen potentiellen Sinn dadurch, daß der Bastler sowohl einen irgendwie gearteten, irgendwann sich bietenden Nutzen antizipiert, *wie zugleich* glaubt, diesen Nutzen erkennen und gestalten zu können. Die Welt erlaubt, in der Sicht des Bastlers, vielfältige Kongruenzen, *sofern* sein kreatives Vermögen ihnen entspricht. Hinter dem begrenzten Geschick des Bastlers, ein spezifisches Objekt zu erschaffen, verbürge sich also ein generelles Potential der Sinnstiftung.

Nun mag es allerdings überraschen, daß der Bastler oft nicht einfach Unnützes aufbewahrt und gelegentlich in seiner Ungeduld irgendwie zusammenfügt, sondern daß er zuweilen auch geplant nach Verwertbarem sucht. Von Picasso berichtet Françoise Gilot: *«Zuerst hatte Pablo die Idee, die Skulptur einer Ziege zu machen. Dann erst suchte er nach Dingen, die er dazu gebrauchen konnte…»* …*«So las er eines Morgens* (bei seinem Durchstöbern von Mülltonnen und dem Schuttplatz) *einen alten weidengeflochtenen Papierkorb auf. «Das ist genau das, was ich für den Brustkorb der Ziege brauche», sagte er. Einen oder zwei Tage später stieß er auf zwei tönerne Milchkrüge, die nicht ganz gelungen waren. «…wenn ich ihre*

Böden herausbreche und die Henkel abbreche, kann ich sie vielleicht für die Zitzen der Ziege verwenden.»[10] Auch für den übrigen Körper der Ziege benutzte er mancherlei zusammengelesenes Material. Nun wäre es für Picasso ein Leichtes gewesen, die Ziege ohne solches Gerümpel zu formen – was denn bewog ihn dazu? Natürlich wissen wir es nicht, doch das Bisherige legt einige Vermutungen nahe.

Picasso suchte nicht Dinge für Zweckverbindungen – also etwa die zu einer Schraube passende Mutter, einen Sattel oder eine Lenkstange für sein Fahrrad; er verband vielmehr Bedeutungskomplexe. Ein solcher war die Ziege, eine Vorstellung mit ihren subjektiven Konnotationen, die er materiell gestalten wollte; ein zweiter dagegen war die Welt des Weggeworfenen, des Unnützen, Ausgestoßenen, oder wie er es empfand. Man darf nun wohl annehmen, daß es ihm nicht ausreichte, einfach sein inneres Bild plastisch zu verwirklichen, sondern daß er erstrebte, auch die Welt des Ausgegliederten schöpferisch mit einzuschließen – also den Antagonismus zwischen Ich und Nicht-Ich auch da zu überwinden, wo er am krassesten sichtbar wurde: in der Kluft zwischen Kunst und Abfall.

Man mag hier einen Fantasmus erkennen: Das Handlungsvermögen in Bereiche auszudehnen, die unterschwellig ängstigen, ihre Bedrohlichkeit gleichsam aneignend zu entschärfen. Wo es gelingt, diesen Fantasmus in einem Werk zu erfüllen, erlebt man Macht: die Macht, Antagonismus zu überwinden, die Welt zu ordnen, und dabei bestärkt man zugleich sein Selbst. Das eben ist – subjektiv – Sinnstiftung.

So verweist uns Picasso, dieser prototypische Bastler, darauf, daß wir neben der bisher geschilderten noch eine zweite, beinahe gegensätzliche Grundhaltung des Bastlers beachten müssen. Es mag sein, daß der eine untergründig eine Sinnhaftigkeit der Welt annimmt, erwartend, daß jedem Ding ein Platz zukomme und irgendwann die Konstellation sich ergebe, in der der Puzzle-Stein sich einfügen lasse. Bei Picasso aber meinen wir nun noch eine andere Einstellung zu erkennen, daß nämlich das Chaos unvermeidbar bleibe, die Welt dem Drang zur Unordnung unterliege, und daß nur die schöpferische Hand vermöge, diesem Chaos ordnend entgegenzuwirken. Dinge auszusondern, Abfall anzuhäufen, würde die Entropie beschleunigen – das wäre somit der Grund dieses Bastlers, nichts zu verwerfen, das irgendwie noch Nutzen verspricht.

Das sind zuweilen, sei gleich angefügt, keine ungefährlichen Bastler, die die Entropie aufhalten, der Welt ihre Ordnung auferlegen wollen – in der Politik haben wir davon genug erlebt. Auch das, was Picasso aus Abfalldingen fertigte, waren oft gespenstische Gebilde. Meist indessen verbinden sich – wenn auch ungleich gewichtet – die Einstellungen des Sinn-Erwartens und des Sinn-Erzwingens, und sie unterscheiden sich auch kaum im konkreten Handeln: beide suchen sie, Zufälliges in Not-wendiges, Heterogenes in sich Entsprechendes zu verwandeln.

Natürlich hätte Picasso die Beziehung zwischen der Idee der Ziege und den Wegwerfobjekten anders erleben können, als ich es hier zu zeichnen versuchte; grundsätzlich aber bleibt wohl, daß er dabei eben Gegensätze auf eine Weise verschränkte, die ihm sinnvoll erschien. Nicht-Zusammengehöriges hat er vereint, Gespaltenes, ja Antinomisches in «Gleichklang» verwandelt und sich dabei sein Handlungspotential bestätigt. Nur, die Sinnfrage geht natürlich über die Ziege oder den Stier-kopf hinaus.

Der Mythos vom göttlichen Baumeister, dem Demiurg, der sich dem Chaos der Welt entgegenstellt, mag durchaus im Fantasmus des künstlerischen Bastlers durchschimmern, doch in der tatsächlichen Wirklichkeit stößt er auf zwei Beschränkungen. Die eine ist er selbst. Begrenzt in seinen Neigungen und Fähigkeiten, vermag er nur Teile der Wirklichkeit zu erkennen, und wenn er Zukünftiges vorwegnimmt, mag er zwar versuchen, sein Handlungspotential auszuweiten, sein Material und seine Werkzeuge zu vermehren, doch wird er nie allem begegnen, wird nur einiges gestalten können. Der Wirklichkeit, auf die er sich ein-stellt, gibt er schon ihre Umrisse, selbst wenn er sie nicht genauer zu zeichnen vermöchte. Es sind, wenn man so will, Potentialitäten, in denen sich schon bestimmte Ich – Nicht-Ich-Verschränkungen andeuten. Diese Verschränkungen konstituieren zwar Sinn, aber es bleibt allein *sein* Sinn, der das Ungeordnete, Un-Sinnige, ja Chaotische nie genügend zurück-zudrängen vermag.

Daraus ergibt sich die zweite Beschränkung. Das Nicht-Wegge-worfene häuft sich an, der Keller füllt sich mit Krimskrams, der stärker noch als der sonstige Alltag an die Allgegenwart des Schmutzigen, Unge-ordneten, Chaotischen erinnert. So bleibt auch jedes Werk des Bastlers beschränkt – es symbolisiert die Ordnung zugleich mit deren Begrenzt-heit, und daraus ergibt sich, daß die Forderung, Sinn zu stiften, sich immerwährend stellt und immer nur provisorisch erfüllt werden kann. Die Frage nach dem Sinn des Ganzen, der Welt, des Lebens, mag bedrängen, doch die Antwort wird – bestenfalls – nur jenen begrenzten Sinn erfinden können, der unser Selbsterleben und unser Welterleben zusammenfügt.

Das allerdings in unterschiedlicher Weise. Der Bastler, der sein Vogelhäuschen zimmert, wirkt als ein Bewahrer – er strukturiert sein Selbst, allgemeiner gesagt, gleichsam partnerschaftlich: Die Welt, in der er lebt, soll an seinem Handelnkönnen Anteil haben. Picasso dagegen, mit seinen genialen zugleich wie wirren Bastelplastiken, zwingt der Umwelt seine Formen und Bilder auf; er ist nicht Bewahrer, sondern Gestalter, ja sogar Despot. Beide strukturieren sie ein Selbst, beide ordnen sie ihre erlebte Welt – beide stiften sie, auf je eigene Weise, subjektiven Sinn. Verallgemeinern wir: Unser Sinnstiften bleibt unausweichlich symbolisch. Und es gleicht dem Handeln des Bastlers, der sich dem Chaotischen im Vertrauen widersetzt, im Heterogenen, sinnlos Erscheinenden, dennoch den potentiellen Sinn zu finden; der deshalb unermüdlich sein Vermögen schärft, Sinnhaftes zu erkennen und Sinnganzheiten zu knüpfen. Der Bastler, so wie ich ihn hier schilderte, ist gewiß ein Idealtypus, doch verrät er, meine ich, jenen allgemeineren, untergründigen Trotz, der sich immer wieder der drohenden Entropie entgegenstellt, genährt aus einer – wohl kaum bewußten – Intuition eines Sinnes der Wirklichkeit, der, vielleicht verborgen, nur möglich wird, wenn ein schöpferischer Geist ihn entdeckt und eine schöpferische Hand ihn gestaltet. Doch der Bastler ist kein Philosoph – ihm geht es nicht um *die*, sondern um *seine* Wirklichkeit, nicht um das Heterogene in der Welt, sondern in seinem Erleben. Und deshalb wird er den Sinn nicht erforschen, sondern nur ersehnen und ihm, wo er es vermag, aus dem Wirrwar des Alltags immer wieder neue Symbole erschaffen. Und wären sie auch so bescheiden, wie ein Vogelhäuschen.

Anmerkungen

[1] Boesch, E. E., 1994.
[2] Freud, S., 1919/1947.
[3] Siehe Firth, R., 1973.
[4] Siehe Boesch, 1983, 1991/1995.
[5] Boss, M., 1971.
[6] Lévi-Strauss, C., 1962.
[7] Spies, W., 1983.
    Gilot, F., Lake, C., 1965.
[8] Gilot, F., Lake, C., 1965, p. 388.
[9] Picasso 1935 und 1942, in: Spies, op. cit.
[10] ibidem, p. 388.

Was für ein Handeln ist das Lesen?[1]

I

Intellektuelle lesen. Sie lesen nicht nur viel, sondern oft beinahe zwanghaft: Meine «freie» Zeit fülle ich größtenteils mit Lesen aus, und habe ich nichts zu lesen, fühle ich mich irgendwie untätig, auch dann, wenn ich etwas tue. Überdies kaufe ich viele Bücher, nicht etwa, weil ich sie gleich lesen möchte, sondern um mir die Umgebung zu schaffen, in der ich jederzeit, je nach Lust oder Notwendigkeit, zum angemessenen Lesestoff greifen kann.

Aber, wozu eigentlich? Essen tun wir bekanntlich, um Defizite an Blutzucker, Kohlehydraten und anderen Stoffen, von denen ich kaum mehr als die Namen weiß, auszugleichen oder zu vermeiden; wir atmen, um den Körper mit Sauerstoff zu versorgen und von Stickstoff zu entlasten – Atmen und Essen sind, trotz ihrer Finalität, kausalbestimmt. Jedoch zwingen uns weder organische Defizite noch hormonale Stimulationen zum Lesen – eher schon wäre ein Informationsdefizit zu vermuten: Die Frau, die ihrem Mann etwas Gutes vorsetzen möchte, liest ein Kochbuch; um Forschungsergebnisse sinnvoll zu verarbeiten, lese ich eines über Statistik, und wenn ich abnormales Handeln eines Menschen nicht verstehe, vertiefe ich mich in ein Lehrbuch der Psychopathologie. Das ist, im Grunde, alles nur Lesen von Gebrauchsanweisungen, einleuchtend, leicht zu erklären, wenn es auch offen läßt, was die Ziele bedeuten, für die man diese Informationen sammelt.

Wozu aber lese ich Ernesto Grassis *Reisen ohne anzukommen*, Clavell's *Noble House*, Lévi-Straussens *Tristes tropiques* oder Rilkes *Malte Laurids Brigge*? Um Informationen kann es da wohl nicht gehen, zum mindesten nicht um solch ebenso unmittelbar nützliche wie das Kochrezept oder die statistische Gleichung.

Tue ich es vielleicht, um mich durch andere Ideen zu «bereichern» – was immer das auch heißen mag? Was Ideen anderer für den Leser bedeuten, wird zu betrachten bleiben, doch stimmt hier gleich schon die bedrückende Beobachtung nachdenklich, daß man von einem bestimmten Alter an – mir wenigstens geht es so – innert kürzester Frist den größten Teil dessen vergißt, was man, und sei es auch mit Begeisterung, Zustimmung, Überraschung oder Protest, gelesen hat. Bereicherung, die einem nicht nur neue, sondern auch bleibende Dimensionen des Denkens und Fühlens erschlösse, kann es also wohl auch nicht sein.

Wäre es denn vielleicht so, daß wir einfach aus Gewohnheit lesen, so wie der Raucher zu seiner Pfeife greift, weil ihm sonst irgend etwas zu fehlen scheint, im übrigen aber kaum mehr merkt, was er tut? Lesen, wäre das vielleicht ebenso Routine wie das Fernsehgucken, bei dem man am Ende dann einschläft?

Früher las ich gerne Kriminalromane bestimmter Art, etwa die australischen Geschichten des Inspektors Napoleon Bonaparte von Arthur Upfield, oder die chinesischen Judge Dee *mysteries* von Robert van Gulik. Heute langweilt mich diese Art Literatur, doch sowohl die Langeweile wie auch das Gefesseltsein von einer Lektüre scheinen der These des reinen Routinelesens zu widersprechen: man bewertet, wählt aus, reagiert, wird ergriffen – kurz, Lesen scheint irgendwie aktives Handeln zu sein. Aber, nach wie vor, aktiv handeln wozu?

Denn Handeln hat immer ein Ziel, genauer, mehrere Ziele. Man mag zwar rein kausalbestimmt etwas tun, doch beschränkt sich dies auf die physiologischen Defizite und Reflexe; sonst jedoch, selbst wo etwa Drohungen oder Gefahr zum Handeln zwingen, verbindet sich die Abhängigkeit von unmittelbaren Determinanten mit unterschiedlichen Zielen. Das gilt wohl noch ausgeprägter, wenn ich etwa in einem Katalog *Reisen ohne anzukommen* entdecke, es bestelle und, nachdem es einige Zeit auf dem Büchergestell gewartet hat, mich in einem geeigneten Augenblick darin vertiefe. Was heißt hier «der geeignete Augenblick»? Was bedeutet der «Zufall» des Bücherkatalogs?

In seinem Heim Büchergestelle aufzubauen und sie zu füllen, bedeutet natürlich, sich mit Büchern umgeben zu wollen. Bücher stehen anstelle von Leuten, die Ideen formulieren, Geschichten erzählen, über Erfahrungen berichten. Irgendwie, scheint es, errichtet man sich eine soziale Welt, die mit der, in der man lebt, nicht notwendigerweise übereinstimmt. Der Alltag erlaubt uns nicht, nur mit Leuten zu verkehren, die wir interessant, originell, anregend finden oder die uns sonstwie ansprechen; Bücher dagegen lassen das zu. Bücher, könnten wir vermuten – und vielleicht sogar Fachbücher – haben etwas zu tun mit dem Wunsch nach einer uns «angemessenen» sozialen Welt.

Deshalb sollte man wohl auch Bücher nicht zu sehr von Leuten trennen. Ein Buch, das einem Freund gefiel, spricht uns anders an, als ein «neutrales», und wenn uns ein Autor am Fernsehen beeindruckt, lesen wir zuweilen mit Interesse ein Buch, das uns sonst nicht angezogen hätte. Früher kannte ich zwar den Namen Ernesto Grassis, doch als Philosoph der Antike und der Renaissance stand er meinen eigenen Interessen zu fern, als daß ich seine Schriften gelesen hätte. Dann traf ich ihn an den «Zürcher Gesprächen», und er beeindruckte mich. So kam es, daß ich unter den vielen Angeboten des Buchkatalogs eben *Reisen ohne anzu-*

kommen auswählte. Die Kenntnis der Person – des Autors oder anderer Leser – scheint Leselüste, sowohl wie die Art des Lesens zu beeinflussen.

Es bliebe hier noch das eine oder andere zu fragen; etwa, wozu ich zuweilen Bücherkataloge durchblättere (ich tue es ja nicht systematisch), oder wieso ich in einem bestimmten Moment das Buch zu lesen begann. Wir würden kaum mehr lernen, als die folgenden Betrachtungen ohnehin ergeben. So will ich damit beginnen, daß ich Ernesto Grassis *Reisen ohne anzukommen* zu Ende las, seine *Theorie des Schönen in der Antike* jedoch nicht. Der Grund erscheint, auf den ersten Blick, offensichtlich: Die Auswahl des Lesestoffes hängt mit den eigenen, vordringlichen oder grundsätzlichen, Anliegen zusammen. Ich befasse mich wenig mit unserer europäischen Vergangenheit, umso mehr aber mit fremden Kulturen. Ein Buch muß uns «anmuten», damit wir es in die Hände nehmen, muß relevante Einblicke versprechen. Das Zu-Ende-Lesen allerdings wird uns, um es zu verstehen, länger bechäftigen müssen.

Betrachten wir also diese Handlung, Ernesto Grassis *Reisen ohne anzukommen* von Anfang bis Ende zu lesen. Das soll die fortlaufende Beziehung zwischen mir und einem Text schildern, will also keine Buchkritik sein. Deshalb sei kurz vorausgeschickt, wie ich damals, bei der ersten Lektüre, das Buch beurteilte: Ich fand es beneidenswert schön geschrieben (welch klares und dennoch farbiges und bildhaftes Deutsch ein Italiener uns hier vormacht...); es beeindruckte mich durch eine oft kaum mehr durchdringbare Dichte der Gedanken, eine feinste Differenziertheit der Gefühle und Stimmungen, und seine ernsthafte Ehrlichkeit ließ es mir, mehr noch als ein philosophisches, als ein sehr persönliches Dokument erscheinen. Wie es bei der Zweitlektüre auf mich wirkte, werde ich am Schluß dieses Berichtes noch kurz anmerken.

II

Das Buch ist offensichtlich keine übliche Reiseschilderung; die äußere Reise wird zum Anlaß einer inneren: «*Je mehr wir uns räumlich von der Heimat entfernen, desto tiefer gehen wir in uns selbst hinein...*» (149)[2]. Dadurch unterscheidet es sich grundsätzlich von anderen Südamerikaberichten, wie insbesondere den *Tristes tropiques* von Lévi-Strauss. *Reisen ohne anzukommen* ist ein paradoxer Titel. Ich selbst will reisen, um anzukommen, und das meine ich nicht nur geografisch: Ich möchte verstehen, teilhaben, oft beinahe bis zur verschmelzenden Identifikation. Zwar weiß ich zugleich, wie vermessen, wie illusorisch ein solches Wollen ist: Man bleibt immer der Fremde, der Außenseiter. Deshalb weckt der Titel des Buches in mir sowohl Widerspruch wie Zustimmung, verbunden, zugleich, mit einem Wundern: Ist das «Nicht-Ankommen» als Klage gemeint, als Forderung oder einfach als Feststellung? Kurz, der Titel schon läßt mich Hypothesen bilden, setzt eine Auseinandersetzung in Gang. Wozu aber? Habe ich nicht meine eigene Meinung, gewonnen und begründet in langen und vielfältigen Erfahrungen und Überlegungen? Beeilen wir uns nicht mit der Antwort – das Betrachten des Leseverlaufs wird dazu einiges erbringen. Das geschieht natürlich rückblickend, nach dem Fertiglesen, wobei mancherlei unbeachtet bleiben muß – was bei einem Leser wie mir, der dauernd in Assoziationen zum Text abdriftet, vielleicht ein Mangel ist, dafür aber zwingt, sich eher auf die wesentlichen Vorgänge zu konzentrieren. Erinnernde Introspektionen, vor allem auch die spontan angestrichenen Textstellen sind es also, womit ich den Prozeß zu rekonstruieren suche.

Es ist ja, ich erwähnte es schon, keineswegs selbstverständlich, daß man ein Buch zu Ende liest. Das erfordert, die Lesemotivation dauernd beizubehalten und zu bestärken, ihre an sich natürlichen Schwankungen auszugleichen, den Verlockungen anderer Lektüren zu widerstehen. Beim Kriminalroman hilft einem dabei, spürbar bis in physiologische Reaktionen hinein, das noch recht wenig verstandene Phänomen der «Spannung». Viel Spannung vermag nun ein philosophischer Reisebericht kaum zu wecken, insbesondere, wenn er, wie hier, in nur lose, ja oft kaum verbundenen Bildern und Gedanken besteht. Die Sprache, die sich angenehm liest, bildet eine erste Voraussetzung zum Weiterlesen – man stößt sich nicht dauernd an den Hürden der Häßlichkeit und Unklarheit. Wichtiger aber sind wohl die Versprechen des Buches. Vorerst das des Titels (oder was man aus ihm zu lesen glaubt), dieses beunruhigende und zugleich bereichernde Eintauchen in fremde Kulturen irgendwie durchsichtiger zu machen. Die Kapitelüberschriften künden mir weiteres an, das mich anzugehen scheint, das und jenes, an dem ich selbst herumzugrübeln neige: die Fragen von Zeit und Geschichtlichkeit, das Problem der Wirklichkeit, die Bedeutung der Natur, oder die mythische Welt etwa. Das sind Schlüsselwörter, die versprechen, Neugierde wecken und auch über jene Stellen hinweghelfen, die man ermüdet oder sonstwie unaufmerksam mühsam durchliest, oder solche, die einem zu dicht und unverständlich erscheinen. Irgend eine *Zielvorstellung* scheint hier aufgebaut zu werden, die dem Lesen die notwendige Konstanz verleiht, die Handlungsspannung aufrecht erhält.

Was sich hier bildete, war wohl so etwas wie die Erwartung, auf Gedanken oder auf Schilderungen zu treffen, denen ich zustimmen könnte, die mich bestätigten und die zugleich meine eigene Erfahrung vertiefend und anregend bereicherten. Die Frage ist nun wohl weniger, ob der Lauf des Buches «objektiv» diesen Erwartungen entspreche, sondern vielmehr, ob es genügend Anlässe enthalte, um Entsprechungen zu entdecken. So wie die Wirklichkeit überhaupt, nimmt man auch die eines Buches selektiv wahr; man sucht daraus jene Gegebenheiten herauszulesen, die einem für die eigenen Anliegen relevant erscheinen.

So streiche ich denn auch manchenorts Formulierungen an, die ich, in ihrem wesentlichen Inhalt, ähnlich auch hätte machen können oder gar gemacht hatte; andere dagegen enthalten vertiefende, erweiternde Gedanken, die mich überraschen, dennoch aber verwandt anmuten. Das Nachvollziehbare kann wohl nie ein völlig Fremdes sein. Ich will das am Kapitel über *«Die Welt des Schattens»* kurz erläutern.

Der Abendländer, meint Grassi, identifiziert das Wirkliche mit dem Sichtbaren, weshalb der Schatten zur *«Negation des Sichtbaren, des Realen»* wird (29). Für den Spanier dagegen würde *«der Schatten zu Seiner konkreten Wirklichkeit, die sich der Wirklichkeit des Lichts entgegensetzt; denn erst in ihm gelangt man zu sich selbst, während im zerstörenden Lichte alles Menschliche sich auflöst»* (30). Und deshalb *«verhüllt der Schatten nicht [einfach] das Greifbare…, er beschwört vielmehr das Leben der Phantasie…»* (31). *«Der Schatten wirkt hier also nicht mehr als Verhüllung, sondern schlechthin als Kraft des Lebens. Diese wird wiederum sogleich bezwungen, um dem Menschen zu zeigen, daß das Reale, das Tastbare, das alltägliche Leben eine primitive, grobe, naive Wirklichkeit sei. Gelingt es, die Kraft der Phantasie so zu meistern, daß sie in den Dienst des Unwirklichen tritt, dann gelangt man durch die Phantasie zu einer Vorahnung, wie das Jenseits zu verwirklichen wäre…»* (32). Ich weiß selbst, daß das Verhältnis der tropischen Menschen zu Licht und Schatten anders ist als unseres – Grassis Schilderung wirkt somit bestätigend und, in ihrer Anwendung auf spanische Kathedralen, in unerwartet feinsinniger Weise differenzierend. Doch liegt mehr Stoff darin für innere Resonanz: Für mich, der ich der Symbolik des «Wirklichen» einiges Nachdenken gewidmet habe, ist die Existenz einer «Gegenwirklichkeit» immer unverzichtbarer geworden, um Handeln und Denken in unterschiedlichen Kulturen zu verstehen. Licht als (abendländische) Wirklichkeit, Schatten als deren Aufhebung, entspricht somit dieser Antinomie von Welt und Gegenwelt und schildert sie in einer neuen Sichtweise. Das Neue wird nachvollziehbar und bejahbar durch eine Gemeinsamkeit mit Vorhandenem. In technischer Sprache würde man sagen, daß die Motivation des Lesers auf einer optimalen Verbindung von Redundanz und Information beruhe.

Das Beispiel belegt zugleich ein Grundthema des Buches: Wirklichkeit und Anti-Wirklichkeit entwickeln sich, im Laufe der Schilderung, zu beängstigenden Antagonisten – ich will darauf noch zurückkommen. Damit hängt das andere Grundthema zusammen: die Auflösung der Geschichte – oder, könnte man sagen, die Auflösung der Kultur durch Natur?

Daraus entspringt nun eine wohl tiefer gründende Lesemotivation als die bisher geschilderte. Denn hier scheint sich die Zustimmung allmählich in Gegensätzlichkeit zu wandeln. Ich war nie in Südamerika, aber oft in den Tropen, in Afrika und öfter noch in Asien. Ich glaube indessen die Feindschaft von Kultur und Natur nie gleicherweise erlebt zu haben. Im Gegenteil, die tropische Natur hat mich immer irgendwie tröstlich verheißend angemutet: Der Reichtum ihrer Schöpfungen symbolisierte Fruchtbarkeit – nicht nur organischer Art; ihre üppigen, feuchten wie modrigen Gerüche symbolisierten vielfältiges Leben – ja selbst die Vorstellung des Todes schien mir in der tropischen Natur weniger bedrohlich zu sein als in unseren sterileren Breiten. Das alles aber brachte nicht nur Pflanzen und Tiere hervor, sondern begünstigte auch Lebensformen, eine Kultur also, die mich auf ihre Weise beeindruckte.

Dazu gesellt sich aber wohl auch, ich muß es gestehen, ein nicht sehr waches Interesse für historische Dimensionen – insbesondere für jene Geschichte, aus der sich unsere europäische Gegenwart herleitet. Der Psychoanalytiker könnte dafür sicher biographische Gründe finden, doch wie die auch seien, ich hätte eher dazu geneigt, als Befreiung zu erleben, was Grassi in Südamerika als Fehlen der historischen Tiefe festzustellen glaubt.

So wurde der Prozese des Lesens zu einem Wechsel zwischen Widerspruch und Zustimmung. Widerspruch gegen die «apokalyptische» Deutung der Natur: *«Man braucht sie nicht einmal zu sehen; auch im Schweigen des Zimmers, in der Dunkelheit der Nacht fühlt man sie gegenwärtig: draußen vor der Tür liegend wie ein atmendes Ungeheuer, das gar keine Eile hat, weil es weiß, daß wir ihm nicht entgehen. Morgens schon, bevor man die Augen öffnet, spürt man ihre Anwesenheit wie eine Krankheit, die an einem zehrt…»* (129). Diese düstere Sicht, das abgründige Erschrecken, drückt sich wohl am deutlichsten aus in der Wahl der sprachlichen Bilder: Da sind die Neger, die *«unaufhörlich, wie der langsam schleichende Lavastrom eines Vulkans»*, aus dem Urwald in die Favellas der Großstädte eindringen (76) – aus dem Urwald, darin *«das Geräusch unsichtbarer Zahnräder zu vernehmen [ist], in denen eine Gefahr lauert, der man sich auch nicht mit einem Finger nähern möchte»* (90). In diesem Urwald *«erscheint mit einem Mal, als einziges Zeichen des Lebens, ein Reiter auf einem schwarzen Pferd. In einiger Entfernung hält er an, er blickt nach uns, als ob er der Hölle melden müsse, neue Beute sei in Sicht; und ebenso rasch, wie er erschienen ist, verschwindet er wieder»* (91).

Solche Bilder wären leicht zu vermehren, und wenn sie auch in ihrer poetischen Prägnanz beeindrucken, so befremden sie doch zugleich; wäre die Befremdung das einzige Erlebnis des Lesers, so legte er das Buch wohl nach einiger Zeit zur Seite. Doch, wie gesagt, sie vermischt sich mit Zustimmung. Zustimmung, weil die Zwänge geschichtlichen Bestimmtseins immer wieder aufgezeigt werden, Zustimmung zum Nachweis der Begrenztheit des europäisch-naturwissenschaftlichen Weltbildes, Zustimmung zur Bedeutung des Mythos – alles Dinge, die im einzelnen erläutert zu werden verdienten, zur Beantwortung unserer Frage, was nämlich Lesen für ein Handeln sei, jedoch nicht weiter beitrügen. Die Zustimmung nährt sich jedoch, so beginne ich nach einiger Zeit zu ahnen, aus tieferen Wurzeln. Denn hinter den unterschiedlichen Erlebnissen tropischer Natur entdecke ich plötzlich eine fantasmische Gleichgestimmtheit, und die philosophischen Diskurse des Reisenden erscheinen in einem neuen Lichte. Sie faszinieren mich als ein Suchen nach der Grenze zwischen der gewohnten, hellen Welt und ihrem dunklen Gegenüber, eine Illustration des Themas, das mich seit der Zeit beschäftigt, als ich die Begriffe der «Gegenordnung» und der «Bedrohtheitsfantasmen» geprägt hatte:[3] Jede Kultur sucht das sie Bedrohende zu definieren und zu präzisieren, wie man ihm begegnen sollte. Hier nun werden genau diese Definitionen unserer Kultur von einem Menschen offengelegt und hinterfragt, der sich ihnen zugleich zutiefst verpflichtet fühlt, und in seinem Ringen um die Bedeutung von Welt und Gegenwelt äußert sich zugleich der Schmerz des Verzichtenden: Dessen der eine Welt untergehen sieht und die neue noch nicht erkennt. Da regt sich hautnahe Empathie – haben wir nicht alle, irgendwie, diesen Verzicht zu leisten, und wie leisten wir ihn?

Genug fürs erste von *Reisen ohne anzukommen*, diesem mutigen Bericht einer Verwirrung und Verzweiflung, der fordert, zur *«Bedeutsamkeit der Bilder…, [zur] Bedeutsamkeit der pathetischen Struktur des Philosophierens»* zurückzufinden, der aber im resignierenden Schluß der Fabel des Polizian ausklingt: *«Denn jene alten Eulen waren in der Tat weise, jetzt jedoch gibt es viele Eulen, die zwar die Federn von Eulen haben und die Augen und Schnäbel, Weisheit aber haben sie nicht.»* *«Auch heute»,* so Grassi, *«sehen die Eulen keine Landschaft»* (246, 247).

III

Vielleicht ist einiges über die Handlung des Lesens durch dieses Beispiel deutlicher geworden. Es ist eine Vorstellungshandlung, aber sie hat, offensichtlich, zwei Partner. Beide werden gegenseitig aneinander gemessen: Ich messe Gardi daran, wie weit er meinen Erfahrungen, Einsichten und Wertungen entspricht; zugleich lasse ich meine Gedankengänge durch ihn bestätigen oder in Frage stellen. Es geht also, scheint es, um so etwas wie eine Kontrolle sozialer Einordnung – ein wichtiger Vorgang, denn über die Inhalte, die er betrifft, wird man sich normalerweise nirgends ebenso differenziert auseinandersetzen – das Gespräch, auch das «Gespräch als Ereignis»[4], vermag nie die Dichte und Präzision der Vergleiche zu erreichen, die die Lektüre erlaubt.

«Soziale Einordnung», allerdings, bedeutet hier sicher nicht einfach gesellschaftliche Anpassung, sondern vielmehr Einordnung in jenen ausgewählten Kreis, dessen Urteil und Maßstäbe einem wichtig wären. Sie zielt eine vom Leser selbst imaginierte Bezugsgruppe an – eine, die ihm die Wirklichkeit nie so maßgerecht vermitteln wird. Insofern bleibt der Prozeß natürlich einseitig: Wir lesen nicht jedermanns Buch, holen nicht jedermanns Urteil ein; wir bestimmen selbst, wen wir für die Beurteilung unserer selbst als zuständig betrachten. Wichtig ist hier indessen, daß dieser Vergleich überhaupt stattfindet: Unser Selbstbild, so belegt er, benötigt Bestätigungen – allerdings nicht die billigen «Streicheleinheiten» der Verhaltenstheorie, sondern Bestätigungen, die uns, gemessen an «übergreifenden Handlungszielen»[5], als relevant erscheinen. Unser Handlungspotential bewährt sich an den Grenzen, die es zu erreichen oder gar zu bezwingen vermag – die ausgewählten Bücher testen, ob und wie weit unser Handlungspotential sich auch noch in den Gebieten bewährt, in die sie sich erstrecken.

Die Zustimmung Ernesto Grassis zu meinem Denken und Fühlen meine ich in den Ähnlichkeiten seiner Gedankengänge zu entdecken. Sie vermitteln das beglückende Gefühl, «auf dem rechten Wege zu sein» – aber sie sind natürlich auch gefährlich: Nicht nur kann ich ihn falsch verstehen, sondern er kann sich ja auch in den gleichen Belangen irren wie ich. Deshalb sind vielleicht jene Stellen des Buches gewichtiger, in denen mir Unterschiede auffallen, denn hier werden die eigentlichen Prozesse des Prüfens, Abwägens, kurz des kritischen Diskurses ausgelöst. Mein Widerspruch gegen die apokalyptische Vision der Natur hat weniger dazu geführt, mich von Grassis Gedanken zu distanzieren, als eigene Selbsttäuschungen aufzudecken; die Reflexion seiner Bilder hat aber auch, trotz der Einwände, die Empathie für eine andere Art des Erlebens verfeinert. Die Auseinandersetzung fördert das Verstehen, des anderen wie seiner selbst, und so hat sich die Welt, die man zu ordnen vermag, um ein Stück erweitert – zuweilen sogar um ein wesentliches: So etwa brachte mir D. M. Thomas in seinem Roman *Das weiße Hotel* das Problem des Bösen in unserer Wirklichkeit – das der Gegenwelt – schlagartig näher als alle vorangegangenen Überlegungen oder Berichte.[6]

Das ist nun ein wesentlicher Aspekt. Unsere Welt zu ordnen, zu benennen, zu erklären (und wäre es «nur» mythologisch), gehört zu den Grundanliegen des Menschen; es bildet den Kern unseres «Orientierungsstrebens» und hängt eng mit dem zusammen, was ich das «grundsätzliche Handlungspotential» nannte.[7] Es ist eine Handlungsrichtung, die, ähnlich dem Sichern des Tieres, unabhängig von einzelnen spezifischen Zielen dauernd aktiv bleibt; selbst im Traum noch wirkt diese ordnende Tätigkeit weiter, wenn auch, wie wir seit Freud wissen, auf eigene Weise. Lesen, so gesehen, wäre somit sowohl ein Akt des sich Einordnens, wie des Ordnens der Welt. Die Sicht des anderen kontrolliert unser eigenes Sehen, zugleich aber erstreckt sie sich immer auch auf Bereiche jenseits unserer Grenzen. Eher als um Information, geht es dabei oft um Reflexion, und daß diese Reflexion sich «im stillen Kämmerlein» vollzieht, losgelöst also von einer aktuellen Handlung, mag sie noch besonders erhellend machen.

Es gehe, sagte ich eben, weniger um Information als um Reflexion – was natürlich nicht für das instrumentelle Lesen zutrifft, also das eines Kochbuches oder einer Bauanleitung. Beim reflektierenden Lesen wird Information eher geschaffen als einfach rezipiert. Denn was wir aufnehmen, vergleichen wir ja, transformieren es, folgern und bilden so Neues. Lesend erweitern wir unsere Ordnungen, erhöhen sowohl unser kognitives Handlungspotential wie die Reichweite unserer Empathie, was sich überdies auch auf unser praxisches Handlungsvermögen auswirken wird; doch all das eben nicht primär durch Kenntnisse, die uns die Lektüre vermittelt, sondern durch die Ausweitung unserer Grenzen. Grassis Buch hat mich kaum etwas über Südamerika gelehrt, das mir nicht schon aus Berichten bekannt gewesen wäre; er hat mir aber seine «innere Reise» vorgelebt und mich dabei, zum Beispiel, zu einer Offenheit gegenüber Gefühlen und Stimmungen ermuntert, die der Psychologe sonst eher wegzurationalisieren neigt. Das ist eine Grenzerweiterung – die Selbst-Reflexion am fremden Maßstab gleicht uns, im positiven Falle, diesem an; genauer, assimilierend verwandeln wir ihn – in Teilen wenigstens – in einen neuen Sollwert.

IV

Doch all das, wird man zu fragen neigen, leistet doch auch das Gespräch. Wäre das Lesen denn nichts anderes als ein Gespräch mit einem Partner, der uns halt nur schriftlich gegenwärtig ist? Ich glaube nicht. Im Gegensatz zum Gespräch gibt es beim Lesen zwar Partner, aber kein «Du», und ich meine sogar, daß das nicht nur für den Lesenden, sondern auch für den Schreibenden gilt. Auch das soll kurz, wiederum an Ernesto Grassis Buch, erläutert werden. Der erste Absatz des Schlußkapitels trägt den Titel *Auswanderung*. Darin erinnert der Verfasser sich an seine Fahrt über den Ozean (und es wäre besonders zu betrachten, wieso er diese Reise als «Auswanderung» bezeichnet); er schreibt: *«Ich beuge mich über die Reling wie über einen Abgrund: die leichte Brise überzieht das Wasser mit einer durchsichtigen Haut, wie sie bei den inneren Organen der Tiere zu sehen ist. / Das Meer, ein lebendes Herz: es schlägt bis zum*

Horizont, bis zu den entferntesten Lichtvorhängen, unter denen silbrige
Schwellen aufleuchten; dahinter erwarten wir neue, unerwartete, gleiten-
de Räume. / Aus der Sehnsucht entstehen Bilder, sie identifizieren sich mit
ihr. Oder wurden sie schon früher aus Neugierde und Verwunderung in
Erwartung des Neuen geboren? Auf den Häuten des Wassers schleichen
sich Schatten in Gestalt von Schlangen heran. Sie streichen über das
Schiff und verschlingen Menschen und Gegenstände. Der schäumende
Bug scheucht fliegende Fische auf. Die Runenzeichen im Wasser sind
unentzifferbar. Alles bleibt sich gleich, denn die Gegenwart des Immer-
wiederkehrenden löscht selbst die Wirklichkeit von Tag und Nacht, die
Sonne, die Sterne aus; die vernichtende Gegenwart des Ungeschichtlichen
strömt hervor. Nicht einmal die Spiegelungen langer, lichtvoller Wellen an
der Decke der schattigen Kabine wollen Gestalt annehmen. Nur der sich
verbreitende Geruch eines unsichtbaren Tieres, der einem anhängt wie ein
Parasit: die Wärme des Äquators» (213–214). Könnten das Aussagen eines Gespräches sein? Nie und nimmer. Selbst als Inhalte wären sie nur
denkbar in der Unterhaltung mit einer Geliebten oder einer sonstwie sehr
vertrauten Person. Als Formen, in den Alliterationen, Rhythmen, ja selbst
in der gekonnten Sequenz von Bildern, bleiben sie reine Schreibe. Sicher,
auch der Autor wendet sich an Partner – sonst schriebe er nicht, benutzte
er nicht eine gemeinsame Sprache, befolgte er nicht die Üblichkeiten der
Gliederung – aber die Partner bleiben anonym, sie sind keine Dus.

Das gleiche gilt für den Leser. Der Autor, als sein Partner, ist
keine Person, sondern ein Schemen, sichtbar nur in den Formen seines
Werkes, an dem man sich mißt, ein Katalysator, der zum Entfalten anregt,
vielleicht sogar ein imaginiertes Modell, mit dem man sich auseinander-
setzt – nicht aber, wie im Gespräch, ein Du, das man zu überzeugen sucht.
Im Lesen geht es um die Stärkung und Differenzierung des eigenen Ich im
reflektierenden Vergleich, und dies nicht etwa *faute de mieux,* sondern
weil diese Selbstreflexion anhand gewählter Standards die Weite und
Klarheit des Erlebens fördert.

Das Gespräch dagegen strebt vordringlich danach, eine Gemeinsamkeit zwischen Partnern zu erstellen, ihre gegenseitige Beziehung so zu
präzisieren, daß das soziale Feld, darin man sich bewegt, zugänglicher,
durchsichtiger, überschaubarer wird. Deshalb bleibt das Gespräch in
seinen Inhalten selektiv, es wählt nur jene aus, die der Beziehung, die die
Beteiligten anstreben, angemessen erscheinen; wo möglich vermeidet es
auch jene, über die man eine Einigung ohnehin nicht erhofft. Über die
ausgewählten Inhalte aber läßt sich – wenn auch meist eher milde und
sanft – durchaus streiten, man verwendet Taktiken der Überzeugung, der
Suggestion, des Bittens, ja zuweilen gar des Drohens und Angreifens, um
ein soziales Gleichgewicht zu erreichen, das einem dienlich oder

annehmbar erscheint. Zum «Ereignis» wird das Gespräch erst dort, wo man ihm in gemeinsamer Übereinkunft ein neues Ziel gibt: das der kreativen Einsicht eher als des sozialen Gleichgewichts.

Es bliebe hier noch einiges zu Fragen anzumerken, die ich bisher aussparte. Insbesondere etwa, was Bilder und Sprachformen für den Leser bedeuten. Denn, wie jede Handlung, besteht das Lesen aus einer Sequenz von Teilhandlungen, und jeder einzelne Gedanke, ja jedes einzelne Bild kann eine solche sein. «*Schatten, die wie Schlangen über das Boot gleiten und alles verschlingen*», wäre etwa ein Bild, das der Leser mit seinen eigenen Konnotationen ausfüllt, die ihrerseits wieder Divergenzen oder Einklänge mit dem ergeben, was man aus dem Text bisher herausgelesen hat. Eingängigkeit der Bilder, Fluß und Klang der Sprache, werden wiederum daran gemessen, inwieweit sie unseren eigenen Modeln des Ausdrucks und der Handlungsregulation entsprechen – zugleich aber beeinflussen sie sie auch. So ließe sich das Wirken dieser Konfrontationen des Lesers mit dem Gelesenen bis in einzelne Nuancen hinein verfolgen, und vermöchte man dies ausreichend zu tun, ergäbe sich daraus ein vielschichtiges, differenziertes Bild des Lesers, seines eigenen Erlebens und seiner Aspirationen. Leider führte uns dies nicht nur zu weit, sondern erforderte auch eine ganz andere Art der Analyse.

Ebenso wenig will ich versuchen, neben dem Lesebeispiel, das ich hier auswählte (weil ich es als das «eigentliche» Lesen betrachte), nun auch noch andere Arten des Lesens zu besprechen, also eine Art von Taxonomie der Lesehandlungen zu erstellen. Das Lesen des Wissenschafters etwa (um nur eines herauszugreifen), das dazu dient, «auf dem Laufenden zu bleiben», der es auch benutzt, um zitierend zu argumentieren und damit Loyalitäten zu festigen oder Antagonismen auszutragen, ist sicher eine andere Gattung der Lektüre. Zwar kann sie umschlagen in das «eigentliche» Lesen: Das rationale Interesse wandelt sich in persönliches Betroffensein, und man erlebt sein Lesen auf einmal neu – man schwingt mit, schweift assoziierend ab, läßt sich von Unwägbarkeiten zwischen den Zeilen anmuten; obwohl scheinbar gleich, ist das Lesen dennoch zu einer anderen Handlung geworden.

Nun glaube ich, wird auch verständlich, wieso man selbst dann noch leidenschaftlich liest, wenn man das Gelesene bald wieder vergißt: Denn wenn der Sinn des «eigentlichen» Lesens in der Reflexion und Erweiterung der Selbstsicht liegt, hängt er eben nicht davon ab, wieviel des gelesenen Textes man später erinnert.

Die Lesehandlung bleibt allerdings, das soll zum Schluß noch vermerkt werden, unvollständig. Die Erweiterung des Ordnungsvermögens durch das konfrontierende Lesen soll ja auch in unsere realen Handlungen einfließen. Hier erweist das Gespräch eine Überlegenheit: Ein soziales Gleichgewicht, das man dabei festigt, erleichtert, ja ermöglicht vielleicht sogar erst gemeinsames Handeln. Deshalb soll im früheren Wissenschaftsbetrieb, noch bis in unser Jahrhundert hinein, ein gleichsam natürliches Zusammenspiel von Lektüre und Gespräch gepflegt worden sein: Wer ein Buch las, das ihn anging, schrieb dem Autor, traf ihn gelegentlich sogar zum persönlichen Gespräch. Die Briefwechsel von Autoren wie William James, Pierre Janet, Sigmund Freud, C. G. Jung legen davon Zeugnis ab. Heute ist das Lesen, ebensosehr wie das Schreiben, zu einer einsamen Tätigkeit geworden. Das verstärkt vielleicht noch seine Funktion, ja erhöht sogar die Ehrlichkeit der konfrontierenden Selbstreflexion. Und so könnte es sein, daß der Verlust des sozialen Sinns durch eine vertiefte Auseinandersetzung mit sich selbst aufgewogen würde.

V

Ein Nachwort bleibt indessen noch angebracht. Bevor ich diesen – vor über zehn Jahren verfaßten – Aufsatz überarbeitete, habe ich Grassis *Reisen ohne anzukommen* neu gelesen. Nun wäre zur Zweitlektüre, gerade im Lichte dieser Überlegungen, mancherlei zu sagen: Sie ist ja mehr als nur eine Wiederholung der ersten Lesehandlung, sondern greift eine Auseinandersetzung wieder auf und führt sie weiter. Das damals Neue ist nun bekannt, und dadurch werden seine Konturen plastischer, seine Tiefen sei es durchsichtiger, sei es trüber, kurz, seine Stärken wie Schwächen treten deutlicher hervor, und es erweist sich, ob das, was einen einmal als Einsicht beeindruckte, in der Folge zu bestehen vermochte. Der Leser hat sich aber auch selbst gewandelt, seine Interessen mögen sich verschoben, die Sensibilitäten verfeinert oder abgestumpft, manche Einstellungen geändert haben. Daß Grassi «nicht ankommen» konnte, wurde mir bei dieser neuen Lektüre bedrückend klar, denn er reiste wie in einer Glasglocke, eingeschlossen mit seinen Erwartungen, Urteilen und Vor-Urteilen, ohne Menschen zu begegnen, die mehr als Schemen waren. Warum denn reiste er überhaupt?

Er reiste, so las ich nun aus seiner Schilderung, einer Sehnsucht nach, von der er dunkel verbittert wußte, daß sie unerfüllbar blieb. Und so erhielt das «Nicht Ankommen» einen tieferen Sinn: Jenes Paradies, in das *«die Neger wie schwarze Lava aus dem Urwald einströmen»*, vor dem ein *«schwarzer Reiter wie ein Bote der Hölle»* wartet, ist die Sehnsucht, die unablässig verlockt und sich einem doch immer wieder entzieht. Grassi reiste als ein Getäuschter, getäuscht von seiner Zivilisation, getäuscht von seinen Hoffnungen, als einer, der der Enttäuschung entrinnen und sie zugleich nicht zugeben will.

Hatte ich das beim ersten Lesen nicht erkannt? Doch, aber die Neuheit ließ mich anders gewichten. Ich erlebte mancherlei Übereinstimmungen, in Bildern ausgedrückt, die mich anmuteten, ja das Schöpferisch-Bildhafte beeindruckte mich wie ein Gegengewicht zum dunkel Melancholischen. Diesmal aber hätte ich, ohne den Zwang dieses Aufsatzes, *Reisen ohne anzukommen* wohl kaum zu Ende gelesen: Die Montonie der zivilisatorischen Klagen bedrückte mich, die sprachlichen Bilder, beinahe aufdringlich überquellend, schienen mir die Einsicht eher zu trüben als zu vertiefen. Das war wiederum persönliche Lektüre, sicher nicht «objektiver» als die erste, aber eben die eines irgendwie veränderten Lesers; auch diese indessen bestand in einer konfrontierenden Reflexion, in einer Auseinandersetzung mit eigenen Wertungen und Sichtweisen, nun aber in eine Abwendung eher als eine Identifikation mündend. Und somit verdeutlicht diese Zweitlektüre eine Funktion des Lesens, die bei der ersten vielleicht zu sehr im Hintergrund blieb: In der Konfrontation nicht nur Übereinstimmung, sondern auch Differenzen zu finden – in der Absetzung von anderen seine Individualität zu präzisieren.

Das bedeutet Verschiedenes. Vorerst einmal wählen wir aus, was wir lesen, und dabei umreißen wir die Konturen einer eigenen Welt; dann lassen wir uns vielleicht entführen, nach Südamerika von Ernesto Grassi, nach Japan von Cees Noteboom oder in mittelalterliche Abenteuer von Adolf Muschg – wozu? Mag sein, daß wir dabei jene Erfüllungen erhoffen, bei denen anzukommen Ernesto Grassi sich vergebens bemühte. Irgendwann aber endet der Flug der Imagination in der Reflexion – genauer, in einer doppelten Konfrontation: einmal der lesend imaginierten mit der real erfahrenen Wirklichkeit, aber auch der des eigenen Selbst mit dem – vermuteten – des Verfassers. *Dabei wird Identität strukturiert.*

Könnte es aber sein, daß es letztlich eine besondere Art der Sehnsucht ist, die uns dazu treibt, immer wieder Bücher in die Hand nehmen, mit Lesen nie aufzuhören: nämlich die, den Sinn des Eigenen zu entdecken – ja, vielleicht sogar zu konstituieren? Sinn: Dieses eigenartige Bewußtsein, in unserem Leben unsere Fantasmen mit den Mythen unserer Gemeinschaft in Einklang gebracht zu haben. In der Tat: Man wird sein Leben dann als sinnvoll betrachten, wenn es nicht nur fantasmischen Aspirationen nahe kommt, sondern zugleich auch jenen Inhalten, die man in seiner Kultur als wertvoll betrachtet – auch hier, wenn auch in neuem Gewand, stoßen wir wieder auf die Syntonie von Innen und Außen. Das abzuwägen aber erfordert ein unablässiges Vergleichen, Interpretieren, Bewerten, Gestalten – eben das, was ich hier «konfrontierende Reflexion» nannte. Lesend würden wir dann Ich-Welt-Gleichgewichte erstellen – komplexer Art, intuitiv oft eher denn rational, und die Versuche, Ernesto Grassis Bilder und Gedanken nachzuvollziehen, wären im Grunde Stufen fortlaufender Selbst- sowohl wie Du-Bildung. Ob solches im Internet noch möglich sein wird?

Anmerkungen

[1] Nach einem Vortrag an den «Zürcher Gesprächen», 1983.

[2] Die in Klammern gesetzten Zahlen nach Zitaten verweisen auf Seiten in: Grassi E., 1982.

[3] Boesch, 1976, 1983 a, 1983 b. 1991.

[4] Grassi/Schmale (ed.), 1982.

[5] Siehe Boesch, 1991/1995.

[6] Thomas, D. M., 1981.

[7] Boesch, 1980, 1991.

Vom Epos zum Haiku[1]

Sehnsucht aktiviert unser Handeln und gibt ihm Richtung.
Gewiß, die Aktivierung kann umschlagen in Mutlosigkeit, wenn Hindernisse zu mächtig erscheinen, und wenn wir auch das Ziel, wonach wir streben, meist zu kennen glauben, so gilt das keineswegs immer: Sehnsucht kann bedrängen, ein Gefühl des Ungenügens, ein Streben nach Erfüllung wecken, verbunden mit der etwas bangen Unruhe, noch nicht zu wissen, wonach man sich eigentlich sehnt. Doch selbst solch zielloser Sehnsucht ist immer noch eine, wenn auch vage, Intuition von Richtung eigen; sie sucht nicht nach *irgendwelchen* Zielen, sondern nach solchen, die eine Grundorientierung der Person zu erfüllen versprechen – sie folgt jener Art von Suchrastern, die wir schon als *Fantasmen* angetroffen haben. Ein solches Suchen kann lange dauern, und so kommt es durchaus vor, daß ein Mensch irgendwann, vielleicht erst in der Mitte seines Lebens oder gar später, entdeckt, was er «eigentlich immer gewünscht» hatte. Ob das, was er fand, wirklich das «Immer Gewünschte» war, bleibt zwar ungewiß – nicht selten braucht es mancherlei Erfahrungen, um «Ziel-Ahnungen» angemessen zu konkretisieren. Wie immer dem auch sei, ob untergründig oder bewußt, das Streben nach Erfüllung – die Sehnsucht – verleiht dem Lebensgefühl eines Menschen jene Qualität, die ihm als «Sinn» erscheint. Solange er zur Sehnsucht «fähig» ist, «lebt» er.

Wie aber, wenn diese Fähigkeit zur Sehnsucht versiegt? Es gibt die Mutlosigkeit, die depressive Verstimmung, in denen der Mensch auf das Sehnen verzichtet. Das kann sich schon früh im Leben ereignen, doch im Alter wird ihm solcher Verzicht beinahe aufgezwungen. Man hat vielleicht, mit Glück, erreicht, was erreichbar war und dabei vielleicht – auch mit Glück – erfahren, daß zusätzlicher Besitz oder Erfolg belanglos sind; manches, das noch verlocken könnte, verweigert einem der alternde Körper, und anderes die noch verfügbare Zeit. Zwar begrenzt nicht jedermann den Horizont seines Handelns in gleicher Weise, den einen erscheint der Weg wichtiger als das Ziel, das Lernen wertvoller als die Meisterschaft, und andere planen sogar über das eigene Lebens hinaus. Wie weit man seinen Horizont dehnt, hängt von mancherlei ab, körperliche, geistige, soziale und andere Umstände beeinflussen, wie viel Sehnsucht man sich noch zutraut. Letzthin frug, in nicht sehr taktvoller Weise, ein Fernsehjournalist den Geiger Isaac Stern, was für Musik er sich für sein Begräbnis wünsche. Stern, 72 Jahre alt, antwortete lächelnd, die Frage hätte er sich noch nicht gestellt; er halte es mit Bernard Shaws Empfehlung, jung zu sterben, aber den Zeitpunkt möglichst lange hinaus zu schieben. Früher oder später, allerdings, wird auch ein Isaac Stern auf manches verzichten müssen. Was ihm schwerer fällt, wird er durch Leichteres ersetzen – wie Yehudi Menuhin, der von der Geige zum Dirigentenpult, vom Konzertieren zum Ausbilden wechselte; nicht jedermann ist ein Horowitz, der mit achtzig Jahren noch besser spielt als mit vierzig. Und so wird die Sehnsucht nicht selten eher vergangenen Erfüllungen nachtrauern als zukünftige wagen.

Das ist es wohl, weshalb die Frage nach dem Sinn des Lebens den alternden Menschen wieder – wie schon einmal in der Jugend – bedrängt. Denn wenn die Fähigkeit zur Sehnsucht es ist, die das Leben sinnvoll erscheinen läßt, so wäre das Versiegen der Sehnsucht gleichbedeutend mit Sinnverlust. In der Tat, wie oft hört man nicht Betagtere fragen, was all dieses Sich Mühen und Plagen denn für einen Sinn gehabt habe. Früher tröstete man sich mit religiösen Antworten, die heute manchem hohl klingen; das Suchen nach Sinn ist deshalb vielleicht vielfältiger, nicht aber schwächer geworden.

Man kann sich sogar eine beunruhigende Frage stellen: Ob nämlich das Versiegen der Sehnsucht nicht wesentlich zum – körperlichen wie geistigen – Abbau des Alters beitrage. Eine solche Vermutung könnte naheliegen, dem Altern mit einer Therapie der Fähigkeit zur Sehnsucht zu begegnen, doch müßte man dabei dann nicht nur beachten, welche Sehnsüchte noch möglich bleiben, sondern auch, welche *Sinn vermitteln.* Damit aber verbände das Problem der Sehnsucht sich mit dem der Weisheit.

Ich will im folgenden nicht versuchen, die Psychologie des Alterns weiter zu verfolgen, sondern mich auf die Frage beschränken, ob Sehnsüchte sich derart zu wandeln vermögen, daß daraus jene Art von Sinn entsteht, die man Weisheit nennen kann. Das soll anhand literarischer Beispiele geschehen, doch sei gleich betont, daß ich keinen literaturpsychologischen Exkurs plane. Es scheint mir aber, daß die drei Genres der Literatur, das Epos, das lyrische Gedicht und das japanische Haiku, drei Handlungsarten entsprechen, die von unterschiedlichen Sehnsüchten angetrieben werden; dabei wird sich prägnanter als an alltäglicheren Beispielen auch zeigen lassen, wie kulturelle Muster und individuelle Hoffnungen – Mythen und Fantasmen – zusammenwirken, um Sehnsüchte allmählich zu differenzieren.

Parzival

I

Ich will mit einem Epos beginnen, der Geschichte von Parzival[2]. Das Beispiel drängt sich mir auf, denn Wolfram von Eschenbachs Roman ist vor kurzem von Adolf Muschg meisterlich nacherzählt worden, und beide Fassungen sind leicht zugänglich; überdies hat Muschg sowohl das Original, wie auch sein eigenes Werk ausführlich kommentiert. Dieses reichhaltige Material erlaubt somit nicht nur den Vergleich von Modell und Nachschöpfung, sondern gibt auch Hinweise zur Frage danach, was dieses Schreiben denn für eine Handlung sei.[3] Denn Handlung ist es natürlich in einem mehrfachen Sinne. Es ist vorerst einmal die in der Erzählung dargestellte Handlung eines jungen Burschen, der zum Ritter und letztlich zum König des Grals wird; es ist die Handlung des Wolfram von Eschenbach, der diese Geschichte aufschreibt – nachdem er sie vorher (und das ist eine weitere Handlung) von Chrétien de Troyes übernommen hat; seinerseits hat Muschg diese Erzählungen gelesen, gedanklich verarbeitet, auf seine eigene Weise niedergeschrieben, veröffentlicht und kommentiert: alles Handlungen, jede mit eigenem Ziel, mit eigenen Verrichtungen und Ergebnissen. Und diese wiederum sind eingewoben in das Geflecht der übrigen Handlungen des Dichters, seinerseits verknüpft mit den Gegebenheiten seiner Kultur und den Handlungen seiner Zeitgenossen. Das alles nachzuzeichnen, wäre natürlich unmöglich.

Aus all dem wollen wir also nur einen Ausschnitt betrachten, nämlich die Beziehung von Muschgs *Der rote Ritter* zu Wolframs *Parzival*, und auch daraus werden wir uns auf einige Episoden beschränken müssen. Wolframs Erzählung, anfang des 13. Jahrhunderts geschrieben, ist im Laufe der Zeit für unsere Kultur zu einer Art «Mythos» geworden (was ich, wie anderswo begründet, lieber eine «Mythen*erzählung*» – oder, allgemeiner, ein «Mythem» – nenne: Es sind Geschichten, die kulturspezifische Einstellungen und Wertungen, also die eigentlichen, zu Grunde liegenden Mythen, in konkrete Bilder umsetzen[4]). Als Muschg den *Parzival* zum ersten Male las, erlebte er ihn somit als ein kulturelles Mythem und «assimilierte» ihn auf seine Weise; seine Rezeption wurde unvermeidlich gesteuert von seinen damaligen Einstellungen, Erfahrungen und «Lebensplänen» – gleichsam Modellen des persönlichen Werdens, die in den Bereich der individuellen *Fantasmen* gehören (ich hatte sie vorhin auch «Suchraster» genannt, filtern sie doch, aus dem, was uns widerfährt, jenes heraus, das uns Sinn verspricht).

Im Rezeptionsprozeß werden dergestalt Gleichgewichte gebildet zwischen Mythen und Fantasmen; mit anderen Worten, Kulturelles wird im Laufe der individuellen Entwicklung progressiv umgestaltet – indem das Individuum kulturelle Inhalte «an-eignet», wandelt es sich zugleich zu einem Kulturwesen. Der Vergleich zwischen dem Mythem und der Form seiner Rezeption – hier also zwischen *Parzival* und dem *Roten Ritter* – müßte uns Einblicke geben in solche Transformationen. Allerdings: während die individuelle Assimilation kultureller Inhalte meist unreflektiert verläuft, hat sich Muschg mit *Parzival* jahrelang auseinandergesetzt; das hat nicht nur seine spontane Rezeption intellektuell überlagert, sondern auch mancherlei andere kulturelle Einflüsse mit einbezogen. Der Vergleich wird sich dennoch lohnen.

Für eine ausführliche Zusammenfassung des Wolframschen *Parzival* ist hier weder der Raum, noch ist sie für unsere Zwecke erforderlich. Nur kurz sei in Erinnerung gerufen, daß *Parzival* die Geschichte des Gralsuchers ist, der, ohne Kenntnis seiner königlichen Abstammung, gegen den Willen seiner Mutter Herzeloyde in die Welt aufbricht, um ein Ritter zu werden. Ungeschickten oder mißverstandenen Ratschlägen folgend, begeht er Untaten, gewinnt aber dennoch Ritterschaft dank der Unterweisung des Grafen Gurnemanz. Nach Abenteuern ausziehend, befreit er die Königin Condwir amurs von ihren Belagerern und gewinnt so ihre Hand, zieht indessen bald wiederum weiter und gelangt schließlich zur Gralsburg. Dort versäumt er, abermals einem unbesehenen Rat gehorchend, die Frage zu stellen, die den Gralskönig von seinem Siechtum erlöst hätte und wird deshalb mit Schimpf verabschiedet. Doch nach mannigfachen Abenteuern findet er zur Gralsburg zurück, stellt die geforderte Frage und wird so selbst zum Gralskönig gekrönt. So weit das grobe Gerüst der Geschichte – auf Einzelheiten werde ich später eingehen.

Wolfram von Eschenbach hat an dieser Geschichte zehn Jahre lang gearbeitet; sie mußte ihm also viel bedeuten – doch *was* das war, weiß ich nicht, und es ist auch, für unsere Frage, nicht wesentlich. Wesentlich dagegen ist, daß die Erzählung über mehr als sieben Jahrhunderte hinweg immer neu faszinierte, während so manches andere in den vielfältigen und tiefgreifenden kulturellen Wandlungen verblaßte oder unterging. Die ermüdenden Schilderungen von Tjosts, aus denen Parzival und Gawan (der zweite Held, dessen Geschichte ich hier ausspare) wie mittelalterliche *super-men* unfehlbar siegreich hervorgehen, reichen kaum, um dies zu erklären. Zweierlei scheint mir eher zum Verständnis dieser Anziehung beizutragen: Zum ersten ist es eine relativ schlichte Geschichte, beinahe ein Märchen. Da macht sich ein unbedachter Dümmling von seiner Mutter los, strebt nach dem Edelsten und erreicht es auch. Es ist das alte und doch immer wieder willkommene Versprechen, daß immer strebendes Bemühen zur Erlösung führe. Den zweiten Grund sehe ich darin, daß es sich um ein *Mythem* handelt, eine Mythenerzählung, deren Eigenart es ja ist, Grundthemen unserer Kultur – solche also, die uns alle angehen – mit typisierenden Situationen und Personen darzustellen.

«Typisierend»: Die Personen im *Parzival* sind keine Individuen, sondern, wie die Figuren des Marionettentheaters, Typen, Vertreter einer menschlichen Kategorie: Ritter, Könige, Einsiedler, Königinnen, Edeldamen, Zauberer, Hexen; sie leben nicht in Hütten oder Häusern, sondern in Burgen, Schlössern oder, wenn sie reisen, in prächtigen Zelten, und sie werden unterstützt von Tieren, die ebenfalls eher Typen sind – es gibt keine störrischen und ausschlagenden Pferde, dafür solche die, überläßt man ihnen die Zügel, den richtigen Weg und das gute Ziel finden; es gibt den Falken, der die Gans im geeigneten Moment schlägt, und die Gans, die gerade die nötigen drei Blutstropfen in den Schnee fallen läßt. Solches macht die Anziehung der Mythenerzählung aus: sie erlaubt es vielen, mancherlei Eigenes darin wiederzufinden. Vielfältiger, doch grundsätzlich gleich wie im Märchen.

Es ist diese typisierende Erzählung, die ich hier «Epos» nennen will. Adolf Muschg macht daraus einen «Roman»: die Typen werden darin zu Personen, zu Individuen mit ihren Besonderheiten, und ihren Handlungen ordnet er partikuläre Motive, Umstände und Arten der Ausführung zu – eine Sigune, die besorgt ist über ihre volle «Brunzkachel» im Schlafzimmer oder deren Kater sich im Bett in ihre Achselhöhle schmiegt, wäre nicht denkbar im Epos. Dennoch bewahrt auch Muschg das Märchenhafte, die zeitweilige Auflösung von Raum und Zeit, die Verwandlung von Personen und Orten.

Das führt uns nun zur Beziehung zwischen *Parzival* und dem *Roten Ritter*. Um sie genauer zu verstehen, könnten wir zuerst fragen, was Muschg selber dazu sagt – was nicht wenig ist -, doch warnt er selbst uns davor: Was ein Autor *über* sein Werk schreibe, sei im Grunde nur ein Weiterdichten. Und was er dabei «weiterdichtet», ist vielfältig und, meine ich, eher verwirrend. Also halten wir uns vorerst wohl besser daran, die beiden Texte direkt zu vergleichen. Das kann allerdings, beim Umfang der beiden Bücher, nur exemplarisch an einigen Stellen geschehen. Doch das genügt auch: Wir wollen ja weder eine literarische Studie, noch eine psychologische Analyse versuchen, sondern einzig belegen, wie ein Mythem und persönliche Fantasmen miteinander interagieren. Auch das, allerdings, kann nur unvollständig möglich sein: Die Fantasmen des Autors kennen wir nicht – sie schimmern bestenfalls da oder dort durch. Anderes müssen wir ebenfalls vernachlässigen, vor allem auch, leider, Muschgs faszinierend vielschichtige Sprache. Begnügen wir uns also mit der Betrachtung einiger wichtiger Veränderungen des Inhaltes.

Zwar zeichnet Muschg getreu die Geschehnisse in Wolframs *Parzival* nach, doch findet sich eine erste wichtige Abweichung gleich zu

Beginn. Wolfram stellt zuerst Parzivals Vater, Gahmuret, vor, seine Abenteuer und Erfolge im Morgenland; Muschg dagegen läßt Sigune, die Nichte der Königin Herzeloyde, an einem Rufen außerhalb ihrer Kemenate aufwachen; es ist Schianatulander, ein Knappe Gahmurets, der, frisch vor Kanvoleis angekommen, begehrt, ihr den Kater Gurzgri anzuvertrauen. Damit beginnt eine seltsame Liebesgeschichte: Schianatulander umwirbt Sigune, sie liebt ihn, verweigert sich ihm aber, solange er nicht Ritterschaft erworben hat. Sie nimmt ihn also in ihre Erziehung, wozu allerdings auch schöngeistige Teegespräche und Bücherlesungen gehören. Beim endgültig sein sollenden Beweis seiner Ritterschaft kommt Schianatulander jedoch um, worauf Sigune, schuldbeladen, seinen Leichnam in einer Einsiedelei hütet und Buße tut. Erst als diese Büßerin tritt Sigune bei Wolfram auf; Muschg dagegen spinnt mit ihr ironisch-reizvoll die Geschichte des Liebhabers aus, den die Geliebte auf Distanz hält.

Diese nun erscheint wie eine Umkehrung der anderen Geschichte einer Liebenden, deren Liebhaber sich ihr verweigert – also der von Herzeloyde und Gahmuret. Auch hier folgt Muschg den Noten Wolframs, doch ändert er die Tonart. Vor der Burg Kanvoleis soll ein Turnier um die Hand der Königin Herzeloyde stattfinden, wozu sich die edelsten Ritter versammelt haben. Gahmuret indessen war nicht gekommen, um Herzeloyde zu gewinnen, sondern um seinen königlichen Vetter Kaylet zu suchen. Bei Wolfram treibt ihn die Kampfeslust trotzdem in das Turnier; er siegt, doch, seiner heidnischen Königin Belakane treu, ehelicht er Herzeloyde nur, weil ihn der Rat der übrigen Ritter dazu verpflichtet, stellt aber die Bedingung, jederzeit ausziehen zu dürfen, wenn ihn der Drang zu Abenteuern wieder ergreife. Herzeloyde stimmt zu, und so spürt er, wie Wolfram berichtet, «Liebe in sich» und geht die Bindung wohlgestimmt ein. Anders bei Muschg. Sein Gahmuret verzehrt sich in schwermütiger Sehnsucht nach Belakane und läßt Herzeloyde an seiner höflichen Kühle verzweifeln; seine fleischliche Pflicht erfüllt er mechanisch und innerlich abwesend. Einem Rat des kastrierten Zauberers Klinschor folgend, gelingt es Herzeloyde, ihm Hingabe abzulisten. Er schwängert, doch verläßt sie, noch bevor das Kind ausgetragen ist. Er wird im Morgenland umkommen und Herzeloyde in tiefen Gram stürzen.

Diesen zwei sich umgekehrt spiegelnden Paaren fügt Muschg nun, gleichsam um die Permutationen zu vervollständigen, eines hinzu, bei dem beide auf ihre Rechnung kommen, nämlich Schianatulanders Kampfkater Gurzgri, der sich mit Herzeloydes Gralskatze erfolgreich einläßt. Die Königin allerdings, durch die Tiere immer wieder an Gahmurets Kälte erinnert, läßt den Kater kastrieren – eine Operation, an der er eingehen wird. Dieser anscheinend banale Schnörkel in der Geschichte ist, bei genauerem Betrachten, keineswegs belanglos: Gurzgri hieß nämlich auch ein Sohn von Gurnemanz, der in Parzivals Werdegang noch wichtig sein wird; dieser menschliche Gurzgri wurde ebenfalls in einem Kampf getötet während seine Frau mit Schianatulander schwanger ging, und auch diese starb darüber an gebrochenem Herzen, wie später Herzeloyde. Was dachte sich Muschg, als er Schianatulander veranlaßte, den Kater nach seinem Vater zu benennen und das kampfeslustige und wild brünstige Tier Sigune anzuvertrauen?

Wolfram eröffnet also seine Erzählung mit dem Bild eines Helden, Parzivals Vater, der in ritterlichen Kämpfen die Liebe und den Lohn hoher Frauen gewinnt, sehnsüchtig treu, aber dennoch frei, unbesiegbar, außer für verräterische Zauberei. Dieser offenen, zuversichtlichen Welt setzt Muschg ein Geflecht zwiespältiger Beziehungen zwischen Mann und Frau entgegen, belastet mit einer gequälten, ja bedrohlichen Sexualität. Er folgt der Geschichte Wolframs, verändert darin aber die Gewichte und die Tonart, fügt neue Elemente hinzu, spinnt auf seine eigene Weise aus, was Wolfram nur andeutet.

Man braucht nicht freudschen Theorien anzuhängen, um festzustellen, daß eines der Elemente, das bei Muschg besonderes Gewicht erhält, das Verhältnis der Geschlechter ist. Es wird offensichtlich in den erwähnten Paarstrukturen, aber deutlicher noch in den geschlechtlichen Details der Beziehung zwischen Herzeloyde und Gahmuret, im Kastrationsthema (Kater, Klinschor und später Anfortas), in der erzwungenen Entblößung des Kyberg und in der grausigen Entbindung Herzeloydes. Etwas später – und für die Geschichte folgenreich – läßt Muschg den kleinen Parzival seiner Mutter klagen, sein «Fisel» stehe ihm hoch und tue fast weh, sie möge ihn in ihr Löchlein lassen, so wie er es auch bei der Geiß tue (die beiden leben nun schon auf einem Waldgut). Entsetzt entfährt ihr der Ausruf «Ungeheuer!» – bisher hatte sie ihn nur «Liebergutersüßer» genannt; man erinnert sich ihres Traumes während der Schwangerschaft, einen Drachen zu gebären. Verwirrt weist sie ihn an, sich «Sauspieße» herzustellen und Tiere zu jagen, das würde die Not seines Fisel vertreiben. Das tut er auch, und bald mit Meisterschaft. Doch der Jägerspieß ist die Vorstufe des Ritterspeers; der mütterliche Rat öffnet ihm einen Weg, verbindet aber zugleich das Rittertum viel deutlicher noch mit der Sexualität als die Aspekte Frauendienst und Rivalenkampf es ohnehin schon taten.

Überspringen wir nun Parzivals Erlebnisse bis zur Begegnung mit dem Gral. Bei Wolfram erscheint ihm die Gralsburg als ein wundersames Schloß voll verlockender Freuden – kostbarste Ausstattung, schönste Frauen, köstlichste Speisen – , überschattet indessen vom Elend und der Pein der nicht heilen wollenden Wunde des Königs Anfortas. Dessen Hoden war von einem vergifteten Speer durchbohrt worden, als er, entgegen der Gralsdisziplin, ein Liebesabenteuer verfolgte. Parzival, gefügiger

Zögling des Grafen Gurnemanz, folgt dessen Rat, keine überflüssigen Fragen zu stellen. Daß sein Fragen aber Anfortas geheilt hätte, weiß er nicht, und so erstaunt, ja erzürnt ihn die schmähliche Art, in der man ihn wieder aus der Burg verabschiedet.

Muschgs Parzival dagegen erlebt den Gral wie einen Alptraum. Durch einen stählernen Wald und ein Spalier gesichtsloser Ritter mit unheimlich erhobenen Schwertern reitet er zur Burg, wird von einem Narren unfreundlich, mit spöttisch-drohenden Reden empfangen, kommt in einen düster-kalten Saal, darin es nach Moder und Verwesung riecht; man setzt ihn neben Anfortas, der kaum noch mehr ist als ein lebender Leichnam. Der durchbohrte Hoden wird nun zu einer Vaginalwunde, *«einen Schlund mit geschwollenen Lippen»*; der Narr stößt eine glühende Speerspitze hinein, um die innere Kälte des Kranken zu mildern; mit Eis bedeckt kommt sie wieder heraus. Der Anblick läßt Parzival zurückweichen in eine tiefe Regression: Er flüchtet zur Mutter, zuerst seiner eigenen, die sich aber unvermerkt zu der von Anfortas wandelt; er selbst wird nun zum leidenden Anfortas, und in seinem Leiden verschmilzt er mit ihr, der Sohn mit der Mutter, der Mann mit der Frau – *«mein Schoß, den die Speerwunde zu deinem gemacht hat»*. Und während die versammelten Ritter die köstlichen Speisen des Grals genießen, füttert ihn der bucklige Narr mit Löffel und bitterem Brei wie ein widerwilliges Kind. In dieser emotionalen Überflutung bleibt kein Raum mehr für eine Frage. *«Wer Munsalvaesche von weitem erblickt, sieht ein Gehege von Eiern im dichten Moos, die Brut der Schlange. Wer Munsalvaesche näher gekommen ist, sieht ein Haus aus frisch geschlagenem Holz. Wer aber hineingeraten ist in Munsalvaesche, für den hört alles auf. Der friert nur noch. Der fragt nichts mehr.»* (501)

Ähnlich, wie schon zu Anfang der Geschichte, bildet Muschg hier Gegensätze: Der Mann wird zur Frau, der Erwachsene zum Kind, die Vagina zur Wunde, die hitzige Brunst zu eisiger Kälte und der lustbringende Penis zur glühenden Speerspitze. Irgendwo in seinen Kommentaren spricht er von Überwindung von Gegensätzen, von Suche nach der Einheit, doch was sein Parzival erlebt, ist keines von alledem, sondern nur das Grauen des Zwiespalts: Anfortas als ein lebensunfähiger Zwitter, Parzival in handlungsunfähiger Verwirrung.

Das ist weit entfernt von Wolframs Parzival, von dem es heißt: «Doch wollte er nicht ungezogen sein und scheute sich deshalb zu fragen. Er dachte: ‹Gurnamanz hat mir beigebracht – er ist mir gut und seine Treue ohne Scharte –, daß ich nicht viel fragen soll. ...Auch ohne Frage werde ich erfahren, was es mit diesen Leuten auf sich hat›.» (140) Darin liegt vielleicht der wesentlichste Unterschied zwischen den beiden Erzählungen: Bei Wolfram besteht Parzivals Schuld darin, am falschen Ort einem richtigen Rat gefolgt zu sein – er fehlt durch mangelndes Urteilsvermögen; bei Muschg aber erwächst die Schuld aus der Verstörtheit des Helden vor einem Ereignis, dem er emotional nicht gewachsen ist; er fehlt durch das mangelnde Vermögen, sich selbst zu steuern.

Das aber schafft erst eigentlich Schuld. Schuld bedeutet nicht, in guten Treuen zu irren oder irgend ein äußeres Gebot zu verletzen; Schuld entsteht vielmehr, wenn unser Handeln innere Maßstäbe verletzt – Schuld ist ein Versagen des Ich. Ob Wolfram in seiner Zeit so denken *konnte*, weiß ich nicht; Muschg scheint es auf jeden Fall zu tun.

Das hat seine Folgen. Beachten wir vorerst, daß die Suche nach dem Gral, in beiden Geschichten, weniger dem Gral als solchem gilt, als dem Bestreben, Schuld zu sühnen (was immer diese auch sei); die Gralsbotin Cundrie, die Parzival am Artus-Hof verwünscht, fügt zur Schuld noch ein soziales Stigma, was besonders Wolfram wichtig zu sein scheint.

Die beiden Parzivals gehen nun verschiedene Wege. Bei Wolfram setzt er aus, den Gral wieder zu finden und die geforderte Frage doch noch zu stellen; durch ritterlich bestandene Abenteuer gedenkt er, sich dessen würdig zu machen. Zurückgekehrt, sucht er den Einsiedler Trevrizent auf, der ihn Demut vor Gott und Gebotsgehorsam lehrt. Muschg dagegen verkleidet Parzival in einen niedrigen Knecht und schmuggelt ihn in Gawans Rittergefolge, wo er einfache, demütigende Arbeiten verrichtet; er wird zum Büßer. Bei Trevrizent aber erfährt er dann eine überraschende Lehre. In einer langen – und sehr lesenswerten – Rede über die Todsünden erläutert ihm der Einsiedler, daß ein Tun nicht an sich Sünde sei, sondern je nach dem Geist, aus dem man handle. Er unterweist Parzival also in Selbststeuerung. Und um diese zu stärken, lehrt er ihn auch lesen; denn, meint er, nicht lesen zu können, sei in der Tat eine ernsthafte Todsünde – und betont damit ebenfalls das Urteilsvermögen. Nicht aber, um einfach – wie bei Wolfram – auferlegte Gebote angemessen anzuwenden, sondern vielmehr, um Parzival zu befähigen, sein Handeln nach eigener Einsicht zu steuern: er soll auch die Gebote selbst beurteilen können – Trevrizent geht es um die Autonomie einer Person. Der Unterschied, nur scheinbar geringfügig, kennzeichnet die zwei Auffassungen der Schuld.

Bei Wolfram geht dann die Geschichte ihrem Märchenende entgegen – Anfortas wird erlöst und entscheidet sich, ein Einsiedler zu werden, Parzival, mit Condwir amurs und seinen zwei Söhnen vereinigt, wird zum König gekrönt. Gleich, und doch völlig anders, bei Muschg. Abstoßend makaber die Erlösungsszene, aus der Anfortas als ein Erotomane hervorgeht, der selbst seinen vorangegangenen Zerfall sexuell verträumt hat; mühsam das Zusammenfinden Parzivals mit Condwir amurs, und nicht weniger mühsam sein Sich-Zurechtfinden im Gral. Der Gral und die Burg werden zu einer Fantasmagorie, die sich unversehens in Nichts auflöst, Parzival durchlebt bedrohende Träume und Momente der Verwirrung, gewinnt aber allmählich, gestützt und geschützt von Trevrizent und Condwir amurs, Klarheit und Festigkeit. Mit seiner Familie bricht er zum Schluß auf nach Kanvoleis, den Ort seiner Geburt. Doch was er erreicht, ist die bergende Nähe zu Condwir amurs und ihre Gemeinsamkeit eines Geheimnisses. Das alles nacherzählen zu wollen, wäre müssig – es ist ein Gipfel differenzierter Erzählkunst, von kryptischem und erhellendem Tiefsinn, von Bildern, Anspielungen und Einsichten. Doch brauchen wir das auch nicht; das Bisherige reicht, um zu belegen, daß Muschg Wolframs Mythenerzählung sowohl treu übernommen, wie auch völlig verwandelt hat.

Natürlich ging auch mancherlei anderes in seine Geschichte ein, anderes, das man ebenfalls als Mytheme bezeichnen kann. So wird man psychoanalytische Einflüsse ebenso wenig verkennen, wie solche aus dem Gedankenkreis des Zen-Buddhismus, und sicher würde man, kennte man die Entstehungsgeschichte genauer, noch manch anderes entdecken. Doch all das verschmilzt zu einer Einheit, die eben unverwechselbar Muschgs Schöpfung ist.

II

Was trägt uns dieser Vergleich ein? Als erstes, daß Rezeption nicht einfach Wiedergabe, sondern Transformation bedeutet; als zweites legt er nahe, daß diese Transformationen durch persönliche Anliegen des Autors geleitet werden. Solch persönliche Themen sind unübersehbar in Muschgs Erzählung. Eines etwa äußert sich in der Bedeutung mütterlicher Frauen, vor allen natürlich Parzivals eigener Mutter; damit verbindet sich das der ambivalenten Beziehung zwischen Mann und Frau; die Ritterschaft mit ihrer Konzentration auf Minnedienst und Rivalenkämpfe, mit geschworener Treue und geduldeter Untreue, bildet dazu die geeignete Kulisse. Eine krude Sexualität, stürmisch bei Herzeloyde, gequält bei Gahmuret, zudringlich beim jungen Parzival, unheilbringend bei Anfortas, scheint ein drittes Thema zu bilden. Ein viertes verbirgt sich in den grausig-makabren Schilderungen von Herzeloydes Niederkunft und von Anfortas' Leiden – Muschg erwähnt selbst die Rolle seiner Hypochondrie in der Rezeption von *Parzival*. Nun ist Hypochondrie verknüpft mit der Vorstellung eines «inneren Fremden», einer inneren Schwäche oder gar Bedrohung[5]; die schauderhaften Schilderungen von Anfortas' Zerfall gehören also wohl ebenso hieher wie das Thema der Kastration – Gurzgri, Klinschor, Anfortas. Ein vielleicht wichtigstes Thema schimmert vielfach durch: das der Mitmenschlichkeit; ja, Muschgs Geschichte des Parzival erscheint wie ein Weg zur Mitmenschlichkeit – der natürlich auch ein solcher der Ichfindung ist.

Dies sind wohl nur einige der Themen, die Muschgs *Der rote Ritter* zu einem unverkennbar persönlichen Werk machen. daß diese wohl auch Muschgs Rezeption des *Parzival* wesentlich bestimmten, erklärt natürlich weder das Werk, noch erhellen sie seine Persönlichkeit. Sexualität, Probleme der Geschlechterbeziehung oder solche der Ichfindung erlebt jedermann, ohne daß daraus ein Kunstwerk entstünde. Sie beeinflussen indessen die Art, wie ein Mensch sich selbst sieht, wie er Erfahrungen bewertet und verarbeitet, und insofern werden sie auch auf die Rezeption kultureller Mytheme einwirken.

Das bedeutet, daß die Rezeption einer Geschichte spezifische individuelle Umgestaltungen auslöst, und dabei werden nicht nur Inhalte der Geschichte, sondern auch persönliche Themen – also Fantasmen – verwandelt. Präziser: In Muschgs jugendlichem «Angemutetsein» durch die Lektüre von *Parzival* war die Art, wie im *Roten Ritter* Geschlechtlichkeit verarbeitet, Schuld gesühnt, Liebe verwirklicht, Vergangenheit gelöst, ja Zukunft geplant wird, höchstens als Ahnung oder Hoffnung gegenwärtig; all das präzisierte, ja formte sich erst im Laufe des Nach-Erzählens. Um ihn zu paraphrasieren: *«Nicht Muschg erzählt den roten Ritter, sondern der rote Ritter erzählt Muschg»*[6]. Zweifelsohne gingen in dieses «Erzähltwerden» sekundäre Bestrebungen ein – intellektuelle Kritik, formal-ästhetische Ansprüche (und Verspieltheiten), Rücksichten auf Leserschaft und Zeitgeschmack etwa; sie überdecken vielleicht, aber vermindern nicht die Bedeutung des Erzählens als einer fortlaufenden Arbeit am eigenen Selbst.

Natürlich ist diese Arbeit mit dem Schlußstrich unter das Manuskript nicht beendet, ja, man weiß nicht einmal, was sie erstrebte und wie weit sie «erfolgreich» war. In einem vorangegangenen Kapitel[7] suchte ich zu zeigen, daß Picasso in den *Metamorphosen eines Stiers* seine eigene Aggressivität entschärfte – dennoch blieb er zeitlebens aggressiv. Doch jene Transformation des Stieres vom bullig-aggressiven Tier in ein ästhetisch-vergeistigtes Wesen mag er befreiend erlebt haben – sie stillte, für den Moment, eine im Grunde unstillbare Sehnsucht.

So erscheint uns, im Beispiel des Parzival, auch das Epos als ein Projekt, dessen Ziel eine Sehnsucht ist, die sich zu konkretisieren versucht als «Streben nach dem Gral», nach dem «Heil», nach «Freiheit von Schuld» oder Erlösung vom Leid. Die Unzulänglichkeit solcher Etiketten belegt Muschg selbst, wenn er hinter diesem Suchen die Sehnsucht nach der Mutter aufdeckt; doch auch diese läßt das «Eigentliche» ungestillt, und so endet der Weg zur Mutter an einem anderen Ziel – der Weisheit warmer Zweisamkeit –, das der Roman indessen auch nicht auszuführen, sondern nur anzudeuten vermag.

So schildert denn diese Geschichte auf ihre Art den Lebensverlauf von Sehnsüchten: Sie beginnen so unbestimmt, dümmlich und bedrängend wie der Ritterwunsch des jungen Parzival, die Erfahrung präzisiert und verfeinert sie und gibt ihnen deutlichere Ziele – wie Condwir amurs –, deren Erfüllung dennoch ein untergründiges Sehnen nicht stillt; so vertiefen sich die Sehnsüchte, gewinnen eine geistige Dimension, die Raum schafft für Schuld und Erlösungswünsche, doch selbst das letzte, anscheinend eigentliche Ziel erweist sich, kaum hat man es erreicht, wiederum als Täuschung, und so wendet sich die Sehnsucht rückwärts, nach verlorenen Paradiesen – um sich zum Schluß, wenn die Weisheit ausreicht, mit einem nahen Glück zu bescheiden.

Natürlich ist die Sehnsucht, der Muschg im Roman Form zu geben versucht, verschieden von der, die sein *Schreiben* des Romans bestimmt. Ein Werk zu publizieren, fügt dem Verarbeiten ein neues Ziel hinzu, vielleicht ein nur äußerliches – Erfolg, Ruhm, Gewinn –, vielleicht aber auch ein wesentliches. So etwa würde das Schreiben*können*, als ein *funktionales Potential*, die Selbstbewertung wesentlich bestärken, und die Anerkennung durch ein Publikum (wie immer man es sich auch vorstellt) trüge nicht nur zu dieser Bewertung bei, sondern vermöchte auch die Gültigkeit von Lösungen zu bestätigen, die man gefunden zu haben glaubt, ohne sich ihrer wirklich gewiß zu sein. So könnte denn, im Erleben des Autors, das innere Verarbeiten unvollständig bleiben und der äußeren Darstellung und Zustimmung benötigen.

Dreißig Jahre, sagt Muschg, blieb Parzival sein Weggefährte. Das ist eine lange Strecke, und der Weggefährte wird ihm nicht immer gleich gegenwärtig gewesen sein. Dem anfänglichen Angesprochensein folgten wohl Zeiten größerer Distanz, abgelöst wiederum von intensiverem Rückbesinnen und Sich-Auseinandersetzen. Muschg schreibt, er hätte Wolframs *Parzival* seit seiner späten Jugend wie ein ‹Buch des Lebens› gehütet. «*Das Buch sah in meinen Augen wie eine Wegkarte aus, nach der ich eines Tages gehen mußte, um ins Zentrum der Welt zu gelangen. Daß sie sich dafür nicht eignete, mußte ich erfahren, als ich den darin bezeichneten Marken nachreiste; je weg-weisender sie mir erschienen, desto tiefer führten sie ins Dunkel.*» [8] Das ist es genau: Die anfängliche Identifikation mit dem Mythem – dem kulturellen Angebot –, wird sich oft, im Laufe der individuellen Reifung, als nicht tragfähig erweisen; Divergenzen zwischen Fantasmen und Mythen müssen überbrückt werden, und dabei verwandeln sich beide.

Verallgemeinern wir: Das Erleben wie das Schreiben des Epos sind ein Gleichnis für das Strukturieren von Lebensentwürfen, weit

‹›

gespannt, ja, eigentlich ohne Ende. Nach jedem Schlußpunkt, wie und wo er auch sei, setzen wir uns neue Ziele, fassen neue Hoffnungen, bilden neue Ängste – die oft nur wechselnde Konkretisierungen der alten sind: denn bei all dem suchen wir die Kontinuität unserer Person zu wahren, und das bedeutet, die Gleichgewichte zwischen unseren Fantasmen und den kulturellen Mythen zu differenzieren und zu festigen.

Der Panther [9]

Die «epische Sehnsucht» erstrebt ein fernes Ziel, das zu suchen man nie aufgibt, auch wenn man nicht weiß, ob man es je erreicht. Was ist es denn, das die Hoffnung aufrecht erhält, irgendwann würde einem doch noch ein «eigentlicher» Gral widerfahren? Es sind wohl die «kleineren» Sehnsüchte, jene «Zwischen-Erfüllungen», die uns immer wieder glauben machen, auch das größere Glück sei letztlich erreichbar – etwa also Liebschaften, Reisen, oder auch nur der Kauf eines hübschen Kleides, Beglückungen, die nicht in weiter Ferne liegen. Zwar können solche «kleinen» Sehnsüchte auch zu «großen» werden, können sich unser sogar zwanghaft bemächtigen, derart, daß mancher Romeo sich verleiten läßt, in seiner Julia den Sinn des Lebens zu sehen. Zur Vielfalt und den Schicksalen solch «kleiner» Sehnsüchte wäre deshalb einiges zu überlegen, doch will ich hier nur versuchen, sie – wiederum gleichnishaft – am lyrischen Gedicht zu verdeutlichen, das ja, obwohl in wenigen Tagen, Stunden, ja gar Minuten entstanden, doch auch Sehnsüchte zu stillen verspricht. Wie etwa bei Matthias Claudius:

Der Mond ist aufgegangen,
die goldnen Sternlein prangen
am Himmel hell und klar;
der Wald steht schwarz und schweiget,
und aus den Wiesen steiget
der weiße Nebel wunderbar.

Wie ist die Welt so stille
und in der Dämmrung Hülle
so traulich und so hold!
Wie eine stille Kammer,
wo Ihr des Tages Jammer
verschlafen und vergessen sollt.

So legt Euch denn, Ihr Brüder,
in Gottes Namen nieder;
kalt ist der Abendhauch.
Verschon uns, Gott! mit Strafen,

und laß uns ruhig schlafen!
Und unsern kranken Nachbar auch!

Schon diese gekürzte Fassung enthält alles Notwendige für eine Erfüllung: Die Verwandlung der Welt in eine Idylle («des Tages Jammer» war damals nicht nur eine Metapher), das sich Anvertrauen an einen Gott, der uns – trotz unserer Beschränktheit, Eitelkeit und Sündigkeit (wie die nicht zitierten Strophen bekennen) – gnädig behandelt und behütet. Auch das ist Befreiung von Schuld und Angst, und ein Versprechen von Heil. Das mag naiv antiquiert erscheinen – Claudius war ein Mann des 18. Jahrhunderts –, doch wie etwa mit Rilkes Herbstgedicht:

Die Blätter fallen, fallen wie von weit,
als welkten in den Himmeln ferne Gärten;
sie fallen mit verneinender Gebärde.

Und in den Nächten fällt die schwere Erde
aus allen Sternen in die Einsamkeit.

Wir alle fallen. Diese Hand da fällt.
Und sieh die andre an: es ist in allen.

Und doch ist einer, welcher dieses Fallen
unendlich sanft in seinen Händen hält.

(Buch der Bilder)

Nicht um des «Tages Jammer» geht es zwar hier, doch unsere unabdingbare Vergänglichkeit ist diesem nicht fern, und auch hier nimmt ihr ein tröstliches Aufgehobensein den Stachel. Solche Gedichte scheinen nahezulegen, daß Sehnsucht, die der Unzulänglichkeit unserer Existenz entspringt, durch das Versprechen eines spirituellen Behütetseins gestillt werden könne. Doch ein Gedicht ist sicher mehr als die fromme Mahnung, auf Gott zu vertrauen – der Dichter faßt solchen Rat ja wohl nicht einfach zur Erbaulichkeit in Verse. Umso unausweichlicher drängt sich die Frage nach diesem «Mehr» dort auf, wo das Gedicht keinen derartigen Trost spendet, wo es nur noch den «Jammer» zu beklagen scheint. Betrachten wir deshalb etwas eingehender Rilkes Gedicht *Der Panther*. Es sei zuerst in Erinnerung gerufen:

Sein Blick ist vom Vorübergehn der Stäbe
so müd geworden, daß er nichts mehr hält.
Ihm ist, als ob es tausend Stäbe gäbe
und hinter tausend Stäben keine Welt.

Der weiche Gang geschmeidig starker Schritte,
der sich im allerkleinsten Kreise dreht,
ist wie ein Tanz von Kraft um eine Mitte,
in der betäubt ein großer Wille steht.

Nur manchmal schiebt der Vorhang der Pupille
sich lautlos auf –. Dann geht ein Bild hinein,
geht durch der Glieder angespannte Stille –
und hört im Herzen auf zu sein.

(Neue Gedichte)

Also ein Bild weniger von Trost als von Trostlosigkeit. Hat hier Sehnsucht noch Raum? Was kann den Dichter veranlassen, ein Gedicht zu schreiben, das zwar hübsch klingt, aber über sein Objekt – den Panther – beinahe nichts aussagt und für die Bedrückung, die es schildert, kein Entrinnen sieht? Was kann das Ziel einer solchen Handlung sein?

Während das Gedicht von Matthias Claudius noch das Ziel eines Gebetes oder einer Tröstung erkennen läßt, scheint das Schreiben eines Gedichtes wie *Der Panther* eine sinnlose Handlung zu sein, sinnloser noch, als etwa den Panther zu fotografieren, taugt es doch nicht einmal für eine dokumentarische Verwendung. Zwar entstand es, als Rilke, dem Rate Rodins folgend, sich im *Jardin des Plantes* genauer Beobachtung befleißigte, um seine Neigung zu überwinden, die Welt allzu subjektiv zu sehen; seine Biographen scheinen denn auch das Gedicht als einen Wendepunkt und als Ergebnis exakten Beschreibens preisen zu wollen. Ich kann darin nicht viel davon erkennen. Zwar belegt Rilke anderswo vielfältig, daß er zu differenzierter Beobachtung fähig ist (man denke etwa an *Das Karussel* – ebenfalls in den *Neuen Gedichten*), doch *Der Panther* beeindruckt nicht durch das Wahrgenommene, sondern durch dessen Deutung. Es enthält weder ein Versprechen von Trost, noch eine besonders gekonnte Schilderung, dagegen aber viel einfühlendes Miterleben. Daraus ist zwar eines der schönsten Gedichte seiner Zeit entstanden, doch wozu? Rilke war ein begnadeter Briefeschreiber – warum genügte es ihm nicht, das Panther-Erlebnis, wie so vieles andere, in einem Brief zu schildern?

Ein Gedicht, wie versponnen und wirklichkeitsfern es auch erscheinen mag, entsteht in Relation zu der Welt, in der sich der Dichter erlebt. Deshalb sei einiges zur Situation Rilkes zu Beginn dieses Jahrhunderts angeführt. Im Jahre 1902 reiste er zum ersten Male nach Paris, um eine Monographie über den Bildhauer Auguste Rodin zu schreiben. Die Stadt erschreckte, ja verwirrte ihn, er fühlte sich fremd, unzugehörig, und zugleich aus seiner Ich-Versponnenheit gezerrt, in eine Auseinandersetzung gezwungen, die er bisher gemieden hatte. (Später wird er von

Paris sagen, *«Ich verdanke ihr das Beste, was ich bis jetzt kann».*[10]) Einen Gegensatz dazu bildete für ihn Rodin, dessen unbeirrbare Kreativität und Vitalität er bewunderte – der ihm aber zugleich auch vorlebte, wonach er vergebens strebte. Denn Rilke erlebte sich zu jener Zeit als zutiefst gehemmt und unschöpferisch. Schon zwei Jahre vorher schreibt er in seinem Tagebuch vom *«bangen Beweis meiner unreifen Augen, die nicht zu empfangen, nicht zu halten und auch loszulassen nicht verstehen, die, mit quälenden Bildern beladen, an Schönheiten vorbeigehn und zu Enttäuschungen hin»*[11]. Er sucht nach der «Wirklichkeit», möchte über die Dinge und das Leben lernen, möchte aufhören, *«ein Ausgeschlossener zu sein, einer, der die tiefere Zeitung seiner Zeit, die weit hinausweist und zurückgreift, nicht lesen kann, ein Gefangener, der alles ahnt...»*[12].

In dieser Situation innerer Ratlosigkeit also hatte ihm Rodin geraten, im *Jardin des Plantes* Tiere zu beobachten und ihm dadurch zugleich einen Weg gewiesen, sich der «Wirklichkeit» anzunähern. Wieso hat ihn dabei nun ein Panther besonders angezogen? Manch anderes Tier hätte ihn wohl nicht minder ansprechen können. Nalewski meint, dem Gedicht sei wohl eine Prosa-Skizze von einem *«kranken Löwen und seiner ihn unruhig-unablässig umgehenden Löwin»* vorangegangen[13]. Rilke, der sich zeitlebens von Frauen umkreisen ließ, die seiner Hilfsbedürftigkeit entgegenkamen, mag dieses Bild wohl besonders angesprochen haben. Wie dem auch sei, der Panther war offensichtlich geeignet, Rilkes eigenes Lebensgefühl in den Jahren 1902/3 zu symbolisieren, und so findet man denn in diesem Gedicht nicht etwa eine genaue Beobachtung, aber Augen, die sehen, aber nicht empfangen, die Schranke zwischen sich und der Wirklichkeit, das Herz, das sich nicht anrühren läßt, sowie den, wenn auch betäubt, großen Willen. Selbst der *«weiche Gang geschmeidig starker Schritte»* dürfte einem damaligen Wunschbild Rilkes nahe gewesen sein.

Natürlich vermag solches das Gedicht noch nicht zu deuten – dazu wären, selbst wenn ich es wollte, vielfältigere Auskünfte nötig. Die Hinweise sollen nur nahelegen, daß Rilke im Panther ein Bild seines eigenen Zustandes sieht, sein inneres Gefangensein in Orientierungslosigkeit, sein äußeres Gefangensein in einer fremden, bedrohlich erlebten Stadt.

Das wären genügend Gründe, um dem Panther Aufmerksamkeit zuzuwenden, sich mit ihm zu identifizieren und darüber vielleicht in einem Brief zu berichten. Um daraus ein Gedicht zu machen, reichen sie aber kaum aus. Was für ein Handeln wäre denn, sei erneut gefragt, das Schreiben des Gedichtes?

Ein Gedicht ist kein Bericht. Es spricht nicht an durch sachliche Schilderung, sondern durch Bilder, Rhythmus und Reim, wobei der Reim den Klang bestimmt, der Rhythmus den Tonfall, und beide die Auswahl möglicher Bilder begrenzen. *Der Panther* ist rhythmisch subtil strukturiert, der Wohlklang des Reimes wirkt völlig ungekünstelt (wie anders etwa «*...am Himmel hell und klar, // ...der weiße Nebel wunderbar*»), und die Bilder erscheinen, trotz der Beschränkung durch Rhythmus und Reim, selbstverständlich richtig.

Die Form des Gedichtes wirkt so gegenläufig zu seinem Inhalt; der Trostlosigkeit des Geschilderten widerspricht die Schönheit der Schilderung. Doch Schönheit, will sie makellos sein, erfordert, daß man die Zwänge von Rhythmus und Reim überwinde. Zwar neigen moderne Lyriker dazu, den Reim abzulehnen, weil er ihre Freiheit beschränke; dabei aber begeben sie sich auch des Triumphes *über* die Beschränkung, also des Erlebens eines Handlungspotentials. Daß einem die Schönheit der Form gelingt, widerlegt so die Hilflosigkeit des Inhalts; sie bestätigt gleichsam, daß die *Betäubung des großen Willens* aufhebbar sei. Das Gedicht wird so zur doppelten Metapher: einmal dadurch, daß das Geschilderte den Schilderer meint, zweitens aber auch dadurch, daß die Form zugleich die Überwindung dessen anzeigt, was das Bild darstellt.

Rilke sagt über das Anschauen, daß es «*eine wunderbare Sache*» sei; «*wir sind mit ihm ganz nach außen gekehrt, aber gerade wenn wirs am meisten sind, scheinen in uns Dinge vor sich zu gehen, die auf das Unbeobachtetsein sehnsüchtig gewartet haben, und während sie sich, intakt und seltsam anonym, in uns vollziehen, ohne uns, wächst in dem Gegenstand draußen ihre Bedeutung heran...*» [14] – eine ausdrückliche Bestätigung des Verschmelzens von Innen und Außen, wie sie uns in *Der Panther* begegnete. Wir sahen aber auch, daß das Gedicht dieses Verschmelzen nicht nur ausdrückt, sondern übersteigt: Der Panther im Jardin des Plantes ist nicht einfach ein Äußeres, das Inneres bedeutet; im Gedicht gewinnt er eine neue Form und erfüllt so Sehnsucht. Rilke sagt von der Plastik, sie sei eine schlichte Dingwerdung menschlicher Sehnsüchte und Ängste [15]. Das gilt auch für das Gedicht, und indem er darin Schönheit gestaltet, erlebt der Dichter ein Handlungsvermögen, das über eine momentane Beglückung hinausreicht.

Das Epos und der Roman illustrierten Sehnsüchte, deren Ziele ferne liegen; sie zu erreichen erfordert langes Bemühen. Wir kennen alle diese weitgesteckten Sehnsüchte; sie sind es, aus denen unsere spezifischeren Motivationen sich nähren, die unsere Fantasie beflügeln, unsere Hoffnungen begründen, ja auch unseren Selbstwert stärken.

Das lyrische Gedicht scheint uns nun auf eine Sehnsucht zu verweisen, die sich kaum noch auf eine Zukunft, sondern auf eine Gegenwart richtet. Sie erstrebt Einklang zwischen dem innen und außen Erlebten; deshalb sucht sie Äußeres, das dem Innen zu entsprechen scheint, wie Rilkes Panther, oder sie schafft selbst jene Objekte, die der Innenerfahrung äußere Wirklichkeit verleihen, wie etwa Rodin seine Plastiken.[16] Der prosaischere Mensch wird solchen Einklang in der Gestaltung von Haus und Garten erstreben oder sich wenigstens ein Auto kaufen, das seine Erlebniswünsche zu erfüllen verspricht.

Doch auch diese Sehnsüchte verfolgen Ziele. Unausgesprochen und dennoch offensichtlich will Rilkes Gedicht die Gefangenschaft des Panthers – seine eigene – überwinden. Es gelingt ihm nur symbolisch: Die Harmonie zwischen Ich und Nicht-Ich, zwischen Person und Umwelt, bleibt flüchtig, und so bilden sich die Sehnsüchte immer wieder neu. Im Grunde gehört das lyrische Gedicht zu jenen «kleinen» Sehnsüchten, von denen wir fanden, daß sie, obwohl nur momentan erfüllbar, doch jeweilen jene grundlegende Hoffnung stärken, in einer geneigteren Zukunft das «eigentliche» Glück noch zu finden[17]. Rilke hörte nie auf, Gedichte zu schreiben und reagierte mit depressiven Ängsten, wenn ihn die «Inspiration» verließ: Die ephemere Erfüllung, die ihm das einzelne Gedicht gewährte, nährte zugleich weiter gespannte Erwartungen. Unser Hoffen braucht das «kleine Glück», die immer wiederholten Erfüllungen mit ihren symbolischen Versprechungen; wo sie sich uns allzu häufig entziehen, schwindet auch unsere Zuversicht. Im Gedicht *Der Panther* suchte Rilke seine gehemmte Kreativität zu befreien. Umgekehrt gesagt: auch die momentbezogene Sehnsucht benötigt Zukunft.

Das Haiku[18]

Bliebe somit dort, wo die Zukunft zu fehlen beginnt, nur die Resignation, vielleicht gar die Verzweiflung? Das japanische Haiku hilft uns vielleicht, die Frage zu beantworten. Doch sei vorerst gewarnt: Ich kenne Haikus nur aus Übersetzungen, die nicht mehr sein können als grobe Annäherungen an das Original; ich werde darauf noch zurückkommen. Überdies sind keineswegs alle Haikus geeignet, das hier Beabsichtigte darzustellen. Haikus entstehen zu unterschiedlichsten Gelegenheiten, von Gesellschaftsspielen bis zu Zen-buddhistischer Meditation. Das schon machte es unmöglich – selbst wenn ich dazu fähig wäre –, eine Analyse oder Interpretation des Haiku als Gattung zu versuchen; es soll uns auch hier, wie beim Epos und dem lyrischen Gedicht, nur darum gehen, das Haiku als ein Ergebnis bestimmten Handelns zu verstehen, von dem wir allgemeinere Aufschlüsse erhoffen.

Das Haiku ist ein dreizeiliges Gedicht, ohne Reim oder rhythmische Besonderheiten, einzig bestimmt durch die Zahl der Silben, fünf für die erste, sieben für die zweite und wiederum fünf für die dritte Zeile, im Deutschen meist in einem jambischen oder trochäischen Rhythmus wiedergegeben – was keine andere Bedeutung hat, als das Haiku der deutschen Gedichttradition anzunähern. Es vermag uns also nicht durch formalen Charme anzusprechen, sondern einzig durch die Prägnanz seines Bildes. Man nehme etwa die zweieinhalb Zeilen aus Matthias Claudius' Mond-Gedicht:

> *Der Wald steht schwarz und schweiget,*
> *und aus den Wiesen steiget*
> *der weiße Nebel.*

Würde man diese in den geforderten siebzehnsilbigen Dreizeiler umsetzen – etwa,

> *Schweigend steht der Wald*
> *und schwarz. Aus den Wiesen steigt*
> *der weiße Nebel.*

hätte man etwa, so weit das im Deutschen möglich ist, ein Haiku. Denn eine der Bedingungen für ein Haiku sei, so fordern die klassischen Meister Basho und Buson, daß es eine Jahreszeit erkennen lasse, und daß es überdies ein Bild möglichst ohne persönliche Wertungen wiedergebe; der Zusatz *«wunderbar»* von Matthias Claudius widerspräche somit dem Geist des Haiku. Zwar enthalten die mir vorliegenden Anthologien manche Verstöße gegen diese Regel, doch will ich mich hier an diese traditionelle Haiku-Form halten.

Zuerst einige Beispiele. Eines der berühmtesten Haiku stammt von Basho (1644–94):

> *Der alte Weiher.*　　　　　*The old pond, ah!*
> *Ein Frosch, der grad hineinspringt*　*A frog jumps in!*
> *Des Wassers Platschen.*　　　*The water's sound!*

Oder, ebenfalls von Basho:

> *Auf kahles Astwerk*
> *hat sich die Krähe niedergesetzt:*
> *Des Herbstes Abend*

Oder von dem späteren Haiku-Meister Buson (1715–83):

> *Zur Tempelglocke*　　　　*On the temple bell*
> *ist eingekehrt und schläft nun*　*perching, sleeps*
> *Der kleine Falter.*　　　　*the butterfly, oh!*

Von der Dichterin Chiyo-ni (1703–75):

> *Im Windenranken*　　　　　*Ah! Morning-Glory!*
> *Verstrickt der Brunneneimer:*　*The bucket taken captive!*
> *Drum gib mir Wasser.*　　　*I begged for water.*

Oder von dem frühen Meister Jôsô (1661–1704):

Am Grund des Wassers	*Under the water,*
Legt auf die Felsen sich still	*On the rock resting,*
Das Laub der Bäume.	*The fallen leaves.*

Natürlich gibt es auch modernere Haiku-Dichter; als Beispiel deshalb noch ein Haiku aus neuerer Zeit:

Am kahlen Astwerk
Vom ersten Frühlingsregen
die runden Perlen

(Kyoshi, 1874–1959)

Einige der hier ausgewählten Haikus erlauben, die deutschen Übersetzungen von Jan Ulenbrook mit den englischen von Daisetz Suzuki zu vergleichen – was allerdings nur belegt, wie wenig auch andere europäische Sprachen die genuine Eigenart des Haiku wiederzugeben vermögen.

Es fällt uns deshalb auch schwer, Haikus zu genießen oder gar zu verstehen. Keine formale Eleganz, keine gedanklichen Überraschungen ziehen uns darin an, und die Schlichtheit der Bilder ist von der Art, wie wir sie eher in Kindergedichten verwenden. Daß ein Frosch ins Wasser platscht, eine Krähe sich auf einen Ast setzt oder ein Schmetterling auf eine Tempelglocke, «na ja, schön, aber was soll's?», neigen wir zu fragen. Der Zwang zum kurzen Dreizeiler scheint uns ebenso unnatürlich, wie die Forderung, Natur darzustellen – die Kürze wäre doch wohl eher dem gedanklichen Aphorismus angemessen. Aber es sind wohl gerade diese zwei Auflagen, die das eigentliche Wesen des Haiku ausmachen.

Natürlich fällt uns das Verstehen auch schwer, weil uns das ganze konnotative Umfeld der Bilder verborgen bleibt. Man muß etwa wissen, welches der Ort ist, wo eine Tempelglocke hängt, welche Form sie hat, wann und wie sie angeschlagen wird, welches die kulturelle Bedeutung des Schmetterlings ist, um vom Bild des Schmetterlings auf der Tempelglocke angesprochen zu werden, und andere Haikus enthalten noch subtilere Bezüge. Von den Blättern auf den Steinen unter dem Wasser etwa meint Suzuki: «...*Der Dichter sieht sie dort und gibt keinen Hinweis darauf, was er sich dabei denkt. Es ist dieses sein Schweigen, was den Vers umso ausdrucksvoller macht. Mit dem Dichter fühlen wir, daß dort noch viel mehr sich verbirgt, als wir ausdrücken können. Hier zeigt sich das Haiku am vollendetsten. Dr. Blyth erkennt darin das Sosein der Dinge; ich neige dazu, das Geheimnis des Seins zu sehen.»* [19]

Krusche sagt es anders: Das Haiku, meint er, sei weder «bloße Poesie» noch «reine Kunst», sondern eine «besondere Form der Welt- und

Existenzerfahrung. Indem es im besonderen Augenblick die ganze Zeit, am besonderen Ort das Überall, in einem Ding das ganze Sein und in einem Ereignis, einer Situation das ganze Leben sucht, will es nicht weniger sein, als eine ‹konkrete Formel› der Welt.»[20] Das kann es allerdings nur durch eine intime Verbindung mit spezifisch japanischen Sichtweisen der Welt, die konnotativ anklingen bis in die Feinheiten der Sprache.

Adolf Muschg spricht vom «quasi-physiognomischen Eigensinn der Schriftbilder [des Haiku], der vom kulturell eingeweihten Betrachter mitgewürdigt wird», und eindrücklich illustriert er dies an der Wasserzeile des oben zitierten «Frosch-Sprung-Haikus» von Basho: «Der Klang ‹mizu no ôtô›, der das japanische Ohr, für uns ganz unnachvollziehbar, bezaubert: davon scheint eine Ruhe auszugehen, die der größte mögliche ‹Gegensatz› zu ‹Platsch› ist und den Eklat der Einzelkreatur wundersam zurücknimmt.»[21]

Manche Kommentatoren – etwa Suzuki, Krusche, Ulenbrook – sehen das Wesen des Haiku in seiner engen Verbindung mit Zen, der japanischen Version des Mahayana Buddhismus. Zweierlei wird dabei besonders betont: Einmal die Auffassung, daß das Göttliche – «Buddha» – in allem Seienden gegenwärtig sei, also auch im kleinsten und unbedeutendsten, ja sogar im abstoßenden; andererseits die buddhistische Forderung, sich von aller Ichhaftigkeit zu lösen. Wesentlich für das Haiku ist aber wohl noch ein dritter Aspekt: Die Zen-Lehre, daß «Erleuchtung» *(satori)* nicht durch bewußtes Bemühen oder Askese erreicht werde, sondern durch unmittelbare Intuition. *«Jede Art von lebendig-sinnenhafter Wahrnehmung»*, schreibt Krusche, *«kann der Auslöser zu solcher ‹Erkenntnis› sein: ein Geruch, ein Laut, ein Anblick...»* Und so ist *«die naheliegendste Form von Erkenntniserfahrung, ihr Grundschema sozusagen, wie es sich im Haiku zeigt, die plötzliche Einsicht, daß zwei bisher als getrennt erfahrene Seinsbereiche sich gegenseitig bedingen, ergänzen, eins sind.»*[22]

Die Zen-Methode der geistigen Bildung durch das *koan,* die Konfrontation mit logisch unlösbaren Denkaufgaben, sucht den Geist für das Mysterium des Seins zu öffnen. Haikus sind zwar keine *koans,* doch lassen sie hinter dem Offensichtlichen immer auch ein Verborgenes vermuten, das erfühlt eher als rational interpretiert werden will. Der Sinn des Haiku bestünde so darin, im Geringsten dem Höchsten, im Einzelnen dem Ganzen zu begegnen – nicht eine *Formel* der Welt darzustellen, doch eine Intuition ihrer Sinnhaftigkeit anzuregen oder zu bestätigen.

Solche Erläuterungen treffen wahrscheinlich am ehesten für jene Haiku-Meister zu, die eng mit dem Zen verbunden waren, sei es als Mönche (wie Basho) oder fromme Laien, sei es als Künstler (wie Buson). Dennoch wirken die Erklärungen, wie etwa die von Suzuki des oben angeführten Blatt-unter-Wasser Gedichtes, zuweilen willkürlich. Viele Haiku-Verfasser stehen der Zen-Philosophie nicht unbedingt nahe; die Besonderheit des Haiku – nicht zuletzt auch seine Faszination für Nicht-Japaner – müßte sich denn noch anders verstehen lassen.

Ich will dazu eine Unterscheidung einführen, die vielleicht an die frühere, kaum haltbare Trennung zwischen Sinnesreiz und Wahrnehmung erinnert, doch damit nicht verwechselt werden soll. Betrachten wir das *Anschauen*, von dem Rilke sprach, als einen Vorgang, der mit einem *Angemutetsein* beginnt. Dieses schließt zwar ein Erkennen ein – das ist eine Rose, ein Vogel, ein Frosch –, doch eignet diesen immer auch eine besondere Qualität des *Erlebens*, sie sprechen uns an, jedes auf seine Weise und jeden wieder anders. Diese Anmutung lenkt die Aufmerksamkeit und setzt Prozesse des *Verarbeitens* in Gang – wir suchen das Gesehene in das Netz unserer persönlichen Erfahrungen einzuordnen, es aber auch mit unserem gegenwärtigen Handeln und Planen zu verbinden.

Das Haiku nun scheint mir diesen Prozeß genau zwischen Anmutung und Verarbeitung zu unterbrechen; seine Kürze zwingt uns, da innezuhalten, wo wir eigentlich ein Fortschreiten erwarten, und die Schlichtheit des Bildes macht es so selbstverständlich, daß wir meinen, das eigentlich Wichtige der Aussage müßte noch kommen. Es schafft also eine Erwartungsspannung, verschieden je nach der Qualität unseres Angemutetseins. Was bedeutet das? *Anmutung* ist ein Bewußtseinsvorgang, von der Art, wie Pierre Janet ihn auch Gefühlen zuschrieb: ein Bewußtwerden weniger einer Sache, als eines inneren Zustandes. «Angemutetsein» hieße dann, sich vordringlich der «Valenz» eines Dinges oder eines Ereignisses bewußt zu werden, also nicht des Wertes oder der Bedeutung eines Dinges *an sich*, sondern *für mich*.

Natürlich ist es künstlich, dieses Angemutetsein einem ersten Moment der Wahrnehmung zuzuschreiben und ihr die Verarbeitungen dann folgen zu lassen – so künstlich, wie eben unsere Konzeptualisierungen beinahe unvermeidlich werden. Dennoch scheint das subjektive Erleben nicht selten einer solchen Sequenz zu entsprechen. Der Frosch etwa, der unvermittelt aus dem Gras am Rande des alten Weihers aufschnellt und nach einem elegantem Bogen ins Wasser platscht, mag durchaus ein Gefühl der Überraschung und der ästhetischen Anmutung auslösen, bevor wir darauf reagieren; häufig sind ja auch unerwartete Begegnungen oder Wahrnehmungen, die uns zuerst einen Moment der Umstellung abnötigen. Man spricht vom «Überraschungseffekt», von der «Schrecksekunde», von der «Reaktionszeit» zwischen Wahrnehmnung und Handlung, was alles dieser «Anmutungs-Verarbeitungs-Sequenz» eine gewisse Plausibilität verleiht. Akzeptieren wir sie also als eine nützliche Hilfsannahme.

Der *Anmutung* entspräche somit eine erste, synkretische Ich-Ding-Relation, die in der Folge verarbeitet, also versachlicht würde. «Das ist ein Grasfrosch, wahrscheinlich hat ihn etwas erschreckt, oder vielleicht hat er eine Mücke auf dem Wasser erspäht, was verbirgt sich da sonst noch in meinem Rasen?...» – so etwa wird das Wahrgenommene eingeordnet, erklärt, beurteilt, und die subjektive Reaktion – Erschrecken oder Neugier etwa – beachten wir kaum weiter, sondern setzen sie eher in konkretes Handeln um: Beobachten, Fangen oder ähnliches.

Das ist an sich sinnvoll: Wir sind alle Handelnde und müssen in unser Handeln einordnen, was uns begegnet; doch dabei blenden wir beinahe unvermeidlich die subjektiven Bezüge aus; das anfängliche, «synkretische» Ich-Ding-Angemutetsein wandelt sich in ein rationales Bewußtsein von Situation und Ziel. Anders gesagt, die Verarbeitung des Wahrgenommenen verstellt die Sicht auf die inneren Vorgänge.

Diesen aber kann durchaus eine vordringliche Bedeutung zukommen. Für den Zen-Buddhismus ist deren Erkenntnis die Voraussetzung, um die – leidbringende – Gebundenheit an das Ich zu überwinden. Wir werden ihrer gewahr in Situationen des inneren Zwiespalts oder der neurotischen Konflikte, doch jeder Psychotherapeut weiß auch, wie schwer dem Einzelnen normalerweise diese «Wendung nach Innen» fällt; man muß sie nicht selten richtig lernen. Wie dem auch sei, neben der kognitiven Orientierung und der Strukturierung des Handelns kann das innere Erleben zu einer wichtigen Dimension werden. Eine, allerdings, die weder selbstverständlich, noch problemlos ist, denn unsere alltäglichen Obliegenheiten fordern weniger Introspektion als tätige Meisterung. Und da die introspektive Erfahrung sich nicht, wie die äußere, an festen Sachstrukturen orientieren kann, verfällt man leicht der Gefahr, sich so sehen zu wollen, wie man, irgendwelchen Theorien oder Ideologien folgend, glaubt, sich sehen zu müssen.

Genauer: Innen und außen sind im Erlebnis der Anmutung eng verbunden; die Verarbeitung aber drängt das Innen zurück, gibt dem Außen Vorrang, ja meist ausschließliches Gewicht. Nehmen wir zum Beispiel das Haiku von Chiyo. Es erzählt eine praktische Handlung: Sie will am Morgen Wasser aus dem Brunnenschacht schöpfen, doch eine Ackerwinde hat sich um das Seil geschlungen, daran der Kübel hängt. Anstatt die Pflanze loszureißen, bittet sie die Nachbarin um Wasser. Wahrscheinlich erklärte sie ihr lachend: «Die Blume ist so schön, ich finde es schade, sie abzupflücken.» Einen Moment lang vielleicht erstaunt über ihre unpraktische Reaktion, hätte sie dem Vorfall dennoch kaum weitere Beachtung geschenkt.

Nun hat sie aber darüber ein Haiku gedichtet. Das heißt wohl, daß sie sich gleichsam von der praktischen Handlung zurückzog, sich der

Schönheit der Blume hingab und so einen inneren Blumenbezug, welcher Art auch immer, sich bilden ließ. Ihr Schreiben des Haiku war eine Wendung nach innen, von der materiellen Wirklichkeit der Blume hinweg zu ihrer subjektiven Bedeutung, und dabei hätte neuer Sinn entstehen können, vielleicht eine überraschende Sicht ihrer selbst in ihrer Welt, oder unscheinbare Dinge – so nebensächlliche eben wie eine Ackerwinde, ein Schmetterling auf einer Glocke, Herbstblätter im Wasser oder Regentropfen an einem Baumast – hätten dabei eine unerwartete Bedeutung entfaltet. Die Kunst des Haiku ist, vor dem Geringfügigen zu staunen. Und Chiyos Haiku, das sie aus diesem Staunen schrieb, ist nur scheinbar schlicht: Es ordnet das zufällige Ereignis ein in ein reiches Geflecht kultureller und persönlicher Konnotationen, die, obgleich unausgesprochen, dennoch gegenwärtig sind und ihm so eine allgemeine Bedeutung verleihen.

Trotzdem wird der eine oder die andere wohl fragen: Wozu eigentlich ein Haiku? Begegnen uns solche unauffälligen Dinge nicht tagtäglich? Ein guter Beobachter bemerkt sie auch, wenn ihn nicht gerade etwas besonders beschäftigt. Reicht es nicht, eine Blume zu betrachten, dem Flug eines Schmetterlings zu folgen, das Schwirren von Libellenflügeln zu bewundern? Mag sein, daß ein Haiku den einen oder anderen Leser auf etwas aufmerksam macht, das er sonst übersähe, doch was nützt es dem, der es schrieb? Wenn der Leser zwischen Anmutung und Verarbeitung unterbrochen wird, so gilt das doch für den Dichter wohl kaum.

Anders als bei Muschg oder Rilke, besitze ich keine zusätzlichen Informationen, die mir eine Antwort erleichtern würden, und so muß ich schlicht versuchen, mich einzufühlen. Eines der – für mich – schönsten Haikus, das ich fand, lautet:

So kurz die Nacht, ach,
und auf dem Haar der Raupe
vom Tau die Perle. (Buson)

Ich kann mir vorstellen, daß der Dichter in der frühen Dämmerung eines Sommermorgens überrascht die taubedeckte Raupe entdeckte. Als Gärtner oder als Schmetterlingszüchter hätte er anders – praktisch – reagiert. So aber hielt er inne – erstaunt wahrscheinlich, angemutet von etwas, das eben über das Selbstverständliche hinausging. Staunen heißt, sich für eine Bedeutung des Gesehenen aufschließen, die man noch nicht kennt; es ist mehr als Überraschung, sondern beinhaltet überdies auch Erwartung.

Erwartung wovon? Der Zwang zur Kürze des Haiku läßt eben nicht zu, das zu sagen. Auch den Dichter schränkt es auf die Anmutung ein, und so schreibt er das Haiku, eher als eine Feststellung, wie einen Vorsatz: Den Vorsatz, sich dem Ding offen zu halten, neuen Sinn zu entdecken. Nicht so, daß er nun ein Buch über Raupen konsultierte, sondern so vielmehr, daß er seiner eigenen Symbolik des Bildes Raum gab – dem Gegensatz vielleicht von Nacht und Glitzern des Taus, oder von ätherischem Tau und chtonischer Raupe, oder anderem, das sein Geheimnis blieb.

Dadurch aber, daß er das Haiku schreibt, hebt er die Bedeutung des Nebensächlichen an, wirkt der Neigung des Bewußtseins entgegen, sich dem zuzuwenden, was im alltäglichen Geschehen vordringlich erscheint. Er macht sich gleichsam frei für ein erweitertes Verstehen; das bedeutet zugleich ein erweiteres Handlungspotential, also eine Bereicherung des Ich. So gälte auf jeden Fall auch für den Schreibenden, daß das Haiku durch seine Zäsur die Anmutung begünstigt, doch anders als der Leser, setzt er die Zäsur selbst.

«Der eigenen Symbolik des Bildes Raum geben» sagte ich – was meint das? Benötigt Symbolik nicht Bedeutungsvolleres als Tautropfen, kahle Äste oder Ackerwinden? Wieso eigentlich wendet das Haiku sich so vordringlich Nebensächlichem zu? Spräche uns etwa Folgendes nicht viel eher an?:

In die Nacht versinkt
am fernen Saum des Meeres
glutrot die Sonne.

Formal siebzehnsilbig, würde es dem Haiku entsprechen. Daß es inhaltlich kitschig ist wie eine Postkarte aus Hawaii, wäre wohl kein Einwand; es gibt, vermute ich, sicher auch Japaner, die kitschige Haikus schreiben. Trotzdem scheint es mir dem Geist des Haiku zu widersprechen, weil es oberflächliche, stereotype Assoziationen weckt – von romantischen Nächten an tropischen Stränden, Erinnerungen an Ferienreisen und ähnliches – und dadurch eher banale Wunschfantasien fördert als vertiefende Selbstsicht. Wäre dann vielleicht eine Art rilkesches Haiku geeigneter? Etwa:

Panther im Käfig
unablässig Hin und Her
im Blick nur Gitter.

Das ist zwar weniger banal, aber thematisch zu «gewichtig»: es erinnert an Gefangensein und Befreiung, und lenkt so nur allzu leicht ab in wohlgemeinte Ideologien von Herrschaft und Gerechtigkeit, von würdigem Leben und ähnlichem. Auch das führt eher zu kulturellen Klischees als zu «eigener Symbolik».

Der Regentropfen am kahlen Ast oder die Tauperle am Raupenhaar dagegen sind nicht vorgeprägt; sie bieten keine Bedeutungsschemata an, die wir nur zu ergreifen brauchten. Sie fordern eben, daß wir «eigener Symbolik Raum geben», uns also frei machen, um sie entstehen, sich entwickeln zu lassen. Das Haiku des Nebensächlichen benötigt Reflexion aus der unmittelbaren Anschaung heraus, eine spontane Kreativität, begünstigt dadurch, daß das Nicht-Geprägte zum Bild wird. Das Nebensächliche ist eben das, dessen wir bisher kaum achteten, und das deshalb noch nicht von kulturellen Wertungen besetzt wurde – außer der, daß es unwichtig sei. Das bewahrt uns die Freiheit, Dimensionen der – äußeren wie inneren – Wirklichkeit neu zu entdecken und zu gestalten; es bedeutet eine Erweiterung und Differenzierung des Selbst.

Es mag durchaus sein, daß das Nebensächliche in Japan schon immer eine größere Bedeutung besaß als bei uns – die Aesthetik des Details, die der japanischen Kunst eigen zu sein scheint, würde darauf hindeuten. Dann wären auch die Geringfügigkeiten im Haiku stärker kulturell vorgeprägt, als ich eben ausführte. Ich weiß es nicht, doch würde es diese Überlegungen nicht widerlegen. Denn das Haiku, von dem ich spreche, ist jenes, das *wir* lesen, und das *uns* eine bestimmte Art des Handelns darstellt.

Und so meine ich durchaus, daß das Haiku auch losgelöst von der Philosophie des Zen zu bestehen vermag. Zwar gründet es wohl, nicht zuletzt, auf der Praxis der Meditation, doch diese ist nicht auf den Buddhismus beschränkt; sie will im Grunde nicht mehr, als aus der Unmittelbarkeit des Erlebens – dem Angemutetwerden – zu einer Innenschau gelangen; sie ist also unabhängig davon, wie man sie religiös begründet. Das Haiku repräsentiert somit einfach ein Handeln, das kaum mehr Zukunft braucht – es setzt sich sein Ziel im Jetzt; es entsteht zwar immer noch aus Sehnsucht, jedoch einer, die zurückgebunden wurde, die sich an dem Erfahrenkönnen des Moments genügt und bereichert. Bereichert, weil sie fähig geworden ist, selbst im Geringfügigen noch Fülle zu entdecken. Das kann man wohl Weisheit nennen – denn Weisheit besteht zwar darin, das Mögliche zu erkennen und sinnvoll zu nutzen, zugleich aber auch darin, im Erreichbaren sein Glück zu finden.

Doch, was unterscheidet das vom *carpe diem*, von der Aufforderung, den Moment zu genießen? Nichts, wenn man den Zeitrahmen betrachtet; alles, wenn man an das Tun denkt. Genießen macht abhängig: Um zu Genießen, braucht man den Kumpan, die Geliebte, den Wein, das Konzert, oder eben jenes Äußere, das Genuß verschafft. Abhängigkeit aber mindert die Autonomie der Person, und um diese Beschränkung des Handlungspotentials zu mildern, muß neuer Genuß dem alten folgen – es entsteht Zwang, also Unfreiheit. Unfreiheit, die spätestens dann schmerzlich zu werden droht, wenn der Moment das Genießen verweigert.

Die Weisheit, die wir im Haiku zu erkennen meinen, erhöht dagegen das Handlungspotential, weil sie dem Handeln eine neue Dimension eröffnet: Sie erweitert die Perspektive des Schauens und die Möglichkeiten des Sinngebens; indem sie Erfüllung durch Kreativität verspricht und nicht durch das Wohlwollen des Momentes, stärkt sie die Autonomie der Person. Und so erwüchse aus der Beschränkung auf das Nebensächliche zugleich eine Erweiterung des Glücksvermögens, aus der Rückbindung der Sehnsucht eine neue Erfüllung.

Anmerkungen

[1] Hugo Schmale gewidmet (siehe Vorwort); als vorläufiger Erstab-druck erschienen in Brucks, Schödlbauer, Strowick (Hg.), *Metamorphosen der Arbeit*, Festschrift für Hugo Schmale. 1996.

[2] Im folgenden ist Parzival (Normalschrift) die Person, *Parzival* (kursiv) der Titel des Romans.

[3] Siehe dazu:
Eschenbach, Wolfram von, *Parzival*. 1993.
Muschg, Adolf, *Der rote Ritter*, 1993.
Muschg, Adolf, *Herr, was fehlt Euch?* 1994.
Muschg, Adolf, *Literatur als Therapie?* 1981.
Muschg, Adolf, Interview mit Jürg Altwegg, 2/1993.
Artikel «Parzival» und «Perceval» in Kindlers Literaturlexikon.

[4] Das entspricht, glaube ich, zwar nicht genau der Terminologie, aber dem Denkansatz von Lévi-Strauss. Zum theoretischen Rahmen dieser Überlegungen siehe: Boesch, E., 1991/1995.

[5] Die häufigen Ängste von Hypochondern vor äußeren Bedrohungen (Ansteckung, Unfall) verdecken nur den Mangel an Vertrauen in den eigenen Körper.

[6] Muschg, 1994, S. 29.

[7] Siehe hier Kapitel «Form und Inhalt».

[8] Muschg, 1994, S. 9.

[9] Zu diesem Abschnitt siehe:
Claudius, Matthias, *Gläubiges Herz*. (o. J.).
Rilke, R. M., Buch der Bilder; Neue Gedichte.
Nalewski, H. (Hg.), *Rilke*. 1992.
Lepmann, W., *Rilke*. 1981.

[10] Aus einem Brief 1907, Nalewski, 1992, p. 106

[11] Nalewski, p. 105.

[12] Aus einem Brief von 1904, ibidem.

[13] Nalewski, p. 104.

[14] Brief, 1907, Nalewski, p. 111.

[15] Nalewski, p. 103.

[16] Siehe dazu hier «Zweites Thema: Von der Schönheit».

[17] Analog dem *intermittent reinforcement* der Verhaltenstherapeuten.

[18] Zu diesem Abschnitt siehe
Coudenhove G. (Hg.), *Japanische Jahreszeiten*. 1963.
Suzuki Daisetz T., *Zen and Japanese culture*. 1973.
Krusche D., Haiku. 1994.
Ulenbrook J. (Hg.), *Haiku. Japanische Dreizeiler*. 1995.

[19] Suzuki 1959, p. 236.
[20] Krusche D., *Haiku*. S. 118.
[21] Adolf Muschg, briefliche Mitteilung.
[22] Krusche, op. cit., S. 134.

Anhang

Bild 1: «Seelenkrüge» der Matakam.
Nach Gardi, 1954.

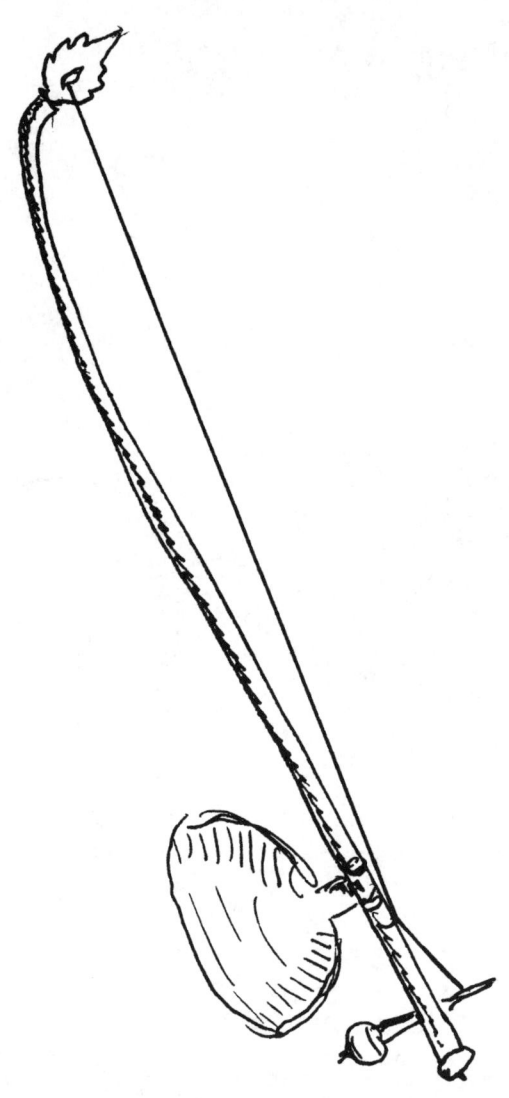

Bild 2: Thailändische *phin*.
Nach Thanit Yupho, 1987.

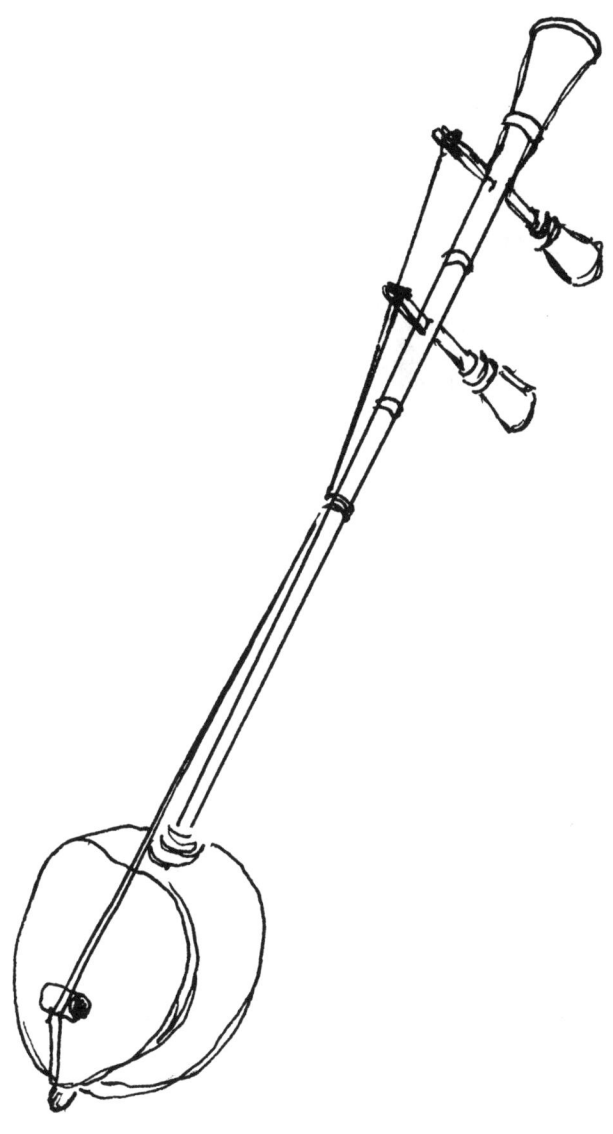

Bild 3: Thailändische *soo uu*.

Literatur

Arnheim, R., 1974, *Art and visual perception*. Berkeley: University of California Press.

Bachelard G., 1970, *La poétique de l'espace*. Paris: Presses Universitaires de France.

Barker, R. G., 1968, *Ecological psychology*. Stanford: Stanford University-Press.

Berlyne, D. E., 1980, Psychological aesthetics. In: H. C. Triandis, W. Lonner (Eds.), *Handbook of cross-cultural psychology*. Vol. 3. Boston: Allyn & Bacon.

Bernegger, Brigit (Hg.), 1993, *No-Masken im Museum Rietberg Zürich*. Zürich: Museum Rietberg.

Bernstein, L., 1970, *Young peoples concerts*, New York: Simon & Schuster.

Boesch E. E., 1964, Psychologische Überlegungen zum Rassenvorurteil. In: Boesch E.E., 1971, *Zwischen zwei Wirklichkeiten*. Bern: Huber.

Boesch E. E., 1975, *Zwischen Angst und Triumph*. *Über das Ich und seine Bestätigungen*. Bern: Huber.

Boesch E. E., 1976, *Psychopathologie des Alltags*. *Zur Ökopsychologie des Handelns und seiner Störungen*. Bern: Huber.

Boesch E. E., 1980, *Kultur und Handlung*. Bern: Huber.

Boesch E. E., 1983a, *Das Magische und das Schöne*. Stuttgart: Frommann-Holzboog.

Boesch E. E., 1983b, Die Kulturbedingtheit des Menschen. In: P. Gordan (Hg.) *Menschwerden – Menschsein*. Graz-Wien-Köln: Butzon & Berker.

Boesch E. E., 1983c, Die psychologische Bedeutung der Hautfarbe. In: Kurzrock, R. (Hg.), *Farbe: Material-Zeichen-Symbol*. Berlin: Colloquium.

Boesch, E. E., 1983d, From expulsion to hospitality. A psychologist's look at the refugee problem. In: E. E. Boesch & A. Goldschmidt (Eds.), *Refugees and development*. Baden-Baden: Nomos.

Boesch, E. E., 1985, Qu'est-ce que le dessin? Bulletin de Psychologie, XXXVIII, 369.

Boesch, E. E., 1986, Überlegungen zur Genese der Zukunftsperspektive. In: R. Feig, H. D. Erlinger (Hg.), *Zeit-Zeitlichkeit-Zeitleben*. Siegener Studien.

Boesch E. E., 1991a, *Symbolic action theory and cultural psychology*. Berlin: Springer.

Boesch E. E., 1991b, Skizze zur Psychologie des Heimwehs. In: Rück P. (Hg.), *Grenzerfahrungen*. Marburg: Basilisken-Presse.

Boesch, E. E., 1993, *Von Nagas, Drachen und Geistern*. Bonn: Deutsch-Thailändische Gesellschaft.

Boesch E. E., 1994, La réalité comme métaphore. In: *Métaphore et représentation*. Journal de la psychanalyse de l'enfant, 15, p. 155–180.

Boesch, E. E., 1995, *L'action symbolique. Fondements de psychologie culturelle.* (revidierte Übersetzung von 1991 a). Paris: L'Harmattan.

Boontawee Kampoon, 1988, *A child of the North-East.* Bangkok: Duang Kamol.

Boss, M., 1971, *Grundriß der Medizin.* Bern: Huber.

Bougainville, de, L. A., 1771/1980, *Voyage autour du monde.* Paris: Maspero.

Bovet P., 1928, *L'instinct combatif.* Paris: Flammarion.

Brucks, Schödlbauer, Strowick (Hg.), 1966, *Metamorphosen der Arbeit*, Festschrift für Hugo Schmale. München: Fink.

Bühler, A., Barrow, T., Mountford, Ch. P., 1962, *Ozeanien und Australien. Die Kunst der Südsee.* Baden-Baden: Holle.

Castañeda C., 1972, *Journey to Ixtlan.* New York: Simon & Schuster.

Charpentier S., Clément P., 1984, *Elements comparatifs sur les habitations des éthnies de langue thaï.* Paris: Intitut de l'Environnement.

Claudius, Matthias, *Gläubiges Herz.* Leipzig: Kröner (o. J.).

Coudenhove G. (Hg.), 1963, *Japanische Jahreszeiten.* Zürich: Manesse.

Douglas M., 1966, *Purity and danger.* London: ARK Paperbacks.

Dumarçai, J., 1987, *The house in South-East Asia.* Singapore: Oxford University Press.

Ebeling I., 1984, *Masken und Maskierung.* Köln: Dumont.

Eckensberger L., 1994, Morality and culture. In: W. J. Lonner & R. S. Malpass (Eds.) *Psychology and Culture.* Boston: Allyn & Bacon.

Elvin V., 1959, *La maison des jeunes chez les Muria.* Paris: Gallimard.

Eschenbach, Wolfram von, *Parzival.* 1993. Übersetzt von Peter Knecht. «Die andere Bibliothek», Frankfurt: Eichborn.

Filipetti H. & Trotereau J.,1978, *Symboles et pratiques rituelles dans la maison paysanne traditionnelle.* Paris: Berger Levrault.

Firth, R., 1973, *Symbols, public and private.* London: George Allen & Unwin.

Fossey D., 1983, *Gorillas in the mist.* London: Penguin.

Freud S., 1919/1947, Das Unheimliche. In: *Gesammelte Werke XII.* London: Imago Publishing.

Freud S., 1942, *Die Traumdeutung.* London: Imago.

Gardi, R., 1954, *Der schwarze Hephästus.* Bern: Gardi.

Gardi, R., 1969, *Unter afrikanischen Handwerkern.* Bern: Gardi.

Gardi, R., 1973, *Auch im Lehmhaus läßt sichs leben.* Graz: Akademische Druck- und Verlagsanstalt.

Gardi, R., Bühler, A., 1958, Sepik. *Land der sterbenden Geister.* Zürich: Büchergilde Gutenberg.

Gaster, Th. H., 1959, *The new golden bough.* New York: Criterion.

Gilot, F., Lake, C., 1965, *Leben mit Picasso.* München: Kindler.

Grassi E., 1982, *Reisen ohne anzukommen*, Diessenhofen: Rüegger.

Grassi, E., Schmale, H. (ed.), 1982, *Das Gespräch als Ereignis.* München: Wilhelm Fink,

Greverus, I.-M., 1979, *Auf der Suche nach Heimat.* München.

Haftmann, W., 1980, *Der Mensch und seine Bilder.* Köln: Dumont.

Herzog W., 1991, *Das moralische Subjekt.* Bern: Huber.

Hofstätter, H. H., 1965. *Malerei und Graphik der Gegenwart.* Baden-Baden: Holle.

Hoog M., 1987, *Gauguin: vie et oeuvre*. Fribourg: Office du Livre.
Huygue R., 1965, *Les puissances de l'image*. Paris: Flammarion.
Jahoda, G., 1982, *Psychology and anthropology*. New York: Academic Press.
Janet P., 1928, *De l'angoisse à l'extase*. Vol. II. Paris: Alcan.
Jaspers, K., 1909, Heimweh und Verbrechen. In: *Archiv f. Krimin. Anthropologie*.
Kornadt H.-J., 1982, *Aggressionsmotiv und Aggressionshemmung*. 2 Bde. Bern: Huber.
Krusche D. (Hg.), 1995, *Haiku*. München: dtv klassik.
Langen V. und M., 1982, *Japan – 1000 Jahre Malerei*. Ascona: Privatdruck
Lawick-Goodall, van J., 1971, *In the shadow of man*. London: Collins.
Lepmann, W., 1981, *Rilke*. Bern/München: Scherz.
Lévi-Strauss C., 1958, Die Wirksamkeit der Symbole. In: *Strukturale Anthropologie*. Frankfurt a. M.: Suhrkamp.
Lévi-Strauss C., 1979, *La voie des masques*. Paris: Plon.
Lévi-Strauss, C., 1962, *La pensée sauvage*. Paris: Plon.
Lévi-Strauss, C., 1977, *L'identité*. Paris: Grasset.
Lommel A., 1981, *Masken*. Stuttgart: Parkland.
Lonner, W. J., Malpass, R. (ed.), 1994, *Psychology and culture*. Boston: Allyn & Bacon.
Mailer N., 1996, *Picasso*. München: Piper.
McClelland D. C., 1967, *Motivation und Kultur*. Bern: Huber.
Mead M., 1954, *Growing up in New Guinea*. London: Penguin.
Mead, G. H., 1934, *Mind, self and society*. Chicago: University of Chicago Press.
Melkus, E., 1973, *Die Violine*. Mainz: Schott.
Menuhin Y., 1996, *Unfinished journey*, London: Methuen.
Menuhin, Y., 1996, *Die Violine*. Stuttgart: Metzler, Poeschel.
Morton D., 1978, *The traditional music of Thailand*. Berkeley: University of California Press.
Muschg, A., 1981, *Literatur als Therapie?* Frankfurt: Suhrkamp.
Muschg, A., 1993, *Der rote Ritter*, Frankfurt: Suhrkamp.
Muschg, A., 1994, *Herr, was fehlt Euch?* Frankfurt: Suhrkamp.
Muschg, A., Interview mit Jürg Altwegg, in Bücherpick, 2/1993.
Myerhoff B.,1974, *Peyote hunt. The sacred journey of the Huichol Indians*. Ithaca: Cornell University Press.
Nalewski, H. (Hg.), 1992, *Rilke*. Frankfurt: Insel.
Nyanaponika Thera, 1962, *The heart of Buddhist meditation*. London: Rider & Co.
Orloff A., 1980, *Karneval, Mythos und Kult*. Wörgl: Perlinger.
Piaget J.,1932, *Le jugement moral chez l'enfant*. Paris: Alcan.
Piaget J., 1975, *L'équilibration des structures cognitives*. Paris: Presses Universitaires de France.
Raabe, E. Ch. (Hg.), 1992, *Mythos Maske*. Frankfurt: Museum für Völkerkunde.
Richardson A.,1974, *British immigrants and Australia*. Canberra: Australian National University Press.

Rilke R. M.,1948, *Die Aufzeichnungen des Malte Laurids Brigge*. Zürich: Niehans.

Rilke, R. M., 1959/1976, Buch der Bilder; Neue Gedichte. In: *Werkausgabe*, Frankfurt: Insel.

Rubin, W., 1980, *Pablo Picasso*. A retrospective. New York: Museum of Modern Art.

Rubin W. (Hg.), 1984, *«Primitivism» in 20ʰ century art*. New York: Musum of Modern Art.

Rubin W., Modernist Primitivism. In: Rubin W. (Hg.) 1984.

Rubin W., Picasso. In: Rubin W. (Hg.), 1984.

Rück P. (Hg.), 1991, *Grenzerfahrungen*. Marburg/Lahn: Basilisken-Presse.

Sathienkoset (Phya Anuman Rajadhon), 1969, *Prapheni pluuk rüen – tänggnaan* (Hausbau- und Heiratstraditionen). Bangkok:Bannakhaan.

Seel M., 1995, *Versuch über die Form des Glücks*. Frankfurt: Suhrkamp.

Smith Bowen, E., 1964, *Return to laughter*. New York: Doubleday.

Sonntag, S., 1977, *On photography*, Penguin.

Spies, W., 1983, *Picasso* – das plastische Werk. Stuttgart: Hatje.

Stern, E., 1930, «Heimweh». In: K. Birnbaum, *Handwörterbuch der medizinischen Psychologie*. Leipzig.

Strathern A., 1981, Introduction. In: M. Kirk: *Man as Art*. *New Guinea body decorations*. London: Thames and Hudson.

Summerson J., 1948: *Ben Nicholson*. West Drayton: Penguin.

Suzuki D. T., 1959/1973, *Zen and Japanese culture*. Princeton N. J.: Princeton University Press.

Tambia, S. J., 1970, *Buddhism and the spirit cults in northeast Thailand*. Cambridge: Cambridge University Press.

Textor, R. B., 1973, *Roster of the Gods*. 6 Vol. New Haven: Human Relations Area Files.

Thanit Yupho, 1957, *Khoon*. Bangkok: Department of Fine Arts.

Thanit Yupho, 1987, *Nangsü krüeng dontri thai / Thai Musical Instruments*. Bangkok: Department of Fine Arts.

Thomas A. (Hg.), 1996, *Psychologie interkulturellen Handelns*. Göttingen: Hogrefe.

Thomas, D. M., 1981, *The white hotel*. Penguin.

Ulenbrook J. (Hg.), 1995, *Haiku. Japanische Dreizeiler*. Stuttgart: Reclam.

Veit W., 1987, Die Hermeneutik des Fremden. In: Grassi E., Schmale H. (Hg), *Anspruch und Widerspruch*. München: Fink.

Ernst E. Boesch

Zwischen Angst und Triumph

Über das Ich und seine Bestätigung

Wissenschaftliches Taschenbuch. 1975. 87 Seiten,
Kt DM 11.– / Fr. 10.– / öS 80.– (ISBN 3-456-80111-4)

Der Untertitel weist auf das Hauptanliegen dieses Buches
hin: ausgehend von der Gefühlstheorie von Pierre Janet –
in der Triumph und Angst wesentliche Antipoden darstellen – wird eine Konzeption des Ich entwickelt, die
zwischen einem Ich als Instanz und den Ich-Gefühlen,
auf denen es aufbaut, unterscheidet. Die Ich-Instanz erscheint dabei als ein System von funktionalen Sollwerten,
die Ich-Gefühle als Wahrnehmungen des subjektiven
Funktionsvermögens.

Ernst E. Boesch

Psychopathologie des Alltags

Zur Ökopsychologie des Handelns und seiner Störungen

Wissenschaftliches Taschenbuch. 1976. 525 Seiten,
Kt DM 44.– / Fr. 39.– / öS 321.– (ISBN 3-456-80219-6)

Die Psychopathologie des Alltags meint die Störungen
des Handelns innerhalb unserer gewohnten Umwelt-
bereiche. Ein erster Teil des Buches erläutert das Handeln
als zielgerichtetes Verhalten und die Instanzen einer
Steuerung. Anschließend werden die wichtigsten ökologischen Parameter des «Fantasmus» eingeführt. Diesen
Darstellungen des alltäglichen Handelns folgt ein Kapitel
über den Streß als der wichtigsten ökologischen Determi-
nante von Handlungsstörungen.
Der letzte Teil endlich betrachtet die affektiven Reaktionen auf Handlungsbehinderungen.

 Verlag Hans Huber
Bern Göttingen Toronto Seattle